新編諸子集成

新書校注

〔漢〕賈誼 撰
閻振益 鍾夏 校注

中華書局

目録

前言

賈誼（公元前二〇〇——前一六八年），漢代傑出政論家、思想家、文學家，對於我國傳統思想文化的繼承和發展曾做出卓越貢獻，影響十分深廣，誠如魯迅所説：「沾溉後人，其澤甚遠。」（漢文學史綱）然而歷代研究者大多衹注意史記漢書所摘録的賈誼文賦，而對於原著新書（或名賈子、賈子新書、賈誼新書，詳附録三孫詒讓説）卻頗爲忽視，甚至産生了新書是僞作的議論，這恐怕與該書脱爛失次殊甚頗不易讀有關，因此，認真整理新書成爲我們這代人不可推卸的責任。

一　關於新書的真僞問題

南宋以前的著録對新書向無疑義（詳本書附録著録，下引未注出處者同此），直至南宋陳振孫始謂：「其非漢書所有，書輒淺駁不足觀，此決非誼本書也。」清人姚鼐更進一步認爲：「世所有云新書者，妄人僞爲者耳。」而四庫全書總目則調停之，謂「其書不全真，亦不全僞」。此後懷疑論者，代有其人。

懷疑之説不可信，余嘉錫等先生已辯之甚力，詳見附録三。兹補陳鄙見如次。

（一）從版本情況考察：漢書藝文志載「賈誼五十八篇」。隋書載「賈子十卷」，新唐書、宋史同；舊唐書作「九卷」，或係筆誤。據此可以推定原書當爲十卷五十八篇。現知最早傳本爲宋刻，其書雖佚，但宋王應麟玉海所載新書目録尚存，而清盧文弨據兩種宋本所校新書具在，二者與史乘所載卷數篇數相符。今見本皆爲十卷五十七篇，與玉海所載目録相同；惟玉海以本傳爲第五十八篇，實際仍爲五十七篇。今見本與盧本大體相合，不合者有二：一則，今見本過秦分爲上下二篇，盧本則以己意分爲上中下三篇，以足五十八篇之數（王耕心本從之）。二則，何孟春、周子義的改編本均自漢書賈誼傳輯補審取舍作爲第五十八篇，實際皆爲五十七篇，足證宋明以來諸本是一致的，都來自一個母本。如果説存在着「妄人僞爲」，祇能是指母本，然而事實并非如此。

從漢代開始，史記、漢書、桓寬（見附録佚文）、應劭（見過秦下注〔一〕）、文穎（見漢書昭帝紀注）等著述都言及賈誼書，而大戴禮記中的禮察、保傅更是直接録自賈誼書。三國時，曹丕著文還引用過新書服疑文（詳下，下引新書徑稱篇名）。南北朝時，梁劉昭注後漢書百官志引用過傅職，北周盧辯注大戴禮記保傅引用過胎教。到了唐代，歐陽詢藝文類聚卷一摘録修政語文、卷四十六摘録禮篇文，魏徵羣書治要摘録連語、春秋、先醒、退讓、官人、大政文，馬總意林摘録容經文等等。以上情況表明，新書自漢至唐一直流傳未佚，而他人著述引用新書的字句，又與宋明以來諸本大同小異，根本不存在一個「僞爲」的母本。

（二）從内容情況考察：新書分爲「事勢」、「連語」、「雜事」三部分。前四卷爲事勢共三十一篇，其中二十三篇班固摘録編入漢書（其目見本書前四卷各篇之注〔一二〕），另匈奴篇班氏在本傳贊語中提及部分内容，這二十四篇自非僞作。此外七篇中，等齊服疑審微三篇屬於本傳所謂「欲改定制度」的著述，由於班固認爲「其術固以疏矣」，屏之不入漢書，亦在意中。而文選曹丕與朝歌令吴質書中「衆星之明，假日月之光」句，李善注謂本自服疑篇，是其非僞之旁證。其餘四篇中的屬遠、一通、憂民與漢書已摘録之益壤、無蓄内容相同，可以視作同一觀點的不同表述，班固當無反複摘録之理。至於過秦下，已載於史記，更非僞作。

後六卷，除保傅外，漢書皆未收入，被視作「僞爲」的，主要指這部分「連語」、「雜事」。班氏作賈誼傳明言「凡所著述五十八篇，掇其切於世事者，著於傳」，可見五十八篇包含着班氏認爲非「切於世事」的内容，因而「非漢書所有」的篇章，不足以成爲「僞爲」的口實。而且賈誼傳云：「誼以爲漢興二十餘年，天下和洽，宜當改正朔，易服色制度，定官名，興禮樂。乃草具其儀法，色上黄，數用五，爲官名悉更，奏之。」考後六卷的傅職、輔佐、禮、容經、官人、禮容等篇，正與「易服色制度，定官名，興禮樂」之言相應。本傳又云：「誼年少，頗通諸家之書。」諸家之書當指子書與史籍。後六卷中的道術、六術、道德説就屬於諸子之學；而春秋、連語、諭誠、退讓、先醒、君道、修政語則屬於史乘之學，都與本傳所云相符。此外，漢書儒林傳云，張蒼「賈誼皆修春秋左氏傳」，亦可爲其佐證。至於已收入本傳的保傅，與其姊妹篇傅職、胎教、容經又見於大戴禮記，有人認爲後三篇是作僞者掇自大戴記。考漢書昭帝紀「通保傅」注引文穎曰：「賈誼作保傅傳，在禮大戴記。」文穎東漢人，應較後人更悉保傅傳爲誰作。

由此可見，後六卷的絶大多數内容都可以從本傳中得到印證，又多見諸他人著述引用，且各篇之間思脈貫通，形成一個有機整體，謂之「僞爲」，實難服人。

（三）從僞託的一般情況考察：僞託之作大多採取魚目混珠的方法，欲混珠必取其近真，斷不取其迥異，而後六卷中的内容并非如此。如耳痹中的伍員「何籠而自投水」、「范蠡負石而蹈五湖」、先醒中的號君事，皆迥異於左傳。而連語中的殷紂王之死，也與佚周書、史記所載不同。至於春秋中的楚惠王、鄒穆公、晉文公、楚懷王、胡亥之事，退讓中的宋就之事，先醒中的宋昭王之事，又都於史無徵。如此作僞，豈非掩耳盜鈴？

總之，根據前人的辨證以及我們的補述，可以肯定，傳世新書没有作僞的確證，是可信的真本。

二　關於新書的版本及其整理情況

新書宋刻本共四種，即程漕使本（詳見附録序跋，下同）、潭州本（即重雕程漕使本，簡稱潭本）、建寧本（簡稱建本）以及陳振孫所見本（詳附録著録）。宋本雖然皆佚，但清盧文弨校本保存了潭本、建本的異文，據其異同，考察有明以來諸本，可知其版本體系。（一）屬於覆潭本的有李空同本、原一魁本、明甲本（北京圖書館善本部藏，無刻印時地，此據趙萬里先生跋語）。（二）屬於覆建本的有莫棠本，與之大同而小異者有遞修本、錢震瀧本、日本刻本、朱圖隆本、陳希祖本、鄭振鐸所藏明本、傅增湘校本所據本。其小異者，蓋係誤刻或臆改，皆無校語。（三）屬於漢魏叢書體系的有程榮本、何允中本、王謨本、崇文書局本、王國維校本所據本。其母本係建本，校以未詳版本，皆無校語。（四）陸相本、吉府本（即覆陸相本），係以潭本爲底本，殘闕部分以建本補入。（五）改編本，有何孟春本、周子義本。（六）精校本，有盧文弨本、王耕心本。又，浙江書局本、夏獻雲本係覆盧本。（案：下文及校記祇簡稱以上六類版本之姓氏，如李空同本稱李本，而王本僅指王耕心本，詳下代表版本。又，上述諸本現藏北京圖書館、中國科學院圖書館、中華書局圖書館、首都圖書館善本部，爲拙稿校勘所用本。）

明清以來整理新書的情況大體可分爲三類。第一類是基本没做整理的，包括覆刻本、名曰校本實係覆刻本、祇移録他本異文的校本、有少許整理痕蹟但無校語的刻本。因其具體資料不足，兹置之不論。第二類是改編本。其中何本是以潭本爲底本，參校未詳之宋明本，以己意調整部分篇次和段落。該書年代較早，所見宋本當最完備，頗有校語，惜不言所據，影響了其資料價值。周本是以建本爲底本，前四卷按漢書賈誼傳編次，少量異文不同於他本，但無校語。第三類是精校本，以盧本最爲著名。其書以潭本、建本爲底本，參校五種明本，異文一般皆有校語，宋本原貌賴以得存。其失正如余嘉錫先生所云：「校此書於非漢書所有者，率不能訂其謬誤，通其訓詁。凡遇其所不解，輒詆爲不成文理，任意删削。」（詳附録著録）據我們統計，此類任意删削多達三十六處六百二十三字。此外尚有若干臆删臆改而不出校語或校語模糊其辭的現象。而王耕心校本除沿襲盧氏所删之外，復删六處一百九十字，皆不足爲法。

我們的整理情況，以明正德十年吉府本爲底本，參校前列六類版本。吉府本所據雖非一個完整宋本，但未加删改，比較真實地保存了兩種宋本的原貌，校勘名家俞樾屢加贊賞（見過秦等篇注引），以爲彌足珍貴；且其源頭版本甚古，頗有唐以後少用的通假字，如舉通與（過秦）、粱通粱（數寧）、治通殆（階級）、故通胡（匈奴）等等，足資依據。校勘中，凡有價值的異文皆出校語（祇列代表版本，〔即上述版本體系中前四類列於首位者〕，如程本即包括何本、王譔本、崇文本、王國維校本），儘量通其訓詁而不改動原文，改動處皆言所據。至於原文中之非通行字則徑改，如最作冣、雲作云、纔作綫等。校記之目所引原文皆加單引號，不加標點及專名號，不用「某某」句之類省稱，以别於注釋。編次悉依原書，何本周本之變更，皆出按語以供參考。注釋依諸子集成體例，採取集解式，祇稱引書或撰者之名，另列引用書目於正文之前，以便檢索。爲節省篇幅，所引諸家之言，酌作精簡但不增改，不出删節號。漢書注所引他人訓詁，徑稱他人之名，如顔注引李奇言，徑稱「李奇曰」。古地之今名，據辭源、辭海、中國古代歷史地名大辭典徑注，不注出處。今名之省、區、縣、市等行政單位名稱從略。

爲了方便讀者，本書附録新書未收文賦、賈誼佚文、本傳、著録、序跋、集評、資料等。需要説明的是，新書未收之文，祇録禮察一篇（即何、周所謂審取舍），至於某些選本坊本所謂治安疏、論定制度興禮樂疏、論積貯疏等七篇則未收，以其皆摘自漢書，原文俱在新書，既詳盡，又未經班固删改，且本書附録漢書賈誼傳，更毋需重複收録。

新書向無注釋，筆者功底不足，畢力五載，猶有疏謬及不達處，敬希諸賢指正。

拙稿承魏啓學、盧元、史金堂先生和史金玉、齊迎屏女士提供資料，蒙中華書局傅璇琮、陳金生、熊國禎、李肇翔、高流水先生和陳雅女士多方支持幫助，并致謝忱。

先師齊治平先生曾予悉心指教并審閲部分原稿，惜未見拙稿付梓，哀哉！

校注者　鍾　夏

一九八八年八月六日初稿

一九九六年九月一日二稿

一九九八年四月六日訂訖

引用書要目*

周易正義　王弼韓康伯注孔穎達疏　中華書局影印十三經注疏本(以下未注者同此)
鄭氏周易注　古經解彙函本
周易集解　李鼎祚輯　古經解彙函本
尚書正義　孔安國傳孔穎達疏
尚書今古文注疏　孫星衍撰　中華書局本
尚書駢枝　孫詒讓撰　首都圖書館藏鉛印本(無刻印時地)
毛詩正義　毛亨傳鄭玄箋孔穎達疏
毛詩草木鳥獸蟲魚疏　陸璣撰　光緒三十二年仿宋活字本
詩集傳　朱熹撰　上海古籍出版社本
毛詩傳疏　陳奐撰　漱芳齋本

* 不含偶一引用，已隨注於文中者。

毛詩傳箋通釋　馬瑞辰撰　中華書局本
周禮注疏　鄭玄注賈公彦疏
儀禮注疏　鄭玄注賈公彦疏
禮記正義　鄭玄注孔穎達疏
禮記集解　孫希旦撰　同治十年刊本
大戴禮記補注　盧辯注孔廣森補注　顨軒孔氏本
大戴禮記解詁　王聘珍撰　中華書局本
大戴禮記注補　汪照撰　皇清經解續編本
春秋左傳正義　杜預注孔穎達疏
春秋公羊傳注疏　何休注徐彦疏
戰國策　高誘注　姫氏本（讀未見書齋重雕）
國語正義　董增齡撰（含韋昭注）　式訓堂精刻本
史記　司馬遷撰裴駰集解司馬貞索隱張守節正義　中華書局本
史記鈔　茅坤撰　培元堂楊氏刊本
史記評林　凌稚隆輯（含董份陳仁錫王世貞評語）　掃葉山房本

史記志疑　梁玉繩撰　廣雅書局本
史記札記　郭嵩燾撰　商務印書館本
漢書　班固撰顏師古注（引應劭服虔李奇鄭氏鄧展文穎蘇林張晏如淳孟康韋昭臣瓚晉灼徐廣蔡謨崔浩）中華書局本
漢書注校補　周壽昌撰　思益堂本
漢書補注　王先謙撰（引宋祁劉攽劉續劉奉世王啓原王先慎）虚受堂本
漢書評林　凌稚隆輯（引林希元茅坤徐中行）掃葉山房本
漢書管見　朱一新撰　質盦叢稿本
漢書點勘　吴汝綸撰　深澤王氏鉛印本
漢書校證　史學海撰　掃葉山房本
後漢書　范曄撰劉昭李賢注　中華書局本
資治通鑑　司馬光撰胡三省注　中華書局本
讀通鑑論　王夫之撰　會文堂書局本
論語正義　劉寶楠撰　中華書局本
孟子正義　焦循撰　中華書局本
荀子集解　楊倞注王先謙集解　中華書局諸子集成本

老子　王弼注　中華書局諸子集成本
莊子集釋　郭慶藩撰　中華書局新編諸子集成本
莊子集解　王先謙撰　中華書局諸子集成本
鬻子　鬻熊撰逄行珪注　鄂官書處重刊本
管子校正　戴望撰　中華書局諸子集成本
韓非子集解　王先慎撰　中華書局諸子集成本
吕氏春秋新校正　畢沅撰　中華書局諸子集成本
淮南子　劉安撰高誘注　中華書局諸子集成本
獨斷　蔡邕撰　鄂官書處重刊本
黄氏日鈔　黄震撰　學易堂本
諸子折衷　李廷機輯　掃葉山房本
諸子平議　俞樾撰　李氏劬堂本
賈子新書斠補　劉師培撰　左盦全書本
讀諸子札記　陶鴻慶撰　中華書局本
爾雅義疏　郭璞注郝懿行疏　湫芳齋本

說文解字注　段玉裁注　崇文書局本
說文句讀　王筠撰　同治四年王氏刻本
廣雅疏證　王念孫撰　王氏家刻本
助字辨略　劉淇撰　中華書局本
經傳釋詞　王引之撰　岳麓書社本
經義述聞　王引之撰　嘉慶二十二年刊本
說文通訓定聲　朱駿聲撰　臨嘯閣本
讀書脞録　孫志祖撰　嘉慶間刊本
讀書雜志　王念孫撰　萬有文庫本
讀書叢録　洪頤煊撰　道光元年刊本
求闕齋讀書録　曾國藩撰　傳忠書局本
札迻　孫詒讓撰　光緒二十年刊本
香草校書正續　于鬯撰　中華書局本
四庫提要辨證　余嘉錫撰　中華書局本
楚辭補注　王逸注洪興祖補注　四部備要本

楚辭集注　朱熹撰　上海古籍出版社本
文選六臣注　李善吕延濟劉良張銑吕向李固翰注　上海古籍出版社本
古文苑　章樵注　江蘇書局本
述學　汪中撰　千頃堂書局本
字詁義府合校　黄生等撰　中華書局本
辭通　朱起鳳撰　開明書店本
賈太傅祠志　夏獻雲輯清刻本（附録五、六所引未注出處者，皆出自此書）

新書校注卷第一

過秦上 事勢〔一〕

秦孝公據殽函之固〔二〕，擁雍州之地〔三〕，君臣固守以窺周室，有席卷天下，包舉宇內，囊括四海之意，并吞八荒之心〔四〕。當是時也，商君佐之〔五〕，內立法度，務耕織，修守戰之具；外連衡而鬬諸侯〔六〕。於是秦人拱手而取西河之外〔七〕。

孝公既没，惠文、武、昭襄蒙故業〔八〕，因遺策，南取漢中〔九〕，西舉巴蜀〔一〇〕，東割膏腴之地，北收要害之郡〔一一〕。諸侯恐懼，會盟而謀弱秦，不愛珍器重寶肥饒之地〔一二〕，以致天下之士，合從締交，相舉爲一〔一三〕。當此之時，齊有孟嘗，趙有平原，楚有春申，魏有信陵〔一四〕。此四君者，皆明智而忠信，寬厚而愛人，尊賢而重士，約從離衡〔一五〕，兼韓、魏、燕、趙、宋、衞、中山之衆〔一六〕。於是六國之士〔一七〕，有甯越、徐尚、蘇秦、杜赫之屬爲之謀〔一八〕，齊明、周最、陳軫、召滑、樓緩、翟景、蘇厲、樂毅之徒通其意〔一九〕，吴起、孫臏、帶佗、倪良、王廖、田忌、廉頗、趙奢之朋制其兵〔二〇〕。嘗以十倍之地，百萬之師，仰關而攻秦〔二一〕。秦人開關延敵〔二二〕，九國之師逡巡而不敢進〔二三〕。秦無亡矢遺鏃之費，而天下已困矣。於是從散約敗，爭割地而賂秦〔二四〕。秦有餘力而制其弊〔二五〕，追亡逐北〔二六〕，伏尸百萬〔二七〕，流血漂櫓〔二八〕，因利乘便，宰割天下，分裂山河，彊國請服〔二九〕，弱國入朝。

施及孝文王、莊襄王〔三〇〕，享國之日淺，國家無事。

及至始皇，奮六世之餘烈〔三一〕，振長策而御寓内〔三二〕，吞二周而亡諸侯〔三三〕，履至尊而制六合〔三四〕，執敲朴而鞭笞天下〔三五〕，威振四海〔三六〕。南取百越之地〔三七〕，以爲桂林、象郡〔三八〕；百越之君，俛首係頸〔三九〕，委命下吏〔四〇〕。乃使蒙恬北築長城而守藩籬〔四一〕，卻匈奴七百餘里，胡人不敢南下而牧馬，士不敢彎弓而報怨。於是廢先王之道，焚百家之言，以愚黔首〔四二〕。墮名城〔四三〕，殺豪傑，收天下之兵〔四四〕，聚之咸陽，銷鋒鏑〔四五〕，鑄以爲金人十二〔四六〕，以弱天下之民。然後踐華爲城〔四七〕，因河爲池〔四八〕，據億丈之高〔四九〕，臨不測之淵以爲固。良將勁弩，而守要害之處〔五〇〕，信臣精卒，陳利兵而誰何〔五一〕。天下已定，始皇之心，自以爲關中之固，金城千里〔五二〕，子孫帝王萬世之業也〔五三〕。

始皇既没，餘威震於殊俗〔五四〕。然而陳涉〔五五〕，甕牖繩樞之子〔五六〕，甿隸之人〔五七〕，而遷徙之徒也。才能不及中人〔五八〕，非有仲尼、墨翟之賢〔五九〕，陶朱、猗頓之富〔六〇〕。躡足行伍之間，而俛起阡陌之中〔六一〕，率疲弊之卒，將數百之衆，轉而攻秦。斬木爲兵，揭干爲旗〔六二〕，天下雲合而響應〔六三〕，贏糧而景從〔六四〕，山東豪俊遂并起而亡秦族矣〔六五〕。

且夫天下非小弱也，雍州之地，殽函之固，自若也。陳涉之位，非尊於齊、楚、燕、趙、韓、魏、宋、衛、中山之君也；鉏耰棘矜〔六六〕，非銛於鉤戟長鎩也〔六七〕；適戍之衆非亢九國之師也〔六八〕；深謀遠慮，行軍用兵之道，非及鄉時之士也〔六九〕。然而成敗異變，功業相反，何也？試使山東之國與陳涉度長絜大〔七〇〕，比權量力，則不可同年而語矣。然秦以區區之地，致萬乘之勢，序八州而朝同列〔七一〕，百有餘年矣。然後以六合爲家，殽函爲宮。一夫作難而七廟墮〔七二〕，身死人手，爲天下笑者〔七三〕，何也？仁義不施，攻守之勢異也。

〔一〕應劭曰：「賈生嘗有過秦二篇，言秦之過。」黃震曰：「過秦上，論秦興亡始末，而歸之仁義不施、攻守之勢異，論正而語卓。」汪中曰：「過秦三篇，本書題下亡論字。吳志闞棱傳始目爲論，誤也。題下有事勢、有連語、有雜事，與管子書同例。」余嘉錫年伯曰：「凡屬於事勢者，皆爲文帝陳政事。」夏案：王念孫曰：「呂氏春秋適威篇注曰：『過，責也。』甘茂傳：『秦楚爭彊，而公徐過楚以收韓。』案：過楚，謂責楚也。」是則過秦即責秦。又，汪云「闞棱」當係「闞澤」之誤。三國志闞澤傳：「權嘗問書傳篇賦，何者爲美？澤欲諷喻以明治亂，因對：『賈誼過秦論最美。』」又，本篇收入史記秦始皇本紀（下稱始皇本紀），編於「故曠日長久而社稷安矣」之後（新書過秦下之文），并附於陳涉世家贊文。漢書陳勝傳贊（下稱陳勝傳贊）亦引本篇，又收入文選。

〔二〕呂延濟曰：「秦至孝公益強盛，故先述之。」「殽」，原作崤。始皇本紀、陳涉世家、陳勝傳贊、文選皆引作殽。夏案：說文無崤字，朱駿聲曰：「殽，字變作崤。」是崤同殽，以下文又作殽，兹改一律。殽函之固，戰國策秦策一（下稱秦策，他國之策亦同）：「大王之國，東有肴函之固。」韋昭曰：「函，函關也。」史記項羽本紀索隱：「山形如函，故稱函關。」顏師古曰：「殽，謂殽山。」夏案：殽山，在今河南洛寧。函谷關，故址在今河南靈寶。

〔三〕雍州，古九州之一，故地在今陝西甘肅及青海東部地區。

〔四〕八荒，廣雅釋詁一：「荒，遠也。」說苑辨物：「八荒之内有四海，四海之内有九州。」顏師古曰：「八荒，八方荒忽極遠之地。」劉良曰：「八荒，八方也。」

〔五〕商君，張銑曰：「商君，衛鞅也，說孝公而封於商。」夏案：商，故地在今陝西商洛。

〔六〕連衡，司馬貞曰：「戰國策曰：『蘇秦亦爲秦連衡。』高誘曰：『合關東從通之秦，故曰連衡也。』」文穎曰：「關西爲横。衡，音横。」集韻：「南北曰從，或從系。」鬭諸侯，謂使諸侯相鬭，詳注〔七〕。

〔七〕「於是」句，齊策五：「衛鞅見魏王曰：『大王不如先行王服，然後圖齊楚。』魏王說於衛鞅之言也。故身廣公宫，制丹衣柱，建九斿，從七星之旟，此天子之位也。於是齊楚怒，齊人伐魏，殺其太子，覆其十萬之軍，魏王大恐，天下乃舍之。當是時，秦王垂拱受西河之外。」注：「丹衣柱，以丹帛爲柱衣。」吴師道曰：「丹柱，楯衣之也。考工記并注：『龍旂九斿，諸侯所建；鳥旟七斿，鳥隼爲旟，州里所建。』此言七星之旟，而又以天子言，戰國不可以古制準也。」（戰國策校注）說文：「游，旌旗之流也。」段注：「此字省作斿。」康熙字典：「游，本作斿，亦作旒。」

説文：「旟，錯革畫鳥其上。」王注：「鳥之皮，錯置其革于杠上；或無其皮，則畫其形于縿上。孫炎曰：『錯，置也。』」夏案：西河，即魏之黄河以西地區，今陝西宜川一帶。

〔八〕「惠文武昭襄」，始皇本紀、李本、莫本、周本作「惠王武王」，陳涉世家作「惠文王武昭王」。盧文弨曰：「襄字衍，陳涉世家不誤。」夏案：盧説非是。秦本紀：「武王死，無子，立異母弟，是爲昭襄王。」即誼所謂昭襄、陳涉世家所謂昭王；且陳勝傳贊亦同此書，顔師古注謂「昭襄王，武王之弟」，明襄字不衍。韓非子外儲説右下經：「昭襄知主情而不發五苑。」注云：「昭王以爲無功受賞，因止之也。」是知昭襄即昭王。

〔九〕南取漢中，秦本紀：「惠王十三年，攻楚漢中，取地六百里。」夏案：惠文王十四年又改爲元年，此係改元後之十三年，即公元前三一二年。注〔一〇〕之惠文九年，同此。

〔一〇〕西舉巴蜀，秦本紀：「惠文王九年，司馬錯伐蜀，滅之。」司馬貞曰：「蜀，西南夷，舊有君長，其後有杜宇，自立爲王。」華陽國志蜀志：「杜宇移治郫邑。」左傳桓公九年注：「巴國在巴郡江州縣。」夏案：郫邑故地在今四川郫縣，江州故地在今四川重慶。

〔一一〕「北」，始皇本紀、陳涉世家、陳勝傳贊、文選無。俞樾曰：「要害之郡，指成皋之險，在東不在北，則北字衍文也。」夏案：誼文本自李斯諫逐客書：「惠王用張儀之計，西并巴蜀，北收上郡，南取漢中，東據成皋之險，割膏腴之壤。」當有北字。俞氏蓋據史記而疑此，然梁玉繩正謂史記「收上缺北字」（史記志疑）。且秦時成皋非郡（後魏始置），此當指上郡。其地在秦北境，已近匈奴，故謂要害之郡。

〔一二〕愛，禮記表記注：「愛，猶惜也。」

〔一三〕「舉」，他本皆作與。俞樾曰：「相與爲一，吉府本作相舉爲一。舉、與古通用。作舉者，必古本也。」

〔一四〕「齊有」四句，李善曰：「史記曰：『平原君趙勝者，趙之諸公子也。』又曰：『孟嘗君者，名文，姓田氏。』又曰：『春申君者，楚人也，名歇，姓黄氏。』又曰：『魏公子無忌者，魏安釐王弟也，爲信陵君。』」

〔一五〕約從離衡，司馬貞曰：「言孟嘗等四君皆爲其國共相約結爲從（縱），以離散秦之横（衡）。」

〔一六〕「燕」下，始皇本紀、盧藏潭本、李本、何本有楚齊二字。王念孫曰：「有楚齊二字是也，下文兩言『九國之師』，又云『陳涉之位，不齒於齊楚燕趙韓魏宋衞中山之君』，是其證。」劉師培曰：「魏趙二字疑衍，知者，上文『齊有孟嘗，趙有平原，楚有春申，魏有信陵』，是齊趙楚魏已見於前。此文云兼，始皇本紀作并，均爲及、與之詞，則均四國以外之國矣。惟此無齊楚，尚足考後儒妄增之蹟，并足證史記魏楚齊趙四字亦出俗增。風俗通義皇霸篇亦無齊楚，是其證也。」夏案：倘如劉説，原作「兼韓燕宋衞中山之衆」，文意甚明，無需增字，且所增四字又不連屬，何致如此工於作僞？疑本有魏趙二字（或原有脱衍，或誼行文偶疏所致。劉引風俗通義適足證漢時所見本已有此二字），校書者以其與下文「九國」不符，遂增楚齊二字，且改兼爲并。漢書藝文志：「書師合蒼頡、爰歷、博學三篇，并爲蒼頡篇。」注：「并，合也，總合以爲蒼頡篇也。」故「總合」之「并」，即可含四國於内矣。

〔一七〕六國，司馬貞曰：「韓、魏、趙、燕、楚、齊是也。六國與宋、衞、中山爲九國，其三國蓋微，又前亡。」

〔一八〕「有甯越」句，司馬貞曰：「寧越、趙人，賈誼作甯越。徐尚，未詳。蘇秦，東周洛陽人。吕氏春秋『杜赫以安天下説周昭文君』，高誘曰：『杜赫，周人也。』」夏案：古文辭類纂過秦論注：「徐尚，宋人。」未詳所據。

〔一九〕「齊明」句，司馬貞曰：「齊明，東周臣，後仕秦楚及韓。周最，周之公子，亦仕秦。陳軫，夏人，亦仕秦。昭滑，楚人。樓緩，魏文侯弟，所謂樓子也。蘇厲，秦之弟，仕齊。樂毅，本齊臣，入燕，燕昭王以客禮待之，以爲亞卿。翟景，未詳也。」王念孫曰：「翟景，蓋即戰國策之翟強也。魏策曰：『魏王之所用者，樓痹、翟強也。』史記高祖功臣侯者表『杜衍彊侯』，徐廣曰：『彊，一作景。』是景與彊通，故又與強通也。」夏案：司馬貞所謂「昭滑」即「召滑」，史記甘茂傳即作「召滑」。　通其意，李廷機曰：「攻秦之意。」

〔二〇〕「吳起」句，司馬貞曰：「吳起，衞人，事魏文侯爲將。孫臏，孫武之後也。呂氏春秋曰：『王廖貴先，兒良貴後。』二人皆天下之豪氏也。田忌，齊將也。廉頗，趙將也。趙奢亦趙之將。」王念孫曰：「索隱云帶陀未詳，亦未言王廖、兒良爲何國之人。案：易林益之臨：『帶季、兒良明知權兵，趙、魏以強。』帶季蓋即帶陀，但未知孰趙孰魏也。」沈欽韓曰：「周策有宮佗，或即其人。」王耕心曰：「古文倪氏，皆作兒，讀如倪，五兮切，倪乃後出字。呂氏春秋作兒，是也。」　「朋」，原作屬，始皇本紀、陳勝傳贊作朋，陳涉世家、文選作倫。夏案：作「屬」與上「杜赫之屬」複，新書他本亦作朋，茲據李本改。廣雅釋詁：「朋，類也。」　制，呂氏春秋禁塞注：「制，主也。」

〔二一〕仰，顔師古曰：「秦之地形高，而諸侯之兵欲攻關中者，皆仰嚮，故云仰關。」

〔二二〕延，正韻：「延，納也。」

〔二三〕九國之師，秦本紀：「惠文王(後)七年，韓、趙、魏、燕、齊共攻秦。」「昭襄王十一年，齊、韓、魏、趙、宋、中山五國共攻秦（正義：中山此時屬趙，故云五國也）。」韓非子存韓：「先時五諸侯共伐秦。」夏案：是史書子書無言九國之師共攻秦者，賈生若無他據，當係約略言之。　逡巡，顏師古曰：「此言九國畏懦，自度無功，持疑不敢進。」（匡謬正俗）

〔二四〕爭割地以賂秦，夏案：秦本紀：「昭襄王十一年，齊、韓、魏、趙、宋、中山五國共攻秦。秦與韓、魏河北及封陵以和。」是秦割地求和，非九國也，此乃賈生飾言耳。

〔二五〕「弊」，陳涉世家作獘。夏案：說文無弊字，獘下曰：「頓仆也。」此當作獘。朱駿聲曰：「獘，犬誤爲大，又〔訛〕作廾。」

〔二六〕亡，說文：「亡，逃也。」　北，荀子議兵注：「北者，乖背之名，故以敗走爲北也。」漢書高帝紀上注引韋昭曰：「北，古背字也，背去而走也。」

〔二七〕「尸」，原訛師，兹據始皇本紀及李本改。

〔二八〕櫓，說文：「櫓，大盾也。」

〔二九〕「疆」，他本皆作彊。朱駿聲曰：「疆，假借爲彊。」

〔三〇〕施，顏師古曰：「施，延也。弋豉反。」

〔三一〕六世，張晏曰：「孝公、惠文王、武王、昭王、孝文王、莊襄王。」　烈，顏師古曰：「烈，業也。」

〔三二〕振，荀子王制注：「振，舉也。」　寓，說文：「籒文宇，從禹。」

〔三三〕吞二周，始皇本紀：「滅二周，置三川郡。」周本紀索隱：「周考王封其弟於河南，爲桓公，（其孫）惠公，立長子曰西周公，又封少子於鞏，襲父號曰東周惠公，於是有東西二周也。」夏案：二周係周室之附庸，此前周赧王已卒，無嗣，其民流散，至二周滅於莊襄王（非賈生所謂始皇，皆詳周本紀），周王朝始亡。河南，故地在今河南洛陽。鞏，故地即今河南鞏縣。

〔三四〕履至尊，劉良曰：「謂稱始皇帝也。」六合，李廷機曰：「天地四方。」

〔三五〕敲朴，鄧展曰：「敲，短杖也。」司馬貞引臣瓚曰：「短曰敲，長曰朴。」

〔三六〕「振」，陳勝傳贊作震。王耕心曰：「震讋字從雨，振救字從手，二文義正相反，不當通假，作振殊謬。」夏案：王先謙引錢大昭曰：「史記、新書震皆作振，古字通。」易恒「振恒」釋文：「振，本作震。」即其證。王耕心氏之説似是而非，訓詁家向有反義同辭之説，無礙通假。

〔三七〕「百」，原訛北，他本皆作百，兹據始皇本紀及李本改。「越」，史記、文選、李本同，他書他本皆作粤。王耕心曰：「二字異地，不當通假。」夏案：漢書地理志下：「粤地，其君禹後，封於會稽。」會稽即今浙江紹興，古之越地，是粤越通假之證，王説泥。又，地理志下注引臣瓚曰：「自交阯至會稽七八千里，百越雜處，各有種姓。」是會稽至交阯皆謂越（粤）。

〔三八〕桂林象郡，張銑曰：「言破南越，分爲此二郡也。」夏案：象郡故地在今廣西崇左一帶。

〔三九〕俛，説文：「頫，低頭也。或從人免。」顔師古曰：「頫，古俯字。」陳勝傳贊即作頫。

〔四〇〕委命下吏，吕向曰：「言委任性命於獄官也。」

〔四一〕藩籬，顔師古曰：「言以長城扞蔽胡寇，如人家之有藩籬。」

〔四二〕以愚黔首，皇本紀：「更名民曰黔首。」禮記祭義疏：「黔謂黑也，凡人以黑巾覆頭，故謂之黔首。」沈欽韓曰：「商子墾令篇：『民不貴學則愚，愚則無外交，無外交則勉農而不偷。』此所謂愚黔首也。」夏案：沈説僅其一端。

〔四三〕墮名城，應劭曰：「壞堅城，恐人復阻以害己也。」顔師古曰：「墮，毁也。火規反。」夏案：顔音謂通隳，文選即作隳。

〔四四〕兵，説文：「兵，械也。」廣韻：「兵，兵器也。」

〔四五〕鋒鏑，顔師古曰：「鋒，戈戟刃也。鏑，箭鏃也。」

〔四六〕金人，始皇本紀：「收天下兵，聚之咸陽，銷以爲鍾鐻、金人十二。」司馬貞曰：「各重千石，坐高二尺，號曰翁仲。」顔師古曰：「（其上）銘曰：『皇帝二十六年，初兼天下，改諸侯爲郡縣，一法律，同度量。大人來見臨洮，其長五丈，足跡六尺。』」張守節引漢書五行志云：「大人十二，見於臨洮，故鎖兵器以象之。」漢書食貨志下注引如淳曰：「古者以銅爲兵，秦銷鋒鍉鑄金人十二是也。」

〔四七〕踐華爲城，服虔曰：「斷華山爲城。」釋名釋姿容：「踐，殘也，使殘壞也。」

〔四八〕因，吕氏春秋盡數注：「因，依也。」「池」，原訛地，兹據李本改。夏案：周禮雍氏注：「池，謂陂障之水道也。」即護城河。

〔四九〕「高」，李本同，他本皆作城。王念孫曰：「高，當爲𩫏，即城郭之郭，因僞爲高。賈子過秦『據億丈之𩫏』，今本僞爲高。」（讀書雜志九）夏案：是則高字雖誤，尚近於真，城字則係臆改矣。

〔五〇〕「而」，李本同，他本無。俞樾曰：「吉府平守上有而字，疑勁弩上缺一字，下句云：『信臣精卒，陳利兵而誰何』，此句良將與信臣精卒對，必更有一字方與陳字對也，此字偶缺，後人誤以良將勁弩對信臣精卒，遂覺而字無謂，輒删去也。賴吉府本有而字，猶可推尋其蹟。」

〔五一〕誰何，司馬貞曰：「崔浩曰：『何，或爲呵。』漢舊儀：『誰何，呵夜行者誰也。』」顔師古曰：「問之爲誰。」

〔五二〕金城，司馬貞曰：「言其實且堅也。漢書張良曰：『關中，所謂金城千里，天府之國。』」

〔五三〕「子孫」句，李善曰：「史記秦始皇曰：『朕爲始皇帝，後世以計數，二世、三世，至於萬世，傳之無窮。』」

〔五四〕殊俗，呂氏春秋論大注：「殊俗，異方之俗也。」夏案：此謂殊俗之方國。

〔五五〕「而」，原無，兹據陳勝傳贊補。

〔五六〕甕牖繩樞，孟康曰：「瓦甕爲窗也。」服虔曰：「以繩係户樞。」

〔五七〕氓，說文：「氓，民也。」段注：「自他歸往之民，則謂之氓，故字從民亡。」隸，周語下注：「隸，役也。」夏案：氓隸連文亦可謂賤民。

〔五八〕「才能不及中人」，原能不誤倒，兹據史記及李本乙。

〔五九〕「仲尼」，何本、遞修本、鄭藏本、王國維校本作仲弓。王耕心曰：「孔墨并稱，屢見晚周諸子。改尼爲弓，乃出淺人妄竄。」夏案：賈生爲荀子再傳弟子，荀子爲仲弓弟子，故此稱述仲弓，似作「仲弓」是。

〔六〇〕陶朱、猗頓，顔師古曰：「越人范蠡逃越，止於陶，自謂陶朱公。猗頓本魯人，大畜牛羊於猗氏之南，貲擬王公，馳名天下。」夏案：陶，故地在今山東定陶。猗氏，故地在今山西臨猗。猗，音衣。

〔六一〕俛起，即俯仰，參注〔三九〕。「阡陌」，始皇本紀作什伯。王念孫曰：「阡陌，本作什伯，漢書音義曰：『首出十長、百長之中。』如淳曰：『時皆辟屈在十、百之中。』據此，則正文及如注皆本作什伯明矣。陳涉世家索隱亦作什伯，注云：『謂十人百人之長也。』匈奴傳索隱引過秦論云『俛起什百之中』，此皆其明證。『躡足行伍之間』四句，一意相承，皆謂戍卒也，非爲耕夫時事也。若作阡陌，則與上下文不類。」詩鹿鳴之什疏：「十人謂之什也。」朱駿聲曰：「伯，假借爲佰。」漢書食貨志上注：「伯，謂百錢也。」

〔六二〕揭，李善引埤蒼云：「高舉也。」劉良曰：「舉竿爲旗而無旌幡也。」「干」，他本皆作竿。朱駿聲曰：「干，假借爲竿。」

〔六三〕「而」，原無，兹據李本補，以與下句一律。嚮應，顔師古曰：「嚮，讀曰響，如響之應聲。」

〔六四〕贏，顔師古曰：「贏，擔也。」景從，顔師古曰：「景從，言如影之隨形也。」説文：「景，日光也。」王筠句讀：「景在下曰倒景，葛洪字苑始加彡作影。」

〔六五〕山東，指殽山以東諸國。趙策二：「秦必不敢出兵於函谷關，以害山東矣。」俊，淮南子泰俗訓：「智過萬人者，謂之英；千人者，謂之俊。」「遂」，原無，兹據始皇本紀及莫本補。

〔六六〕鉏櫌棘矜，集韻：「鉏，或作鋤。」服虔曰：「櫌，鉏柄也。」顔師古曰：「服説非也。櫌，摩田器也。棘，戟也。矜與穳同，穳謂矛鋋之把也。」王念孫曰：「棘矜，謂伐棘以爲杖也，即上文所謂『斬木爲兵』也。師古以棘爲戟，非也。」

〔六七〕銛，廣雅釋詁：「銛，利也。」鉤戟，顔師古曰：「戟刃鉤曲者。」鎩，如淳曰：「長刃矛也。」

〔六八〕適，顔師古曰：「適讀曰謫，謂罪罰而行也。」亢，顔師古曰：「亢，當也，讀與抗同。」

〔六九〕鄉，朱駿聲曰：「鄉，假借爲曏。」「曏，往時也。」

〔七〇〕「挈」，何本、周本同，他書他本皆作絜。朱駿聲曰：「挈，假借爲絜。」司馬貞曰：「絜，謂如結束知其大小也。」

〔七一〕八州，劉良曰：「九州之數，秦有雍州，餘八州皆諸侯之地。」朝同列，劉良曰：「謂六國諸侯嘗與秦爲列國，皆使朝服也。」

〔七二〕七廟，禮記王制：「天子七廟，三昭三穆與太祖之廟而七。」

〔七三〕「身死」二句，語本秦策四，秦臣中期謂晉之智氏：「身死國亡，爲天下笑。」賈生引以譏秦。

過秦下 事勢〔一〕

秦滅周祀，并海内，兼諸侯，南面稱帝〔二〕，以四海養。天下之士斐然嚮風〔三〕，若是〔四〕，何也？曰：近古而無王者久矣〔五〕。周室卑微，五霸既滅，令不行於天下，是以諸侯力正〔六〕，強凌弱，衆暴寡〔七〕，兵革不休，士民罷弊〔八〕。今秦南面而王天下，是上有天子也。即元元之民冀得安其性命〔九〕，莫不虚心而仰上。當此之時，專威定功〔一〇〕，安危之本，在於此矣。

秦王懷貪鄙之心，行自奮之智〔一一〕，不信功臣，不親士民，廢王道而立私愛〔一二〕，焚文書而酷刑法，先詐力而後仁義，以暴虐爲天下始。夫并兼者高詐力〔一三〕，安危者貴順權〔一四〕，以此言之，取與、攻守不同術也〔一五〕。秦雖離戰國而王天下〔一六〕，其道不易，其政不改，是以其所以取之也〔一七〕，孤獨而有之，故其亡可立而待也。借使秦王論上世之事〔一八〕，并殷周之迹〔一九〕，以制御其政，後雖有淫驕之主，猶未有傾危之患也。故三王之建天下〔二〇〕，名號顯美，功業長久。

今秦二世立，天下莫不引領而觀其政〔二一〕，夫寒者利裋褐而飢者甘糟糠〔二二〕，天下囂囂〔二三〕，新主之資也〔二四〕。此言勞民之易爲仁也。嚮使二世有庸主之行而任忠賢，臣主一心而憂海内之患，縞素而正先帝之過；裂地分民以封功臣之後，建國立君以禮天下；虚囹圄而免刑戮，去收帑污穢之罪〔二五〕，使各反其鄉里〔二六〕；發倉廩，散財幣，以賑孤獨窮困之士；輕賦少事，以佐百姓之急；約法省刑，以持其後〔二七〕，使天下之人皆得自新，更節循行〔二八〕，各慎其身；塞萬民之望，而以盛德與天下，天下息矣〔二九〕。即四海之内〔三〇〕，皆歡然各自安樂其處，唯恐有變。雖有狡害之民〔三一〕，無離上之心，則不軌之臣無以飾其智〔三二〕，而暴亂之奸彌矣〔三三〕。二世不行此術，而重以無道：壞宗廟與民，更始作阿房之宫〔三四〕；繁刑嚴誅，吏治刻深；賞罰不當，賦斂無度〔三五〕。天下多事，吏不能紀〔三六〕；百姓困窮，而主不收卹。然後奸僞并起，而上下相遁〔三七〕；蒙罪者衆，刑僇相望於道〔三八〕，而天下苦之。自羣卿以下至於衆庶〔三九〕，人懷自危之心，親處窮苦之實，咸不安其位，故易動也。是以陳涉不用湯、武之賢〔四〇〕，不藉公侯之尊，奮臂於大澤〔四一〕，而天下嚮應者〔四二〕，其民危也。

故先王者見終始之變〔四三〕，知存亡之由，是以牧之以道，務在安之而已矣。下雖有逆行之臣，必無響應之助。故曰「安民可與行義，而危民易與爲非」〔四四〕，此之謂也。貴爲天子，富有四海，身在於戮者，正之非也〔四五〕。是二世之過也。

秦兼諸侯山東三十餘郡〔四六〕，循津關〔四七〕，據險塞，繕甲兵而守之。然陳涉率散亂之衆數百，奮臂大呼，不用弓戟之兵，鉏耰白梃〔四八〕，望屋而食〔四九〕，横行天下。秦人阻險不守，關梁不閉〔五〇〕，長戟不刺，彊弩不射。楚師深入〔五一〕，戰於鴻門，曾無藩籬之難〔五二〕。於是山東諸侯并起，豪俊相立。秦使章邯將而東征。章邯因其三軍之衆要市於外〔五三〕，以謀其上。羣臣之不相信，可見於此矣。

子嬰立，而遂不悟。借使子嬰有庸主之材，而僅得中佐，山東雖亂，三秦之地可全而有〔五四〕，宗廟之祠宜未絕也。秦地被山帶河以爲固〔五五〕，四塞之國也〔五六〕。自繆公以來〔五七〕，至於秦王二十餘君，常爲諸侯雄，此豈世賢哉？其勢居然也〔五八〕。且天下嘗昔日同心并力攻秦矣〔五九〕，當此之世，賢智并列，良將行其師，賢相通其謀，然困於阻險而不能進，秦乃延入戰而爲之開關，百萬之徒逃北而遂壞。然困於阻險而不能進者〔六〇〕，豈勇力智慧不足哉？形不利，勢不便也〔六一〕。秦離小邑伐并大城〔六二〕，守險塞而軍，高壘毋戰，閉關據阸，荷戟而守之。諸侯起於匹夫，以利會，非有素王之行也〔六三〕。其交未親，其民未附，名曰亡秦，其實利之也。彼見秦阻之難犯，必退陣。案士息民以待其弊〔六四〕，承解誅罷以令國君〔六五〕，不患不得意於海内。貴爲天子，富有四海，而身爲禽者〔六六〕，其捄敗非也〔六七〕。

秦王足己而不問，遂過而不變〔六八〕。二世受之，因而不改〔六九〕，暴虐以重禍。子嬰孤立無親，危弱無輔。三主之惑，終身不悟，亡不亦宜乎？當此時也，世非無深謀遠慮知化之士也〔七〇〕，然所以不敢盡忠拂過者〔七一〕，秦俗多忌諱之禁也，忠言未卒於口，而身糜沒矣。故使天下之士傾耳而聽，重足而立，闔口而不言。是以三主失道，而忠臣不諫，智士不謀也。天下已亂，奸臣不上聞〔七二〕，豈不悲哉！先王知壅蔽之傷國也，故置公卿大夫士，以飾法設刑而天下治〔七三〕。其彊也，禁暴誅亂而天下服；其弱也，五霸征而諸侯從〔七四〕；其削也，内守外附而社稷存。故秦之盛也，繁法嚴刑而天下震；及其衰也，百姓怨而海内叛矣。故周王序得其道〔七五〕，千餘載不絕；秦本末并失，故不能長。由是觀之，安危之統相去遠矣〔七六〕。

鄙諺曰：「前事之不忘，後之師也〔七七〕。」是以君子爲國〔七八〕，觀之上古，驗之當世，參之人事，察盛衰之理，審權勢之宜，去就有序，變化應時，故曠日長久而社稷安矣。

〔一〕「過秦下」，何本、盧本作過秦中。何孟春云：「此與後篇，舊俱作過秦下，今分之。蓋以一爲二世，一爲子嬰發也。」盧文弨曰：「小司馬云：『過秦論以「孝公」已下爲上篇，「秦兼并諸侯」爲下篇。』據此，則此爲中篇明矣。」夏案：何氏以己意分篇，而其所見本俱作上下二篇明矣。盧氏引司馬貞言爲證，則似是而非。小司馬所云，係因徐廣而發。徐廣曰：「一本有此篇，無前者『秦孝公』已下，而又以『秦并兼諸侯三十餘郡』繼此末也。」故司馬貞揭明賈書中，何者爲上篇，何者爲下篇，何嘗言有中篇。且陳涉世家集解引班固奏事云：「太史遷取賈誼過秦上下篇以爲秦始皇本紀、陳涉世家下贊文。」陳勝傳贊注引應劭曰：「賈生有過秦二篇，言秦之過。」班、應漢人，當較後人更詳賈書之真，兹仍其舊。坊本多從盧說，今辨之。又，此文載始皇本紀。

〔二〕南面稱帝，易說卦：「聖人南面而聽天下，嚮明而治。」廣韻：「面，向也。」

〔三〕斐然，文選陳琳爲曹洪與文帝書翰注：「斐然，強進之貌。」夏案：斐然蓋猶靡然，史記儒林傳：「天下之學士靡然嚮風矣。」義與此同。

〔四〕「若是」下，始皇本紀有者字，於義爲長。

〔五〕而，吴昌瑩曰：「而，猶其也。」「其，猶之也。」史記即作之。

〔六〕「正」，原作勁，兹據墨子改。夏案：此文本自墨子明鬼：「聖王既没，天下失義，諸侯力正。」孫詒讓引畢沅曰：「正，同征。」原「勁」於上下文義不合，故改。又，史記、李本作政，盧文弨曰：「政，讀爲征。」蓋亦據墨子注。

〔七〕暴，猶虐也。孟子萬章上：「豈得暴彼民哉。」集注：「不得虐有庳之民。」

〔八〕罷，朱駿聲曰：「罷，假借爲疲。」

〔九〕即，劉師培曰：「即，與則同。」　元，史記孝文紀索隱引姚察云：「古者謂人云善人也，因善爲元，故云黎元。其云元元者，非一人也。」引顧野王云：『元元，猶喁喁也，可憐愛貌。」司馬貞案曰：「未安其説，聊記異也。」

〔一〇〕「專」，史記作守。王耕心曰：「專威非古人語，作守是也。」

〔一一〕奮，荀子子道注：「奮，振矜也。」

〔一二〕廢王道，尚書洪範：「王道蕩蕩，無黨無偏。」廢之則有黨有偏，故下云「立私愛。」

〔一三〕高，説文：「高，崇也。」

〔一四〕安危，謂轉危爲安，故史記作安定。　順權，王耕心曰：「順天理人情自然之權衡也。」

〔一五〕「攻」，史記無，盧文弨、劉師培皆以「攻」爲衍文。夏案：攻守、取與對文，攻字不衍。取與即取予。管子霸言「欲用天下之權者，必先布德諸侯，故先王有所取有所與」，下文所云「以盛德與天下」，即用其意。

〔一六〕離，易兑鄭注：「離，猶併也。」李本正作「併」。

〔一七〕「是以其所以取之也」，史記作「是其所以取之守之者異也」，程本作「是以其所以取之守之者異也」，盧本作「是其所以取之也」，王本作「以其所以守之者」。王念孫曰：「異上當有無字，（謂）其所以守之者，無異於其所以取之者矣。」盧文弨曰：「孤獨而有之，即是不知守之之道與取異，兩句當合讀，今從建本。」王耕心曰：「盧本、史記皆有衍誤，茲就兩本訂正之。」夏案：「是」乃繫詞，「以其」與下連讀，「也」讀爲者（王引之曰：「也，猶者也」），則本文無窒礙。

〔一八〕借，說文段注：「古多用藉爲借，藉令即假令。」 論，吕氏春秋直諫注：「論，知也。」

〔一九〕并，朱駿聲曰：「并，假借爲傍。」正韻：「傍，倚也。」夏案：此謂依傍。

〔二〇〕三王，風俗通皇霸：「夏禹、殷湯、周武王，是三王也。」夏案：或謂周武王爲周文王，或謂周文王武王合爲三王之一，詳孟子告子下集注。

〔二一〕領，說文：「領，項也。」段注：「項當作頸。」 「政」，原作亡，史記作政。王耕心曰：「諸本及意林所引，皆作政，作亡殊不足信。下文方代爲幹蠱，今已先言引領觀其亡，決不可通。」夏案：王說是，下文「塞萬民之望，而以盛德與天下」，正與「觀其政」呼應，茲據史記改。

〔二二〕「裋」，原作短，史記作裋。夏案：漢書貢禹傳注：「裋者，謂僮豎所著布長襦也。褐，毛布之衣也。裋音豎。」是知裋褐二物，正與下之糟糠對文，茲據史記改。

〔二三〕囂囂，莊子駢拇「天下何其囂囂」釋文：「囂囂，憂世之貌。」

〔二四〕資，史記留侯世家集解：「資，藉也。」

〔二五〕收帑，史記孝文紀「及爲收帑」集解引應劭曰：「秦法：一人有罪，并坐其家室。」朱駿聲曰：「帑，字亦作孥。」

〔二六〕反，朱駿聲曰：「反，假借爲返。」

〔二七〕約，禮記坊記「約言」疏：「謂省約其言。」以持其後，列子説符：「枉直隨形而不在影，屈伸任物而不在我，此之謂持後。」夏案：句意蓋謂法正刑省，民將持後而不犯法。老子九章注：「持，謂不失德也。」亦其義。又，朱駿聲曰：「待，假借爲持。」是持亦借爲待，於義亦通。

〔二八〕節，廣韻：「節，操也。」「循」，史記作修。劉師培曰：「循字當從史記作修行，與上下文自新、慎身相應。」夏案：廣韻：「循，善也。」句謂更節行善，於意可通。即如劉説，循亦通修（莊子大宗師釋文：「循，本亦作修」），無煩改字。

〔二九〕「天下」，原脱，兹據史記補。息，廣雅釋詁一：「息，安也。」

〔三〇〕即，王引之曰：「即，與則同。」

〔三一〕狡害，猶言狡猾。朱起鳳曰：「害讀入聲，與猾音近。」史記即作狡猾。

〔三二〕智，淮南子覽冥訓注：「智故，巧詐。」夏案：管子正世：「飾智任詐，負力而爭。」智詐互文，智即詐，故需飾也。

〔三三〕彌，集韻：「彌，止也。通作弭。」

〔三四〕「壞宗廟」二句，裴駰引徐廣曰：「一本無此上五字（指『壞宗廟與民』）。」俞樾曰：「與民更始爲句，當在不行此術句下。」王耕心曰：「壞宗廟事，二世所無，今删。」夏案：俞説可通，唯嫌「壞宗廟作阿房之宮」無據。如文似可解爲譬況之辭（指仁義不施而七廟墮），不必坐實。更始作阿房之宮，始皇本紀：「三十五年，先作前殿阿房。」「（二世元年四月）復作阿房宮。」漢書賈山傳注：「阿房者，言殿之四阿皆爲房也。一説大陵曰阿，言其殿高，若於阿上爲房也。房字或作旁，説云始皇作此殿，未有名，以其去咸陽近，且號阿房。阿，近也。」夏案：周禮考工記匠人「四阿」注：「若今四注房也。」疏：「四霤者也。」廣韻：「阿，烏何切。」張守節曰：「房，白郎反。」

〔三五〕「斂」，原誤作飲，他本皆作斂，兹據史記改。

〔三六〕紀，詩大雅棫樸集傳：「理之爲紀。」

〔三七〕遁，王念孫曰：「遁，欺也。」

〔三八〕僇，集韻：「戮，古作僇。」

〔三九〕「卿」，原作鄉，兹據史記改。夏案：朱駿聲曰：「鄉，假借爲卿。」鄉、卿形近而訛，經典中屢見，因謂之假借，未可遽從，儀禮士冠禮「以摯見于鄉大夫」校勘記辯之甚明。

〔四〇〕用，王引之引蒼頡篇曰：「用，以也。」

〔四一〕「臂」，原無，兹據史記補。夏案：原本可通，然下又云「奮臂大呼」，知此脱臂字。

〔四二〕嚮，朱駿聲曰：「假借爲響。」

〔四三〕「者」，史記無。俞樾曰：「此本作覩字，誤爲者見二字。」夏案：俞説是，此或衍者字，或即覩字。

〔四四〕故，論語爲政正義：「故之爲言，古也。謂舊所學也。」此謂古語。

〔四五〕正，朱駿聲曰：「正，假借爲政。」程本即作政。

〔四六〕夏案：此段以下，史記置於所引賈文之首，何本、盧本作「過秦下」。參注〔一〕。「山東三十餘郡」，陶鴻慶曰：「疑有脱文，當云『分天下爲三十餘郡』。」

〔四七〕「循」，李本、程本、何本、日刊本作修。俞樾曰：「修通作脩，因誤作循也。」夏案：循通修〔詳注三八〕，此借爲修。

〔四八〕梃，吕氏春秋簡選注：「梃，杖也。」

〔四九〕望屋而食，司馬貞曰：「言其兵蠶食天下，不裹糧而行。」

〔五〇〕梁，説文：「梁，水橋也。」

〔五一〕「師」，原作沛，兹據史記改。劉師培云：「此文係言周文入關，事在楚漢入關之前。戰於鴻門，亦即文軍戲下言之，故斯下方言章邯東征，非謂項羽沛公也。」夏案：劉説是，此下「山東諸侯并起，豪俊相立」，方有楚沛。楚師深入，始皇本紀：「（陳）勝自立爲楚王，」「遣周章等將西至戲，兵數十萬。」陳涉世家「周文」集解引文穎曰：「即周章。」戲，張守節曰：「即京東戲亭也。」夏案：故地在今陝西臨潼，鴻門亦在臨潼，故籠統言之。

〔五二〕曾，猶言竟也。衞風河廣：「誰謂河廣，曾不容刀。」難，集韻：「難，一曰艱也。」史記即作艱。

〔五三〕要市於外，司馬貞曰：「此評失也。章邯之降，由趙高用事，不信任軍將，一則恐誅，二則楚兵既盛，王離見虜，遂以兵降耳。非要市於外以求封明矣。要，平聲。」夏案：秦策注：「市，求也。」要市，謂恃勢求索。

〔五四〕三秦，始皇本紀：「滅秦之後，各分其地爲三，號曰三秦。」

〔五五〕被，楚辭九章涉江注：「在背曰被。」

〔五六〕四塞之國，齊策三注：「四面有山關之固，故曰四塞之國也。」

〔五七〕繆，漢書息夫躬傳注：「繆，讀曰穆。」

〔五八〕其勢居然，謂所處之勢位使然。孟子盡心上集注：「居，謂所處之位。」

〔五九〕「昔日」，盧文弨曰：「昔日係衍文，今依史記去之。」夏案：二字於此雖不文，然尚可意會，且疑與「嘗」字誤倒，茲仍之。

〔六〇〕「然困於阻險而不能進者」，史記無，盧文弨王耕心以爲衍文删去。夏案：此句重複累贅，疑衍，然語氣尚完整，茲仍之。又，盧自「當此之世」至此句皆删，王再删「秦乃延入戰」三句。

〔六一〕「也」，原無。陶鴻慶曰：「當依史記補也字。」夏案：陶説是，茲補。

〔六二〕「秦雖小邑伐并大城」，史記無「雖」「伐」二字，李本、王本從之。夏案：蓋他本以二字費解而删，恐非。荀子解蔽注：「雖，或作離。」此當借爲離，或離之訛（見荀子集解引郝懿行王念孫説），謂附麗集聚也。又，史記此文下，裴駰引徐廣曰：「大，一作小。」此當作小，謂伐并小城也。如此，則可據險而守，故下句云：「守險塞而軍。」

〔六三〕素王，莊子天道注：「有其道爲天下所歸而無其爵者，所謂素王也。」

〔六四〕案，朱駿聲曰：「案，假借爲安。」

〔六五〕承解誅罷，朱駿聲曰：「解，假借爲懈。」劉師培曰：「承，蓋懲之假。懲懈者，窺其懈怠而懲之。」顔師古曰：「罷，讀曰疲。」

〔六六〕禽，朱駿聲曰：「禽，假借爲捦。」「捦，字亦作擒。」

〔六七〕捄，朱駿聲曰：「捄，假借爲救。」

〔六八〕「秦王」二句，即韓非子十過所謂「過而不聽於忠臣，獨行其意。」廣雅釋詁：「過，誤也。」足己，即自以爲是。

〔六九〕因，依也。詳過秦上注〔四八〕。

〔七〇〕知化，易繫辭下「窮神知化」疏：「曉知變化之道。」

〔七一〕拂，郭璞曰：「拂，與弼同。」字彙：「拂，正也。」

〔七二〕「臣」，史記無。夏案：此當系蒙上「忠臣」而衍，本謂天下之士闔口不言，故奸不上聞，非特謂奸臣也。玉篇：「奸，亂也。」

〔七三〕飾，朱駿聲曰：「飾，假借爲飭。」

〔七四〕「征」，陶鴻慶曰：「征，當爲正。言五霸能匡正王國也。」夏案：周語上注：「征，正也。」是則無煩改字。

〔七五〕王序，王耕心曰：「王政之次序。王，讀去聲。」

〔七六〕統，易乾「乃統天」釋文：「統，本也。」

〔七七〕鄙諺，大戴禮保傅「鄙諺」注：「猶今言俗語。」「後」下，史記有「事」字。夏案：語本趙策一：「前事之不忘，後事之師。」當有事字，省文亦可通。

〔七八〕君子，禮記曲禮上疏：「君子，謂人君。」夏案：全篇言秦王之過而爲漢帝之鑒，此君子當謂人君。爲國，論語里仁正義：「爲國者，爲猶治也。」

宗首　事勢〔一〕

今或親弟謀爲東帝〔二〕，親兄之子西向而擊〔三〕，今吴又見告矣〔四〕。天子春秋鼎盛〔五〕，行義未過〔六〕，德澤有加焉，猶尚若此，況莫大諸侯權勢十此者乎〔七〕！

然而天下少安者〔八〕，何也？大國之王幼在懷衽〔九〕，漢所置傅相方握其事。數年之後，諸侯王大抵皆冠，血氣方剛，漢之所置傅歸休而不肯住，漢所置相稱病而賜罷，彼自丞尉以上偏置其私人，如此有異淮南、濟北之爲耶！此時而乃欲爲治安〔一〇〕，雖堯、舜不能。臣故曰：時且過矣，上弗蚤圖〔一一〕，疑且歲聞所不欲焉〔一二〕。

黄帝曰：「日中必彗，操刀必割〔一三〕。」今令此道順〔一四〕，而全安甚易〔一五〕；弗肯早爲，已乃墮骨肉之屬而抗剄之〔一六〕，豈有異秦之季世乎〔一七〕！且謂天何？權不甚奇而數制人〔一八〕，豈可得也！夫以天子之位，用天子之力，乘今之時，因天之助，常憚以危爲安〔一九〕，以亂爲治；假設陛下居齊桓之處〔二〇〕，將不合諸侯匡天下乎〔二一〕？至此則陛下誤甚矣。時且失矣，心竊踊躍〔二二〕，離今春難爲已〔二三〕。天傾，時傾，足力傾〔二四〕，能孰視而弗肯理以傾時之失，豈不靡哉！可以良天下而稱〔二五〕，特以爲此籍也〔二六〕。竊爲陛下痛之，甚在上幸少留計焉。

〔一〕漢書賈誼傳（下稱本傳）陳政事疏列此文爲第三段，何孟春、王耕心以此篇首句不類文章發端，遂依本傳次序將本篇後置，周本同。夏案：王應麟曰：「班固作傳，分散其書，參差不一，總其大略。自『陛下誰憚而久不爲此』已上，則取其書宗首、數寧、藩傷、五美、制不定、親疏危亂凡七篇而爲之。」余嘉錫年伯曰：「謂新書爲取本傳所載，割裂顛倒其次序，則尤不然。」「連綴數篇爲一者，班固也，非賈誼也。」是則不宜據本傳變更新書編次，茲依其舊，下同。

〔二〕親弟，應劭曰：「淮南厲王長。」謀爲東帝，漢書五行志下之上：「（淮南王長）聚姦人謀逆亂，自稱東帝。」「帝」，原誤作弟，茲據本傳改。

〔三〕「親兄」句，如淳曰：「謂齊悼惠王子興居而爲濟北王反，欲擊取滎陽也。」夏案：齊悼惠王係文帝異母兄長，見漢書高五王傳。

〔四〕「今吴」句，如淳曰：「時吴王又不循漢法，有告之者。」漢書吴王濞傳：「濞，高帝兄仲之子也。」「朝錯數言吴過。文帝不忍罰，吴王日益横。」

〔五〕鼎，如淳曰：「鼎，方也。」

〔六〕行義未過，謂德行無過失。釋名釋言語：「義，宜也，裁制事物使合宜也。」秦策注：「未，無也。」

〔七〕莫大，顏師古曰：「莫大，謂無有大於其國者，言最大也。」　十此者，顏師古曰：「十倍於此。」

〔八〕少，朱駿聲曰：「少，假借爲小。」

〔九〕袵，集韻：「衽，衣衿也，或作袵。」

〔一〇〕治安，漢書文帝紀注：「治安，言治理而且安寧也。」

〔一一〕蚤，漢書文帝紀注：「蚤，古以爲早晚字。」

〔一二〕且，吕氏春秋音律注：「且，將也。」「聞」，原作間。俞樾曰：「間，乃聞之誤。疑，猶恐也。恐將歲聞所不欲焉。上文云：『今或親弟謀爲東帝，親兄之子西向而擊，今吴又見告矣。』聞所不欲，即指此等事而言。」夏案：俞説是，兹據以改。

〔一三〕「熭」，原作篲。夏案：字書無篲字，本傳作熭，兹據之改。「日中」二句，孟康曰：「熭音衛，日中盛者必暴熭也。」臣瓚曰：「太公曰：『日中不熭，是謂失時；操刀不割，失利之期。』言當及時也。」顏師古曰：「此語見六韜。熭謂暴曬之也。」

〔一四〕道順，王先謙曰：「道，由也。由順，不爲叛逆。」夏案：朱駿聲曰：「道，假借爲導。」疑此當作導順解。

〔一五〕全安，謂保全使之平安。正字通：「全，保也。」

〔一六〕墮，顏師古曰：「墮，毁也。火規反。」 抗剄，應劭曰：「抗其頭而剄之也。」顏師古曰：「抗，舉也。剄，割頸也。」章太炎曰：「抗、剄各義。方言：『抗，縣也。』然則，抗謂磬縊，剄謂刎脰也。」（賈子義鈔）夏案：磬縊，謂懸而縊殺之。刎脰，即斬首。脰，音豆，頸也。

〔一七〕「豈有」句，王先謙曰：「始皇紀：二世即位，六公子戮死於杜，公子將閭三人殺於内宫也。」

〔一八〕「權不」句，俞樾曰：「奇之言奇羨也，奇羸也。言漢與諸侯比權量力亦不甚奇羸，而欲諸侯王數受其制。」

〔一九〕常，陶鴻慶曰：「常讀爲尚，古通用。」本傳即作尚。

〔二〇〕「居」，原誤作君，兹據本傳改。

〔二一〕「將不」句，王念孫曰：「漢紀孝文紀作『將能九合諸侯而一匡天下乎？』作『將能』是也。言文帝得位乘時，尚不能安危治亂，假令居齊桓之位必不能一匡九合也。下文又曰：『臣又知陛下有所必不能矣』，『能』與『不能』，上下正相應。」夏案：倘就漢紀而言，王説尚屬有據；然本傳、新書俱同，漢紀後出，焉知不脱不字，未可徑從。此文言孝文倘異位而處，見天下未能安危治亂，必將一匡九合，實喻莫大諸侯將乘勢而起，故下句云「至此則陛下誤甚矣」。文脈一貫，略無窒礙，王説未可從。又，此下七十二字，漢書無，盧文弨、王耕心以爲有脱訛妄竄而删去。其間容有舛誤，但與上文意脈相承，當非妄竄，兹仍之，并試作疏解。

〔二二〕踊躍，屈原九章悲回風：「心踊躍其若傷。」夏案：此當如屈賦狀悲慟。

〔二三〕今春，當指文帝七年春。文帝紀：「（六年）十一月，淮南王長謀反。」即本篇首句「親弟謀爲東帝」事。 已，王引之曰：「已，與矣同義。」

〔二四〕足力，晉語：「射御足力則賢。」夏案：足力即力足。

〔二五〕「可以」下，盧藏建本、何本、程本有爲字。良，釋名釋言語：「良，量也，量力而動。」稱，廣雅釋詁：「稱，度也。」楚辭惜誓注：「稱，所以知輕重。」夏案：此句即上文「日中必熭，操刀必割」之意。倘有「爲」字，似亦可解爲：爲善政於天下而受稱許。

〔二六〕籍，他本皆作藉，朱駿聲曰：「籍，假借爲藉。」

數寧　事勢〔一〕

臣竊惟事勢〔二〕，可爲痛惜者一〔三〕，可爲流涕者二〔四〕，可爲長大息者六〔五〕。若其它倍理而傷道者〔六〕，難徧以疏舉〔七〕。進言者皆曰「天下已安矣」，臣獨曰「未安」。或者曰「天下已治矣」，臣獨曰「未治」。恐逆意觸死罪，雖然，誠不安，誠不治，故不敢顧身，敢不昧死以聞〔八〕。夫曰「天下安且治」者，非至愚無知，固諛者耳，皆非事實知治亂之體者也。夫抱火措之積薪之下而寢其上〔九〕，火未及燃，因謂之安，偷安者也。方今之勢，何以異此！夫本末舛逆，首尾横決〔一〇〕，國制搶攘〔一一〕，非有紀也〔一二〕，胡可謂治。陛下何不一令以數日之間，令臣得熟數之於前，因陳治安之策，陛下試擇焉，何甚傷哉？

射獵之娛與安危之機，孰急也〔一三〕？臣聞之〔一四〕：自禹以下五百歲而湯起，自湯已下五百餘年而武王起。故聖王之起，大以五百爲紀〔一五〕。自武王已下過五百歲矣，聖王不起，何怪矣〔一六〕。及秦始皇帝似是而卒非也，終於無狀。及今，天下集於陛下，臣觀寛大知通，竊曰足以操亂業〔一七〕，握危勢，若今之賢也〔一八〕。明通以足〔一九〕，天紀又當〔二〇〕，天宜請陛下爲之矣。然又未也者，又將誰須也〔二一〕？使爲治，勞知慮，苦身體，乏馳騁鍾鼓之樂，勿爲可也，樂與今同耳。因加以常安〔二二〕，四望無患。因諸侯附親軌道〔二三〕，致忠而信上耳。因上不疑，其臣無族罪，兵革不動，民長保首領耳。因德窮至遠，近者匈奴，遠者四荒〔二四〕，苟人迹之所能及，皆鄉風慕義〔二五〕，樂爲臣子耳。因天下富足，資財有餘，人及十年之食耳。因民素樸順而樂從令耳。因官事甚約，獄訟盜賊可令尠有耳〔二六〕。大數既得〔二七〕，則天下順治，海内之氣清和咸理，則萬生遂茂。晏子曰：「唯以政順乎神，爲可以益壽〔二八〕。」髮子曰：「至治之極，父無死子，兄無死弟，塗無繈緥之葬，各以其順終〔二九〕。」穀食之法，固百以是〔三〇〕，則至尊之壽，輕百年耳。古者，五帝皆逾百歲，以此言信之。因王爲明帝，股肱爲明臣〔三一〕，名譽之美，垂無窮耳。：「祖有功，宗有德〔三二〕。」始取天下爲功，始治天下爲德。因顧成之廟〔三三〕，爲天下太宗，承天下太祖〔三四〕，與漢長無極耳。因卑不疑尊〔三五〕，賤不踰貴，尊卑貴賤，明若白黑，則天下之衆不疑眩耳。因經紀本於天地〔三六〕，政法倚於四時〔三七〕，後世無變故〔三八〕，無易常，襲迹而長久耳。臣竊以爲建久安之勢，成長治之業，以承祖廟，以奉六親〔三九〕，至孝也；以宰天下，以治羣生〔四〇〕，神民咸億〔四一〕，社稷久享，至仁也；立經陳紀，輕重周得〔四二〕，後可以爲萬世法程，後雖有愚幼不肖之嗣，猶得蒙業而安，至明也。壽并五帝，澤施至遠，於陛下何損哉！以陛下之明通，因使少知治體者得佐下風〔四三〕，致此治非有難也。陛下何不一爲之，及其可素陳於前〔四四〕，願幸無忽〔四五〕。一夫者〔四六〕

臣謹稽之天地〔四七〕，驗之往古，案之當時之務〔四八〕，日夜念此至孰也，獨太息悲憤，非時敢忽也。雖使禹舜生而爲陛下，何以易此？爲之有數〔四九〕，必萬全無傷，臣敢以寸斷〔五〇〕。陛下幸試召大臣有識者使計之，有能以爲不便天子、不利天下者，臣請死。

〔一〕數寧，即辯説安寧之道。禮記儒行注「數，説也。」詩小雅巧言集注：『數，辨也。』楚辭九辯注：「辯，一作辨。」夏案：此文列本傳陳政事疏之首。

〔二〕惟，爾雅釋詁：「惟，思也。」

〔三〕「爲」，原無。劉師培曰：「可下脱爲字，下二語俱有之，漢書此句亦然。」夏案：劉説是，兹據本傳補。

〔四〕流涕者二，王先謙引王應麟曰：「其一謂匈奴有可制之策而不用也。其二論足食勸農。班氏載之食貨志。」

〔五〕大息，盧文弨曰：「言歎息之大也，俗本作太息，非。」夏案：離騷「長太息以掩涕」是賈文所本，本傳即作太息。正字通：「太，與大同。」長大息者六，王先謙引王應麟曰：「庶人上僭（夏案：即本書孽産子），班氏取爲太息之一。秦俗（即本書時變）、經制（即本書俗激），班氏取爲太息之二。論教太子（即本書保傅），是爲太息之三。體貌大臣（即本書階級），是爲太息之四。又等齊篇論名分不正，又銅布篇論收銅鑄錢，此二者，皆太息之説。」吴汝綸曰：「疑當作三，作六者誤耳。『民之賣僮』至『經制不定』爲一事，教太子爲一事，禮義、刑罰共爲一事，則適三事而已。魏志高堂隆疏：『賈誼以爲天下倒縣，可爲痛哭者一，可爲流涕者二，可爲長歎息者三。』古本正作三。」

〔六〕倍，説文：「倍，反也。」正字通：「倍，俗亦作背。」

〔七〕「難徧」句，顔師古曰：「言不可盡條記也。」

〔八〕敢，劉淇曰：「猶云豈敢。」　眛，朱駿聲曰：「眛，假借爲冒。」

〔九〕抱，集韻：「抱，蒲交切」。「抛，或作抱。」　措，禮記曲禮釋文：「措，置也。」

〔一〇〕横決，曾國藩曰：「於事之忤亂無條理者，則横字作去聲讀，如曰洪水横流是也。」

〔一一〕搶攘，晉灼曰：「搶音傖。傖攘，亂貌。」

〔一二〕紀，顔師古曰：「紀，理也。」

〔一三〕「射獵」二句，淩稚隆引茅坤曰：「賈山上書，首以射獵爲喻，而賈誼亦以此，必文帝當時，長代邊，好習射獵，故云云。」

〔一四〕「臣聞之」，俞樾曰：「漢書『孰急也』即接『使爲治』，今以『臣聞之』至『又將誰須也』横隔其中，殊不可通，若移在篇首『臣竊惟事勢』之上，則文理俱順。」夏案：俞説可參。

〔一五〕「自禹以下」四句，孟子盡心下：「由堯、舜至於湯，五百有餘歲，若禹、皋陶則見而知之，若湯則聞而知之。由湯至於文王，五百有餘歲，若伊尹、萊朱則見而知之，若文王則聞而知之。」注：「五百歲聖人一出，天道之常也。」已，同以。

〔一六〕何怪矣，俞樾曰：「怪，猶異也。言何其異也。」

〔一七〕「竊」上，原有臣字，當係涉上句而衍，兹據程本删。「足」，原作「是」，俞樾曰：「是，當爲足字。」夏案：俞説是，兹據程本改。

〔一八〕賢，荀子哀公注：「賢，亞聖之名。」

〔一九〕以，王引之曰：「以，猶而也。」夏案：「以」當與下句「又」相應，故訓而。

〔二〇〕天紀，猶言天之綱紀。書胤征：「畔官離次，俶擾天紀。」

〔二一〕須，易歸妹釋文：「須，待也。」

〔二二〕「因」，本傳作而。陶鴻慶曰：「下文多用因字、耳字，盧氏（文弨）頗以爲疑。今案：諸耳字，皆讀爲矣，文勢自明。」夏案：陶説是。諸家未言因字作何解，漢書僅改此「因」爲「而」，義差近之，以下諸因字皆已删去，亦不害義。竊以爲此當係賈誼獨有之用辭風格，毋須强解。

〔二三〕軌道，顔師古曰：「言遵法制也。」

〔二四〕四荒，爾雅釋地「四荒」疏：「言聲不及，無禮義文章，是四方昏荒之國也。」

〔二五〕鄉，顔師古曰：「讀爲嚮。」

〔二六〕「尠」，原作[酉少]，字書無此字，他本皆作尠，茲據李本改。説文「尟」段注：「本或作尠，今人借用爲鮮字。」夏案：尠音顯。

〔二七〕數，王先謙曰：「廣雅釋言：『數，術也。』謂治天下之道術也。」

〔二八〕「爲」，原在神上，茲據晏子春秋雜下「維以政與德而順乎神，爲可以益壽」改。

〔二九〕髮子，未詳。夏案：髮子未見著録。考子華子神氣：「羣有攻心者，族攻於外，是以父哭其子，兄哭其弟，四方疫癘，道有襁負（呂氏春秋明理引作「道多緥襁」）。」與此文意同而反説之耳。淮南子原道訓：「父無喪子之憂，兄無哭弟之哀，童子不孤。」與此文意同。三文當出一源。又，四庫提要云「子華子之名見於列子」，而列子周穆王作「宋陽里華子」，是子華子即華子。華、髮音近，或通或訛，疑即一人。

〔三〇〕「固百以是」，盧文弨曰：「是，當爲足。穀食謂人也。人之大期固當足百年也。建本『固』作『囚』，訛。」夏案：王引之曰：「以，猶而也。」是則原文謂，固當至百歲而爲是。似毋須改字。

〔三一〕「因王爲」二句，盧文弨曰：「誼言皆指君身，不應忽及股肱，漢書作『生死明帝，没爲明神』，是也。」夏案：盧説可參。又，「王」，李本、何本作生。疑「王」係建本體系欲與下文「臣」字相應而改。

〔三二〕「禮」二句，漢書景帝紀注引應劭曰：「始取天下者爲祖，高帝稱高祖是也。始治天下者爲宗，文帝稱太宗是也。」顏師古曰：「應説非也。祖，始也，始受命也。宗，尊也，有德可尊。」王啓原曰：「(二句)家語廟制篇以爲孔子語，雖不足據，蓋佚之文。」

〔三三〕「顧」，原作觀。夏案：考漢書文帝紀：「作顧成廟。」知觀爲顧之訛，兹據漢書改。顧成之廟，文帝紀注引服虔曰：「廟在長安城南，文帝作。還顧見城，故名之。」應劭曰：「制度卑狹，若顧望而成，故曰顧成。」如淳曰：「身存而爲廟，若尚書之顧命也。」顏師古曰：「還顧見城，書本不作城郭字，應説近之。」

〔三四〕「天下太祖」，原「天下」在「漢」上，俞樾曰：「當作『承天下太祖』，天下二字誤在『漢』上，義不可通。」兹據俞説改。

〔三五〕疑，劉師培曰：「此與『賤不踰貴』對文，疑與擬同。」

〔三六〕「經紀」句，管子版法解：「天地之位，有前有後，有左有右，聖人法之，以建經紀。」夏案：經紀，猶言綱常、法度。

〔三七〕「政法」句，左傳昭公二十五年：「爲政事、庸力、行務，以從四時；爲刑罰威獄使民畏忌，以類其震曜殺戮；爲温慈惠和，以效天之生殖長育。」

〔三八〕無變故，謂勿變易故政，與下「易常」對文。

〔三九〕六親，應劭曰：「六親，父母兄弟妻子也。」夏案：漢書補注另有説，文長不録。此當以誼之所言爲據，謂自祖以下六代子孫。詳本書六術。

〔四〇〕羣生，謂百姓。漢書文帝紀：「朕聞之，天生民，爲之置君以養治之。朕下不能治育羣生，上以累三光之明，其不德大矣。」

〔四一〕僾，説文：「僾，安也。」

〔四二〕周，廣雅釋詁：「周，徧也。」句謂輕重皆得其宜。

〔四三〕少知治體者，顔師古曰：「誼自謂也。」　下風，左傳僖公十五年：「君履后土而戴皇天，羣臣敢在下風。」

〔四四〕「及其」，本傳作「其具」，於義爲長。　素，秦策三注：「素、愫通，誠也。」

〔四五〕忽，顔師古曰：「忽，怠忘也。」

〔四六〕「一夫者」，盧文弨曰：「三字係妄增。」

〔四七〕稽，顔師古曰「稽，考也。」

〔四八〕案，正字通：「案，考也。」

〔四九〕數，廣雅釋言：「數，術也。」

〔五〇〕寸斷，猶言臆斷，漢書律曆志上：「寸者，忖也。」亦可解爲詳論。

藩傷　事勢〔一〕

夫樹國必審相疑之勢〔二〕，下數被其殃，上數爽其憂〔三〕。凶飢數動，彼必將有怪者生焉。禍之所雜〔四〕，豈可預知。故甚非所以安主上，非所以活大臣者也，甚非所以全愛子者也。

既已令之爲藩臣矣，爲人臣下矣，而厚其力，重其權，使有驕心而難服從也，何異於善砥鏌鎁而予射子〔五〕？自禍必矣。愛之固使飽粱肉之味〔六〕，玩金石之聲〔七〕，臣民之衆，土地之博，足以奉養宿衞其身。然而權力不足以徼幸〔八〕，勢不足以行逆，故無驕心無邪行。奉法畏令，聽從必順，長生安樂，而無上下相疑之禍，活大臣，全愛子，孰精於此！

且藩國與制〔九〕，力非獨少也。制令：其有子以國其子，未有子者建分以須之，子生而立〔一〇〕。其身而子，夫將何失〔一一〕？於實無喪，而葆國無患，子孫世世與漢相須〔一二〕，長沙可以久矣〔一三〕。所謂生死而肉白骨〔一四〕，何以厚此〔一五〕？

〔一〕藩傷，説文：「藩，屏也。」史記吴王濞傳：「奉其先王宗廟爲漢藩國。」廣雅釋詁：「傷，憂也。」晉語注：「傷，病也。」董份曰：「此段論諸侯僭擬過制，可爲痛哭者。」夏案：此文及下篇與慎子思想相關，詳藩疆注〔一九〕。又，此文本傳只擷前三句及「甚非全主上」句，置於所選宗首文前。

〔二〕疑，何孟春曰：「『陰疑於陽必戰。』疑，猶敵也。」

〔三〕爽，王先謙曰：「沈彤云：『爽，甚也。謂下疑上則必反。而上必甚其憂也。』案：廣雅釋詁：『爽，傷也。』言上數爲憂所傷也。」

〔四〕雜，廣雅釋詁：「雜，聚也。」

〔五〕砥，廣雅釋詁：「砥，磨也。」鏌鋣，吕氏春秋察今注：「鏌鋣，良劍也。」夏案：字亦作莫邪。吴地記：「干將鑄劍，鐵汁不下。干將曰：『先師歐陽冶鑄劍不銷，以女人聘爐神，當得之。』(其妻)莫邪聞語，竄入爐中，遂成二劍，雄號干將，雌號莫邪。」「射」，陶鴻慶曰：「當爲邪，以形近而誤。下文云『無邪行』，與此相應」。夏案：陶説似是，然朱駿聲曰：「射，假借爲殬。」説文：「殬，敗也。」於文亦通。

〔六〕粱，朱駿聲曰：「粱，假借爲粱。」顔師古曰：「粱，米之善者。」

〔七〕金石之聲，周禮春官大師注：「金，鐘鎛也。石，磬也。」春官鎛師注：「鎛，似鐘而大。」

〔八〕徼幸，禮記中庸朱注：「徼，求也。幸，謂不當得而得者。」

〔九〕與，齊語注：「與，從也。」夏案：此句即五美所謂「海内之勢」，「莫不從制」之意，彼文之「割地定制」與此文下句之「制令」内容相似。

〔一〇〕「其有子」三句，劉師培曰：「此文子字，均謂適子。有子以國其子，謂若有適子以國相傳也。分，即分子，謂庶子也。須，訓爲待。謂先建庶子以待適生，猶五美所謂待遺腹也。」夏案：劉云適子，即嫡子。

〔一一〕「其身而子夫將何失」，盧文弨曰：「疑當作其身而夭，子將何失。」夏案：盧説是，朱本正作「其身而夭」。

〔一二〕相須，猶言相依。蘇轍爲兄軾下獄上書：「臣早失怙恃，惟兄軾一人，相須爲命。」

〔一三〕「長沙」上，李本有「皆如」二字，於義爲長。夏案：長沙謂長沙王，詳藩彊篇。

〔一四〕「所謂」句，左傳昭公二十五年：「苟使意如得改事君，所謂生死而肉骨也。」

〔一五〕「厚」，李本、何本、莫本、程本作異。夏案：此句與前「孰精於此」相應，謂孰厚於此，改字無謂。

藩彊 事勢

竊迹前事〔一〕，大抵彊者先反。淮陰王楚最彊，則最先反〔二〕；韓王信倚胡，則又反〔三〕；貫高因趙資，則又反〔四〕；陳豨兵精彊，則又反〔五〕；彭越用梁，則又反〔六〕；黥布用淮南，則又反〔七〕；盧綰國北最弱，則最後反〔八〕。長沙乃纔二萬五千户耳〔九〕，力不足以行逆，則少功而最完〔一〇〕，勢疏而最忠〔一一〕。全骨肉時長沙無故者〔一二〕，非獨性異人也，其形勢然矣〔一三〕。

曩令樊、酈、絳、灌據數十城而王〔一四〕，今雖以殘亡可也〔一五〕；令韓信、黥布、彭越之倫爲徹侯而居〔一六〕，雖至今存可也。然則天下大計可知已〔一七〕。欲諸王皆忠附，則莫若令如長沙；欲勿令菹醢〔一八〕，則莫若令如樊、酈、絳、灌；欲天下之治安，天子之無憂，莫如衆建諸侯而少其力〔一九〕。力少則易使以義，國小則無邪心。若與臣下相殘，與骨肉相飲茹，天下雖危無傷也，則莫如循今之故而勿變。

以前觀之，其國最大者反最先□□□□□□〔二〇〕

〔一〕迹，顔師古曰：「尋前事之蹤迹。」夏案：本文班氏擷入本傳，置於所編制不定之後。

〔二〕「淮陰」二句，淮陰，謂淮陰侯韓信。高祖五年，信徙封爲楚王。信反於高祖十一年，詳其漢本傳。

〔三〕「韓王」二句，韓地近匈奴，屢受其困，遣使求和。朝廷疑之，賜書切責。信恐，降匈奴。詳漢書本傳。

〔四〕「貫高」二句，貫高，趙王張敖（張耳之子）之相。高祖七年，劉邦過趙，敖趨奉甚恭，邦箕踞詈罵。高等不平，勸敖殺之，不從。乃謀刺邦，事敗被誅，詳漢書張耳陳餘傳。因，依。資，助。

〔五〕「陳豨」二句，豨爲趙相國，統精兵，招賓客。趙人疑之，上奏。帝召之，遂反。詳漢書韓彭英吴盧傳。

〔六〕「彭越」二句，越，秦末義軍領袖，漢時封梁王。陳豨反，朝廷徵越軍，越稱病，其下告越反，廢爲庶人，徙蜀。詳本傳。用，晉灼曰：「役用之也。」

〔七〕「黥布」二句，布，姓英，秦時受黥刑，故稱。布，秦末率刑徒起義，漢時封淮南王。劉邦誅彭越，醢其肉賜諸侯，布恐，聚兵警衛，爲人上告，遂反。詳漢書本傳。

〔八〕「盧綰」二句，綰，劉邦里人，自幼相友愛，從邦起兵，封燕王。邦大誅功臣，綰不自安，與陳豨相結，事覺恐誅，亡入匈奴。詳漢書本傳。夏案：以上諸侯之反，其情不一，頗與劉邦翦除異己相關，誼爲治安計，迴護其事，當以史乘爲準。其謀反之期，亦非以強弱爲序，誼鋪陳爲文而已。

〔九〕長沙，史學海曰：「是時之長沙王者，吴芮之玄孫。其名，漢表作産，吴芮傳作差，史表作著。」

〔一〇〕「功」，原作「攻」，費解，兹據本傳改。

〔一一〕「勢」，原誤作埶，兹據本傳改。

〔一二〕時，朱駿聲曰：「時，假借爲待。」「待，假借爲侍。」夏案：此謂侍漢帝於長沙。

〔一三〕形勢然矣，林希元曰：「言勢弱而不強，故不反也。」夏案：謂形勢使然。

〔一四〕曩，顔師古曰：「曩亦謂昔時。」　樊、酈、絳、灌，武陽侯樊噲、曲周侯酈商、絳侯周勃、潁陰侯灌嬰。　「數」，原無，此當爲約數，兹據本傳增。

〔一五〕以，朱駿聲曰：「已，亦作以。」　殘忘可也，晉灼曰：「事勢可亡也。」

〔一六〕「令」，原誤作今，當與上文「曩令」一律，兹據本傳改。　倫，説文：「倫，輩也。」　徹侯，漢書百官公卿表注：「言其爵位，上通於天子。」蔡邕曰：「羣臣異姓而有功封者，稱曰徹侯。」

〔一七〕已，顔師古曰：「語終辭。」王引之曰：「已，與矣通。」

〔一八〕菹醢，名義考：「死刑之極者，首則掛之於木若梟，骨肉則醬之於市若菹醢。」説文：「菹，酢菜也。」王筠注曰：「若今酸菜。」説文：「醢，肉醬也。」

〔一九〕衆建諸侯，呂氏春秋慎勢：「權輕重，審大小，多建封，所以便其勢也。王也者，勢無敵也。」夏案：藩傷之「樹國必審相疑之勢」及此文，當皆本於慎子（慎勢下文即引慎子言爲據，文長不録）。

〔二〇〕「邪心」以下四十一字，盧文弨曰：「四十一字絶無義理，即以爲反言之，語氣又不了。後二語亦不相承接，其爲妄竄無疑，必當刊去。」俞樾曰：「盧校本删去此四十一字，非也。此與上文『欲令天下之治安，天子之無憂，莫如衆建諸侯而少其力』，反覆相明。其云『以前觀之，其國最大者反最先』，則又起下文，下文大都篇曰『昔楚靈王問范無宇曰：「我欲大城陳、蔡、葉與不羹」』，與此句正相接。蓋賈子原文本是一篇也，後人割而分之，盧氏遂疑其語氣未了也。」夏案：俞説差是，「若與」四句，言危辭切，正係賈生文風，盧氏亦以爲反言，當無可疑。「以前」二句，與篇首「竊迹前事」二句相呼應，亦似一篇之結，疑下有脱文，故「語氣不了」，兹作脱文標點。俞謂此篇與大都本係一文，然大都下文與此并無照應，恐非一篇；或「以前」二句係大都篇首之文，錯簡於此。

大都　事勢〔一〕

昔楚靈王問范無宇曰〔二〕：「我欲大城陳、蔡、葉與不羹〔三〕，賦車各千乘焉〔四〕，亦足以當晉矣，又加之以楚，諸侯其來朝乎？」范無宇曰：「不可，臣聞大都疑國〔五〕，大臣疑主，亂之謀也〔六〕。都疑則交争，臣疑則并令，禍之深者也。今大城陳、蔡、葉與不羹，或不充，不足以威晉；若充之以資財，實之以重禄之臣，是輕本而重末也。臣聞『尾大不掉，末大必折』〔七〕，此豈不施威諸侯之心哉？然終爲楚國大患者，必此四城也。」靈王弗聽，果城陳、蔡、葉與不羹，實之以兵車，充之以大臣。是歲也，諸侯果朝。居數年，陳、蔡、葉與不羹，或奉公子棄疾内作難〔八〕，楚國雲亂，王遂死於乾溪于守亥之井〔九〕。爲計若此，豈不痛也哉？悲夫！本細末大，弛必至心〔一〇〕。時乎，時乎！可痛惜者此也。

天下之勢方病大尰〔一一〕，一脛之大幾如要，一指之大幾如股〔一二〕，臣聞「尾大不掉，末大必折」〔一三〕，惡病也。平居不可屈信〔一四〕，一二指搐，身固無聊也〔一五〕。失今弗治，必爲錮疾〔一六〕，後雖有扁鵲，弗能爲已〔一七〕。悲夫！枝拱苟大，弛必至心〔一八〕，此所以竊爲陛下患也。病非徒尰也，又苦跖盭〔一九〕。元王之子，帝之從弟也〔二〇〕；今之王者，從弟之子也〔二一〕。惠王之子，親兄之子也〔二二〕；今之王者，兄子之子也。親者或無分地以安天下〔二三〕，疏者或專大權以偪天子〔二四〕，臣故曰「非徒病尰也，又苦跖盭也」。可痛哭者，此病是也。

〔一〕大都，周禮地官載師注：「大都，公之采地，王子弟所食邑。」左傳隱公元年：「大都不過參國之一。」夏案：此文主旨與韓非子揚權相近，其略曰：「上操度量，以割其下。」「上失扶寸，下得尋常。有國之君，不大其都。」「一家二貴，事乃無功。」「木枝外拒，將逼主處。」又，本篇後半收入本傳陳政事疏。

〔二〕楚靈王，名圍，公元前五四〇——五二九在位。詳史記楚世家。范無宇，楚語上正義：「楚大夫芊尹申無宇也。」夏案：此事亦見左傳昭公十一年，即作「申無宇」。

〔三〕城，管子輕重下注：「城，謂築城也。」陳，周之諸侯國，楚靈王七年滅之。故地在今河南淮陽至安徽亳縣。詳史記陳世家。蔡，周之諸侯國，楚靈王十年滅之。故地在今河南上蔡、新蔡。詳史記蔡世家。葉，音攝。左傳宣公三年注：「葉，楚地。」夏案：故地在今河南葉縣。又，楚語、左傳載此事皆未言有葉。不羹，左傳昭公十一年注：「襄城縣東南有不羹城。」夏案：故地在今河南襄城。

〔四〕賦，楚語上注：「賦，授也。」

〔五〕疑，黄生曰：「讀爲儗。」説文：「儗，僭也。」劉師培曰：「疑國，猶云耦國。」左傳桓公十八年：「耦國，亂之本也。」注：「都如國（都）。」

〔六〕謀，俞樾曰：「謀，當爲媒，古字通用。」

〔七〕「尾大」二句，左傳昭公十一年：「末大必折，尾大不掉。」説文：「掉，搖也。」「折」，原誤作拆，兹據左傳改。

〔八〕棄疾，楚靈王之弟，封爲陳蔡公，與其兄子比盟，欲謀靈王。靈王十三年，子比弑靈王自立，棄疾復殺子比自立，是爲楚平王。詳史記楚世家。

〔九〕乾溪，楚地，故址在今安徽亳縣東南。于守亥，左傳昭公十三年：「（靈）王縊於芊尹申亥氏。」史記楚世家：「芊尹申無宇之子申亥乃求王，奉之以歸。夏五月，王死申亥家。」夏案：原于字當係芊之訛。守，即尹也。亥，當係申亥之省。唯通志氏族略以官爲氏云：「芋尹，楚有大夫芋尹，申無宇之後。」字作芋，或形訛或另有所據。

〔一〇〕弛，全句本自韓非子揚權：「枝大本小，將不勝春風；不勝春風，枝將害心。」此弛字當與害字義近，荀子王制注「弛，廢也」、魯語上注「弛，毀也」、史記河渠書集解引晉灼曰「弛，壞也」，皆有害義。

〔一一〕尰，説文。「瘇，脛氣足腫。籀文作尰。」段注：「腫重爲尰。」字彙：「九、尣并同。」爾雅釋訓釋文：「尰，本或作尰。」夏案：尰，音腫。

〔一二〕要，墨子兼愛中注：「要，舊作腰，俗寫。」「一脛」二句：沈欽韓曰：「秦策：『范睢謂秦王：未嘗聞指大于臂，臂大于股。』韓非子揚權：『腓大於股，難於趨走。』」

〔一三〕「臣聞」句，盧文弨：「建本又複『臣聞』句，今從潭本去之。」夏案：盧説是。

〔一四〕信，顏師古曰：「信，讀如伸。」

〔一五〕「一二」二句，顏師古曰：「搐謂動而痛也。聊，賴也。」

〔一六〕錮疾，顏師古：「堅久之疾。」

〔一七〕「後雖有」二句，顏師古曰：「扁鵲，良醫也。爲，治也。已，語終辭。」

〔一八〕「悲夫」十字，盧文弨曰：「十字亦係複衍，今從潭本去之。」夏案：文字雖複，語氣一貫，未可删。

〔一九〕跛盭，原注：「上，古蹠字。下，古戾字。跛盭，不可行也。」顏師古曰：「蹠，今所呼腳掌是也。言足蹠反戾，不可行也。」

〔二〇〕「元王」二句，顔師古曰：「楚元王，高帝之弟，其子於文帝爲從弟。」

〔二一〕從弟之子，指楚王戊。

〔二二〕惠王，顔師古曰：「惠王，齊悼惠王。」「惠王之子」，之子二字原無。王先謙引劉攽曰：「惠王下，脱之子二字。」盧文弨曰：「惠王乃文帝親兄。其子哀王，文帝元年薨，子文王則嗣，故云『今之王者，兄子之子』，是惠王下當有之子二字。」何綽曰：「惠王，當作哀王。」夏案：二説皆通，唯何説無版本根據，兹從劉説補二字。

〔二三〕「親者」句，顔師古曰：「廣立藩屏則天下安。」王先謙曰：「親者，謂帝之子孫。」

〔二四〕疏者，王先謙曰：「即謂元王、惠王之後。」　偪，顔師古曰：「偪，古逼字。」

等齊　事勢〔一〕

諸侯王所在之宫衛，織履蹲夷〔二〕，以皇帝所在宫法論之〔三〕；郎中、謁者受謁取告〔四〕，以官皇帝之法予之〔五〕；事諸侯王或不廉潔平端，以事皇帝之法罪之。曰一用漢法〔六〕，事諸侯王乃事皇帝也。誰是則諸侯之王乃將至尊也〔七〕。然則，天子之與諸侯，臣之與下〔八〕，宜撰然齊等若是乎〔九〕？天子之相，號爲丞相，黄金之印；諸侯之相，號爲丞相，黄金之印〔一〇〕，而尊無異等，秩加二千石之上〔一一〕。天子列卿秩二千石，諸侯列卿秩二千石，則臣已同矣。人主登臣而尊〔一二〕，今臣既同，則法惡得不齊〔一三〕？天子儕御，號爲大僕〔一四〕，銀印，秩二千石；諸侯之御，號曰大僕，銀印，秩二千石，則御已齊矣。御既已齊，則車飾惡得不齊？天子親，號云太后；諸侯親，號云太后。天子妃〔一五〕，號曰后；諸侯妃，號曰后。然則，諸侯何損而天子何加焉〔一六〕？妻既已同，則夫何以異？天子宮門曰司馬〔一七〕，闌入者爲城旦；諸侯宮門曰司馬，闌入者爲城旦。殿門俱爲殿門，闌入之罪亦俱棄市。宮墻門衛同名，其嚴一等〔一八〕，罪已鈞矣〔二〇〕。天子之言曰令，令甲令乙是也〔二一〕；諸侯之言曰令，□儀之言是也〔二二〕。天子卑號皆稱陛下〔二三〕，諸侯卑號稱陛下。天子車曰乘輿，諸侯車曰稱輿，乘輿等也。衣被次齊貢死經緯也，苟工巧而志欲之，唯冒上軼主次也〔二四〕。然則，所謂主者安居〔二五〕，臣者安在？

人之情不異，面目狀貌同類，貴賤之別非人天根着於形容也〔二六〕。所持以別貴賤明尊卑者，等級、勢力、衣服、號令也。亂且不息，滑曼無紀〔二七〕。天性則同〔二八〕，人事無別。然則，所謂臣臣主主者〔二九〕，非有相臨之具、尊卑之經也〔三〇〕，持面形而膚之耳〔三一〕。近習乎晝，近貌然後能識〔三二〕，則疏遠無所放〔三三〕，衆庶無以期〔三四〕，則下惡能不疑其上？君臣同倫〔三五〕，異等同服〔三六〕，則上惡能不眩於其下〔三七〕？孔子曰：「長民者，衣服不二，從容有常，以齊其民，則民德一。」詩云：「彼都人士，狐裘黄裳，」「行歸於周，萬民之望。」孔子曰：「爲上可望而知也，爲下可類而志也，則君不疑於其臣，而臣不惑於其君〔三八〕。」而此之不行，沐瀆無界〔三九〕，可謂長大息者此也〔四〇〕。

〔一〕何孟春曰：「下之僭儗，由上無制故也。此并後二篇所論，豈誼傳之所謂『而上亡制度』乎？」夏案：荀子王制：「勢齊則不一，衆齊則不使，上下有差，明王始立。」「勢位齊而欲惡同，物不能澹則必争，争則必亂，亂則窮矣。先王惡其亂也，故制禮義以分之，使有貧富貴賤之等，足以相兼臨者，是養天下之本也。」吕氏春秋順勢：「王也者勢無敵也，勢有敵則王者廢也。」「故先王之法，立天子不使諸侯疑焉。」二文係此篇及服疑所本。

〔二〕織履，禮記玉藻：「士不衣織。」疏：「織者，前染絲後織者。士賤不得衣也，大夫以上衣織。」方言四：「絲作者謂履。」　蹲夷，後漢書魯恭傳注：「夷，平也。言平坐踞傲。」

〔三〕「所在」，原作在所。俞樾曰：「上句云『諸侯王所在之宫衞』，則此句當作『皇帝所在宫』明矣，兩『所在』正相應。」夏案：俞説是，兹乙。

〔四〕郎中、謁者，漢書百官宫卿表：「郎中令，掌宫殿掖門户。屬官有大夫、郎、謁者。」「受謁」，原作受臈，盧文弨曰：「『受謁』，本作受臈，訛，今改正。」夏案：盧説是，兹改。　取告，漢書嚴延年傳注：「取休假。」

〔五〕官，史記孝文紀索隱：「官，事也。」「予」，原作子。夏案：子字無解，兹據李本改。

〔六〕「法」，原脱，兹據李本補。

〔七〕誰，釋名釋言語：「誰，推也。」程本正作推。「諸」，原誤作侯，兹據李本改。「之」，李本、盧本無。夏案：上文兩言「諸侯王」，皆無之字，疑衍。將，盧文弨曰：「埒，訛作將，今從舊校本改正。」夏案：作埒固然文從字順，作將亦通。爾雅釋言：「將，齊也。」增韻：「將，與偕也。」

〔八〕「下」，原壞作一，兹據莫本補全。

〔九〕撰，集韻：「撰，與選同。」淮南子精神訓：「選，齊等也。」

〔一〇〕「諸侯之相號爲丞相黄金之印」，原無。盧文弨曰：「諸侯之相以下十二字，建潭本并脱，今從别本補入。」夏案：盧説是，兹據盧本補。

〔一一〕秩，左傳莊公十九年注：「秩，禄也。」二千石，漢書循吏傳序注：「二千石，謂郡守。」漢書百官公卿表：「自司隸至虎賁校尉，秩皆二千石。」

〔一二〕登，晉語九注：「登，高也。」夏案：此謂登於臣。

〔一三〕惡，王引之曰：「惡，猶安也，何也。」

〔一四〕御，詩小雅車攻集傳：「御，車御也。」大僕，周禮夏官司馬「大僕」注：「僕，侍御於尊者之名。大僕，其長也。」夏案：字亦作太僕。

〔一五〕妃，集韻：「妃，匹也，通作配。」夏案：此謂嫡室。

〔一六〕損，説文：「損，減也。」

〔一七〕「司馬」，劉師培曰：「藝文類聚六十三引『馬』下有門字。」夏案：有門義顯，無門亦通。

〔一八〕闌入，漢書成帝紀注：「無符籍妄入宮曰闌。」城旦，史記始皇本紀集解引如淳曰：「論次爲髡鉗，輸邊築長城，晝日伺寇虜，夜暮築長城。城旦，四歲刑。」

〔一九〕一等，陶鴻慶曰：「一，皆也。言其尊皆相等也。」王國維曰：「賈誼書謂天子之與諸侯，臣同、御同、宮墻門衛同，初疑其爲充類之説，非書寫實録。乃此篇所載齊國屬官，除丞相、御史大夫外，則郎中當漢之郎中令，大匠當漢之將作大匠，下至九卿所屬令丞皆同，始知賈生等齊之篇，信而有徵。」（齊魯封泥集存序）

〔二〇〕鈞，朱駿聲曰：「鈞，假借爲均。」

〔二一〕令甲令乙，漢書宣帝紀注引如淳曰：「令有先後，故令甲、令乙、令丙。」顔師古曰：「甲乙者，若今之第一、第二篇耳。」

〔二二〕「□儀之言」，原作儀之言，程本作令儀之言，何本、李本、盧本作令儀令言。盧文弨曰：「儀，亦言也。」俞樾曰：「吉府本是也，雖不可解，必是古本，當從而闕疑。」夏案：「儀之言是也」不成文，儀上必有字，疑係令字。古人書寫重文，常在前文之下加二小撇，手民不察而略去，此類現象，本書不一而是（如過秦下「而以盛德與天下，息矣」，息上應重天下二字），此處亦同，兹補一□。

〔二三〕卑號，蔡邕曰：「羣臣與天子言，不敢指斥天子，故呼陛下者而告之，因卑達尊之意也。」（獨斷）顧炎武曰：「賈誼新書『天子卑號稱陛下』，據此，則陛下猶言執事，後人相沿，遂以爲至尊之稱。」夏案：是知卑號即借卑下者之名號，婉稱尊長者也。又，指斥，廣雅釋詁：「指，言也。」正字通：「斥，指而言之也。」

〔二四〕「衣被次齊貢死經緯也苟工巧而志欲之唯冒上軼主次也」，盧文弨曰：「文不可曉，亦是竄入，今删去。」夏案：原文如此，未可徑删，存之以待通者。

〔二五〕居，吕氏春秋離俗注：「居，處也。」夏案：安居，即處於何所。

〔二六〕天根，謂人之自然根性稟賦。

〔二七〕「亂且」二句，陶鴻慶曰：「二句當乙，言無卑賤尊卑之紀，則亂將不息也。服疑篇云『謹守倫紀，則亂無由生』，與此正相反。」夏案：「無紀」是因，「亂」是其果，陶説是。廣韻：「滑（音骨），亂也。」朱駿聲：「漫，假借爲曼。」

〔二八〕「性」，原誤作桂，兹據李本改。

〔二九〕「臣臣主主者」，原作臣主主者，何本作臣主云者，他本皆作臣主者。夏案：何氏所據本，者上必是三字，第三字或漫漶，或即主字，若本作臣主，何本不當若是。考俗激云「今定經制，令主主臣臣，上下有差」，與此文及下句「尊卑有經」相近，因疑臣上脱一臣字，兹補。不從何本者，因主字可壞爲云字，云字無由訛爲主字。

〔三〇〕臨，説文：「臨，監也。」論語爲政疏：「臨，以高視下也。」夏案：猶今言統治。經，吕氏春秋有始注：「經，道也。」

〔三一〕膚，釋名釋形體：「膚，布也，布在表也。」

〔三二〕「近習乎書近貌然後得識」，盧藏潭本、李本、盧本作「近習乎形貌然後得識」。盧文弨曰：「建本形貌訛爲書近貌，今從潭本改正。」夏案：盧謂形訛爲書近，豈有是理耶？疑潭本以原文費解而臆改。若以廣雅釋詁四「晝，明也」解此句似可通。

〔三三〕放，劉師培曰：「放，倣也。」夏案：朱駿聲曰：「放，假借爲望。」朱義爲長。

〔三四〕期，説文：「期，會也。」

〔三五〕倫，説文：「倫，輩也。」

〔三六〕「異」上，原有異服二字，盧文弨曰：「建潭本并衍異服二字。」夏案：盧説是，兹删。

〔三七〕眩，廣雅釋言：「眩，惑也。」

〔三八〕「孔子曰：長民者」至「臣不惑於其君」，亦見於禮記緇衣。鄭玄曰：「長，丁丈反。」孔穎達曰：「從容有常，謂舉動有其常度。則民德一者，一謂齊一，則萬民之德皆齊一不參差。此小雅都人士之篇。幽王時，君臣衣服無常，故詩人引彼明王之時，都邑之人有士行者，服此狐裘黄黄然。周，謂忠信。言都人之士，行歸忠信，萬民所以瞻望以法則之。爲上可望而知者，謂貌不藏情，可望見其貌則知其情。爲下可述而志者，志，知也。爲臣下率誠奉上，其行可述敘而知。」王引之曰：「述而志，猶言望而知。」「則民」，原脱，兹據禮記補。類，王引之曰：「謂據其衣服號令比類而知，以外著者言之。」

〔三九〕沐，韓非子難三注：「太玄經『鬼社轂哭，或得其沐』注：『沐，潔也。』」瀆，白虎通巡狩：「瀆者，濁也。」

〔四〇〕謂，王引之曰：「爲、謂一聲之轉，故爲可訓謂，謂亦可訓爲。」此訓爲。

服疑 事勢〔一〕

衣服疑者，是謂争先〔二〕；厚澤疑者，是謂争賞；權力疑者〔三〕，是謂争彊；等級無限，是謂争尊。彼人者，近則冀幸，疑則比争。是以等級分明，則下不得疑；權力絶尤，則臣無冀志。故天子之於其下也，加五等已往〔四〕，則以爲臣例〔五〕；臣之於下也，加五等已往，則以爲僕。僕則亦臣禮也〔六〕，然稱僕不敢稱臣者，尊天子，避嫌疑也。

制服之道，取至適至和以予民〔七〕，至美至神進之帝。奇服文章〔八〕，以等上下而差貴賤〔九〕。是以高下異，則名號異，則權力異，則事勢異，則旗章異，則符瑞異〔一〇〕，則禮寵異，則秩禄異，則冠履異，則衣帶異，則環珮異，則車馬異，則妻妾異，則澤厚異，則宮室異，則床席異，則器皿異，則食飲異，則祭祀異，則死喪異。故高則此品周高〔一一〕，下則此品周下。加人者品此臨之〔一二〕，埤人者品此承之〔一三〕。遷則品此者進，絀則品此者損。貴周豐，賤周謙〔一四〕；貴賤有級，服位有等。等級既設，各處其檢〔一五〕，人循其度。擅退則讓〔一六〕，上僭則誅。建法以習之，設官以牧之〔一七〕。是以天下見其服而知貴賤，望其章而知其勢〔一八〕，使人定其心〔一九〕，各著其目。

故衆多而天下不眩，傳遠而天下識祇〔二〇〕。卑尊已著，上下已分，則人倫法矣〔二一〕。於是主之與臣，若日之與星以〔二二〕。臣不幾可以疑主〔二三〕，賤不幾可以冒貴〔二四〕。下不淩等則上位尊，臣不踰級則主位安。謹守倫紀，則亂無由生。

〔一〕疑，劉師培曰：「疑，皆擬假。」

〔二〕先，劉師培曰：「此文賞、彊叶韻，先字則否，疑係『光』訛。」夏案：劉説雖辯，然尊字亦不叶韻，當是何字所訛？不必以後人文法律之。

〔三〕「權」上，原有卿字，他本皆無，當係衍文，兹删。

〔四〕加，禮記檀弓：「獻子加於人一等矣。」注：「加，猶踰也。」　五等，禮記王制：「王者之制禄爵，公、侯、伯、子、男凡五等。諸侯之上大夫卿、下大夫、上士、中士、下士凡五等。」疏：「諸侯之下，北面之臣，有上大夫卿，有下大夫，有上士，有中士，有下士，凡五等。不以王朝之臣而以諸侯臣者，王朝之臣本是事王，不在其數。」夏案：疏謂王朝之卿大夫不在此例。

〔五〕「爲」，原無，參下文例，據李本補。　「例」，盧藏潭本、李本、何本無。夏案：參下「則以爲僕」，疑「例」係衍文。

〔六〕僕則亦臣禮，禮記禮運：「仕於公曰臣，仕於家曰僕。」孫希旦曰：「臣者，對君之稱，故仕於公曰臣。僕者，對主之稱，故仕於家曰僕。然通而言之，臣亦可稱之僕，若周官戎僕、齊僕之類是矣。僕亦可謂之臣，如左氏所謂皁臣、輿臣之類是也。」夏案：臣本係賤稱，與僕同。尚書費誓傳「役人賤者，男曰臣，女曰妾」、禮記少記注「臣謂囚俘」、説文「臣，牽也，象屈服之形」，皆其例。又，孫引左氏見左傳昭公七年。

〔七〕制服，即確定服制。管子立政：「度爵而制服，量禄而用財。」夏案：「至適」句，本自慎子：「聖人爲衣服，適身體和肌膚足矣。」

〔八〕奇服，異服。謂尊卑不同，服飾相異。説文：「奇，異也。」文章，荀子非相注：「黼黻文章，皆色之美者。青與赤謂之文，赤與白謂之章。」

〔九〕等，禮記樂記注：「等，階級也。」夏案：等上下，即上下分成等級。「等」與下「差」互文。

〔一〇〕符瑞，玉篇：「符，符節也。」「瑞，信節。」夏案：此謂符節珪璧印章之類，非通謂祥瑞之符瑞。

〔一一〕品，尚書禹貢疏：「金三品，銅三色也。」是品即種類，此指上述各種等級制度。周，盧文弨曰：「周，齊也。」王耕心曰：「周，徧也，皆也。」

〔一二〕加，玉篇：「加，益也。」夏案：此謂增益，擢陞。品，廣韻：「品，式也，法也。」夏案：品此，即據此。臨，説文：「臨，監也。」詩小雅節南山釋文：「監，理也。」

〔一三〕埤，盧文弨曰：「埤，與卑同。」承，説文：「承，奉也。」

〔一四〕謙，劉師培曰：「謙爲歉字假，故與豐字對文。」

〔一五〕檢，蒼頡篇：「檢，法度也。」

〔一六〕讓，廣韻：「讓，責讓。」

〔一七〕牧，韻會：「牧，治也。」

〔一八〕章，詩大雅箋：「章，文章法度也。」夏案：二句應上文「奇服文章，以等上下」。

〔一九〕「使」，原作季。盧文弨曰：「㕜，古使字。建本訛作季，潭本作使。」夏案：盧說是，兹據李本改。

〔二〇〕祇，說文：「祇，敬也。」

〔二一〕倫，宋策注：「倫，等也。」夏案：人倫，謂人之等級制度。　法，荀子不苟注：「法，謂守法度。」

〔二二〕「以」，盧文弨曰：「以字，衍。」夏案：盧說非。王引之曰：「以，或作已。」此以字同「已」，亦通「也」，文選魏文帝與朝歌令吴質書注「賈子曰：『主之與臣，若日月之與星也』」，是其確證。

〔二三〕幾，盧文弨曰：「幾，讀與冀同。」

〔二四〕「幾」，原作及，參上句當作幾，兹據李本改。　冒，漢書李陵傳注：「冒，犯也。」

益　壤　事勢〔一〕

陛下即不爲千載之治安〔二〕，如今之勢〔三〕，豈過一傳哉？諸侯猶且人恣而不制也〔四〕，至其相與〔五〕，持之以縱横之約相親耳。漢法令不可得行矣，猶且稟立而服彊也〔六〕。今淮陽之比大諸侯〔七〕，僅過黑子之比於面耳〔八〕。豈足以爲楚御哉〔九〕？而陛下所恃以爲藩捍者，以代、淮陽耳〔一〇〕。代北邊與彊匈奴爲鄰，僅自見矣〔一一〕。唯皇太子之所恃者，亦以之二國耳〔一二〕。今淮陽之所有，適足以餌大國耳〔一三〕。方今制在陛下〔一四〕，制國命子，適足以餌大國，豈可謂工哉？

人主之行異布衣。布衣者，飾小行，競小廉，以自託於鄉黨邑里〔一五〕。人主者，天下安、社稷固不耳〔一六〕。故皇帝者，炎帝之兄也〔一七〕。炎帝無道，黄帝伐之涿鹿之野〔一八〕，血流漂杵〔一九〕，誅炎帝而兼其地，天下乃治。高皇帝瓜分天下，以王功臣，反者如蝟毛而起。高皇帝以爲不可〔二〇〕，剽去不義諸侯〔二一〕，空其國。擇良日，立諸子洛陽上東門之外〔二二〕，諸子畢王〔二三〕，而天下乃安。故大人者，不怵小廉〔二四〕，不牽小行，故立大便以成大功。

今淮南地遠者或數千里，越諸侯而縣屬於漢〔二五〕，其苦之甚矣〔二六〕，其欲有卒也類良有〔二七〕，所至逋走而歸諸侯〔二八〕，殆不少矣，此終非可久以爲奉地也〔二九〕。陛下豈如蚤便其勢，且令他人守郡，豈如令子？臣之愚計，願陛下舉淮南之地以益淮陽，梁即有後〔三〇〕，割淮陽北邊二三列城與東郡以益梁〔三一〕，即無後患。代可徙而都睢陽〔三二〕，梁起新鄭以北，著之河〔三三〕，淮陽包陳以南，揵之江〔三四〕。則大諸侯之有異心者，破膽而不敢謀。今所恃者，代、淮陽二國耳，皇太子亦恃之〔三五〕。如臣計，梁足以捍齊、趙，淮陽足以禁吴、楚〔三六〕，則陛下高枕而卧，終無山東之憂矣。臣竊以爲此二世之利也〔三七〕。若使淮南久縣屬漢，特以恣奸人耳〔三八〕。惟陛下幸少留意，省臣昧死以聞。

臣誼竊昧死，願得伏前陳施，下臣誼所以爲治安，陛下幸以少須臾之間聽，以驗之於事，未有妨損也。臣聞聖主言問其臣，而不自造事，故爲人臣得畢盡其愚忠，惟陛下財幸〔三九〕。

〔一〕益壤，謂增益王子封地以固藩捍。本傳云：「初，文帝以代王入即位，後分代爲兩國，立皇子武爲代王，參爲太原王，小子勝則梁王矣。居數年，梁王勝死，亡子。誼復上疏（夏案：即本文，兹略）。文帝於是從誼計，乃徙武爲梁王，北界泰山，西至高陽，得大縣四十餘城。」又，文三王傳：「武爲代王，十二年徙梁。」知此文寫於是年。

〔二〕即，陶鴻慶曰：「即，猶或也。言陛下或不爲久遠計，亦當爲近世計也。」

〔三〕「如」，原作知。陶鴻慶曰：「當依漢書作如。」夏案：陶説是，兹據本傳改。

〔四〕猶且，王引之曰：「猶且，均將也。」人恣，王先謙曰：「胡注言，人人自恣而不可制。」

〔五〕相與，猶言交結。吕氏春秋慎行：「始而相與，久而相信。」

〔六〕槀立，正字通：「槀，矢幹曰槀。」夏案：矢幹必直，槀立猶言直立，馬融長笛賦「特箭槀而莖立」，槀、立互文，是其證。服，朱起鳳曰：「服字，古與負通。」夏案：服彊，即負彊。又，本傳此句在「諸侯猶且人恣而不制」下，可從而前移。

〔七〕淮陽，漢書文三王傳：「武爲代王，四年徙爲淮陽王。」夏案：故地在今河南淮陽。

〔八〕黑子，即黑痣。

〔九〕「楚」，本傳作禁。章太炎賈子義鈔云：「作禁御是，然此作楚御，亦非誤字。詩賓之初筵傳：『楚，列貌。』禮記玉藻注：『列之言遮列也。』然則，楚亦引申訓遮迾（同列），與禦同義。」御，詩邶風谷風傳：「御，禦也。」

〔一〇〕代，文三王傳：「四年，代王武徙爲淮陽王，而參徙爲代王，復并得太原，都晉陽如故。」夏案：故地在今山西東北、河北北部。

〔一一〕自見，自立。孟子盡心上注：「見，立也。」

〔一二〕「唯皇太子」二句，劉師培曰：「當在『以代淮陽耳』句下，下文云：『今所恃者，代、淮陽二國耳，皇太子亦恃之』是其證。唯，讀爲雖。」顏師古曰：「蕃扞得宜，則嗣王安固，故云皇太子之所恃也。」之，王引之曰：「之，是也。」夏案：之二國即此二國。

〔一三〕餌，顏師古曰：「餌謂爲其所吞食。」李廷機曰：「至吴楚之反，説始驗。」

〔一四〕制，吕氏春秋禁塞注：「制，主也。」禮記曲禮上注：「制，法度也。」夏按：此謂主宰法制。下句「制國」謂依法度設置諸侯國，即藩傷所謂「樹國」。

〔一五〕鄉黨邑里，論語雍也注：「萬二千五百家爲鄉，五百家爲黨。」廣雅釋地：「八家爲鄰，三鄰爲朋，三朋爲里，五里爲邑。」夏案：「人主」五句，本自呂氏春秋行論「人主之行與布衣異」，「布衣行此，指於國，不容鄉曲」。

〔一六〕「天下」上，本傳、李本、程本有唯字。夏案：有唯字，於文爲順。　不，楊樹達曰：「不，作否字用。」（詞詮）

〔一七〕皇帝，莊子齊物論：「是皇帝之所聽熒也，而丘也何足以知之。」釋文：「皇帝，本又作黃帝。」盧文弨曰：「皇、黃通。」　炎帝，即神農氏。

〔一八〕涿鹿，古山名，在今河北涿鹿。夏案：五帝本紀：黃帝「與炎帝戰於阪泉之野」，「與蚩尤戰於涿鹿之野」，二地相去不遠，誼或籠統言之。

〔一九〕漂杵，尚書成武稗疏：「漂杵，軍中無杵臼之用，當以漂楯爲正，杵字從午得聲，古或與鹵通。」說文段注：「櫓，或假杵爲之。」

〔二〇〕「不可」，劉師培曰：「藝文類聚四十五引作『不可制』，制字當補。」夏案：文選鍾士季檄蜀文注：「不可，猶不堪也。」此即其義，毋須補字。

〔二一〕剽，廣雅釋詁：「剽，削也。」

〔二二〕「諸子」，原作諸侯，參下句知專指王子，茲據李本改。　洛陽上東門，顏師古曰：「諸侯國皆在關東，故於東門外立之也。東面最北出門曰上東門。」王先謙引齊召南曰：「帝雖自洛陽入都關中，然封子齊王、代王、梁王、淮陽王，實在洛陽行封册也。」

〔三三〕畢，顏師古曰：「畢，猶盡。」

〔三四〕怵，俞樾曰：「怵，當讀爲訹。」夏案：説文：「訹，誘也。」此謂不爲小廉所誘。

〔三五〕「越」下，本傳、李本、程本、有「兩」字。夏案：顏師古曰：「兩諸侯，梁及淮陽。」本書屬遠亦云「今漢越兩諸侯之中分，而乃以廬江爲奉地」，有「兩」字，於文爲備。縣，陶鴻慶曰：「縣爲懸之本字，言其遠而無所附著也。」

〔三六〕「其苦之甚」上，原有「其吏民繇役往來長安者自悉而補中道衣蔽錢用諸費稱此其苦屬漢而欲得王」三十二字，李本、莫本、盧本無。夏案：盧本無校語，當係從宋本（參注〔二七〕），可見自宋至明正德八年李本付梓前，新書無此五句（李本係覆宋潭本，莫本係覆宋建本，盧本係參潭建本合校，見前言）。本傳雖有此段文字，當係班氏撮約本書屬遠之文，鎔鑄於此，諸本遂從之。玆據李本删。

〔三七〕其欲有卒也，盧文弨曰：「語不甚可解，別本竟以漢書易之（夏案：即以注〔三六〕所引三十二字代此句），亦非所安。」俞樾曰：「卒，乃立字之誤。蓋言吏民苦屬漢，欲有所立者多也。」夏案：俞説近是，屬遠「其苦屬漢而欲王」係其所本。然立字無由訛作卒。疑本係主字，音訛而爲卒，且主字亦或係王字之形訛。又疑卒係卒正之省文，或卒下脱正字。周禮王制：「千里之外設方伯，五國以爲屬，屬有長。十國以爲連，連有帥。三十國以爲卒，卒有正。」疏：「卒正、連帥、屬長，以伯、子、男賢者爲之。」是知卒正即諸侯長，猶言王也。類良有，漢書尹翁傳注：「類，率也。」集韻：「良，甚也。」夏案：意謂大率皆有。

〔二八〕逋，説文：「逋，亡也。」走，説文：「走，趨也。」釋名釋姿容：「疾行曰趨。」

〔二九〕「奉」，原作秦。盧文弨曰：「奉地，奉天子之地也。作秦地，訛，今從別本改正。」夏案：盧説是，屬遠即云「若令此如奉地之義」，「其勢終不可久」，兹據程本改。

〔三〇〕「後」下，原有患字，盧本無。夏案：此時梁王已歿（見注〔二〕），無後，故此言即便日後爲梁王立後嗣，割淮陽二三城益之即可，下文方言無患。兹據盧本删患字。

〔三一〕列城，孟康曰：「列城，縣。」與，周禮春官大卜注：「與，謂予。」東郡，梁在淮陽之東（今安徽亳縣一帶），故稱。

〔三二〕睢陽，故地在今河南商丘。

〔三三〕著，集韻：「著，附也。」

〔三四〕陳，漢縣名，淮陽之都，即春秋時陳國故地（在今河南淮陽）。捷，爾雅釋詁：「接，捷也。」郭注：「捷，謂相接續也。」

〔三五〕「今所恃者代淮陽二國耳皇太子亦恃之」，劉師培曰：「此與前文語複，疑係衍文。」

〔三六〕齊趙吴楚，皆文帝兄弟行之子孫封邑。時朝廷削藩，與非嫡親諸侯割據之衝突日甚，故誼有此言。文帝歿後三年，四國皆反，見漢書景帝紀。

〔三七〕二世，顔師古曰：「言帝身及太子嗣位之時。」

〔三八〕恣，集韻：「恣，秦刻石文作資。」夏案：此讀爲資。

〔三九〕「臣誼」以下至「財幸」，李本注：「自『臣誼』以下必錯簡，與前全不接續。」盧文弨：「全係妄竄。」何本將其移至篇末。夏案：此段確甚贅複，然諸本皆有，當係原文；且「臣聞」以下，亦見於本傳，班氏當不代誼言「臣聞」云云，可證此段確係賈書，茲仍之。「聖主言問其臣」，原作「臣闇主智問其臣」，不詞，茲據本傳改。言問，王念孫曰：「廣雅：『言，猶問也。』連稱言問者，古人自有複語耳。」財幸，顏師古曰：「財，與裁同。謂裁擇而幸從其言。」「財幸」下，原有「今陛下將不意之人與之積衆之財此非有子胥白公之報於廣都之中者即疑有轉諸荆軻起兩柱之間其策安便哉此所謂假賊兵爲虎翼者矣願陛下少留意計之」。盧文弨曰：「『今陛下』以下一段，乃淮難篇之尾，綴衍於此，今削去之。」夏案：盧說是，茲删。

新書校注卷第二

權重

諸侯勢足以專制，力足以行逆，雖令冠處女，勿謂無敢；勢不足以專制，力不足以行逆，雖生夏育〔一〕，有仇讎之怨，猶之無傷也〔二〕。然天下當今恬然者〔三〕，遇諸侯之俱少也。後不至數歲，諸侯皆冠，陛下且見之矣，豈不苦哉！力當能爲而不爲，畜亂宿禍〔四〕，高拱而不憂〔五〕，其紛也且也〔六〕，甚可謂不知且不仁〔七〕。

夫秦自逆〔八〕，日夜深惟〔九〕，苦心竭力，危在存亡〔一〇〕，以除六國之憂。今陛下力制天下，頤指而如意〔一一〕，而故稱六國之禍〔一二〕，難以言知矣。苟身常無患〔一三〕，但爲禍未在所制也〔一四〕。亂媒日長〔一五〕，孰視而不定〔一六〕。萬年之後，傳之老母弱子，使曹、勃不能制〔一七〕，可謂仁乎？

〔一〕生，周禮地官大司徒注：「杜子春讀生爲性。」夏案：此謂性如夏育。　夏育，史記范睢傳集解引漢書音義云：

「夏育，衛人，力舉千鈞。」又，此篇班氏編入本傳，列於所輯益壤之後。

〔二〕猶之，論語堯曰「猶之與人」集解：「謂財物俱當與人。」劉淇曰：「猶之，猶俗云『總是』。」

〔三〕恬然，顏師古曰：「恬，安也。」

〔四〕宿，莊子徐無鬼釋文：「宿，積久也。」

〔五〕「不」，原脱，兹據程本補。

〔六〕紛，廣雅釋詁：「紛，亂也。」　且也，墨子經説下：「且然，必然。且已，必已。且用工而後已者，必用工而後已。」夏案：是則，且也即必也。

〔七〕知，集韻：「知，或作智。」　不仁，本書五美：「制定之後，下無倍背之心，上無誅伐之志，上下歡親，諸侯順附，故天下咸知陛下之仁。」此云「畜亂宿禍」，自必下倍上伐故曰「不仁」。

〔八〕「自逆」，盧本、王本無。盧文弨曰：「自逆，隨意雜湊，今刪去。」夏案：易説卦：「知來者逆，是故易逆數也。」太玄玄掜注：「逆，逆知也。」是逆有預思、預慮之義，與下文惟、在正相應，似非雜湊。

〔九〕惟，爾雅釋詁：「惟，思也。」

〔一〇〕「危在存亡」，盧本、王本無。盧文弨曰：「雜湊，今刊去。」夏案：盧説非是，此句謂危懼不安而察存亡之道。荀子解蔽注：「危謂不自安，戒懼之謂也。」爾雅釋詁：「在，察也。」

〔一一〕頤指而如意，如淳曰：「但動頤指揮，則所欲皆如意。」

〔二〕「稱」，本傳作成，周本作構。夏案：諸本多從漢書，當係以「稱」費解而改（構當係稱之形訛）。尚書牧誓傳：「稱，舉也。」呂氏春秋不賢注：「舉，猶取也。」晉語五注：「舉，起也。」尚書洪範馬注：「舉，生也。」作「稱」於文可通。

〔三〕「患」，原作意。陶鴻慶曰：「意不可通。意字隸書作𢡱，故患誤爲意。『常』讀爲尚，言苟圖及身無患也。漢書作苟身無事，無事與無患意同。」夏案：陶説是，兹校改爲患。

〔四〕「但爲禍」句，陶鴻慶曰：「言爲禍與否，在所以制也。」劉師培曰：「制，當作刑，刑爲形假。未在所形，猶云其禍未形。」夏案：陶説於「未」字讀斷，於文可通。劉説則改字矣。

〔五〕媒，説文：「媒，謀也。」

〔六〕孰，正字通：「孰，今作熟。」

〔七〕曹勃，顧炎武曰：「曹，曹參。勃，周勃也。」（日知録卷二十三）漢書百官公卿表：「孝惠二年，相國蕭何薨，曹參爲相國。」漢書惠帝紀：「帝年五歲，高祖初爲漢王。二年，立爲太子。十二年，高祖崩，太子即皇帝位。」漢書周勃傳：「惠帝六年，以勃爲太尉。十年，高后崩。呂禄、呂産秉權，欲危劉氏。勃與丞相平、朱虚侯章共誅諸呂。」「迎立代王，是爲孝文皇帝。」

五　美

事勢〔一〕

海内之勢，如身之使臂，臂之使指，莫不從制〔二〕。諸侯之君敢自殺不敢反，志知必葅醢耳〔三〕。不敢有異心，輻湊并進而歸命天子〔四〕。天下無可以徼倖之權，無起禍召亂之業，雖在細民，且知其安，故天下咸知陛下之明。

割地定制，齊爲若干國，趙、楚爲若干國，制既各有理矣。於是齊悼惠王之子孫王之，分地盡而止〔五〕，趙幽王、楚元王之子孫，亦各以次受其祖之分地〔六〕，燕、吴、淮南佗國皆然〔七〕。其分地衆而子孫少者，建以爲國，空而置之，須其子孫生者，舉使君之〔八〕。諸侯之地其削頗入漢者〔九〕，爲徙其侯國及封其子孫於彼也〔一〇〕，所以數償之〔一一〕。故一寸之地，一人之衆，天子無所利焉，誠以定治而已〔一二〕，故天下咸知陛下之廉。

經制一定，宗室子孫慮莫不王〔一三〕。制定之後，下無倍背之心〔一四〕，上無誅伐之志，上下歡親，諸侯順附，故天下咸知陛下之仁。

地制一定，則帝道還明而臣心還正，法立而不犯，令行而不逆，貫高、利幾之謀不生〔一五〕，棧奇、啓章之計不萌〔一六〕，細民鄉善〔一七〕，大臣致順，上使然也，故天下咸知陛下之義。

地制一定，卧赤子天下之上而安，植遺腹〔一八〕，朝委裘〔一九〕，而天下不亂，社稷長安，宗廟久尊，傳之後世，不知其所窮。故當時大治，後世誦聖。一動而五美附，陛下誰憚而久不爲此五美〔二〇〕？

〔一〕五美，論語堯曰：「子曰：尊五美，屏四惡，斯可以從政矣。」夏案：誼用此語之名，文中則謂明廉仁義聖。又，本傳載此文於陳政事疏，編於所輯藩彊之後。

〔二〕「海内」四句，管子事語：「天子之制，壤方千里；齊諸侯，方百里；負海子，七十里；男，五十里；若胸臂之相使也。」

〔三〕志，禮記孔子閒居注：「志，思意也。」

〔四〕輻湊，漢書叔孫通傳注：「輳，聚也。言如車輻之聚於轂也。字或作湊。」

〔五〕「子孫王之」，原無。俞樾曰：「本作齊悼惠王之子孫各以次受其祖之分地，下文云：趙幽王、楚元王之子孫各以次受其祖之分地，即承此而言。」夏案：劉説雖是，然係意校，茲據李本增。又，齊悼惠王見前宗首注，下之吴、淮南同。「止」，原作正，盧文弨曰：「止字訛作正。」夏案：盧説是，茲據李本改。

〔六〕趙幽王，高帝子，名友，封淮陽王，孝惠元年，徙爲趙王。詳漢書高五王傳。楚元王，高祖異母弟，名交，高祖六年，立爲楚王。漢書有傳。

〔七〕燕，孝文元年，高祖從祖昆弟澤，自琅邪王徙爲燕王。詳漢書荆燕吴傳。　佗，集韻：「佗，彼之稱，或从『也』。」

〔八〕「其分地衆」五句，顔師古曰：「須，待也。」曾國藩曰：「謂存其國土，暫不封人，待其子孫生後乃封之。」

〔九〕「削」，原誤作制，兹據李本改。　頗，王念孫曰：「頗，略（也）。」劉淇曰：「頗，乃既已、業已之詞。」夏案：以顔訓頗爲皆（見本傳注），王、劉縱議之，兹僅録其結語。

〔一〇〕「徙」，原誤作從，兹據李本改。

〔一一〕「所以數償之」，王先謙引劉攽曰：「言封其子孫，皆據數償之。所字衍文。」陶鴻慶曰：「數之言速也。削其身而封其子孫，是速償之也。」夏案：如陶説則所字不衍。

〔一二〕誠，劉淇曰：「誠，訓苟，有聊且之義，猶云但以定治而已也。」　定治，即定制，故下文云「經制一定」、「地制一定」。　治、制音同義近當通，制獄又稱治獄，是其證。

〔一三〕慮，顔師古曰：「慮，計也。」

〔一四〕倍背，説文：「倍，反也。」吕氏春秋尊師：「背，戾也。」夏按：正字通：「倍，俗亦作背。」左傳昭公二十六年疏：「倍，即背也。」是倍背爲複語，故莫本、程本、周本、盧本作倍叛。

〔一五〕貫高，見藩彊注。　利幾，漢書高帝紀：「利幾者，項羽將，羽敗，降，上侯之潁川。上至雒陽，舉通侯籍召之，而利幾恐，反。」

〔一六〕「棧」，原作機，盧文弨曰：「機，當作棧，後淮難篇，建潭本皆作棧奇。漢書作柴奇。柴與棧，音義得兩通。」夏案：盧説是，兹改與淮難一致。又，柴奇謀反事，漢書淮南王傳：「六年，與棘武侯柴武太子奇謀，以輦車四十乘反谷口。」啓章，淮南王傳：「士伍開章等七十人與棘蒲侯太子奇謀反。」盧文弨曰：「漢書啓作開，避景帝諱。」

〔一七〕鄉，顔師古曰：「鄉，讀曰嚮。」

〔一八〕植，朱駿聲曰：「植，假借爲置。」

〔一九〕朝委裘，孟康曰：「委裘，若容衣。天子未坐朝，事先帝裘衣也。」黄生曰：「古未有主幼不坐朝，而虚設先帝衣裘以朝者，孟説無稽。此言幼君不勝禮服，坐朝則委裘於地耳。」王先謙曰：「委，垂也。吕覽察賢篇：『堯之容若委衣裘。』文選任昉爲蕭揚州薦士表注引晏子曰：『治天下若委裘。』蓋委裘所本。」

〔二〇〕誰，説文：「誰，何也。」「五美」，盧文弨曰：「末二字當目上文。」夏案：本書它篇無其例，當係衍文。

制不定

炎帝者，黄帝同父母弟也，各有天下之半。黄帝行道，而炎帝不聽，故戰涿鹿之野，血流漂杵。夫地制不得，自黄帝而以困。

以高皇帝之明聖威武也，既撫天下，即天子之位，而大臣爲逆者，乃幾十發：，以帝之勢，身勞於兵間，紛然幾無天下者數矣。淮陰侯、韓王信、陳豨、彭越、黥布及盧綰皆功臣也，所嘗愛信也，所愛化而爲仇，所信反而爲寇，可不怪也？地理蚤定〔一〕，豈有此變？陛下即位以來，濟北一反，淮南爲逆，今吴有見告，皆其薄者也。莫大諸侯澮然而未有故者〔二〕，天下非有固安之術也，特賴其尚幼，倫猥之數也〔三〕。且異姓負彊而動者，漢已幸而勝之矣，又不易其所以然〔四〕。同姓襲是迹而處〔五〕，骨肉相動，又既有徵矣〔六〕，其勢盡又復然〔七〕。殃禍之反〔八〕，未知所移，長此安窮〔九〕？明帝尚不能以安，後世奈何！

屠牛坦一朝解十二牛〔一〇〕，而芒刃不頓者〔一一〕，所排擊，所剥割，皆象理也〔一二〕。然至髖髀之所〔一三〕，非斤則斧矣〔一四〕。仁義恩厚者，此人主之芒刃也；權勢法制，此人主之斤斧也〔一五〕。勢已定，權已足矣〔一六〕，乃以仁義恩厚因而澤之，故德布而天下有慕志。今諸侯王皆衆髖髀也，釋斤斧之制，而欲嬰以芒刃〔一七〕，臣以爲刃不折則缺耳。胡不用之淮南、濟北？勢不可也〔一八〕。

〔一〕地理，猶言地制。漢書王莽傳：「授諸侯茅土於明堂，曰：『予制作地理，封建五等。』」夏案：上文黄帝事已見益壤注，淮陰侯等人事已見藩彊注，下文濟北等人事已見宗首注。又，本傳取此篇「異姓負彊而動者」以下，編於所選新書親疏危亂之後。

〔二〕莫大諸侯，見宗首注。澮然，莊子逍遥游釋文：「澮然，恬然也。」

〔三〕「倫猥」，原作倫煨。孫詒讓引唐仁壽曰：「史記秦始皇本紀有倫侯。倫猥，即謂倫侯與猥侯。」洪頤煊曰：「後漢書鄧禹傳李賢注引漢官儀曰：『下土小國侯，以肺腑親及公主子孫奉墳墓於京師者，亦隨時朝見，是爲限諸侯。』猥與限同。倫猥之數，謂等於限諸侯之數。」夏案：兹依二說，據程本改。又，二字尚有異文別解，見盧文弨俞樾之說，兹不贅述。　數，當訓輩，漢書衛青傳「不以爲兄弟數」是其例。

〔四〕易其所以然，顏師古曰：「謂改其法制，使不然。」

〔五〕「迹」下，原有者字。盧文弨曰：「是迹下，衍者字。」夏案：盧說是，兹從之而删。

〔六〕徵，顏師古曰：「徵，證驗也。」

〔七〕然，劉淇曰：「然，猶云如是。」

〔八〕反，列子仲尼注：「反，變也。」莫本、程本即作變。

〔九〕窮，小爾雅釋詁：「窮，竟也。」

〔一〇〕屠牛坦，蘇林曰：「孔子時人也。」管子制分：「屠牛坦朝解九牛，而刀可以莫鐵（原注：莫，猶削也）。」夏案：淮南子齊俗訓引作「屠牛吐」，太平御覽八九九引作「屠林長」，皆作「九牛」。

〔一一〕芒刃，顏師古曰：「芒刃，謂刃之利如豪芒也。」王先謙曰：「說文：『芒，草耑。』引申之，則刀耑亦謂之芒。說文：『刃，刀堅也。』謂刀之陷物處也。芒、刃二字當平列，顏說非。」說文「耑」段注：「古發端字作此。」

〔一二〕象理，盧文弨曰：「謂仿像其支節。」王先謙曰：「理，肌肉也。」

〔一三〕髖髀，顏師古曰：「髀，股骨也。髖，髀上也。言其骨大，故須斤斧也。」

〔一四〕斤，説文：「斤，斫木斧也。」王注：「斤之刃横，斧之刃縱。」段注：「凡用斫物者皆曰斧，斫木之斧則謂之斤。」

〔一五〕「權勢法制此人主之斤斧也」，原脱，兹據何本補。

〔一六〕「足」上，原有定字。夏案：當係蒙上句而衍，兹據李本删。

〔一七〕嬰，顏師古曰：「嬰，繞也。」王先謙曰：「下文『嬰以廉恥』，顏注：『嬰，加也。』此亦當訓爲加。」「釋斤斧」二句，焦澹園曰：「誼前言『墮骨肉之屬而抗剄之，無以異秦之季世，』今乃勸帝舍芒刃而用斤斧，何自相戾！」（諸子折衷引）夏案：參附録集評姚鼐、汪之昌賈生明申商論。

〔一八〕「胡不用」二句，晉灼曰：「二國皆反誅，何不施之仁恩，勢不可故也。」曾國藩曰：「言反迹已露則難制之，宜及早施以斤斧。」

審微　事勢

善不可謂小而無益〔一〕，不善不可謂小而無傷。非以小善爲一足以利天下〔二〕，小不善爲一足以亂國家也〔三〕。當夫輕始而傲微，則其流而令於大亂〔四〕，是故子民者謹焉〔五〕。彼人也，登高則望，臨深則窺。人之性非窺且望也，勢使然也。夫事有逐姦〔六〕，勢有召禍。

老明曰：「爲之於未有，治之於未亂〔七〕。」管仲曰：「備患於未形〔八〕。」上也。語曰：「熛熛弗滅，炎炎奈何；萌芽不伐，且折斧柯〔九〕。」智禁於微，次也〔一〇〕。事之適亂〔一一〕，如地形之惑人也，機漸而往〔一二〕，俄而東西易面，人不自知也。故墨子見衢路而哭之，悲一跬而繆千里也〔一三〕。

昔者，衛侯朝於周，周行人問其名，曰：「衛侯辟彊。」周行人還之，曰：「啓彊、辟彊，天子之號也，諸侯弗得用。」衛侯更其名曰燬，然後受之〔一四〕。故善守上下之陛者，雖空名弗使踰焉〔一五〕。

古者周禮，天子葬用隧〔一六〕，諸侯縣下〔一七〕。周襄王出逃伯鬭〔一八〕，晉文公率師誅賊，定周國之亂，復襄王之位。於是襄王賞以南陽之地〔一九〕，文公辭南陽，請即死得以隧下〔二〇〕。襄王弗聽，曰：「周國雖微，未之或代也。天子用隧，伯父用隧〔二一〕，是二天子也。以地爲少，餘請益之〔二二〕。」文公乃退。

禮，天子之樂宮縣，諸侯之樂軒縣，大夫直縣，士有琴瑟〔二三〕。叔孫于奚者〔二四〕，衛之大夫也。曲縣者〔二五〕，衛君之樂體也。繁纓者〔二六〕，君之駕飾也。齊人攻衛，叔孫于奚率師逆之〔二七〕，大敗齊師。衛於是賞以温〔二八〕，叔孫于奚辭温，而請曲縣、繁纓以朝，衛君許之。孔子聞之，曰：「惜乎！不如多與之邑。夫樂者所以載國，國者所以載君。彼樂亡而禮從之，禮亡而政從之，政亡而國從之，國亡而君從之。惜乎！不如多與之邑。」

宓子治亶父〔二九〕。於是齊人攻魯，道亶父〔三〇〕。始，父老請曰：「麥已熟矣，今迫齊寇，民人出自艾傅郭者歸〔三一〕，可以益食，且不資寇。」三請，宓子弗聽。俄而麥畢還乎齊寇〔三二〕。季孫聞之怒〔三三〕，使人讓宓子曰：「豈不可哀哉！民乎，寒耕熱耘，曾弗得食也。弗知猶可，聞或以告，而夫子弗聽〔三四〕！」宓子蹴然曰：「今年無麥，明年可樹。令不耕者得穫，是樂有寇也。且一歲之麥，於魯不加彊，喪之不加弱，令民有自取之心，其創必數年不息〔三五〕。」季孫聞之，慚曰：「使穴可入，吾豈忍見宓子哉！」

故明者之感奸由也蚤，其除亂謀也遠，故邪不前達。

〔一〕益，廣雅釋詁：「益，加也。」易繫辭下：「小人以小善爲無益而弗爲也，以小惡爲無傷而弗去也。」誼文本此，然益義當從廣雅。

〔二〕「小」，原無。夏案：下句言「小不善」，此句應有小字與之一致，茲據李本補。

〔三〕「爲」上，原有「一」字。夏案：參上句，「一」當係衍文，茲刪。

〔四〕而令，謂能致。莊子逍遥游集釋：「能、而古聲近，通用也。」

〔五〕子民，禮記表記：「子民如父母。」疏：「子，謂子愛於民，如父母愛子也。」夏案：乃治民之飾辭耳。

〔六〕逐，陶鴻慶曰：「逐姦二字，義不可通。逐，蓋起字之誤。」夏案：陶説可參。考易頤釋文：「逐，速也。」此訓速，於文可通。

〔七〕「老聃」句，引文見老子六十四章。

〔八〕「管仲」句，管子牧民：「惟有道者能備患於未形也。」

〔九〕「爦爦」，盧文弨曰：「焰焰，舊本皆訛作爦爦。爦，字書無考，今從金人銘作焰焰。」夏案：疑爦係焰之異體。一則，諸本皆同，是諸家未以爲訛。二則，召、毚疊韻當通。三則，從毚得聲之字多有微小義（説文通訓定聲：「嚵，小啐也。」「儳，可輕賤之皃。」「纔，微黑色。」「鑱，石針也。」），與「焰焰尚微」之義相近。音義皆近當通或同。字書無考，或偶失載。又，金人銘見孔子家語觀周。佚周書和寐、魏策、史記蘇秦傳、六韜等書皆引此語，文有詳略，字有歧異。焰焰，書洛誥傳：「火始然，焰焰尚微。」炎炎，易林乾之睽：「陽旱炎炎，傷害禾穀。」莊子齊物論釋文：「炎炎，美盛貌。」夏案：此言火盛貌。

〔一〇〕「次也」，李本作故也。盧文弨曰：「『備患於未形，上也。智禁於微，次也。』本相承接，中間忽横亙十八字，是後人以習見語妄增入之。潭本改次爲故，亦非。」

〔一一〕適，爾雅釋詁：「適，往也。」

〔一二〕機漸而往，猶言由始而往。禮記大學注：「機，發動所由也。」素問離合真邪論注：「機者，動之微。」廣雅釋詁：「漸，進也。」

〔一三〕「故墨子」二句，荀子王霸：「楊朱哭衢塗曰：此夫過舉蹞步而覺跌千里者夫！」注：「歧路也，秦俗以兩爲衢。」淮南子說林訓：「楊子見逵路而哭之，爲其可以南可以北；墨子見練絲而泣之，爲其可以黄可以黑。」呂氏春秋疑似：「墨子見泣路而哭之。」梁玉繩曰：「楊子哭逵路，見淮南說林。此與賈誼新書審微并作墨子，恐因泣絲事而誤。」夏案：下句「悲一跬而繆千里」亦與荀子所載楊子事同，若非别有所據，當係記誤。跬，集韻：「説文：『趌，半步也。』或作跬。」正字通：「跬，亦作蹞。」繆，朱駿聲云：「繆，假爲謬。」

〔一四〕「行人」，原皆無人字。夏案：史記衛世家集解、漢書文帝紀顔注并引賈誼書此文，皆有人字，兹據以補。又，周禮秋官行人：「掌大賓禮及大客儀，以親諸侯。」還，儀禮鄉飲酒禮注：「還，猶退。」辟彊，顔師古曰：「辟讀曰闢，彊讀曰疆。」「熸」，史記衛世家、春秋僖公二十五年、漢書文帝紀注引皆作燬，洪頤煊曰：「熸是燬俗字。」

〔一五〕「雖空名」句，韓非子外儲説右下亦載衛侯此事，結云：「仲尼聞之曰：『遠哉禁偪，虚名不以借人，況實事乎？』」

〔一六〕隧，左傳僖公二十五年注：「闕地通路曰隧，王之葬禮也。」夏案：誼下所言襄王事，即見此年左傳。晉侯請隧者，欲請以王禮葬也。」夏案：縣，懸之本字。

〔一七〕「侯」，原脱，兹據李本補。縣下，左傳僖公二十五年疏：「諸侯皆縣柩而下，故不得用隧。」

〔一八〕逃伯鬭，盧文弨曰：「伯鬭二字不可曉，疑衍。」俞樾曰：「周襄王出居於鄭，左傳以爲避大叔帶也，此以爲逃伯鬭，乃古事相傳之異。」夏案：賈生所言古事或與典籍所載不合（以下諸篇亦有），相傳之異，賴此得存，彌足珍貴，未可以彼非此，俞説甚是。所謂左傳，見僖公二十四年所載。

〔一九〕南陽，故地在今河南新鄉一帶。夏案：事見晉語四，左傳無「南陽」二字，而有他地。

〔二〇〕「請」，原無。陶鴻慶曰：「即死上，當有請字。下文云『叔孫于奚辭温，而請曲縣繁纓以朝』，明此亦當同。」夏案：陶説是，兹據左傳補。

〔二一〕伯父，儀禮覲禮：天子稱「同姓大國，則曰伯父。同姓小邦，則曰叔父」。夏案：左傳載此事時，稱爲叔父，是則覲禮所云亦未盡然，蓋尊稱也。

〔二二〕餘，史記屈原賈生傳：「餘何畏懼兮。」索隱：「楚辭餘幷作余。」是餘通余。

〔二三〕「禮」以下四句，周禮春官小胥：「正樂縣之位，王宫縣，諸侯軒縣，卿大夫判縣，士特縣。」鄭氏曰：「樂縣，謂鍾磬之屬縣於筍簴者。」鄭司農曰：「宫縣，四面縣。軒縣，去其一面。判縣，又去其一面。特縣，又去其一面。四面，象宫室四面有墻，故謂之宫縣。」直，王念孫曰：「直與特古同聲而通用。」夏案：此言士特縣，與誼説不同。

〔二四〕「孫」，原無。夏案：其事見於左傳成公二年、孔子家語正論解，皆有孫字，下文亦云「叔孫于奚辭温」，此句及下「叔于奚率師」皆當有孫字，兹據何本補。

〔二五〕曲縣，鄭司農曰「軒縣三面，其形曲」，故曰曲縣。

〔二六〕繁纓，周禮春官巾車：「王之五路，一曰玉路。錫，樊纓。」疏：「路者，謂路車、路馬。路，大也。王之所在，故以大爲名。錫，馬面當盧刻金爲之，眉上曰錫，故知當額。樊，讀如鞶。鞶謂馬大帶。」鄭司農曰：「纓謂當胸。樊及纓皆以五采罽飾之。」文選張衡東京賦注：「綜曰：繁，謂馬腹帶也。善曰：繁與鞶，古字通。」

〔二七〕逆，説文：「逆，迎也。」

〔二八〕温，邑名，故地在今河南温縣一帶。

〔二九〕宓子，史記仲尼弟子傳：「宓不齊，字子賤，爲單父宰。」集韻：「亶，或作單。」夏案：宓，音伏。亶父故地在今山東單縣。宓子此事亦見孔子家語屈節解。

〔三〇〕道，謂取道，故家語作道由。

〔三一〕艾，正字通：「刈，亦作艾。」「傅」，原訛作傳，兹據李本改。朱駿聲曰：「傅，假借爲附。」

〔三二〕還，廣雅釋詁：「還，歸也。」

〔三三〕季孫，魯昭公時權臣。

〔三四〕讓，周語上注：「讓，譴責也。」孰，素問疏五過論注：「孰，熱也。」曾，説文段注：「曾之言『乃』也。」

〔三五〕蹴然，莊子應帝王疏：「驚悚變容。」「令不耕者」，原脱令字，兹據程本補。

階級　事勢〔一〕

人主之尊，辟無異堂〔二〕。階陛九級者〔三〕，堂高大幾六尺矣〔四〕。若堂無陛級者，堂高治不過尺矣〔五〕。天子如堂，羣臣如陛，衆庶如地，此其辟也。故陛九級上，廉遠地則堂高〔六〕，陛亡級，廉近地則堂卑〔七〕。高者難攀，卑者易陵〔八〕，理勢然也。故古者聖王制爲列等，内有公卿大夫士，外有公侯伯子男，然後有官師小吏〔九〕，施及庶人，等級分明，而天子加焉，故其尊不可及也。

鄙諺曰：「欲投鼠而忌器。」此善喻也。鼠近於器，尚憚而弗投，恐傷器也，況乎貴大臣之近於主上乎〔一〇〕！廉恥禮節以治君子，故有賜死而無僇辱〔一一〕。是以係、縛、榜、笞、髡、刖、黥、劓之罪〔一二〕，不及士大夫〔一三〕，以其離主上不遠也。禮，不敢齒君之路馬〔一四〕，蹴其芻者有罪〔一五〕；見君之几杖則起，遭君之乘輿則下，入正門則趨；君之寵臣雖或有過〔一六〕，刑僇不加其身，尊君之勢也。此則所以爲主上豫遠不敬也〔一七〕，所以體貌羣臣而厲其節也〔一八〕。今自王侯三公之貴，皆天子之所改容而禮之也。古天子之所謂伯父伯舅也〔一九〕，令與衆庶、徒隸同黥、劓、髡、刖、笞、傌、棄世之法〔二〇〕，然則堂下不亡陛乎？被僇辱者不太迫乎〔二一〕？廉耻不行也，大臣無乃握重權，大官而有徒隸無耻之心乎〔二二〕？夫望夷之事，二世見當以重法者〔二三〕，投鼠而不忌器之習也。

臣聞之曰：履雖鮮弗以加枕，冠雖弊弗以苴履〔二四〕。夫嘗以在貴寵之位〔二五〕，天子改容而嘗體貌之矣，吏民嘗俯伏以敬畏之矣。今而有過，令廢之可也〔二六〕，退之可也，賜之死可也；若夫束縛之，係緤之〔二七〕，輸之司空〔二八〕，編之徒官〔二九〕，司寇、牢正、徒長、小吏罵詈而榜笞之〔三〇〕，殆非所以令衆庶之見也〔三一〕。夫卑賤者習知尊貴者之事，一旦吾亦乃可以加也〔三二〕，非所以習天下也〔三三〕，非尊尊貴貴之化也〔三四〕。夫天子之所嘗敬，衆庶之所嘗寵〔三五〕，死而死爾〔三六〕，賤人安宜得此而頓辱之哉！

豫讓事中行之君〔三七〕，智伯伐中行滅之〔三八〕，豫讓移事智伯。及趙滅智伯〔三九〕，豫讓釁面變容〔四〇〕，吸炭變聲，必報襄子，五起而弗中〔四一〕，襄子一夕而五易卧。人問豫讓〔四二〕，讓曰：「中行衆人畜我，我故衆人事之〔四三〕；智伯國士遇我，故爲之國士用。」故此一豫讓也，反君事讎，行若狗彘〔四四〕，已而折節致忠，行出乎烈士，人主使然也。故人主遇其大臣如遇犬馬，彼將犬馬自如也〔四五〕；如遇官徒，彼將官徒自爲也。頑頓無耻〔四六〕，奊苟無節〔四七〕，廉耻不立，則且不自好，苟若而可〔四八〕，見利則逝〔四九〕，見便則奪。主上有敗，則因而推之矣；主上有患，則吾苟免而已，立而觀之耳；有便吾身者，則欺賣而利之耳。人主將何便於此？羣下至衆，而主至少也，所托財器職業者率於羣下也〔五〇〕。但無耻，但苟安，則主罷病〔五一〕。

故古者，禮不及庶人，刑不至君子，所以厲寵臣之節也。古者大臣有坐不廉而廢者〔五二〕，不謂曰不廉〔五三〕，曰「簠簋不飾」〔五四〕；坐穢污姑婦姊姨母，男女無別者，不謂污穢，曰「帷箔不修」〔五五〕；坐罷軟不勝任者，不謂罷軟〔五六〕，曰「下官不職」。故貴大臣定有其罪矣，猶未斥然至以呼之也〔五七〕，尚遷就而爲之諱也。故其在大譴大何之域者〔五八〕，聞譴何則白冠釐纓〔五九〕，盤水加劍〔六〇〕，造請室而請其罪耳〔六一〕，上弗使執縛係引而行也。其中罪者，聞命而自弛〔六二〕，上不使人頸盭而加也〔六三〕。其有大罪者，聞令則北面再拜〔六四〕，跪而自裁〔六五〕。上不使人捽抑而刑也〔六六〕，曰：「子大夫自有過耳，吾遇子有禮矣〔六七〕。」遇之有禮，故羣臣自憙〔六八〕；厲以廉恥，故人務節行〔六九〕。上設廉恥禮義以遇其臣，而羣臣不以節行而報其上者，即非人類也。

故化成俗定，則爲人臣者，主醜亡身〔七〇〕，國醜亡家，公醜忘私，利不苟就〔七一〕，害不苟去，唯義所在，主上之化也〔七二〕。故父兄之臣誠死宗廟，法度之臣誠死社稷，輔翼之臣誠死君上，守衞捍敵之臣誠死城郭封境〔七三〕。故曰「聖人有金城」者，此物比志也〔七四〕。彼且爲我死〔七五〕，故吾得與之俱生；彼且爲我亡，故吾得與之俱存；夫將爲我危〔七六〕，故吾得與之皆安。顧行而忘利，守節而服義，故可以託不御之權〔七七〕，可以託五尺之孤。此厲廉恥、行禮義之所致也，主上何喪焉〔七八〕？此之不爲，而顧彼之行〔七九〕，故曰可爲長太息者也。

〔一〕本傳：「是時丞相絳侯周勃免就國，人有告勃謀反，逮繫長安獄治，卒亡事，復爵邑，故賈誼以此譏上。上深納其言，養臣下有節。是後，大臣有罪，皆自殺，不受刑。」夏案：本傳所謂「以此譏上」，即本篇。

〔二〕辟，集韻：「譬，或作辟」。夏案：本傳作「譬如堂」，是班氏以辟爲譬。下文「此其辟也」，即謂此其譬也。

〔三〕九級，文選張衡西京賦注：「天子殿高九尺，階九齒，各有九級。」

〔四〕「六尺」，禮記禮器：「有以高爲貴者，天子之堂九尺，諸侯七尺。」夏案：參注〔三〕，疑六係九之誤。

〔五〕治，荀子彊國注：「殆，或爲治。」夏案：他本即作殆。「尺」，原訛作天，兹據李本改。夏案：此蓋謂距地之高不過尺。

〔六〕廉，顔師古曰：「廉，側隅也。」朱駿聲曰：「堂之側邊曰廉。」夏案：此蓋指堂基。

〔七〕「卑」，原誤作畢，兹據李本改。

〔八〕陵，顔師古曰：「陵，乘也。」

〔九〕官師，顔師古曰：「官師，一官之長。」王引之曰：「左傳之官師與工并舉，楚語之官師與旅賁并舉，是官之小者。祭法鄭注：『官師，中士、下士。』」

〔一〇〕「主上」，原作主帝。盧文弨曰：「建、潭本『上』訛作『帝』，今據下文改。」夏案：下文皆作主上，兹改一律。

〔一一〕僇，史記楚世家索隱：「僇，辱也。」

〔一二〕榜，朱駿聲曰：「凡榜弓必約而攴擊之，故亦爲榜笞。」

〔一三〕「士」，劉師培曰：「士，疑衍文。」引本傳、曲禮、白虎通義謂：「均無『刑不及士』之説。又，本篇下云『刑不至君子』，漢書『君子』作『大夫』，亦其證也。」

〔一四〕齒，顔師古曰：「齒，謂審其齒歲也。」禮記曲禮上：「齒路馬，有誅。」于鬯曰：「齒路馬者，當謂以他馬與路馬爲齒也。齒爲齒列之義。與路馬齒列則爲不敬。若謂量論君馬齒數，則何至誅乎？」路馬，禮記曲禮注：「路馬，君之馬。」荀子哀公注：「路，王者之車。」

〔一五〕芻，顏師古曰：「芻，所食之草也。」

〔一六〕寵臣，周壽昌曰：「爲君所貴愛之臣也，不得援寵幸爲説。」

〔一七〕豫，正字通：「預，經典通作豫。」遠，顏師古曰：「遠，離也。」

〔一八〕體貌，顏師古曰：「體貌，謂加禮容而敬之。」厲，吕氏春秋恃君：「厲人主之節。」注：「厲，高也。」夏案：字彙：「厲，磨也。」此謂磨厲其節操，亦言使其節操高潔也。下文「厲其廉耻」，同。

〔一九〕伯父，見審微注。伯舅，儀禮覲禮：「其異姓則曰伯舅。」夏案：謂天子尊稱異姓大國之國君爲伯舅。

〔二〇〕「刖」，原訛則，參上文，據何本改。僞，盧文弨曰：「僞，與罵音義同。」

〔二一〕迫，顏師古曰：「迫，迫天子也。」

〔二二〕大官，王先謙曰：「大官，猶言高爵。」夏案：疑「大官」應在上句「大臣」下。

〔二三〕「夫望夷」二句，如淳曰：「決罪曰當，閻樂殺二世於望夷宫，本由秦制無忌上之風也。」王先謙曰：「見當重法，即決死之謂。」陶鴻慶曰：「史記秦本紀云：『閻樂前即二世，數曰：「足下驕恣，誅殺無道，天下共畔足下，足下其自爲計。」』賈子所謂見當，即指此。」夏案：陶云「秦本紀」係「秦始皇本紀」之誤。

〔二四〕苴，王引之引王念孫曰：「説文：『苴，履中艸。』苴者，藉也。謂以革藉履底。」沈欽韓曰：「韓非外儲左篇：『費仲說紂曰：「冠雖穿敝必戴於頭，履雖五采必踐之於地。」』」夏案：穀梁傳僖公八年、文子上德亦有類似記載。

苴，音居。

〔二五〕以，王引之曰：「以，或作已。」夏案：此處通已。

〔二六〕「令」，原訛作今，茲據李本改。

〔二七〕紲，顏師古曰：「緤，謂以長繩係之也。」說文：「紲，或從枼。」廣韻：「紲，亦作絏。」

〔二八〕司空：王念孫曰：「司空掌役使罪人之事。」

〔二九〕編之徒官，顏師古曰：「編，次列也。」王念孫曰：「徒，謂徒役也。」

〔三〇〕「司寇」，王念孫曰：「司寇，當作司空。」周壽昌曰：「司寇，終漢世無此官。」

〔三一〕「之」，他本皆無。夏案：疑衍，或係「見之」誤倒。

〔三二〕「一旦」句，王先謙曰：「謂一旦可加乎其上也。」

〔三三〕習天下，謂使天下習知也。

〔三四〕尊尊貴貴，荀子大略：「貴貴、尊尊、賢賢、老老、長長，義之倫也。」孟子萬章下：「用下敬上，謂之貴貴。」夏案：意即尊位尊者，貴顯貴者。

〔三五〕寵，王先謙曰：「尊貴之義。」

〔三六〕爾，王引之曰：「爾，猶而已。」

〔三七〕豫讓，史記刺客列傳：「豫讓，晉人也。」夏案：其事詳趙策，參後諭誠注。中行，司馬貞曰：「中行氏，中行文子荀寅也。自荀林父將中行後，因以官爲氏。」左傳僖公二十八年：「晉侯作三行以禦狄，荀林父將中行，屠擊將右行，先蔑將左行。」注：「晉置上中下三軍，今復增置三行，以避天子六軍之名。」

〔三八〕智伯，司馬貞曰：「智伯，襄子荀瑶也。襄子，林父弟荀首之後。」史記趙世家：「趙襄子立四年，智伯與趙、韓、魏盡分其范、中行故地。」夏案：晉定公十八年，伐中行，二十一年滅之，智伯皆預焉，此時方得其地。

〔三九〕趙滅智伯，史記趙世家：「趙襄子四年，（智伯與韓趙魏）共攻出公，出公奔齊。智伯乃立晉懿公。益驕，請地趙，趙不與，智伯怒，率韓魏攻趙。襄子懼，私與韓魏合謀，三國反滅智氏，共分其地。」

〔四〇〕釁，鄭氏曰：「釁，漆面以易貌。」顔師古曰：「釁，熏也。以毒藥熏之。」王先謙引劉奉世曰：「釁，謂以物塗之，取以釁鼓，故謂之釁耳，訓熏與漆，皆非也。」

〔四一〕起，廣韻：「起，興也，作也，發也。」

〔四二〕「問」，原訛間，兹據程本改。

〔四三〕「畜我我故衆人」，原脱，兹據李本補。

〔四四〕行若狗彘，荀子榮辱：「人也，憂忘其身，内忘其親，上忘其君，則是人也，而曾狗彘之不若也。」

〔四五〕「故人主」二句，孟子離婁下：「君之視臣如犬馬，則臣視君如國人。」

〔四六〕頓，顔師古曰：「頓，讀曰鈍。」

〔四七〕「𡘋」，原作斷，無解，兹據李本改。　𡘋茍，顔師古曰：「𡘋詬，謂無志分也。」夏案：𡘋，音奚。茍、詬疊韻，例當通假，故本傳作詬。

〔四八〕「則且」二句，顔師古曰：「自好，猶言自喜。若，猶然也。」夏案：自好，猶言自愛。

〔四九〕逝，顔師古曰：「逝，往也。」

〔五〇〕職業，荀子富國注：「職業，謂官職。」夏案：此謂權勢。

〔五一〕罷，顔師古曰：「罷，讀曰疲。」

〔五二〕坐，一切經音義：「坐，罪也。」夏案：此謂獲罪。

〔五三〕「曰」，本傳、程本無。夏案：下二「不謂」下皆無曰字，此當係衍文。

〔五四〕簠簋不飾，顔師古曰：「簠簋，所以盛飯也。方曰簠，圓曰簋。簠音甫，簋音軌。」胡三省曰：「埤雅曰：『龜有靈性，伏匿而噎，不志於養。』故古者簠簋皆爲龜形於其上，而大臣以貪墨坐廢者，曰簠簋不飾。」

〔五五〕箔，集韻：「箔，簾也。」

〔五六〕「坐罷軟不勝者不謂罷軟」，原脱「者不謂罷軟」，準上文例，當有此五字，兹據李本補。　罷軟，顔師古曰：「罷，廢於事也。軟，弱也。」

〔五七〕斥，正字通：「斥，指而言之也。」

〔五八〕大譴大何之域，顔師古曰：「譴，責也。何，問也。域，界局也。」夏案：何，借爲訶、呵，已見前過秦上注。

〔五九〕白冠氂纓，鄭氏曰：「以毛作纓。白冠，喪服也。」王先謙引沈欽韓曰：「荀子正論『墨黥慅嬰』，楊倞曰：『當爲澡纓。慎子作草纓。』案：此氂纓亦必有誤。以毛作纓，於古未聞。」夏案：沈引楊注不完，楊尚云：「謂澡濯其布爲纓。禮記曰：『緦冠澡纓。』澡或讀爲草，慎子作草纓也。」禮記雜記疏：「用澡治緦布爲纓。」慅、草、澡音近而通，是當以澡爲正字。本文作氂，即是氂字（本傳作氂）。盧本六術「十氂爲分」，即十氂。又，孔子家語五刑亦作「白冠氂纓」，當非偶然。朱駿聲曰：「毛，假借爲氂。」廣雅釋草：「毛，草也。」是氂、氂、草、毛、慅皆係澡之假。

〔六〇〕盤水加劍，如淳曰：「水性平，若己有正罪，君以平法治之也。加劍，當以自刎也。或曰，殺牲者以盤水取頸血，故示若此也。」

〔六一〕造，朱駿聲曰：「此字從辵，本訓當爲至。」請室，應劭曰：「請室，請罪之室。」蘇林曰：「胡公漢官：車駕出有請室令在前先驅，此官有別獄也。」史記袁盎傳集解引如淳曰：「請室，獄也。若古刑於甸師氏也。」

〔六二〕「其中罪」二句，顏師古曰：「中罪，非大非小也。弛，廢也，自廢而死。」俞樾曰：「弛，讀爲縰。言聞命而自繫也。師古謂自廢而死，與下文大罪之聞命自裁何別也？」王先謙曰：「魯語注：『弛，毀也。』此謂聞命而免衣冠，自毀其容儀。」

〔六三〕「上不使」句，蘇林曰：「不戾其頸而親加刀鋸。」顏師古曰：「盭，古戾字。」王先謙曰：「謂不待上使人戾頸而加裍辱也。既是中罪，何至加刀鋸？蘇說非。」

〔六四〕面，字彙：「面，向也。」

〔六五〕自裁，顏師古曰：「裁，謂自刑殺也。」

〔六六〕捽抑，顏師古曰：「捽，持頭髮也。抑，謂按之也。捽音才兀反。」

〔六七〕「曰」，原脱，兹據李本補。　子，服虔曰：「子者，男子美號。」

〔六八〕憙，顏師古曰：「憙，讀曰喜。憙，好也，好爲志氣也。」夏案：前言「自好」，此言「自憙」，皆謂自愛也。見前注〔四八〕。

〔六九〕「厲以」二句，孔子家語五刑解：「君子以禮御其心，所以厲之以廉耻之節也。」參注〔一八〕。

〔七〇〕醜，劉師培曰：「醜，與耻同。」　亡，朱駿聲曰：「亡，假借爲忘。」莫本及本書下文即作忘。

〔七一〕「利」，原訛刑，兹據李本改。

〔七二〕「也」，原脱，兹據李本補。

〔七三〕父兄之臣，左傳隱公十一年注：「父兄，同姓羣臣。」「誠死宗廟法度之臣誠死社稷輔翼之臣」，原無。夏案：建本體系皆無此三句，潭本體系及何本、程本、盧本皆有，雖疑其從漢書增入，然於文爲備，兹據本傳補。「城」，原訛誠，兹據李本改。

〔七四〕「此物比志」，本傳、盧本作「比物此志」，程本、周本、日刊本作「比物比志」，何本、錢本作「此物此志」。盧文弨曰：「建潭本作此物比志，今從漢書。」如淳曰：「比謂比方也。使忠臣以死社稷之志，比於金城也。」李奇曰：「志，記也。凡此上陳廉耻之事，皆古記也。」顏師古曰：「二説皆非。此言聖人厲此節行以御臣下，則人皆懷德，勠力同心，國家安固不可破，狀若金城也。」王先謙曰：「物，類也。志，意也。言臣各效死取義，則爲國家不拔之基，聖人有金城之語，正『比類此意』也。」劉淇曰：「比物，猶言人人。人人懷此志，自然國家安固如金城也。」夏案：諸家雖釋漢書，亦非達詁；劉解最晰，似嫌臆斷。潭建本於新書爲最古，或近於真。疑謂以此物（即金城）比志也。比，謂比方。志，謂意。或謂此（「聖人有金城」）以物比志也。

〔七五〕且，呂氏春秋音律注：「且，將也。」

〔七六〕夫，顔師古曰：「夫，夫人也，亦猶彼人耳。」

〔七七〕不御之權，應劭曰：「言念主忘身，憂國忘家，如此，可託權柄，不須復制御也。」

〔七八〕主上何喪焉，顔師古曰：「如此，則於主上無所失。」

〔七九〕「此之」二句，顔師古曰：「言何不爲投鼠忌器之法，而反行無階級之法。顧，反也。」

新書校注卷第三

俗激　事勢〔一〕

大臣之俗，特以牘書不報，小期會不答耳，以爲大故，以爲大故不可矣〔二〕。天下之大指〔三〕，舉之而激。俗流失〔四〕，世壞敗矣。因恬弗知怪〔五〕，大故也。加刀筆之吏〔六〕，務在筐箱〔七〕，而不知大體，陛下又弗自憂，故如哉〔八〕。

夫邪俗日長，民相然席於無廉醜〔九〕，行義非循也〔一〇〕。豈且爲人子背其父〔一一〕，爲人臣因忠於主哉〔一二〕？豈爲人弟欺其兄，爲人下因信其上哉？陛下雖有權柄事業，將所寄之〔一三〕？管子曰：「四維，一曰禮，二曰義，三曰廉，四曰耻。」「四維不張，國乃滅亡〔一四〕。」云使管子愚無識人也，則可；使管子而少知治體，則是豈不可爲寒心〔一五〕？今世以侈靡相競，而上無制度，棄禮義，捐廉醜，日甚，可爲月異而歲不同矣〔十六〕。逐利乎不耳，慮念非顧行也〔一七〕。今其甚者，剄父矣〔一八〕，財大母矣〔一九〕，踝嫗矣〔二〇〕，刺兄矣。盜者慮探柱下之金〔二一〕，剟寢户之簾〔二二〕，搴兩廟之器〔二三〕，白晝大都之中，剽吏而奪之金。矯僞者出幾十萬石粟，賦六百餘萬錢，乘傳而行郡諸侯〔二四〕，此靡無行義之尤至者已〔二五〕。其餘猖獗而趨之者，乃豕羊驅而往〔二六〕。是類管子謂「四維不張」者也與〔二七〕！竊爲陛下惜之。

以臣之意吏，慮不動於耳目，以爲是特適然耳〔二八〕。夫移風易俗〔二九〕，使天下移心而向道，類非俗吏之所能爲也〔三〇〕。陛下又不自憂，竊爲陛下惜之。夫立君臣等上下〔三一〕，使父子有禮，六親有紀〔三二〕，此非天所設也〔三三〕。夫人之所設，弗爲持此則僵〔三四〕，不循則壞〔三五〕。秦滅四維不張〔三六〕，故君臣乖而相攘，上下亂僭而無差〔三七〕，父子六親殃僇而失其宜，奸人并起，萬民離叛，凡十三歲而社稷爲墟。今而四維猶未備也，故奸人冀幸，而衆下疑惑矣。豈如今定經制〔三八〕，令主主臣臣〔三九〕，上下有差，父子六親各得其宜，奸人無所冀幸，羣衆信上而不疑惑哉。此業一定，世世常安，而後有所持循矣〔四〇〕。若夫經制不定，是猶渡江河無維楫〔四一〕，中流而遇風波也〔四二〕，船必覆敗矣。悲夫，備不豫具之也，可不察乎？

〔一〕俗激，説文：「俗，習也。」朱駿聲曰：「激，謂水礙而邪行。」即本篇所云「邪俗」。夏案：此篇收入本傳陳政事疏，編於所選新書時變之後。又摘録於禮樂志。

〔二〕「大臣」五句，顔師古曰：「特，徒也。言公卿大臣，特以簿書期會爲急，不知正風俗、厲行義也。」淩稚隆曰：「是時張蒼爲丞相，蒼故秦吏，故所知止此。」李奇曰：「期，要也。」周禮天官小宰注：「月計曰要，歲計曰會。」廣雅釋詁：「故，事也。」「耳」，陶鴻慶曰：「耳，疑衍。」夏案：耳字不衍，唯誤植於前，此文當作：「特以牘書不報，小期會不答以爲大故耳，以爲大故不可矣。」盧本未勘「耳」之誤植，因謂「以爲大故」誤疊，删去其一，遂使原文語脈不清。

〔三〕指，淮南子原道訓注：「指，所之也。」夏案：此謂天下習俗之主要趨向。

〔四〕失，王念孫曰：「失，與泆同。禮樂志作風俗流溢。」尚書酒誥釋文：「泆，一作逸，亦作佚。」

〔五〕恬，顔師古曰：「恬，安也。」

〔六〕「加」，何本作加之。夏案：此當解爲加之、加以。周本改爲「如」字，可知原文僅一字，非脱「之」字。

〔七〕筐箱，周壽昌曰：「刀筆以治文書，筐篋以貯財幣，言俗吏所務，在科條徵斂也。」

〔八〕「如」，李本作何，莫本、何本、周本、程本、盧本作如此。夏案：王引之曰：「如，若也。」「若，如此也。」是「如」即如此之省文。他本以訓詁增改原文。

〔九〕「相然」，李本作怡然。夏案：相然猶云相互，然語頗生澀，「怡然」義長，怡、相形近或訛。席，劉師培曰：「席，因也。漢書蒯通傳顔注：『席，因也。若人之在席上。』」醜，即耻，誼習用醜爲耻，已見階級。

〔一〇〕循，廣韻：「循，善也。」

〔一一〕且，王引之曰：「且，猶若也。」「且，猶夫也。」夏案：二解於文皆通。

〔一二〕因，夏案：「因」係誼文習慣用法，與常語不同。按此句「忠」與「背」反義對舉，下二句「欺」與「信」亦反義對舉，此因字必是轉折之詞，猶而，如今語反而。

〔一三〕所，漢書武五子傳：「問帝崩所病？」注：「因何病而終？」夏案：以是知所訓何也，李本即作何。

〔一四〕管子語，皆見管子牧民。四維，劉績曰：「維，網罟之綱。此四者張之，所以立國，故曰四維」（管子補注）。

〔一五〕云，王引之引王念孫曰：「云，猶如也。」夏案：云使，即若使。「云使」四句，顏師古曰：「若以管子爲愚人，其言不實，則無禮義廉耻可也；若使管子微識治體，則當寒心而憂之。」王念孫曰：「是字指『四維不張』而言。」又曰：「非謂當寒心而憂之也，危之之詞，言豈不可爲寒心哉！」

〔一六〕爲，王念孫曰：「爲，猶謂也。」

〔一七〕「逐利」二句，顏師古曰：「言其所追赴唯計利與不耳，念慮之中，非顧行之善惡也。」夏案：不，讀爲否。

〔一八〕「剄」，原誤作到，茲據李本改。

〔一九〕財，荀子非十二子注：「財，與裁同。」廣雅釋詁：「裁，裂也。」大母，漢書文三王傳注：「大母，祖母也。」

〔二〇〕踝，盧文弨曰：「踝，當與剽通，割也。」

〔二一〕「下」，原脱，茲據莫本補。劉師培曰：「柱下爲庫藏所在，文書、金帛皆列其中。」

〔二二〕「剟寢户」句，顏師古曰：「剟，謂割取之也。室有東西廂曰廟，無東西廂曰寢，蓋謂陵上之寢。剟，音輟。」

〔二三〕搴兩廟，如淳曰：「搴，取也。兩廟，高祖、惠帝廟也。」顏師古曰：「搴，拔也。」

〔二四〕「矯僞者」三句，顏師古曰：「言詐爲文書，以出倉粟近十萬石。詐爲詔令，妄作賦斂，又詐乘傳而行郡國也。」

傳，禮記玉藻注：「傳遽，以車馬給使者也。」左傳成公五年注：「傳，驛。」夏案：此謂驛車驛馬。

〔二五〕「靡」，本傳、李本、程本、周本、何本作其。夏案：二字形音義相去甚遠，無由得訛。疑「其」係班氏所改。疑原作「靡行義」，校者著無字於靡旁，手民誤植入正文。「尤」，原誤作先，玆據李本改。

〔二六〕乃，王引之曰：「乃，猶若也。」

〔二七〕與，通歟。禮記檀弓：「誰與，哭者？」

〔二八〕「以臣」三句，陶鴻慶曰：「意吏，句絶。意，度也。言以臣度吏，大抵以爲適然也。」俞樾曰：「慮，猶無慮，大抵也。」顏師古曰：「適，當也。謂事理當然。」

〔二九〕「移」，原作遺。夏案：廣雅釋詁王：「遺，離也。」於文可通，然易與遺風餘烈義混淆，且下文又言移心向道，乃據李本改。

〔三〇〕類，漢書尹翁歸傳注：「類，猶率也。」

〔三一〕等，周禮夏官司勳注：「等，猶差也。」

〔三二〕紀，顏師古曰：「紀，理也。」

〔三三〕「此非天所設也」，本傳、何本、程本、周本作「此非天之所爲人之所設也」。夏案：非天所設，即含「乃人之所爲」之意，疑五字係班氏所增，然語氣完整，謂此脱奪亦非不可。

〔三四〕僵，顏師古曰：「僵，偃也。」

〔三五〕循，謂遵循人所設之禮、紀，即下文所謂經制。下文又云「此業一定」，「而後有所持循」，與此相應。陶鴻慶謂當從漢書作修，非是。

〔三六〕「秦滅四維不張」，李本維下有而字，夏案：此語本自管子牧民「四維不張，國乃滅亡」，本文表述不清，當從李本。

〔三七〕「僭」，原訛賤，兹據李本改。

〔三八〕「定」，原脱，兹據李本補。今，王先謙曰：「今，即也。」經，顏師古曰：「經，常也。」

〔三九〕主主臣臣，顏師古曰：「君爲君德，臣爲臣道。」

〔四〇〕持循，顏師古曰：「執持而順行之。」

〔四一〕維楫，顏師古曰：「維，所以繫船。楫，所以刺船也。」正字通：「刺，櫂舟也。」

〔四二〕而，王引之曰：「而，猶若也。」

時變　事勢

秦國失理〔一〕，天下大敗〔二〕。衆揜寡〔三〕，知欺愚，勇劫懼〔四〕，壯淩衰，功擊奮者爲賢〔五〕，貴人善突盗者爲忻〔六〕，諸侯設諂而相賴，飾詐而相紹者爲知〔七〕，天下亂至矣！是以大賢起之〔八〕，威振海内，德從天下〔九〕。曩之爲秦者，今轉而爲漢矣。

今有何如〔一〇〕，進取之時去矣，并兼之勢過矣。胡以孝弟循順爲〔一一〕？善書而爲吏耳。胡以行義禮節爲？家富而出官耳〔一二〕。驕耻偏而爲祭尊〔一三〕，黥劓者攘臂而爲祭政〔一四〕。行爲狗彘也〔一五〕，苟家富財足，隱机盱視而爲天子耳〔一六〕。唯告罪昆弟〔一七〕，欺突伯父，逆於父母乎，然錢財多也〔一八〕，衣服修也〔一九〕，我何妨爲世之基公。唯愛季母、妻公之接女乎〔二〇〕，車馬嚴也〔二一〕，走犬良也。矯誣而家美〔二二〕，盜賊而財多，何傷？欲交，吾擇貴寵者而交之；欲勢，擇吏權者而使之〔二三〕。取婦嫁子〔二四〕，非有權勢，吾不與婚姻；非貴有戚，不與兄弟；非富大家，不與出入。因何也？今俗侈靡，以出倫踰等相驕〔二五〕，以富過其事相競。今世貴空爵而賤良，俗靡而尊奸；富民不爲奸而貧爲里侮也〔二六〕，廉吏釋官而歸爲邑笑；居官敢行奸而富爲賢吏，家處者犯法爲利爲材士〔二七〕。故兄勸其弟〔二八〕，父勸其子，則俗之邪至於此矣。

商君違禮義，棄倫理，并心於進取，行之二歲，秦俗日敗。秦人有子，家富子壯則出分，家貧子壯則出贅〔二九〕。假父耰鉏杖篲〔三〇〕，耳慮有德色矣〔三一〕；母取瓢椀箕箒，慮立訊語〔三二〕。抱哺其子，與公併踞〔三三〕；婦姑不相說〔三四〕，則反脣而睨。其慈子嗜利而輕簡父母也〔三五〕，慮非有倫理也〔三六〕，亦不同禽獸僅焉耳。然猶并心而赴時者，曰功成而敗義耳。蹷六國〔三七〕，兼天下，求得矣〔三八〕；然不知反廉耻之節、仁義之厚〔三九〕，信并兼之法〔四〇〕，遂進取之業，凡十三歲而社稷爲墟。不知守成之數〔四一〕，得之之術也〔四二〕，悲夫〔四三〕！

〔一〕理，玉篇：「理，道也。」夏案：此篇收入本傳陳政事疏，編於所選新書孽産子之後。

〔二〕敗，廣雅釋詁：「敗，壞也。」

〔三〕揜，集韻：「揜，覆取也。或從奄。」

〔四〕「懼」，夏案：「衆揜寡」三句，本自管子樞言。管子「懼」作怯，本書道術「持節不恐謂之勇，反勇爲怯」，是字當作怯，本傳、程本即作怯。

〔五〕功，盧文弨曰：「功，與工同。」

〔六〕「貴人善突盜者爲忻」，俞樾曰：「貴即賢字之誤衍也，又衍人字耳。忻乃折字之誤，折讀爲哲。」盧文弨曰：「潭本忻作圻。當以賢貴人句，圻諸侯句。」夏案：淮南子覽冥訓注「忻，自喜」，於文尚可通，作哲義長，標點從俞説。又漢書文帝紀注：「圻，亦畿字。」圻諸侯即畿内諸侯。盧説於文亦可通。突盜，荀子榮辱集解：「突盜，謂好侵突掇盜也。」

〔七〕「詐」，原訛設，茲據李本改。「諸侯」二句，孫詒讓曰：「紹，當爲紿。説文：『詒，相欺語也。』字通作紿。輹，當爲愎之借字。謂設愎恨之心而相詐紿也。」

〔八〕大賢，顏師古曰：「大賢，謂高祖也。」起之，王先謙曰：「謂扶持天下之危亂也。」

〔九〕德從天下，顔師古曰：「天下從其德。」

〔一〇〕有，陶鴻慶曰：「有，讀爲又。」

〔一一〕弟，朱駿聲曰：「弟，字亦作悌。賈子道術：『弟敬愛兄謂之悌。』」

〔一二〕「出官」，劉師培曰：「孫詒讓曰：『出官，疑當作仕宦。』其説是也。漢書貢禹傳：『何以孝弟爲？財多而光榮。何以禮義爲？史書而仕宦。』即本於此。以彼文相較，善書、家富四字似當互易。」

〔一三〕「驕耻」句，劉師培曰：「荀子不苟：『通則驕而偏。』疑此文驕偏二字亦當聯文。耻字即語尾耳字之誤。驕偏而示尊耳，與善書而仕宦對文。爲，疑上語佚文尾字，校以貢傳，當作『胡以謹慎□□爲』，三語之文一揆矣。」夏案：劉意此句當爲二句，即「胡以謹慎□□爲，驕偏而爲祭尊耳」。所據貢禹傳爲「何以謹慎爲？勇猛而臨官」。荀子所云通，謂顯達。偏，原注：「頗也。」劉文「示尊」當係「祭尊」之誤。祭尊，盧文弨曰：「猶祭酒也。」

〔一四〕祭政，謂祭事與政事。禮記祭統：「凡治人之道，莫急於禮。禮有五經，莫重於祭。」是古有祭政合一之義。夏案：貢禹傳作「黥劓而髡鉗者猶復攘臂爲政」，除何本外，他本亦無祭字，祭字或衍。

〔一五〕「爲」，盧文弨曰：「當作雖。」夏案：「爲」讀如字，於文可通。即如盧説，作爲亦通。王引之引王念孫曰：「爲，猶如也。」「爲，猶謂也。」「惟，亦作雖。」謂通惟，韓非子解老「夫謂嗇」，老子作「夫惟嗇」，是其證。

〔一六〕隱机盱視，劉師培曰：「與『目指氣使』（貢禹傳）意同。」夏案：孟子公孫丑下注：「隱，倚也。」朱駿聲曰：「机，假借爲几。」易豫本義：「盱，上視也。」「天子」，劉師培曰：「天子，疑係夸字之訛。猶禹傳『斯爲賢也』。」夏案：

天子，若解爲誇飾譬況之辭，亦非不可。

〔一七〕「唯」，劉師培曰：「唯，亦雖訛。」夏案：唯通惟，惟通雖，見注〔一五〕。

〔一八〕「財」，原訛則，兹據李本改。

〔一九〕「修」，原作循。劉師培曰：「循亦修訛。修謂整飾。」夏案：劉説是，兹據以改。

〔二〇〕「我何妨爲世之基公唯愛季母妻公之接女乎」，盧文弨曰：「十八字係妄人竄入，去之則文氣一片。」夏案：二句費解，然亦有蹤蹟可循。基公，疑係寄公之音訛。禮記喪大禮注：「寄公，諸侯失國而寄托鄰國也。」猶言寓公、封翁。季母，後漢書西域車師後王傳注：「季母，叔母也。」説文：「季，少稱也。」接，白虎通嫁娶：「妾，接也。」是接女即妾女。據此，「唯愛季母、妻公之接女乎，車馬嚴也，走犬良也」與「唯告罪昆弟，欺突伯父，逆於父母，然錢財多也，衣服修也」結構相同，斷非「妄人竄入」。惟中亙「我何妨」句，頗爲不類。疑此句本在「走犬良也」下，或「走犬良也」下，脱「我何妨」一類句式。

〔二一〕嚴，集韻：「儼，或作嚴。」説文：「儼，好貌。」

〔二二〕誙，莊子至樂釋文：「以是爲非，以非爲是，是爲誙誙。」夏案：他本皆作誣，意近，然係以誙不習見而改，賴此而存真。誙音亨。「美」，劉師培曰：「乃羡字之訛。羡謂有餘。銅布篇『以收陪羡』，此其證。」

〔二三〕使，爾雅釋詁：「使，從也。」夏案：此謂相過從，猶交接也。

〔二四〕取，朱駿聲曰：「取，假借爲娶。」子，詩大雅大明傳：「長子，長女也。」儀禮喪服注：「言子者，可以兼男女。」此謂嫁女。

〔二五〕「以出倫踰等相驕」，原作「以出相驕出倫踰等」。俞樾曰：「下出字衍。倫踰等三字即在上出字下，本作『以出倫踰等相驕』，傳寫脱倫踰等三字，補者誤著句下，又衍一出字。」夏案：俞說是，兹據以改。

〔二六〕「侮」，原作母。俞樾曰：「母，當係侮之訛。」夏案：俞說是，兹據以改。

〔二七〕「材士」，劉師培曰：「貢禹傳作處姦而得利者爲壯士，此云材士，疑亦壯士之訛。」

〔二八〕勸，說文：「勸，勉也。」

〔二九〕出贅，應劭曰：「出作贅婿。」王先謙引錢大昭曰：「漢書嚴助傳注：『賣子與人作奴，名曰贅子，三年不能贖，遂爲奴婢。』子壯出贅，謂其父子不相顧，唯利是嗜。其贅而不贖，主家以女匹之，則謂之贅婿，故當時賤之。」

〔三〇〕假，儀禮少宰饋食禮注：「假，借也。」　篲，說文：「彗，埽竹也，或从竹。」

〔三一〕「耳」，李本作而。夏案：耳、而音同，例當通假，本傳：「公耳忘私」，即公而忘私。此借爲而。潭本體系皆作而，屬下爲句。

〔三二〕訊，王先謙曰：「訊有告、讓之義。取，或是徑取之辭，則且立而責讓矣。」

〔三三〕「抱哺」二句，顔師古曰：「言婦抱子而哺之，乃與其舅併踞，無禮之甚也。」王先謙曰：「公，訓舅。此以公姑言，是謂其婦。」

〔三四〕姑，說文：「姑，夫母也。」　說，說文：「說，說懌也。」段注：「說懌，即悦懌。」

〔三五〕慈子，顏師古曰：「慈愛其子。」

〔三六〕「慮」，原作念罪。劉師培曰：「念，當作慮，罪亦非字誤羨之文。慮非倫理，與俗激『慮非顧行』相符。」夏案：劉說是，兹據改。

〔三七〕蹙，王先謙曰：「荀子富國篇注：『蹙，顛倒也。』蹙六國，謂顛仆之。」

〔三八〕求得，顏師古曰：「求得，所求者得矣。」

〔三九〕反，顏師古曰：「反，還也。」

〔四〇〕「信」，原脱，兹據李本補。

〔四一〕數，老子河上公注：「數，理數也。」

〔四二〕「得之之術」，原脱二「之」字，兹據程本補。

〔四三〕「悲夫」下，原有「帝者養士進取遺禮」，何本移至篇首「秦國失理」之前。盧文弨曰：「係衍文，今去之。」兹删。

瑰瑋　事勢〔一〕

天下有瑰政於此：予民而民愈貧，衣民而民愈寒，使民樂而民愈苦，使民知而民愈不知避縣網〔二〕，甚可瑰也！今有瑋術於此：奪民而民益富也，不衣民而民益暖，苦民而民益樂，使民愚而民愈不羅縣網〔三〕。陛下無意少聽其數乎〔四〕？

夫雕文刻鏤周用之物繁多〔五〕，纖微苦窳之器日變而起〔六〕，民棄完堅而務雕鏤纖巧以相競高。作之宜一日，今十日不輕能成。用一歲，今半歲而弊。作之費日挾功〔七〕，用之易弊。不耕而多食農人之食，是天下之所以困貧而不足也。故以末予民〔八〕，民大貧；以本予民，民大富。

黼黻文繡纂組害女工〔九〕。且夫百人作之，不能衣一人，方且萬里不輕能具天下之力〔一〇〕，勢安得不寒？世之俗侈相耀〔一一〕，人慕其所不如，悚迫於俗，願其所未至，以相競高，而上非有制度也。今唯刑餘鬻妾下賤〔一二〕，衣服得過諸侯，擬天子，是使天下公得冒主而夫人務侈也〔一三〕。冒主務侈，則天下寒而衣服不足矣。故以文繡衣民而民愈寒；以褫民〔一四〕，民必暖而有餘布帛之饒矣〔一五〕。

夫奇巧末技、商販遊食之民，形佚樂而心縣愆〔一六〕，志苟得而行淫侈，則用不足而蓄積少矣；即遇凶旱〔一七〕，必先困窮迫身，則苦饑甚焉。今敺民而歸之農〔一八〕，皆著於本〔一九〕，則天下各食於力。末技、遊食之民轉而緣南畝〔二〇〕，則民安性勸業而無縣愆之心，無苟得之志，行恭儉蓄積而人樂其所矣〔二一〕，故曰「苦民而民益樂」也〔二二〕。

世淫侈矣，飾知巧以相詐利者爲知士〔二三〕，敢犯法禁昧大奸者爲識理〔二四〕。故邪人務而日形〔二五〕，奸詐繁而不可止，罪人積下衆多而無時已。君臣相冒，上下無辨，此生於無制度也。今去淫侈之俗，行節儉之術，使車輿有度，衣服器械各有制數。制數已定，故君臣絶尤，而上下分明矣。擅遏則讓〔二六〕，上僭者誅〔二七〕，故淫侈不得生，知巧詐謀無爲起〔二八〕，奸邪盜賊自爲止，則民離罪遠矣。知巧詐謀不起〔二九〕，所謂愚。故曰「使民愚而民愈不羅縣網」〔三〇〕。

此四者，使君臣相冒，上下無别，天下困貧，奸詐盜賊并起，罪人蓄積無已者也，故不可不急速救也。

〔一〕瑰瑋，文選張衡西京賦注：「瑰瑋，奇好也。」夏案：此文若荀子儒效「無爵而貴，無禄而富，不言而信，不怒而威」之筆法，即吕氏春秋順説所謂「善説者若巧士，因人之力以自爲力」，其文亦有「臣有道於此，使人雖勇，刺之不入；雖有力，擊之弗中。大王獨無意邪」等語，當係誼所本。又，班氏摘此篇「敺民而歸之農」數語，編入食貨志上，置於所選新書無蓄之後。

〔二〕「不知」，原複。夏案：參下「使民愚」句，與此句型全同，彼不複，此當係衍文，兹據盧本删。縣，同懸。網，史記游俠列傳索隱：「扞網，謂犯法禁也。」

〔三〕「使民」下，原有愈字。陶鴻慶曰：「愈字衍，篇末云『使民愚而民愈不罹縣網』是其證。」夏案：陶説是，兹據以刪。　羅，方言：「羅，謂之離。」文選張衡思玄賦注：「離，罹也。」盧本即作罹。

〔四〕數，廣雅釋言：「數，術也。」

〔五〕文，說文：「文，錯畫也。」王注：「錯者，交錯也。錯而畫之，乃成文也。」「周」，俞樾曰：「周，疑害字之誤。害用者，害用於田也。下文云『黼黻文繡纂組害女工』可證。」

〔六〕「窳」，原誤作瓢，茲據李本改。　苦窳，史記五帝紀集解：「窳，病也。」正義：「苦，讀如盬，音古，麤也。窳，音庾。」

〔七〕「費」，原誤廢，茲據李本改。　挾功，猶言費功。孟子萬章注：「挾，恃之之稱。」說文：「恃，賴也。」史記高祖功臣年表：「用力曰功。」

〔八〕末，漢書食貨志上注：「本，農業也。末，工商也。」

〔九〕黼黻，尚書益稷疏：「黼，文如斧形，刃白而身黑。黻，刺繡爲兩己字相背，以青黑線繡也。」　纂組，漢書景帝注引臣瓚曰：「纂，赤組也。」應劭曰：「組者，今綬紛絛是也。」

〔一〇〕方且，劉淇曰：「方，且也。方且，重言也。」夏案：猶言況且。

〔一一〕「之」，盧本作以。夏案：之猶以也，常語「之後」即「以後」，此作以解。

〔一二〕唯，讀如雖，已見前時變注。　刑餘，佚周書大明武解：「刑餘，赦徒。」夏案：亦指受刑而體殘者。史記孫子吳起列傳：「齊威王欲將孫臏，臏謝曰：『刑餘之人不可。』」　鬻妾，謂娼婦。

〔一三〕公，顏師古曰：「公，謂顯然爲之。」　夫人，左傳襄公八年注：「夫人，猶人人。」

〔一四〕褫，説文：「褫，奪衣也。」夏案：此謂褫民之文繡。

〔一五〕「餘」，李本無。劉師培曰：「餘、饒義同，餘乃旁注之字，後人入正文。」

〔一六〕愆，説文：「愆，過也。」

〔一七〕即，王引之曰：「即，猶若也。」

〔一八〕毆，顏師古曰：「毆，亦驅字。」

〔一九〕「著」，原訛者，兹據李本改。

〔二〇〕緣，廣雅釋詁：「緣，循也。」　南畝，詩小雅甫田：「俶彼南畝。」陳奐曰：「天下之川東西流者，畝必東；南北流者，畝必南。」夏案：後遂泛謂田畝，非必南也。

〔二一〕「積」下，劉師培曰：「食貨志作『蓄積足而人樂其所矣』，今缺足字。」

〔二二〕「也」，原訛中，兹據李本改。

〔二三〕知，智，此謂機巧。　「巧」，原訛乃，兹據李本改。

〔二四〕眛，劉師培曰：「眛，讀如冒，犯也。」

〔二五〕務，説文：「務，趣也。」繫傳：「言趣赴此事也。」詩大雅棫樸傳：「趣，趨也。」　形，廣雅釋詁：「形，見也。」

〔二六〕「遏」，李本作退。夏案：説文：「遏，微止也。」與退義近，於文可通；唯服疑作退，當一律。

〔二七〕「上」下，原有位字，李本無。夏案：服疑無位字，「上位僭者」不詞，兹據李本删。
〔二八〕「巧」，原訛功，下文亦作知巧，兹據李本改。
〔二九〕「詐」，原脱，兹據李本補。
〔三〇〕「使民」，原脱民字，兹據李本補。

孽産子 事勢〔一〕

民賣産子〔二〕，得爲之繡衣、編經履、偏諸緣〔三〕，入之閑中〔四〕，是古者天子后之服也，后之所以廟而不以燕也〔五〕，而衆庶得以衣孽妾。白縠之表〔六〕，薄紈之裏〔七〕，緁以偏諸〔八〕，美者黼繡，是古者天子之服也，今富人大賈者喪資〔九〕，若兄弟召客者得以被墻〔一〇〕。古者以天下奉一帝一后而節適〔一一〕，今貴人大賈屋壁得爲帝服，賈婦優倡下賤産子得爲后飾，然而天下不屈者〔一二〕，殆未有也。且主帝之身〔一三〕，自衣皁綈〔一四〕，而靡賈侈貴，墻得被繡；帝以衣其賤〔一五〕，后以緣其領，孽妾以緣其履，此臣之所謂踳也〔一六〕。

且試觀事理，夫百人作之，不能衣一人也，欲天下之無寒，胡可得也？一人耕之，十人聚而食之，欲天下之無飢，胡可得也？飢寒切於民之肌膚〔一七〕，欲其無爲奸邪盜賊，不可得也。國已素屈矣〔一八〕，奸邪盜賊特須時爾〔一九〕，歲適不爲，如雲而起耳。若夫不爲見，室滿胡可勝撫也〔二〇〕？夫錞此而有安上者〔二一〕，殆未有也。

今也平居則無茈施〔二二〕，不敬而素寛，有故必困，然而獻計者類曰：「無動爲大」耳〔二三〕。夫無動而可以振天下之敗者，何等也〔二四〕？曰：爲大夫治，可也；若爲大亂，豈若其小〔二五〕？悲夫！俗至不敬也，至無等也，至冒其上也，進計者猶曰「無爲」，可爲長大息者此也。

〔一〕何孟春曰：「此及下二篇，爲當時制度發也。」「勢」，原誤作業，茲據李本改。夏案：本傳收入此文，編於所選新書解縣之後。

〔二〕「産」，劉師培曰：「誼傳作民賣僮者，産、童形近而訛，均當據改。童與僮通，即下文之孽妾，蓋漢代婢妾亦曰僮，沿古童妾之稱也。」

〔三〕編經履，廣雅釋器：「編，絛也。」國故論衡文學總略：「經者，編絲綴屬之稱。」即有絛之絲履也。偏諸緣，服虔曰：「如牙絛以作履緣。」顔師古曰：「偏諸，若今之織成以爲要襻及褾領者。」王先謙曰：「説文：『絛，扁緒也。』扁緒、偏諸即一物，聲轉字異也。服注絛，讀爲絛。」夏案：顔注要襻，即腰裙之扣襻。集韻：「褾（音表），袖端。」

〔四〕閑，服虔曰：「閑，賣奴婢闌。」

〔五〕所以廟而不以燕，顏師古曰：「入廟則服之，宴處則不著，蓋貴之也。」朱駿聲曰：「燕，假借爲宴。」

〔六〕縠，增韻：「縐紗曰縠，紡絲而織之。」

〔七〕紈，朱駿聲曰：「紈，今之細生絹也。」

〔八〕緁，顏師古曰：「緁音妾，謂以偏諸緶著之也。」廣韻：「緶，縫也。」

〔九〕喪資，陶鴻慶曰：「蓋言喪家之資送也。」

〔一〇〕若，王引之曰：「若，猶及也。」　被，楚辭宋玉招魂注：「被，覆也。」

〔一一〕「下」，原脱，兹據李本補。　節適，顏師古曰：「得其節而合宜。」

〔一二〕屈，顏師古曰：「謂財力盡也。」

〔一三〕「且主」，陶鴻慶曰：「二字蓋皇字之誤。」

〔一四〕「皂」，沈欽韓曰：「疑皂乃帛之誤，何必定以黑色爲衣乎？」　綈，顏師古曰：「綈，厚繒也。」説文：「繒，帛也。」

〔一五〕「帝以衣其賤」，李本、程本、周本、盧本、日刊本無。夏案：此句與上下文不聯屬，故諸本删之，疑此句當在「自衣皂綈」下。

〔一六〕踳，盧文弨曰：「與舛同。」

〔一七〕「之欲天下之無飢胡可得也飢寒切於民之」，原脱，準上文例，兹據程本補。　「肌」，原訛饑，兹據李本改。

〔一八〕素，尚書大傳虞夏傳注：「素，猶始也。」

〔一九〕特須時爾，顏師古：「言待時而發。」

〔二〇〕「若夫不爲見室滿胡可勝撫也」，盧文弨曰：「若夫十二字難曉，必是妄竄入。」夏案：疑室字係寓字（籀文宇字）之壞訛。宇滿即滿宇，於文可通。

〔二一〕錞，盧文弨曰：「錞，此猶言際。山海經：『騩山是錞于西海。』郭注：『猶堤埻也。』是則今人所云邊際耳。」

〔二二〕茈施，盧文弨曰：「茈與柴同。茈施，猶藩離也。」劉師培曰：「茈施，即差池別體。文選上林賦李注引張揖曰：『偨池，參差也。茈虒，不平也。』蓋偨池、茈施均爲不齊之貌，字無定形。無茈施者，謂上下貴賤無所差次也。」夏案：茈施聯綿字，不當分訓，劉說是。

〔二三〕類，後漢書郅壽傳注：「類，皆也。」無動爲大，劉師培曰：「猶云以無動爲上。」

〔二四〕何等，猶云何物。詩王風黍離疏：「何等人，猶言何物人。」

〔二五〕「爲大夫治可也若爲天亂豈若其小」，陶鴻慶曰：「當云：爲大而治，可也；若爲大而亂，豈若其小？夫字篆文作亣，而字作𦓐，故而誤爲夫，『亂』上又脱而字。不得其讀，則文不可通矣。」

銅布〔一〕

銅布於下，爲天下災，何以言之？銅布於下，則民鑄錢者，大抵必雜以鉛鐵焉〔二〕，黥罪日繁〔三〕，此一禍也。銅布於下，僞錢無止，錢用不信，民愈相疑，此二禍也。銅布於下，采銅者棄其田疇，家鑄者損其農事，穀不爲則鄰於飢〔四〕，此三禍也。故不禁鑄錢，則錢常亂，黥罪日積，是陷阱也。且農事不爲，有疑爲災〔五〕，故民鑄錢不可不禁。上禁鑄錢，必以死罪。鑄錢者禁，則錢必還重；錢重則盜鑄錢者起，則死罪又復積矣，銅使之然也。故銅布於下，其禍博矣〔六〕。

今博禍可除，七福可致。何謂七福？上收銅勿令布下，則民不鑄錢，黥罪不積，一。銅不布下，則僞錢不繁，民不相疑，二。銅不布下，不得采銅，不得鑄錢，則民反耕田矣，三。銅不布下，畢歸於上，上挾銅積以御輕重〔七〕，錢輕則以術斂之，錢重則以術散之，則錢必治矣，四。挾銅之積以鑄兵器，以假貴臣〔八〕，小大多少，各有制度，以別貴賤，以差上下，則等級明矣，五。挾銅之積，以臨萬貨〔九〕，以調盈虛〔一〇〕，以收畸羨〔一一〕，則官必富，而末民困矣〔一二〕，六。挾銅之積，制吾棄財，以與匈奴逐爭其民〔一三〕，則敵必懷矣〔一四〕，此謂之七福。故善爲天下者，因禍而爲福，轉敗而爲功。今顧退七福而行博禍〔一五〕，可謂長太息者〔一六〕，此其一也〔一七〕。

〔一〕漢書食貨志下：「孝文五年，爲錢益多而輕，乃更鑄四銖錢，其文爲『半兩』，除盜鑄錢令，使民放鑄。賈誼諫。」夏案：誼所諫者即本篇及下鑄錢篇。布，如淳曰：「布於民間。」放鑄，顏師古曰：「恣其私鑄。」

〔二〕「以」，原作石。劉師培曰：「石，當作目，即古以字。『必雜石鉛鐵』，即鑄錢篇之『雜以鉛鐵』。古本均作目，一則易目爲以，一則訛以爲石。當從漢志作以。」夏案：劉說是，茲據食貨志改。

〔三〕黥罪，鑄錢篇：「鑄錢敢雜以鉛鐵爲他巧者，其罪黥。」

〔四〕穀不爲，淮南子本經訓：「不爲，不成也。」夏案：謂不成熟，即歉收。

〔五〕有疑，陶鴻慶曰：「有，讀爲又。疑，禮記雜記注：疑，猶恐也。」

〔六〕博，顏師古曰：「博，大也。」

〔七〕「上挾銅」，原脱上字，茲據李本補。

〔八〕假，漢書龔遂傳注：「假，謂給與。」

〔九〕臨，説文：「臨，監也。」此謂監制。

〔一〇〕調，顏師古曰：「調，平均也。」

〔一一〕畸羨，顏師古曰：「奇，殘餘也。羨，饒溢也。」集韻：「畸，通作奇。」此謂贏餘。

〔一二〕末，顏師古曰：「末，謂工商之業也。」

〔一三〕「制吾」二句，顏師古曰：「末業既困，農人敦本，倉廩積實，布帛有餘，則招誘胡人多來降附。逐，競也。」王先謙曰：「聽民放鑄，則是棄財；今收銅以爲御物之具，故曰制吾棄財。」

〔一四〕懷，即注〔一三〕顔氏所謂「招誘胡人多來降附」，亦匈奴篇「將以懷其心」之義。宋祁曰：「懷，當作壞。」則係指「敵」、「懷」則指敵之民。

〔一五〕顧，顔師古曰：「顧，亦反也。」

〔一六〕「長」，原誤著「太」下，兹據李本乙。「者」，原脱，兹據李本補。

〔一七〕「一也」下，食貨志接云：「上不聽，是時，吴以諸侯即山鑄錢，富埒天子，後卒叛逆。鄧通，大夫也，以鑄錢財過王者。故吴、鄧錢布天下。」

壹通〔一〕

所爲建武關、函谷、臨晉關者〔二〕，大抵爲備山東諸侯也。天下之制在陛下，今大諸侯多其力，因建關而備之，若秦時之備六國也。豈若定地勢使無可備之患〔三〕，因行兼愛無私之道，罷關一通，示天下無以區區獨有關中者〔四〕。所謂禁游宧諸侯及無得出馬關者〔五〕，豈不曰諸侯得衆則權益重〔六〕，其國衆車騎則力益多，故明爲之法，無資諸侯〔七〕。於臣之計，疏山東，孽諸侯〔八〕，不令似一家者，其精於此矣〔九〕。豈若一定地制，令諸侯之民，人騎二馬，不足以爲患，益以萬夫不足以爲害。今不定大理，數起禁，不服人心，害兼覆之義〔一〇〕，不便。

天子都長安〔一一〕，而以淮南東南邊爲奉地，彌道數千〔一二〕，不輕輸致〔一三〕，郡或乃越諸侯而有免侯之地〔一四〕，於遠方調均發徵〔一五〕，又且必同。大國包小國爲境，小國闊大國而爲都〔一六〕，小大駁躒〔一七〕，遠近無衰〔一八〕。天子諸侯封畔之無經也〔一九〕，至無狀也。以藩國資彊敵，以列侯餌篡夫〔二〇〕，至不得也。陛下奈何久不正此？

〔一〕壹通，謂撤除關防，一概通行無阻。

〔二〕「武關」，原訛作武開，兹據李本改。武關、函谷、臨晉關，何孟春曰：「武關在商州商洛，以限南諸侯。函谷在陝州靈寶，以限北諸侯。臨晉在同州朝邑，以限東諸侯。」夏案：武關故地在今陝西丹鳳，臨晉關故地枉今陝西大荔。函谷關見過秦上注。

〔三〕地勢，猶言地制，下文即言「一定地制」。

〔四〕「示」，原作而。「天」，原脱。劉師培曰：「而，疑示誤，又脱天字。」夏案：案文義劉説是，兹據以改補。

〔五〕所謂，所爲。王念孫曰：「謂亦可訓爲。」盧本即作爲。「馬」，原訛焉，兹據李本改。無得出馬關者，漢書昭帝紀注：「舊，馬高五尺六寸，齒未平，弩十石以上，皆不得出關。」

〔六〕「衆」，原音訛爲重，兹據莫本改。

〔七〕資，集韻：「資，助也。」

〔八〕孼，漢書晁錯傳：「通關出塞，不孼諸侯。」注：「孼，疑也。」夏案：此謂使諸侯相疑，上句謂相疏。故下云：「不令似一家者。」

〔九〕「其精」句，陶鴻慶曰：「其，爲莫字之誤。莫字隸書作莫，誤爲其。精，猶甚也。言令諸侯骨肉疏潤，莫甚於此也。」

〔一〇〕兼覆，謂恩澤廣被。荀子解蔽注：「兼，猶盡也。」

〔一一〕「天子都長安」以下，俞樾曰：「與前段罷關意不相承，當合下屬遠篇爲一。」王耕心本從之。夏案：此段確與前文意不相承，然屬遠篇結構井然，自爲始終，若以此篇置於其前，亦似未洽，兹仍之。又，篇末「陛下」句頗似一文之結，而「天子」句亦可謂一篇之始，疑此係一短疏，前人編次偶忽，未將其獨立成篇耳。

〔一二〕彌，左傳哀公二十三年注：「彌，遠也。」

〔一三〕「輸致」，原作致輸，盧文弨曰：「致輸，誤倒。」夏案：盧説是，兹乙。

〔一四〕免侯，參屬遠「絶諸侯之地而縣屬漢，其勢終不可久」，知此謂遠方不及轄治之地。增韻：「免，事不相及也。」朱駿聲曰：「侯，假借爲候。」釋名釋言語：「候，護也。司護諸事也。」

〔一五〕調均，謂調節使之均勻。鹽鐵論輕重：「用針石調均有無，補不足，亦非。」發徵，謂强制徵收。史記貨殖傳：「此寧有政教發徵期會哉。」

〔一六〕「濶」，盧文弨曰：「濶，當作廓。」劉師培曰：「盧説非也。爾雅釋詁：『濶，遠也。』」夏案：劉説亦非。若小國遠大國以爲都，下文何云「小大駁躒」耶？疑濶通括（皆從舌得聲），亦或括之音訛（此謂括於大國）。括正與上句「包」相應，皆言大小之國疆土糾葛，封畔無經也。

〔一七〕駁躒，古文苑黄香九宫賦注：「駁樂，雜而不齊。」集韻：「躒，通作犖。」朱起鳳曰：「樂犖亦同。」

〔一八〕衺，齊語注：「衺，差也。」

〔一九〕畔，説文：「畔，田界也。」經，左傳昭公十五年注：「經，綱紀之謂也。」

〔二〇〕「纂」，原訛纂，兹據李本改。

屬遠　事勢

古者天子地方千里，中之而爲都，輸將繇使〔一〕，其遠者不在五百里而至〔二〕；公侯地百里，中之而爲都，輸將繇使，遠者不在五十里而至。輸將者不苦其繇〔三〕，繇使者不傷其費。故遠方人安其居，士民皆有歡樂其土〔四〕，此天下之所能長久也〔五〕。及秦而不然，秦不能分尺寸之地，欲盡自有之耳。輸將起海上而來〔六〕，一錢之賤耳，十錢之費，弗輕能致也。上之所得者甚少，而民毒苦之甚深，故陳勝一動而天下不振。

今漢越兩諸侯之中分〔七〕，而乃以盧江之爲奉地〔八〕，雖秦之遠邊過此不遠矣。令此不輸將不奉主，非奉地義也，尚安用此而久縣其心哉！若令此如奉地之義，是復秦之迹也，竊以爲不便。夫淮南窳民貧鄉也，繇使長安者，自悉以補〔九〕，行中道而衣〔一〇〕，行勝已羸弊矣〔一一〕，彊提荷弊衣而至。慮非假貨，自諸非有以所聞也〔一二〕。履蹻不數易〔一三〕，不足以至〔一四〕，錢用之費稱此〔一五〕，苦甚。竊以所聞縣令丞相歸休者，慮非甚彊也，不見得從者〔一六〕。夫行數千里，絶諸侯之地而縣屬漢〔一七〕，其勢終不可久。漢往者，家號泣而送之；其來繇使者，家號泣而遣之，俱不相欲也。其苦屬漢而欲王〔一八〕，類至甚也〔一九〕。逋遁而歸諸侯者，類不少矣。陛下不如蚤定〔二〇〕，毋以資奸人。

〔一〕輸將，輸送貢賦。漢書晁錯傳注：「將，送也。或曰：將，資也。」繇使，顔師古曰：「繇，讀與徭同。供徭役及爲使而來者。」夏案：此篇收入本傳請封建子弟疏，編於所選新書益壤之後。

〔二〕「不在」，盧文弨曰：「不在，當作不出，下同。」「至」，原脱，兹據李本補。

〔三〕「繇」，李本作力，程本、莫本、盧本作勞。夏案：作勞、力義長，此當係涉下句首字之「繇」而衍訛。

〔四〕「有」，盧文弨曰「有字衍文。」

〔五〕所能，猶言所以。詩大雅烝民「以保其身」，漢書司馬遷傳贊引作「能保其身」，明能、以通。莫本即作所以。

〔六〕「海上」，原誤倒，茲據李本乙。

〔七〕越兩諸侯，顏師古曰：「越，過也。兩諸侯，梁及淮陽。」

〔八〕盧江，漢郡名，故地在今安徽盧江一帶。

〔九〕「自悉」句，應劭曰：「自悉其家財，補縫作衣。」

〔一〇〕「而衣」，本傳作衣敝。夏案：參下「荷弊衣」，知此脱弊字。

〔一一〕「行勝」，盧文弨曰：「行勝，當爲行縢。」夏案：盧説或是，然行縢即後代之裹腿，文義似非謂此，疑係行幐之訛。說文：「幐，囊也。」

〔一二〕「慮非」二句，俞樾曰：「以所聞三字衍。慮非假貸自儲非有也，言大抵非假貸，自儲則無有也。」夏案：「貸」，李本作貨，故俞氏如是言。說文：「貨，財也。」集韻：「假，以物貸人也。」假貸即借貸財物，無煩改字。釋名釋飲食：「諸，儲也。」故俞氏言自儲。自諸非有以所聞也，或即「自儲非所聞也」之意。

〔一三〕蹻，朱駿聲曰：「蹻，假借爲屩。」廣韻：「屩，草履也。」

〔一四〕「不」，原涉下誤作至，茲據李本改。

〔一五〕稱此，謂與之相等。周禮考工記輿人注：「稱，猶等也。」

〔一六〕「竊以」三句，章太炎曰：「令者，縣令也。丞者，縣丞也。相者，縣相也。漢諸侯多食縣，侯國丞秩視縣令，故亦通以縣相稱。」（賈子義鈔）俞樾曰：「見字衍文。古『得』字作㝵，闕壞而爲見者，校者注得字於下，傳寫誤合之，遂成見得二字。」陶鴻慶曰：「此言繇使之民，或兼爲令丞歸休者服私役，求減省其錢用，則非甚彊健者，不得從之也。從者之者，讀爲諸，諸即之也。」

〔一七〕絶，呂氏春秋悔過注：「絶，過也。」夏案：絶當與前「漢越兩諸侯」之越義同。

〔一八〕「苦」，原訛若，兹據李本改。欲王，謂欲歸屬諸侯。

〔一九〕類，大率。

〔二〇〕「如」，原訛知，兹據李本改。

親疏危亂 事勢

陛下有所不爲矣，臣將不敢不畢陳事制〔一〕。假設令天下如曩也，淮陰侯尚王楚，黥布王淮南，彭越王梁，韓信王韓，張敖王趙，貫高爲相，盧綰王燕，陳豨在代，令六七公諸皆無恙〔二〕，案其國而居〔三〕，當是時，陛下即天子之位，試能自安乎哉？臣有以知陛下之不能也〔四〕。天下殽亂〔五〕，高皇帝與諸公併肩而起〔六〕，非有側室之勢以豫席之也〔七〕。諸公幸者乃得爲中涓〔八〕，其次僅得爲舍人〔九〕。高皇帝南面稱帝，諸公皆爲臣，材之不逮至遠也。高皇帝五年即天子之位，割膏腴之地以王有功之臣，多者百餘城，少者乃三四十縣〔一〇〕，德至渥也〔一一〕。然其後十年之間〔一二〕，反者九起〔一三〕，幾危天下者五六。陛下之與諸公也，非親角材而臣之也〔一四〕，又非身親封王之也，自高皇帝不能以是一歲爲安〔一五〕，陛下獨安能以是自安也？

然尚有可諉者〔一六〕，曰疏。臣請試言其親者，假令齊悼惠王王齊，元王王楚，中子王趙，幽王王淮陽，共王王梁，靈王王燕，厲王王淮南〔一七〕，六七貴人皆無恙，各案其國而居，當是時，陛下即天子之位，能爲治乎？臣又竊知陛下之不能也。諸侯王雖名爲人臣，實皆布衣昆弟之心〔一八〕，慮無不帝制而天子自爲者〔一九〕。擅爵人〔二〇〕，赦死罪，甚者或戴黄屋〔二一〕，漢法非立，漢令非行也。雖離道如淮南王者〔二二〕，令之安肯聽，召之焉可致〔二三〕？幸而至，法安可得加？動一親戚，天下環視而起〔二四〕，天下安可得制也？陛下之臣雖有悍如馮敬者〔二五〕，適啓其口，匕首已陷於胸矣〔二六〕。陛下雖賢，誰與領諸侯〔二七〕，此所謂親也者。故疏必危，親必亂。陛下之因今以爲治安〔二八〕，奈何知其必且危亂也，然且吟齘而堅控守之〔二九〕，爲何如制以纚相懸。臣能令知亂如今利百金□□□□□□

〔一〕「陛下」二句，盧文弨曰：「起二句殊不類。」夏案：疑此文與宗首本爲一篇，首句當接彼文「將不合諸侯匡天下乎」，本傳於其下接云「臣又以知陛下有所必不能矣」，與此文首句相似，且本傳繼而即掇編此文於其後，可證二者當係一篇。

〔二〕「公諸」，原作諸公。俞樾曰：「六七下又言諸公，不辭甚矣，當作公諸。諸，讀爲者。言六七公者皆無恙。漢書亦作『六七公者』可證。」夏案：俞説是，兹乙。

〔三〕案，正字通：「案，據也。」

〔四〕有以，劉淇曰：「猶云有因、有故也。」

〔五〕殽，顔師古曰：「殽，雜也。」

〔六〕「公」，原作侯。劉師培曰：「漢書作諸公，即上文所謂六七公也，當據改。」夏案：劉説是，兹據何本改。

〔七〕「非有」句，臣瓚曰：「席，藉也。言非有側室之勢爲之資藉也。」周壽昌曰：「文帝自稱高皇帝側室之子，此正指文帝言。」左傳桓公二年注：「側室，衆子也。」

〔八〕中涓，漢書曹參傳注：「涓，絜也。言其在内主知絜清灑埽之事，蓋親近左右也。」漢書周勃傳：「沛公初起，勃以中涓從攻胡陵。」

〔九〕舍人，周禮地官舍人：「舍人，掌平宫中之政，分其財守，以法掌其出入。」漢書樊噲傳：「噲以舍人從(沛公)攻胡陵。」

〔一〇〕乃，吴昌瑩曰：「乃，尚也。」

〔一一〕渥，顔師古曰：「渥，厚也。」

〔一二〕「十年」，朱一新曰：「當作七(年)。」夏案：朱說是。上云「高皇帝五年即天子位」，考高祖歿於漢十二年，其間七年。

〔一三〕反者九起，張宗泰曰：「漢高祖封雍齒後，叛者唯有黥布、陳豨、盧綰及貫高耳。若淮陰、彭越，漢自以功高不賞而殺之，非叛也。」(魯巖所學集)夏案：九起，除上述七事外，尚有臧荼、利幾。七事見藩彊注，利幾見五美注。臧荼，隨項羽入關，封燕王，後反。見漢書盧綰傳。

〔一四〕角，顔師古曰：「角，校也。」

〔一五〕自，吴昌瑩曰：「自，猶雖也。」

〔一六〕諉，蔡謨曰：「諉者，託也。尚可託言信、越等以疏故反。」

〔一七〕齊悼惠王，名肥，高帝子，高帝十一年卒。詳漢書高五王傳。　元王，名交，高帝弟，高帝六年立爲楚王，立二十三年卒。詳漢書楚元王傳。「中子」，原作「中山王」。盧文弨曰：「漢書作『中子王趙，』此誤。」夏案：盧說是。高帝親屬無封中山王者，兹改從漢書。王先謙曰：「中子，謂隱王如意。」如意，高帝寵姬戚夫人所生，高帝崩，呂后鴆殺之，見漢書高五王傳，下同。又，中子，當謂第二子，史記楚世家：「(態嚴)有子四人，長子伯霜，中子伯雪，次子叔堪，少子季徇。」　幽王，名友，高帝子，呂后六年，爲呂后幽禁餓死。　共王，名恢，高帝子，呂后六年自殺。　靈王，名建，高帝子，呂后七年卒。　厲王，見宗首注。

〔一八〕「實皆有」句，顔師古曰：「自以爲於天子爲昆弟，而不論君臣之義。」

〔一九〕「慮無」句，顏師古曰：「慮，大計也。言諸侯皆欲同皇帝之制度，而爲天子之事。」劉淇曰：「大計，猶言大率。」

〔二〇〕爵，廣韻：「爵，封也。」

〔二一〕黄屋，顏師古曰：「天子車蓋之制。」史記秦始皇本紀「車黄屋」集解引蔡邕曰：「蓋以黄爲裏。」夏案：即以黄繒爲車蓋之裏。此指淮南王。史記淮南厲王長傳：「爲黄屋蓋乘輿，出入擬於天子。」

〔二二〕雖，劉淇曰：「雖，假令也。」

〔二三〕致，顏師古曰「致，至也。」

〔二四〕環視而起，王先謙曰：「猶言相顧而起。」

〔二五〕馮敬，如淳曰：「馮無擇子，名忠直，爲御史大夫，奏淮南厲王誅之。」夏案：自宋祁據功臣表駁如注，史學海、王先謙、楊樹達等皆有説，亦無確論，兹不繁引。

〔二六〕「適啓」二句，顏師古曰：「始欲發言節制諸侯王，則爲刺客所殺。」周壽昌曰：「前之審食其，後之袁盎皆是也。」

〔二七〕領，王先謙引錢大昭曰：「禮記仲尼燕居注：『領，猶治也。』」

〔二八〕「之」，劉師培曰：「之，疑方訛。謂陛下方因今以爲治安，如何能知其將危亂也。」

〔二九〕「然且」以下，盧文弨曰：「吟齘，疑當作噤齘，方言作馮齘，音皆相同，怒也。䌕，字書無考。此下，亟當刊去，毋令滓穢本書也。」夏案：「然且」下舛亂費解，唯文氣尚承接，未可驟删。又，集韻：「䌕，母果切，行貌。」

憂民 事勢

王者之法〔一〕，民三年耕而餘一年之食，九年而餘三年之食，三十歲而民有十年之蓄。故禹水九年，湯旱七年〔二〕，甚也野無青草〔三〕，而民無飢色，道無乞人。歲復之後〔四〕，猶禁陳耕〔五〕。古之爲天下，誠有具也〔六〕。王者之法，國無九年之蓄謂之不足，無六年之蓄謂之急，無三年之蓄曰國非其國也〔七〕。

今漢興三十年矣〔八〕，而天下愈屈〔九〕，食至寡也，陛下不省邪？未穫耳，富人不貸，貧民且飢；天時不收〔一〇〕，請賣爵鬻子〔一一〕，既或聞耳〔一二〕。曩頃不雨，令人寒心。一雨爾，慮若更生。天下無蓄若此，甚極也。其在王法謂之何？必須困至乃慮，窮至乃圖，不亦晚乎？竊伏念之，愈使人悲〔一三〕。

然則，所謂國無人者何謂也？有天下而欲其安者，豈不在於陛下者哉〔一四〕？上弗自憂，將以誰偷〔一五〕？五歲小康〔一六〕，十歲一凶，三十歲而一大康，蓋曰大數也。自人人相食，至於今若干年矣，即不幸有方二三千里之旱〔一七〕，天下何以相救？卒然邊境有數十萬衆聚〔一八〕，天下將何以饋之矣〔一九〕？兵旱相承，民填溝壑，剽盗攻擊者興繼而起，中國失救，外敵必駭〔二〇〕，一日而及〔二一〕，此之必然〔二二〕。且用事之人未必此省，爲人上弗自省憂〔二三〕，魄然事困〔二四〕，乃驚而督下曰：「此天也，可奈何？」事既無如〔二五〕，憂之何及？方今始秋，時可善爲，陛下少間，可使臣誼從丞相、御史計之〔二六〕。臣義詔所自用秩二千石上雖幸使義計勿厚疏殆無傷也有時矣〔二七〕

〔一〕王者之法，禮記王制：「三年耕，必有一年之食；九年耕，必有三年之食。以三十年之通，雖有凶旱水溢，民無菜色。」疏：「名曰王制者，以其記先王之法度(也)。」夏案：此篇載入漢書食貨志上。

〔二〕「九」，原作八，盧文弨曰：「案無蓄篇作九，是也。」夏案：盧説是，茲改一律。又，墨子七患引夏書、殷書云「禹七年水」、「湯五年旱」，管子權數、荀子王霸、莊子秋水、呂氏春秋順民、漢書食貨志引晁錯疏等與此各有異同，當係古事傳聞之異，未可窮究，茲略。

〔三〕甚也，俞樾曰：「甚也，即甚者。」

〔四〕歲，左傳哀公十六年注：「歲，年穀也。」歲復，謂恢復正常年景。

〔五〕陳耕，謂一歲再種也。

〔六〕具，廣雅釋詁：「具，備也。」此謂方略。

〔七〕「國無」三句，墨子七患：「周書曰：『國無三年之食者，國非其國也。』」夏案：禮記王制所載與本書同。

〔八〕「三十」，盧文弨曰：「漢書作四十。」夏案：本書無蓄亦作四十。

〔九〕屈，法言先知注：「屈，窮也。」

〔一〇〕不收，猶云無收。劉淇曰：「不，猶無也。」此語即無蓄篇所謂「歲惡不入」。

〔一一〕「請賣」句，如淳曰：「請賣爵又賣子。」錢大昕曰：「賜爵始於商鞅，漢時或以入粟入錢，或以軍功得。民賜爵者，有罪得贖，貧者得賣與人。」（潛研堂集三十四卷）

〔一二〕既或聞耳，周壽昌曰：「猶云既聞之矣。」

〔一三〕「愈」，原訛與，兹據李本改。

〔一四〕「不在」，原脱，兹據何本補。

〔一五〕偷，俞樾曰：「偷，讀爲輸。言上弗自憂，則此憂無可委輸也。」

〔一六〕康，劉師培曰：「説文：『𣢟，飢虚也。』字假爲康。穀梁襄二十四年傳：『四穀不升謂康。』康，猶荒也。」

〔一七〕「千」，原脱，兹據李本補。

〔一八〕卒，朱駿聲曰：「卒，假借爲猝。」

〔一九〕饋，説文：「饋，餉也。」

〔二〇〕駭，廣雅釋言：「駭，起也。」

〔二一〕「及」，原訛乃，兹據程本改。

〔二二〕「必」，原作以。夏案：以通已，於文可通，於事不合，兹據程本改。

〔二三〕「省」，原誤植「弗」上，兹據程本移。「自」，原訛目，兹據李本改。

〔二四〕魄然，論衡雷虚劉注：「魄然，猶今人言砰然。」夏案：砰然象聲詞，引申之即突然。

〔二五〕無如，猶言無奈。王引之曰：「如，若也。」「若，猶奈也。」

〔二六〕「誼」，原訛議，兹據周本改。

〔二七〕「臣義」以下，盧文弨曰：「亂湊不成語，今删去。」夏案：雖有舛訛，尚有蹤迹可尋。準上句誼訛議例，此二義亦訛。上義係議訛（臣議倒，當在「二千石上」之下），下義係誼訛。「用」當在「有」上（王引之曰：「用，詞之『以』也」）。原文似當作：詔所自秩二千石上，議臣〔計〕，雖幸使誼計勿厚疏，殆無傷也，用有時矣。

解縣 事勢〔一〕

天下之勢方倒縣，竊願陛下省之也。凡天子者，天下之首也。何也？上也。蠻夷者，天下之足也。何也？下也。蠻夷徵令〔二〕，是主上之操也〔三〕；天子共貢〔四〕，是臣下之禮也。足反居上，首顧居下〔五〕，是倒縣之勢也。天下倒縣，莫之能解，猶爲國有人乎〔六〕？非特倒縣而已也〔七〕，又慮躄〔八〕，且病痱〔九〕。夫躄者一面病，痱者一方痛。今西爲上流，東爲下流，故隴西爲上，東海爲下〔一〇〕，則北境一倒也〔一一〕，西郡、北郡，雖有長爵不輕得復〔一二〕，五尺以上不輕得息，苦甚矣！中地左戍〔一三〕，延行數千里〔一四〕，糧食饋饟至難也。斥候者望烽燧而不敢卧〔一五〕，將吏戍者或介胄而睡〔一六〕，而匈奴欺侮侵掠，未知息時。於焉信威廣德難〔一七〕。臣故曰：「一方病矣。」醫能治之〔一八〕，而上弗肯使也。天下倒縣甚苦矣，竊爲陛下惜之。

進諫者類以爲是困不可解也〔一九〕，無具甚矣〔二〇〕。陛下肯幸聽臣之計，請陛下舉中國之禍而從之匈奴〔二一〕，中國乘其威而富强〔二二〕，匈奴伏其辜而殘亡，係單于之頸而制其命，伏中行説而笞其背〔二三〕，舉匈奴之衆唯上之令〔二四〕。殺之乎，生之乎，次也。陛下威憚大信〔二五〕，德義廣遠，據天下而必固，稱高號所誠宜〔二六〕，俛視中國〔二七〕，仰望四夷〔二八〕，莫不如志矣。然後退齋三日，以報高廟〔二九〕，令天下無愚智男女，皆曰：「皇帝果大聖也。」胡忍以陛下之明，承天下之資〔三〇〕，而久爲戎人欺傲若此，可謂國無人矣。

〔一〕解縣，孟子公孫丑上：「民之悦之，猶解倒懸。」夏案：誼語本此，然取義不同。此文收入本傳陳政事疏，編於所選新書大都之後，與下威不信自成段落。

〔二〕徵令，顔師古曰：「徵，召也。令，號令也。」

〔三〕操，顏師古曰：「操，謂主上之所操持也。」

〔四〕共，顏師古曰：「共，讀曰恭。」何孟春曰：「共，讀曰供。」夏案：共通恭、供，即讀如字亦通，所取義不同耳。

〔五〕顧，顏師古曰：「顧，亦反也。」

〔六〕「天下」三句，顏師古曰：「顛倒如此，而不能解救，豈謂國有明智之人乎？」夏案：楊樹達曰：「莫，爲『無人』之義。」（詞詮）爲，通謂。

〔七〕特，漢書高帝紀注引蘇林曰：「特，但也。」

〔八〕慮，顏師古曰：「慮，大計也。」劉淇曰：「大計，猶言大率。」漢書尹翁歸傳注：「類，猶率也。」夏案：是慮猶類也。

躄，原注：「音璧，足不能行也。」

〔九〕痱，原注：「音非，風病。」

〔一〇〕東海，漢郡名，故地在今山東郯城一帶。

〔一一〕則，王引之引王念孫曰：「則，猶若也。」夏案：盧文弨以「今西爲上流」五句爲妄竄，删去。倘解則爲若，雖有贅複，於文可通。

〔一二〕「雖有」句，張晏曰：「長爵，高爵也。雖受高爵之賞，猶將禦寇，不得復除逸豫也。」蘇林曰：「輕，易也。」

〔一三〕中地，猶言中土。　左戍，劉師培曰：「謂閭左之人發爲戍卒者也。」

〔一四〕延，説文：「延，長行也。」

〔一五〕斥候，曾國藩曰：「斥，遠也。候，候伺也。斥候猶今之放哨者也。」 烽燧，文穎曰：「邊方備胡寇，作高土櫓，櫓上作桔皋，桔皋頭兜零，以薪草積其中，常低之，有寇即火燃舉之以告，曰烽。又多積薪，寇至即燃之，以望其煙，曰燧。」王先謙曰：「周紀正義：『晝日燃燧以望火煙，夜舉燧以望火光也。』」

〔一六〕「胄」，原誤作胷，茲據李本改。 睡，說文：「睡，坐寐也。」

〔一七〕於焉，猶言於此。玉篇：「焉，是也。」 信，朱駿聲曰：「信，假借爲伸。」

〔一八〕醫，王世貞曰：「誼隱然寓有任意。」

〔一九〕「諫」，陶鴻慶曰：「諫，當爲謀字之誤，漢書正作謀。」

〔二〇〕無具，顏師古曰：「無治安之具。」夏案：具謂才具。晉書王羲之傳：「素無廊廟具。」

〔二一〕從，朱駿聲曰：「從，假借爲縱。」

〔二二〕「威」，原作歲。俞樾曰：「歲，乃威之誤，此說匈奴事，與歲無涉。」夏案：俞說是茲據何本改。

〔二三〕中行說，鄭氏曰：「說，奄人也，漢使送公主妻匈奴，說不肯行，强之，因以漢事告匈奴也。」顏師古曰：「中行，姓也。說，名也。行，音胡剛反。說，讀曰悦。中行說事具在匈奴傳。」

〔二四〕唯上之令，顏師古曰：「聽天子之命。」

〔二五〕憚，王念孫曰：「憚者，盛威之名。」 信，即伸。

〔二六〕高號，猶言崇號、尊號。說文：「高，崇也。」禮記月令疏：「高者，尊也。」

〔二七〕俛，與俯同。見過秦上注。

〔二八〕仰，禮記曲禮釋文：「昂，又作仰。」夏案：此當讀作昂。

〔二九〕高廟，謂漢高祖寢廟。史記叔孫通傳：「高廟，漢太祖，奈何令後世子孫乘宗廟道上行哉？」

〔三〇〕資，集韻：「資，助也。」文選皇太子釋奠會作詩注：「資，藉也。」

威不信 事勢〔一〕

古之正義〔二〕，東西南北，苟舟車之所達，人迹之所至，莫不率服〔三〕，而後云天子；德厚焉，澤湛焉，而後稱帝〔四〕；又加美焉，而後稱皇〔五〕。今稱號甚美，而實不出長城，彼非特不服也，又不大敬。邊長不寧，中長不静〔六〕，譬如伏虎，見便必動，將何時已？昔高帝起布衣而服九州，今陛下杖九州而不行於匈奴，竊爲陛下不足。且事勢有甚逆者焉，其義尤要。

天子者〔七〕，天下之首也，何也？上也。蠻夷者，天下之足也，何也？下也。蠻夷徵令，是主上之操也〔八〕；天子共貢，是臣下之禮也。足反居上，首顧居下，是倒植之勢也。天下之勢倒植矣〔九〕，莫之能理，猶爲國有人乎？德可遠施，威可遠加，舟車所至，可使如志。而特捫然數百里〔一〇〕，而威令不信，可爲流涕者此也。

〔一〕威不信，即威不伸。信即伸，見解縣注。此篇與上解縣收入本傳陳政事疏，自成段落。

〔二〕義，呂氏春秋貴公注：「義，法也。」

〔三〕「東西」四句，大戴禮記五帝德：「（堯）其仁如天，其知如神，四海之內，舟輿所至，莫不説夷。」「（禹）其仁可親，其言可信，四海之內，舟車所至，莫不賓服。」夏案：説，悦。夷，王聘珍曰：「平也。」率，集韻：「率，從也。」

〔四〕「德厚」三句，逸周書謚法解：「德象天地曰帝。」漢書景帝紀：「孝文皇帝親行之，德厚侔天地。」文選司馬相如封禪文注：「湛，深也。」難蜀父老文注：「湛，厚也。」

〔五〕皇，漢官儀：「皇者，大帝，言其煌煌甚美。」

〔六〕中，説文：「中，内也。」

〔七〕「天子者」以下五十八字，盧文弨曰：「此一段已見前篇，潭本不載。」

〔八〕「主上之操」，原脱「之」字，茲據解縣補。

〔九〕「天下之勢」，原下字訛子，茲據解縣改。

〔一〇〕捫，何孟春曰：「一作悶。」章太炎曰：「莊子德充符『悶然而後憂』注：『有頃之閑也。』此云捫然數百里者，謂於舟車所至之地，中有數百里之間隙耳。」（賈子義鈔）劉師培曰：「捫然二字，蓋狀小物之詞，亦猶『逢蒙視』爲『微視』也。」

新書校注卷第四

匈奴 事勢〔一〕

竊料匈奴控弦大率六萬騎〔二〕，五口而出介卒一人〔三〕，五六三十，此即户口三十萬耳，未及漢千石大縣也〔四〕。而敢歲言侵盜，屢欲亢禮〔五〕，妨害帝義，甚非道也。陛下何不使能者一試理此，將爲陛下以耀蟬之術振之〔六〕。爲此立一官，置一吏，以主匈奴。誠能此者，雖以千石居之可也。陛下肯聽其事，計設令中國日治〔七〕，匈奴日危。大國大富，匈奴適亡。吒犬馬行〔八〕，理勢然也。將必以匈奴之衆，爲漢臣民，制之令千家而爲一國，列處之塞外，自隴西延至遼東〔九〕，各有分地以衞邊，使備月氏、灌窳之變〔一〇〕，皆屬之置郡〔一一〕。然後罷戎休邊，民天下之兵〔一二〕。帝之威德，内行外信，四荒悦服〔一三〕，則愚臣之志快矣。不然，帝威不遂，心與嘿嘿〔一四〕。竊聞匈奴當今遂羸〔一五〕，此其示武昧利之時也〔一六〕，而建隆義渠、東胡諸國〔一七〕，又頗來降。以臣之愚，匈奴且動〔一八〕，疑將一材而出奇〔一九〕，厚贄以責漢〔二〇〕，不大興不已。旁午走急數十萬之衆〔二一〕，積於北方，天下安得食而饋之？臨事而重困，則難爲工矣〔二二〕，陛下何不蚤圖？

建圖者曰〔二三〕：「匈奴不敬，辭言不順，負其衆庶，時爲寇盜，撓邊境，擾中國，數行不義，爲我狡猾〔二四〕，爲此奈何？」對曰：「臣聞伯國戰智，王者戰義，帝者戰德〔二五〕。故湯祝網而漢陰降〔二六〕，舜舞干羽而三苗服〔二七〕。今漢帝中國也，宜以厚德懷服四夷，舉明義，博示遠方，則舟車之所至，人迹之所及，莫不爲畜，又且孰敢忿然不承帝意〔二八〕？

臣爲陛下建三表〔二九〕，設五餌，以此與單于争其民，則下匈奴猶振槁也〔三〇〕。夫無道之人，何宜敢捍此其久〔三一〕？陛下肯幸用臣之計，臣且以事勢諭天子之信〔三二〕，使匈奴大衆之信陛下也。爲通言耳〔三三〕，必行而弗易，夢中許人〔三四〕，覺且不背，其信陛下已諾〔三五〕，若日出之灼灼。故聞君一言，雖有微遠〔三六〕，其志不疑；仇讎之人，其心不殆，若此則信諭矣。所孤莫不行矣〔三七〕，一表。臣又且以事勢諭陛下之愛，令匈奴之自視也，苟胡面而戎狀者〔三八〕，其自以爲見愛於天子也，猶若子之遌慈母也〔三九〕。若此，則愛諭矣，一表。臣又且諭陛下之好，令胡人之自視也，苟其技之所長與其所工〔四〇〕，一可當天子之意〔四一〕。若此則好諭矣，一表。愛人之狀，好人之技，仁道也〔四二〕；信爲大操〔四三〕，帝義也〔四四〕。愛好有實，已諾可期，十死一生，彼必將至。此謂三表。

凡賞於國，此不可以均。賞均則國窾〔四五〕，而賞薄不足以動人〔四六〕。故善賞者，踔之〔四七〕，駁轢之〔四八〕，從而時厚之。令視之足見也，誦之足語也，乃可傾一國之心。陛下幸聽臣之計，則國有餘財。匈奴之來者，家長已上固必衣繡〔四九〕，家少者必衣文錦，將爲銀車五乘〔五〇〕，大雕畫之，駕四馬，載緑蓋〔五一〕，從數騎，御驂乘〔五二〕，且雖單于之出入也，不輕都此矣〔五三〕。令匈奴降者，時時得此而賜之耳。一國聞之者、見之者，希心而相告，人人冀幸〔五四〕，以爲吾至亦可以得此，將以壞其目〔五五〕，一餌。匈奴之使至者，若大人降者也〔五六〕，大衆之所聚也，上必有所召，賜食焉。飯物故四五盛〔五七〕，羹胾膹炙〔五八〕，肉具醯醢，方數尺於前，令一人坐此，胡人欲觀者〔五九〕，固百數在旁。得賜者之喜也，且笑且飯，味皆所嗜而所未嘗得也。令來者時時得此而饗之耳。一國聞之者、見之者，垂涎而相告〔六〇〕，人悇憛其所自〔六一〕，以吾至亦將得此，將以此壞其口，一餌。降者之傑也，若使者至也，上必使人有所召客焉。令得召其知識〔六二〕，胡人之欲觀者勿禁。令婦人傅白墨黑〔六三〕，繡衣而侍其堂者二十三十人，或薄或揜〔六四〕，爲其胡戲以相飯。上使樂府幸假之倡樂〔六五〕，吹簫鼓鞀〔六六〕，倒絜面者更進〔六七〕，舞者蹈者時作〔六八〕，少間擊鼓舞其偶人，莫時乃爲戎樂〔六九〕，携手胥彊上客之後〔七〇〕，婦人先後扶侍之者固十餘人〔七一〕，令使者、降者時或得此而樂之耳。一國聞之者、見之者，希盱相告〔七二〕，人人伋伋唯恐其後來至也〔七三〕，將以此壞其耳，一餌。凡降者，陛下之所召幸，若所以約致也。陛下必有時有所官〔七四〕，必令此有高堂邃宇〔七五〕，善廚處，大囷京〔七六〕，厩有編馬〔七七〕，庫有陣車〔七八〕，奴婢、諸嬰兒、畜生具〔七九〕。令此時大具召胡客，饗胡使，上幸令官助之具，假之樂。令此其居處樂虞〔八〇〕，困京之畜〔八一〕，畜皆過其故王〔八二〕，慮出其單于或〔八三〕，時時賜此而爲家耳。匈奴一國傾心而冀，人人忣忣惟恐其後來至也，將以此壞其腹，一餌。於來降者，上必時時而有所召幸，拊循而後得入官〔八四〕。夫胡大人難親也，若上於故嬰兒召貴人子好可愛者〔八五〕，上必召幸大數十人，爲此繡衣好閑〔八六〕，且出則從，居則更侍〔八七〕。上即饗胡人也，大轂抵也〔八八〕，客胡使也，力士、武士固近侍傍〔八九〕，胡嬰兒得近侍側，故貴人更進得佐酒前〔九〇〕，上乃幸自御此薄〔九一〕，使付酒錢〔九二〕，時人偶之〔九三〕。爲間則出繡衣，具帶服賓餘〔九四〕，時以賜之。上即幸拊胡嬰兒，擣遒之〔九五〕，戲弄之，乃授炙幸自啗之，出好衣，閑且自爲贛之〔九六〕。上起，胡嬰兒或前或後，胡貴人既得奉酒，出則服衣佩綬，貴人而立於前〔九七〕，令數人得此而居耳。一國聞者、見者，希盱而欲，人人忣忣惟恐其後來至也。將以此壞其心，一餌。故牽其耳、牽其目、牽其口、牽其腹，四者已牽，又引其心，安得不來，下胡抑抎也〔九八〕。此謂五餌。

若夫大變之應，大約以權決塞〔九九〕，因宜而行，不可豫形〔一〇〇〕。尊翁主〔一〇一〕，重相室〔一〇二〕，多其長吏，衆門大夫皆謀士也〔一〇三〕，必足之財。且用吾人，且用其尊，觀其限，窺其謀〔一〇四〕，中外符節適縳拘也〔一〇五〕。夫或人且安得久捍若此〔一〇六〕！故三表已諭，五餌既明，則匈奴之中乖而相疑矣，使單于寢不聊寐，飯失其口，褌劍挾弓〔一〇七〕，而蹲穹廬之隅，左視右視，以爲盡仇也。彼其羣臣，雖欲毋走，若虎在後；衆欲無來，恐或軒之〔一〇八〕，此謂勢然。其貴人之見單于，猶迕虎狼也〔一〇九〕；其南面而歸漢也，猶弱子之慕慈母也；其衆人之見將吏，猶噩迕仇讎也〔一一〇〕；南鄉而欲走漢〔一一一〕，猶水流下也。將使單于無臣之使〔一一二〕，無民之守，夫惡得不係頸稽顙，請歸陛下之義哉！此謂戰德。彼匈奴見略〔一一三〕，且引衆而遠去，連比有數〔一一四〕。

夫關市者〔一一五〕，固匈奴所犯滑而深求也〔一一六〕，願上遣使厚與之和〔一一七〕，以不得已許之大市。使者反，因於要險之所，多爲鑿開〔一一八〕，衆而延之〔一一九〕，關吏卒使足以自守。大每一關〔一二〇〕，屠沽者、賣飯食者、羹臛膹炙者〔一二一〕，每物各一二百人，則胡人著於長城下矣。是王將彊北之〔一二二〕，必攻其王矣。以匈奴之饑，飯羹啗膹炙，嘽潃多飯酒〔一二三〕，此則亡竭可立待也。賜大而愈饑，財盡而愈困〔一二四〕，漢者所希心而慕也。匈奴貴人〔一二五〕，以其千人至者，顯其二三；以其萬人至者，顯其十餘人。夫顯榮者，招民之機也。故遠期五歲，近期三年之內，匈奴亡矣。此謂德勝。

或曰〔一二六〕：「建三表，明五餌，盛資翁主，禽敵國而后止〔一二七〕，費至多也，惡得財用而足之？」對曰：「請無敢費御府銖金尺帛〔一二八〕，然而臣有餘資。」問曰：「何以？」對曰：「國有二族〔一二九〕，方亂天下，甚於匈奴之爲邊患也〔一三〇〕。使上下踳逆〔一三一〕，天下窾貧，盗賊、罪人蓄積無已，此二族爲祟也〔一三二〕。上去二族，弗使亂國，天下治富矣。臣賜二族〔一三三〕，使祟匈奴，過足言者〔一三四〕。」或曰：「天子不怵〔一三五〕，人民寃之〔一三六〕。」曰：「苟或非天子民，尚豈天子也？詩曰：『普天之下，莫非王土；率土之濱，莫非王臣〔一三七〕。』王者，天子也。苟舟車之所至，人迹之所及，雖蠻貊戎狄〔一三八〕，孰非天子之所作也〔一三九〕？而惀渠頗率天子之民〔一四〇〕，以不聽天子，則惀渠大罪也。今天子自爲懷其民，天子之理也，豈有怵人之民哉〔一四一〕。」

〔一〕漢書賈誼傳贊：「及欲試屬國，施五餌三表以係單于，其術固以疏矣。」黃震曰：「三表五餌之説，詳見此書。謂可坐威匈奴，至今疑其大言。得典屬國以試之匈奴，雖無可滅之理，勢須漸弱，未可以大言少之。」陳仁錫曰：「（誼之言）鑿然之論，如何謂迂！」

〔二〕控弦，説文：「控，匈奴引弦曰控弦。」夏案：此謂控弦之士。

〔三〕介，廣雅釋器：「介，鎧也。」釋名釋兵：「甲，亦曰介。」

〔四〕千石大縣，漢書百官公卿表：「縣令，秩千石至六百石。」

〔五〕亢，朱駿聲：「亢，假借爲抗。」

〔六〕耀蟬，盧文弨曰：「荀子：『耀蟬者，務明其火，振其木而已。』此即五表三餌之喻。」荀子集解引郝懿行曰：「耀蟬者，火必明而後蟬投焉。」

〔七〕「設」，盧文弨：「設，亦訛，今删。」夏案：疑設計誤倒，或計設亦設計之意。

〔八〕吒，盧文弨曰：「吒，當爲叱。」夏案：正字通：「咤，本作吒。」於文可通，然甚少見，盧説或是。行，廣韻：「行，胡郎切，次第也。」夏案：猶言類也、輩也。又，若「行」用作動字，謂驅使，亦通。

〔九〕「延」下，原有安字。盧文弨曰：「安字，衍。」夏案：讀史方輿紀要：「延安府，漢初屬翟國，隋大業初改爲延安府。」是漢時無延安之稱，茲删。

〔一〇〕月氏，古西域國名，土耳其族，居伊犂河、祁連山之間。詳漢書西域傳。氏，音支。灌窳，未詳。盧文弨曰：「灌窳，疑當作窳渾，縣名，在朔方郡。一説，窳乃瓜字之訛，灌瓜即退讓篇所云者。」夏案：窳渾故地在今内蒙杭錦後旗一帶。

〔一一〕屬，漢書王莽傳注：「屬，委付也。」廣韻：「屬，之欲切。」「之」下，原有其字。夏案：之其不詞，必有一衍，茲據李本删其字。

〔一二〕民，管子白心注：「民，讀爲泯。」

〔一三〕四荒，漢書文帝紀注：「戎狄荒服，故曰四荒，言其荒忽來去無常也。」

〔一四〕嘿，玉篇：「嘿，與默同。」

〔一五〕遂，詩商頌長發箋：「遂，猶徧也。」

〔一六〕昧，漢書匈奴傳注：「昧，貪也。」

〔一七〕建隆，未詳，疑亦西域之國。又，李本、莫本、周本、盧本無建字，則隆義渠連讀，或即義渠之別稱。義渠，古西戎國名故地，在今甘肅安化一帶。見史記匈奴傳。東胡，史記匈奴傳索隱：「東胡，烏丸之鮮卑，在匈奴東，故曰東胡。」

〔一八〕「且」，原脱，兹據李本補。

〔一九〕一材而出奇，謂齊一齊聚人力物力而出奇兵。

〔二〇〕贄，孔子家語六本注：「贄，所以執爲禮。」夏案：此謂索贄。責，説文：「責，求也。」

〔二一〕旁午，漢書霍光傳注：「一從一横爲旁午，猶言交横也。」

〔二二〕工，朱駿聲曰：「工，假借爲功。」盧藏潭本即作功。

〔二三〕「圖」，原作國。陶鴻慶曰：「國字當爲圖字之誤，承上『陛下何不蚤圖』而言。建圖即建謀也。」夏案：陶説是，兹據以改。

〔二四〕狡猾，左傳僖公十五年注：「狡，戾也。」尚書舜典注：「猾，亂也。」

〔二五〕「臣聞」三句，文中子問易：「霸國戰智，王國戰義，帝國戰德。」夏案：文中子，隋王通撰，所言當有本，或即誼所聞。「伯」，原作彌，參文中子，據李本改。伯通霸。

〔二六〕「湯祝網」句，吕氏春秋異用：「湯見祝網者，其祝曰：『從天墜者，從地出者，從四方來者，皆離吾網。』湯曰：

『嘻！盡之矣。非桀其孰爲此也？』湯收其三面，置其一面，更教祝曰：『欲左者左，欲右者右，欲高者高，欲下者下，吾取其犯命者。』漢南之國聞之，曰：『湯之德及禽獸矣。』四十國歸之。」高注：「漢南，漢水之南。」説文：「陰，水之南、山之北也。」

〔二七〕「舜舞」句，尚書大禹謨：「帝乃誕敷文德，舞干羽於兩階。七旬，有苗來格。」傳：「干，楯。羽，翳也。皆舞者所執。舞文舞，抑武事。」「三苗之國，左洞庭，右彭蠡，在荒服之例。」尚書舜典傳：「格，來也。」

〔二八〕㤋，盧文弨曰：「㤋，與紛音義同。」

〔二九〕「臣爲陛下」，原作陛下爲臣。盧文弨曰：「舊皆作陛下爲臣，今從舊人校本改。」夏案：盧校是，茲從何本改。

三表五餌，詳下文。

〔三〇〕振槁，荀子議兵注：「振，擊也。槁，枯葉也。」夏案：説文：「槁，木枯也。」字從木，當訓木枯。

〔三一〕「捍」，陶鴻慶曰：「捍，爲悍字之誤。」夏案：捍猶悍。史記貨殖傳：「民雕捍少慮。」索隱：「言如雕性之捷捍也。」謂如雕之勇悍也。

〔三二〕「信」，原作言。陶鴻慶曰：「當作諭天子之信，與下文諭陛下之愛、諭陛下之好一律，下云『若此則信喻矣』是其證。」夏案：陶説是，茲據以改。

〔三三〕通言，陶鴻慶曰：「通常之言。」

〔三四〕「許」，原訛詐。據下輸誠「吾夢中已許之矣」，當作許，茲據以改。其事亦見該文。

〔三五〕已諾，荀子王霸注：「諾，許也。已，不許也。」

〔三六〕微遠，猶言幽遠。爾雅釋詁：「幽，微也。」此謂疏遠之人。

〔三七〕孤，朱駿聲曰：「孤，假借爲顧。」齊策注：「顧，念也。」廣雅釋詁：「顧，嚮也。」夏案：李本「孤」作圖，雖文從字順，疑其臆改。

〔三八〕「戎」，原訛我，兹據莫本改。

〔三九〕「若」，李本作弱。夏案：下文云「猶弱子之慕慈母也」，此當一律。作若亦通。遻，原注：「音誤，逆也。」說文：「逆，迎也。」

〔四〇〕「技」，原作校，下文云「好人之技」，知爲技訛，兹據李本改。

〔四一〕當，正韻：「當，猶合也。」

〔四二〕「也」，原無，俞樾曰：「仁道下，奪也字。」夏案：下句云「帝義也」，此當一律，兹據何本補。

〔四三〕操，正字通：「操，節操。」

〔四四〕「帝」，本傳顔注引作常。

〔四五〕窾，廣雅釋詁：「窾，空也。」

〔四六〕「賞」，原訛尚，盧文弨曰：「舊本皆作尚，訛。」夏案：上文兩言賞，此亦當作賞，兹據何本改。

〔四七〕踔，盧文弨曰：「說文：『踔，踶也。』猶言踐踏也。先使之失所望，而後以恩加之，彼必大喜過望矣。」夏案：踔，音戳。踶，音第。廣韻：「踶，蹋。」

〔四八〕駇轢，朱起鳳曰：「輘轢，賈子作駇，即輘之誤字。」夏案：朱説是。漢書灌夫傳注「輘轢，謂蹈踐之也」，與注〔四七〕盧説合。輘轢，音陵歷。

〔四九〕家長，胡制，十家設十家長。五十家設五十家長。下句「家少者」當指十家長。

〔五〇〕銀車，有銀飾之車。

〔五一〕緑蓋，指緑車蓋。晉書輿服志：「王青蓋車，皇孫緑蓋車。」

〔五二〕驂乘，漢書文帝紀注：「乘車之法，尊者居右，御者居中，又有一人處車之右，以備傾側。驂者，三也，蓋取三人爲名義耳。」

〔五三〕都，小爾雅廣言：「都，盛也。」

〔五四〕「人」，原不疊，何本、盧本疊。夏案：下文屢言「人人伋伋」，此亦當疊，茲據何本補。

〔五五〕「壞」，劉師培曰：「此及下文之壞，均懷誤。知者，此文所云五餌，均言結以恩德，誘之向風，懷即懷柔之誼。本書無蓄篇曰『懷柔附遠』，是其誼也。又下文云『四者已牽，又引其心，安得不來』，此尤壞當作懷之證。」夏案：劉説是，太平御覽八〇〇引作懷，是其確證。

〔五六〕若，俞樾曰：「若，猶及也。」「大人」，原無人字，陶鴻慶曰：「當作大人降，下文云『胡大人難親也』，是其證。」夏案：陶説是，茲據以補。

〔五七〕盛，説文段注：「盛者，實於器中之名也。故亦呼器爲盛，如左傳『旨酒一盛』。」

〔五八〕「羹胾膹炙」，原作美胾膜炙。孫詒讓曰：「美，當爲羹；膜，當爲膹，并形之誤。後文云『美亦羹之誤臛炙膹』、『飯羹啗膹炙』，皆其證。」夏案：孫説是，兹據以改。　胾，音自，説文：「胾，大臠也。」段注：「切肉之大者。」膹，音憤，廣韻：「膹，切熟肉也。」

〔五九〕「欲觀」，原誤倒，兹據李本乙。

〔六〇〕「涎」，原訛洟，兹據何本改。

〔六一〕「悇憛」，原作徐憛。盧文弨曰：「悇憛，淮南子作憛悇。高誘注曰：『貪欲也。音探豫。』」夏案：原文無解，兹據盧説改。

〔六二〕知識，謂所知所識之人。管子入國：「士民死上事、死戰事，使其知識、故人受資於上。」

〔六三〕傅白墨黑，盧文弨曰：「猶言粉白黛黑也。」夏案：正字通：「傅，麗著也。」即敷塗。傅墨互文，墨亦傅也。

〔六四〕薄揜，漢書貨殖宣曲任氏傳注：「搏掩，謂搏擊掩襲。」夏案：韓非子揚權「薄者靡之」，陶鴻慶曰：「薄，讀爲博。」博、搏通。集韻：「揜，或从奄。」

〔六五〕「倡」，原作但，孫詒讓曰：「但，當作倡，形近而誤。」劉師培曰：「琴操怨曠思惟歌云『單于遣使朝賀，元帝陳設倡樂』，此漢以倡樂晏胡之證。」夏案：兹據二説改。

〔六六〕鞀，説文：「鞀，鞀遼也。」段注：「遼者，謂遥遠必聞其音也。周禮注：『鼗，如鼓而小持其柄而摇之，旁有耳還自鞞。』禮記月令疏：『鞀，或從兆下鼓。』」夏案：據周禮注，知即今之撥浪鼓也。鞀音陶。

〔六七〕倒絜面者，盧文弨曰：「倒絜，即今所謂筋斗也。面者，假面也。」

〔六八〕「蹈」，原作踰，兹據盧本改。

〔六九〕莫，盧文弨曰：「莫，讀爲暮。」

〔七〇〕胥彊，猶下句之扶侍。廣雅釋詁：「胥，助也。」太玄經注：「彊，助也。」

〔七一〕固，吴昌瑩曰：「固，猶乃也。」「乃，近也。」

〔七二〕希盱，盧文弨曰：「希盱，喜悦貌。」

〔七三〕伋伋，盧文弨曰：「伋伋，與急急同。」

〔七四〕必有，陶鴻慶曰：「有，與又同。」「官」，原作富。俞樾曰：「作富非，當從建本作官。師古注漢書曰：『官，謂官舍』，即館舍也。下文云：『必令此有高堂邃宇，善廚處，大囷京』，并就館舍言可證。」夏案：俞説是，兹據盧藏建本改。

〔七五〕「此」，原訛北，兹據李本改。

〔七六〕囷京，説文：「囷，廩之圜者。圜謂之囷，方謂之京。」夏案：囷，音君，倉廩也。

〔七七〕編馬，謂有編次之馬，當指馬隊。廣韻：「編，次也。」

〔七八〕陣車，正字通：「陣，軍之行列也。」夏案：參編馬，此當謂車列、車隊。

〔七九〕嬰兒，當謂僮。

〔八〇〕虞，集韻：「虞，安也。」

〔八一〕畜，集韻：「畜，通作蓄。」

〔八二〕「畜」，他本皆無，疑涉上而衍。　「王」俞樾曰：「王，土之誤。」夏案：參下句，當如俞說。

〔八三〕「慮出」句，俞樾曰：「或，讀爲域，或本域之正字。出其單于或者，出其單于之邦域也。慮，與無慮同，猶大氏也。言大氏出其單于之邦域，時時賜此爲家也。」

〔八四〕拊循，荀子富國注：「拊，與撫同。拊循，慰悅之。」

〔八五〕故，王念孫曰：「故，與胡同。」「召」，何本、盧本作及。夏案：召、及二字，形音相去甚遠，無由得訛，當係臆改。召，應係若之訛。若，猶及也，見前注〔五六〕。

〔八六〕闕，通安。淮南子道應訓「董闕于」，左傳定公十三年作「董安于」是其證。釋名釋言語：「安，晏也。」詩鄭風羔裘傳：「晏，鮮盛貌。」是好闕謂繡衣美好鮮盛。

〔八七〕「居」，原無，兹據程本補。

〔八八〕「觳」，原訛彀，兹據李本改。　觳抵，史記李斯傳集解引應劭曰：「戰國之時，稍增講武之禮，以爲戲樂，用相誇示，而秦更名曰角抵。角者，角材也。抵者，相抵觸也。」裴駰曰：「觳抵，即角抵。」夏案：觳抵，猶今之柔道、摔角（跤）。觳音學，正韻：「觳，與角同，校也。」

〔八九〕「力」，原作功，茲據莫本改。

〔九〇〕故貴人，即胡貴人，詳注〔八五〕。

〔九一〕薄，俞樾曰：「薄，讀爲博，謂博戲也。」夏案：詳前注〔六四〕。

〔九二〕錢，字彙補：「錢，古與盞通，酒器也。」

〔九三〕人偶，方言十錢疏：「人，是人偶相存愛之義。獨則無偶，偶則相親。是則，相人偶，猶言相爾我，親密之詞。」

〔九四〕賓餘，俞樾曰：「賓餘，即史記匈奴傳所謂比余。餘、余同聲，賓、比亦一聲之轉。」王耕心曰：「史記索隱曰：『漢書作比疏一。』小顏云：『辮髮之飾也。以金爲之。』比疏，即後世之篦梳字，特以金飾爲異耳。」

〔九五〕擣遒，說文：「擣，手椎也。」「遒，迫也。」是即迫近而推之，做嬉戲狀。

〔九六〕「贛」，原誤顮，茲據李本改。說文：「贛，賜也。」

〔九七〕「前」，原作胡，茲據莫本改。

〔九八〕下胡抑抎，盧文弨曰：「抎，隕也。言降下胡人如隕墜之易。前云：『下匈奴猶振槁也』。」夏案：抎，音隕。朱駿聲曰：「抎，假借爲隕。」抑，與前文「猶」義同，故盧訓爲若。

〔九九〕決塞，管子七法：「予奪也，險易也，利害也，難易也，開閉也，殺生也，謂之決塞。」注：「凡此十二事，皆爲政者所以決斷而窒塞也。」夏案：廣韻：「決，流行也。」句謂權衡得失，以定行止。

〔一〇〇〕豫形，謂預測景況。正字通：「預，經典通作豫。」

〔一〇一〕翁主，漢書高帝紀注引如淳曰：「天子嫁女於諸侯，必使諸侯同姓者主之，故謂之公主。諸王女曰翁主。」顏師古曰：「翁者，父也。言父主其婚也。」夏案：漢書匈奴傳：「文帝復遣宗人女翁主爲單于閼氏。」是誼所言即和親之翁主，下文之相室、長吏、大夫亦謂和親之從者、使者。顏師古曰：「宗人女，亦諸侯王之女。」「閼氏，匈奴皇后號也。閼音於連反。氏音支。」

〔一〇二〕相室，史記虞卿傳正義：「相室，謂傅姆之類也。」

〔一〇三〕「衆門」句，劉師培曰：「衆門，猶周書皇門解之羣門，亦即漢書匈奴傳所謂世家長吏也。士，乃衍文。謀，當作諜，下文『觀其限，窺其諜』可證。」夏案：劉意門猶羣，或是。漢書百官公卿表：「太子太傅少傅，屬官有太子門大夫。」疑此謂翁主之門吏一類從官。詩周頌訪落序箋：「謀者，謀政事也。」劉所云亦所謀之政事，非必作諜。且搜真玉鏡云「謀，同諜」，亦無煩改字。

〔一〇四〕「且用吾人且用其尊觀其限窺其謀」，陶鴻慶曰：「下且字涉上而衍。用，蓋因之誤。限，蓋隙之誤。此云：且用吾人，因其尊，觀其隙，窺其謀，即申上文之義。」夏案：楊樹達曰：「因，與以義同。」王引之曰：「以，語詞之用也。」是因同用，此用其尊，即因其尊，非誤也。說文：「限，阻也。」觀其限，即觀其限阻要害，於文亦通。

〔一〇五〕縳，盧文弨曰：「字書不載縳字。案白樂天詩：『鳥以能言縳，龜緣入夢烹』。縳爲繫紲之義，則此當爲繫屬而固結之也。」　拘，集韻：「拘，聚也。」夏案：縳拘，猶言結聚。全句謂中外（指匈奴）符節相合也。荀子儒效注：「如合符節，言不差錯也。」已觀其限，窺其謀，則胡情了然在胸，如合符節。

〔一〇六〕或，陶鴻慶曰：「或，乃戎字之誤。後篇云『顧爲戎人諸侯也』是其證。」

〔一〇七〕裨，説文：「裨，接也。」廣雅釋詁三：「接，持也。」

〔一〇八〕軒，俞樾曰：「軒乃揕字之誤。蒼頡篇曰：『揕，指取也。』恐或揕之，言恐爲人所取，與上句『恐虎在後』一律。漢書揚雄傳作揕，即揕之誤，此作軒，又揕之壞字矣。」

〔一〇九〕迕，玉篇：「迕，遇也。」

〔一一〇〕噩，原注：「音惡，驚也。」

〔一一一〕南鄉，即嚮南。

〔一一二〕「將使」，原訛將軍，兹據李本改。

〔一一三〕略，荀子天論注：「略，減少也。」此謂其人口減少。

〔一一四〕「比」，原作此，李本作比。劉師培曰：「作比是也。連比，猶云頻數。」夏案：兹從劉説，據李本改。

〔一一五〕闕市，資治通鑑漢紀注：「漢於邊關與蠻夷通市，謂之關市。」

〔一一六〕滑，音骨，集韻：「滑，亂也。」

〔一一七〕和，參上闕市，此當謂和市。新唐書食貨志：「率配曰和市。」謂調配有無之闕市。

〔一一八〕「開」，孫詒讓曰：「開，當爲闕。」夏案：下文兩言闕，此當作闕。是則鑿當訓開，即開建，設置。漢書張騫傳注引蘇林曰：「鑿，開也。」

〔一九〕「衆」，孫詒讓曰：「衆，疑聚之誤。」夏案：說文：「衆，多也。」用如動詞即聚衆之義，無煩改字。　延，國語晉語七注：「延，陳也。」謂陳兵守之。

〔二〇〕大，俞樾：「大，猶言大率。」

〔二一〕羹臛，楚辭招魂注：「有菜曰羹，無菜曰臛。」臛音户（廣韻）、霍（字彙）。

〔二二〕北，用如動詞，謂北遷。

〔二三〕嗶，原注：「牛隕切，大口。」夏案：謂大口吞食。　潪，字彙補：「潪，音義未詳。」章太炎曰：「潪，疑爲霫字之省。此則借爲恈字。荀子榮辱：『恈恈然唯利飲食之見。』嗶恈，言大口饕餮也。」（賈子義鈔）

〔二四〕財盡，陶鴻慶曰：「言漢許匈奴大市，陰以漢物耗匈奴之財。」

〔二五〕「人」，原作矣，玆據李本改。

〔二六〕「或」，原脱，玆據程本補。

〔二七〕后，朱駿聲曰：「后，假借爲後。」

〔二八〕「無」，原訛吾，玆據李本改。　「銖」，原訛誅，玆據李本改。

〔二九〕二族，諸子彙函引羅景綸曰：「二族，慉渠大罪也，最爲害。」篇末注云：「二族，即蒙古之流。」夏案：慉渠見下注〔一四〇〕。又，或指吴王濞及鄧通。漢書食貨志下：「是時，吴以諸侯即山鑄錢，富埒天子，後卒叛逆。鄧通，大夫也，以鑄錢財過王者。故吴、鄧錢布天下。」此文所言二族之祟與銅布所言之博禍相近，是其證。

〔一三〇〕「之爲」，原誤倒，茲據李本乙。

〔一三一〕踳，原注：「音蠢，乖舛也。」

〔一三二〕「祟」，原誤宗，茲據李本改，下同。

〔一三三〕賜，章太炎曰：「詩皇矣箋：『斯，盡也。』釋文云：『鄭音賜。』此賜亦即斯字。言盡二族之財以祟匈奴也。」（賈子義鈔）

〔一三四〕過足，章太炎曰：「過足，謂甚足。」（賈子義鈔）

〔一三五〕怵，説文：「怵，恐也。」老子四十七章：「聖人在天下怵怵。」河上公注：「常恐怖富貴，不敢驕奢。」夏案：「怵」，盧藏建本、莫本作臨，於義爲長。然未詳二字何由得訛，疑臨係臆改。

〔一三六〕悹，原注：「音管，憂也。」

〔一三七〕詩，見小雅北山。率土之濱，鄭箋：「率，循。濱，涯。」

〔一三八〕貊，集韻：「貉，或從百。」周禮夏官職方氏注：「東方曰夷，南方曰蠻，西方曰戎，北方曰貉狄。」夏案：此文缺夷，莫本貊作夷，於義爲長。

〔一三九〕作，廣韻：「作，役也。」

〔一四〇〕慉，音畜。詩邶風谷風箋：「慉，驕也。」渠，廣雅釋言：「𧇾，帥也。」疏證：「𧇾，古通作渠。」公羊傳昭公二十六年疏：「漢之賊首皆謂之渠帥。」夏案：慉渠，即驕帥、驕酋，謂匈奴。

〔一四二〕怵人，參注〔一三五〕引老子「聖人在天下怵怵」，聖人當指天子，怵人即其義。前謂「天子不怵」，此蓋謂豈有非天子之民哉。盧藏建本、莫本作「豈不臨之民哉」，疑當作「豈有不臨之民哉」，於義爲長。

勢卑　事勢

匈奴侵甚、侮甚，遇天子至不敬也〔一〕，爲天下患，至無已也。以漢而歲致金絮繒綵〔二〕，是入貢職於蠻夷也，顧爲戎人諸侯也〔三〕。勢即卑辱，而禍且不息，長此何窮！陛下胡忍以帝皇之號持居此賓〔四〕？

竊料匈奴之衆不過漢一千石大縣，以天下之大而困於一縣之正〔五〕，甚竊爲執事羞之。陛下有意，胡不使臣一試理此？夫胡人於古小諸侯之所銍權而服也〔六〕，奚宜敢悍若此？以臣爲屬國之官〔七〕，以主匈奴。因幸行臣之計，半歲之内，休屠飯失其口矣〔八〕；少假之間，休屠繫頸以草〔九〕，膝行頓顙，請歸陛下之義。唯上財幸。而後復罷履屬國之官〔一〇〕，臣賜歸伏田盧，不復污末廷〔一一〕，則忠臣之志快矣。今不獵猛敵而獵田彘〔一二〕，不搏反寇而搏畜菟〔一三〕，所獵得毋小，所搏得毋不急乎〔一四〕？繁細是虞〔一五〕，不圖大患，非所以爲安。

〔一〕遇，周禮春官大宗伯：「以賓禮親邦國，春見曰朝，夏見曰宗，秋見曰覲，冬見曰遇。」漢書公孫弘傳注：「遇，謂處待。」夏案：此謂匈奴本應守諸侯之禮，處待漢天子。呂氏春秋音初注：「遇，禮也。」又，此篇收入本傳陳政事疏，與前選解縣、威不信合爲一段。

〔二〕絮，說文：「絮，敝緜也。」夏案：此只謂棉。　繒，說文：「繒，帛也。」　綵，字彙：「綵，繪繒。」夏案：此謂彩綢、花布。

〔三〕顧，顏師古曰：「顧，反也。」　「人」下，原有一「爲」字，盧文弨曰：「下爲字訛，今依漢書改。」夏案：下爲字衍，茲刪。

〔四〕「持」，莫本、何本、程本、周本、盧本作特。夏案：特，僅也，但也。於義爲長，持或特之壞字。然盧藏兩種宋本及李本等早期明本皆作持，而何、程、周、盧本每有校改，疑此亦然。蓋持謂持之，即持帝皇之號，於文尚通。　賓，尚書康王之誥注：「賓，諸侯也。」

〔五〕「正」，本傳、何本作衆，李本、程本、盧本作小。夏案：疑正係衆之音訛，作小者係臆改。爾雅釋詁：「正，長也。」注：「謂官長。」呂氏春秋君守注：「正，主也。」廣雅釋詁：「正，君也。」作正於文亦可通，茲仍之。

〔六〕「銍櫂」，孫詒讓曰：「櫂，當作穫。說文：『銍，穫禾短鐮也。』詩周頌臣工傳：『銍，穫也。』此以刈禾爲喻，言銍刈芟薙即可征服也。」

〔七〕「國」，原脱，茲據李本補。

〔八〕休屠，史記匈奴傳：「渾邪王殺休屠王。」文選范雲傚古詩注：「休屠，戎狄之王號。」

〔九〕草，當指草纓。慎子：「有虞之誅，以幪巾當墨，以草纓當劓。」夏案：此即古之象刑。荀子正論注：「異章服，恥辱其形象，故謂之象刑。」參階級「白冠釐纓」注。

〔一〇〕「履」，李本、盧本無。夏案：李、盧當係因上文「以臣爲屬國之官」而以履爲衍文删之。禮記表記：「處其位而不履其事。」注：「履，行也。」行，猶言任也。

〔一一〕末廷，荀子哀公：「諸侯之子孫，必有在君之末庭者。」正字通：「廷，古者廷不屋，後世始屋之，故加广，廷、庭實一字。」夏案：末廷，卑辭，猶言朝廷之末位。

〔一二〕獡，盧文弨曰：「獡，後人用以代獵字。顏師古曰：『獵化爲獡，過成鄙俗。』今諸書多通用。」夏案：獡，音獵。玉篇：「獡狙，獸名。」集韻：「獡，短喙犬。或作獡。」

〔一三〕蓄菟，家兔。詩周南兔罝箋：「菟罝，菟又作兔。」

〔一四〕「不」，原無。盧文弨曰：「諸本并脱不字，舊人校增，今從之。」夏案：盧説是，兹據以補。

〔一五〕「是」，原無，兹據程本補。虞，朱駿聲曰：「虞，假借爲慮。」

淮難 事勢〔一〕

竊恐陛下接王淮南子〔二〕，曾不與如臣者孰計之也〔三〕。淮南王來入赴〔四〕。□□□□□□千乘之君，陛下爲頓顙謝罪皇太后之前〔五〕，淮南王曾不譙讓〔六〕，敷留之罪無加身者〔七〕。舍人橫制等室之門〔八〕，陛下追而赦之，吏曾不捕。王人於天子國橫行不辜而無譴，乃賜美人，多載黄金而歸。侯邑之在其國者畢徙之他所〔九〕。陛下於淮南王不可謂薄矣〔一〇〕。然而淮南王，天子之法咫蹂促而弗用也〔一一〕，皇帝之令咫批傾而不行〔一二〕，天下孰不知？天子選功臣有識者，以爲之相吏，王堇不踏蹴而逐耳〔一三〕，無不稱病而走者，天下孰弗知〔一四〕？日接持怨言以誹謗陛下之爲〔一五〕，皇太后之餽賜逆抑而不受〔一六〕，天子使者奉詔而弗得見〔一七〕，僵卧以發詔書，天下孰不知？聚罪人奇狡少年〔一八〕，通棧奇之徒，啓章之等而謀爲東帝〔一九〕，天下孰弗知？淮南王罪已明，陛下赦其死罪，解之嚴道以爲之神〔二〇〕，其人自病死，陛下何負？天下大指孰能以王之死爲不當〔二一〕？陛下無負也！

如是，咫淮南王罪人之身也，淮南子罪人之子也〔二二〕。奉尊罪人之子，適足以負謗於天下耳〔二三〕，無解細於前事也〔二四〕，且人不以肉爲心則已〔二五〕，若以肉爲心，人之心可知也〔二六〕。

今淮南子少，壯聞父辱狀，是立咫焉泣洽衿〔二七〕，卧咫泣交項，腸至腰肘如繆維耳〔二八〕，豈能須臾忘哉？是而不如是〔二九〕，非人也。陛下制天下之命，而淮南王至如此極，其子舍陛下而更安所歸其怨爾。特曰勢未便，事未發，舍亂而不敢言〔三〇〕。若誠其心，豈能忘陛下哉？白公勝所爲父報仇者〔三一〕，報大父與諸伯父、叔父也〔三二〕。令尹子西、司馬子綦皆親羣父也〔三三〕，無不盡傷。昔者白公之爲亂也，非欲取國代主也〔三四〕，爲發憤快志爾，故欲皆首以衝仇人之匈〔三五〕，固爲要俱糜而已耳〔三六〕，固非冀生也。

今淮南土雖小〔三七〕，黥布用之耳〔三八〕，漢存特幸耳〔三九〕。夫擅仇人足以危漢之資〔四〇〕，於策安便？雖割而爲四，四子一心未異也。豫讓爲智伯報趙襄子〔四一〕，五起而不取者，無他，資力少也。子胥之報楚也，有吳之衆也。白公成亂也，有白公之衆也。闔閭富故，然使鱄諸刺吳王僚〔四二〕；燕太子丹富故，然使荆軻殺秦王政。今陛下將尊不億之人〔四三〕，予之衆，積之財，此非有白公、子胥之報於廣都之中者〔四四〕，即疑有鱄諸、荆軻起兩柱之間〔四五〕，其策安便哉？此所謂假賊兵、爲虎翼者也〔四六〕。願陛下留意計之。

〔一〕本傳：「時又封淮南厲王四子皆爲列侯。誼知上必將復王之也，上疏諫。」王先謙曰：「據文紀，封厲王四子在八年，蓋諫王淮南諸子在十一年也。」夏案：本傳所云誼上之疏，即本文。

〔二〕「竊」上，原有「一」字，何本作臣。盧文弨曰：「句首『一』字，衍。」夏案：「一」或係臣之壞字，茲删。　接，何孟春曰：「接，續也。淮南王死不久，即王其諸子，是接王也。」

〔三〕曾，楊樹達曰：「曾，乃也。」　孰，正字通：「生孰之孰，古作孰，今作熟。」

〔四〕入赴，劉師培曰：「入赴，孝文三年入朝事也。赴下蓋有脱字。」夏案：劉説是，茲於赴下補脱文號。

〔五〕謝罪，劉師培曰：「（厲王）殺辟陽侯，文帝請薄后免其罪，所以明待遇之隆也。」夏案：漢書淮南王傳：厲王，高帝少子，其母故趙王美人。高帝過趙，趙王獻美人，幸，有身。及貫高謀反事覺，逮治及美人。厲王母弟因辟陽侯（審食其）稟呂后，呂后妒不肯白帝，辟陽侯不争。厲王母生厲王，恚，自殺。吏奉厲王詣上，上悔。厲王失母，心怨辟陽侯，不敢發。及孝文即位，自以爲最親，驕蹇不奉法。三年，入朝，袖金椎殺辟陽侯。

〔六〕「譙」，原訛醮，茲據何本改。夏案：方言：「譙，凡言相責讓，曰譙讓。」此謂不譙讓淮南王。

〔七〕敷留，盧文弨曰：「未詳。」章太炎曰：「敷，疑爲放之誤。留，借爲流。」（賈子義鈔）

〔八〕舍人，顔師古曰：「親近左右之通稱也。」　制，莊子庚桑楚釋文：「制，謂擅之也。」　等室，孫詒讓曰：「等室，當作寺室。風俗通云：『諸官府所止，皆曰寺。』寺室之門，即寺門。」

〔九〕「侯邑」句，漢書淮南王傳：「皇帝初即位，易侯邑在淮南者，大王不肯。皇帝卒易之，使大王得三縣之實，甚厚。」晉灼曰：「侯邑在淮南者，更易以它郡地封之，不欲使錯在王國。」「徙」，原訛從，茲據盧本改。

〔一〇〕「王」，原脱，茲據李本補。

〔一一〕咫蹂促，盧文弨曰：「此篇多以咫代則字。蹂促，猶蹂蹴。」

〔一二〕批，朱駿聲曰：「批，假借爲排。」

〔一三〕堇，盧文弨曰：「亦僅字也。」　逐相吏事，淮南王傳：「漢法：二千石缺，輒言漢補。大王逐漢所置，而請自置相二千石。」

〔一四〕「孰」，原無。盧文弨曰：「建潭本脱孰字，今從別本增。」夏案：盧説是，兹據何本補。

〔一五〕接持，劉師培曰：「接持，即挾持。孟康曰：『接，音挾。』」釋名釋姿容：「挾，夾也，在傍也。」

〔一六〕「抑」原作聊，兹據李本改。

〔一七〕「天子使者」句，淮南王傳：「前日長病，陛下心憂之，使使者賜棗脯，長不肯見拜使者。」

〔一八〕「聚罪人」句，淮南王傳：「收聚漢諸侯人及有罪亡者，匿與居，爲治家室。」

〔一九〕棧奇、啓章，皆見前五美注。　等，廣雅釋詁：「等，輩也。」

〔二〇〕「嚴」原作金。劉師培曰：「金者，崟之壞字。崟與巖同。」夏案：淮南王傳：「制曰：『其赦長死罪，廢勿王。』有司奏：『請處蜀嚴道，遣其子、子母從居。』」劉説是，兹據漢書改。嚴道故地，在今四川滎經。　神，説文：「申，神也。」淮南子道應訓注：「申，束也。」夏案：神借爲申。此謂羈束於嚴道。

〔二一〕指，漢書河間獻王傳注：「指，義之所趨也。」夏案：天下大指，謂天下輿論之趨向。

〔二二〕「淮南子」，原作淮南王。夏案：疑原「王」下脱子字，然諸本無作「淮南王子」者（何本作「淮南王諸子」則是臆增，足證本作「王」)，茲據李本改。

〔二三〕「奉尊」二句，顏師古曰：「言若尊王其子，則是厲王無罪，漢枉殺之。」

〔二四〕細，陶鴻慶曰：「細，蓋弭之假字。釋名釋言語：『細，弭也。』細、弭聲義皆近，故得通用。說文『弭，可以解轡紛者』，是弭與解義同。此承上言，奉尊罪人之子，適足負謗於天下，而無解於其父之死也。」「也」，原作且也，屬下爲句，茲據李本乙，且字屬下句。

〔二五〕「已」原脱，茲據莫本補。

〔二六〕「心」，原無，茲據盧本補。

〔二七〕「是」，何本作如是，屬上爲句，於文爲順。此當謂於是。　洽，說文：「洽，霑也。」「衿」，原訛矜，茲據何本改。

〔二八〕肘，說文：「肘，臂節也。从肉寸。寸，手寸口。」徐鍇注：「寸口，手腕動脈處也。」段注：「謂從寸口至此爲一節也。」夏案：據此，知肘有一節之義，腰肘，當指腰際。又，疑肘係肑（音地）之訛。廣韻：「肑，腹下肉也。」　繆，廣雅釋詁：「繆，纏也。」朱駿聲曰：「繆，假借爲糾。」　維，集韻：「維，綱也。」周禮考工記梓人注：「綱，連侯繩也。」夏案：此謂繩。

〔二九〕是而，猶言是以。王引之引王念孫曰：「而，猶以也。」

〔三〇〕「舍」，何本、周本、盧本作含。盧文弨曰：「舊本皆訛舍，今從別本。」夏案：作含固義顯，作舍亦可通。穀梁傳莊公二十四年注：「舍，置也。」即擱置。

〔三一〕白公勝，楚平王之孫，太子建之子。建被讒，亡鄭，鄭殺之，勝亡吳，以是怨鄭。楚令尹聞勝勇，召之爲白公。勝請伐鄭，子西許之。適晉伐鄭，鄭賂子西求救，子西與之盟。勝怒，襲殺子西、子綦，因刼惠王，後兵敗自殺。事詳左傳昭公二十年、哀公十六年，史記楚世家。

〔三二〕大父，顔師古曰：「大父，即祖平王也。」「叔父」，原脱父字，兹據盧本補。　伯父、叔父，指子西、子綦，皆平王子。

〔三三〕羣父，即諸父。左傳哀公五年釋文：「羣，或作諸。」

〔三四〕「代」，原作伐。夏案：已刼惠王，豈可謂非欲伐主？兹據程本改。

〔三五〕「欲皆首」，李本同。莫本、程本、周本作「欲匕首」，盧本作「挾匕首」，本傳作「剡手」，何本作「欲剡匕首」。夏案：欲皆首，意不可通。此當係三字，本傳爲省文，何本係調和本傳與本書。盧本係擅改而不出校，不可從。疑「皆」係揩之壞字。廣稚釋詁三：「剴、揩，磨也。」漢書藝文志顔注：「剡，謂鋭而利之也。」是揩剡義近。儀禮士喪禮注：「古文首爲手。」是則本傳之剡手即揩首。顔注此文云：「剡，利也。」剡手當謂快手，即敏捷。又，周禮考工記盧人注：「首，殳上鐏也。」禮記曲禮疏：「首，劍環拊也。」是首爲兵器之附件，或借代指兵器。　匈，説文：「匈，膺也。或从肉。」正字通：「匈，隸作胸。」

〔三六〕「固爲」句，顔師古曰：「言與仇人俱滅斃也。靡，碎也。」朱駿聲曰：「靡，假借爲糜。」

〔三七〕「土」，原作王。盧文弨曰：「土，舊作王，今從舊人校本改。」夏案：盧説是，兹據何本改。

〔三八〕黥布，見前藩彊注。「用」上，李本、程本、盧本有「嘗」字，於文爲順。「耳」，何本、周本、盧本從本傳作矣，於義爲長。

〔三九〕「漢存」句，顔師古曰：「言漢勝布得存，此直天幸耳。」

〔四〇〕擅仇人，謂使仇人據之。增韻：「擅，據也。」「人」，原脱，兹據李本補。「擅仇人」句，顔師古曰：「言假四子以資權，則當危漢。」夏案：資，憑藉。文選顔延之皇太子釋奠會作詩注：「資，猶藉也。」顔注似訓資財，非。

〔四一〕豫讓，見階級注。

〔四二〕闔閭、鱄諸、吴王僚，見史記吴太伯世家、刺客列傳。「富」，原脱，兹據李本補。論語顔淵集解：「富，盛也。」然，楊樹達曰：「當作如是解。」「鱄諸」，史記作專諸，本傳作剸諸，同。

〔四三〕不億，盧文弨曰：「億，安也。不億，猶不靖也。此段，益壤篇亦載之，作不意。」俞樾曰：「不億，猶不逞。左傳襄公二十四年『不可億逞』，是億與逞同義。」夏案：俞説義長。

〔四四〕廣都，説文：「廣，殿之大屋也。」此謂王都之殿，或即謂大都。

〔四五〕兩柱，史記刺客列傳：「荆軻逐秦王，秦王環柱而走。」「荆軻廢，乃引其匕首以擿秦王，不中，中銅柱。」胡三省曰：「兩柱之間，南面鄉明，人君聽政正坐之處。」

〔四六〕假賊兵，韓非子揚權：「不適其賜，亂人求益。彼求我予，假仇人斧。假之不可，彼將用之以伐我。」王先謙曰：「假，借也。」為虎翼，應劭曰：「周書云：『無爲虎傅翼，將飛入邑，擇人而食之。』」夏案：見佚周書寤儆篇。

又，本傳云：「賈生之死，年三十三歲矣。後四歲，文帝分淮南爲三國，盡立厲王三子以王之。至武帝時，淮南厲王子爲王者兩國亦反誅。」濟北王勃未預反謀，故此言兩國。

無蓄 事勢

禹有十年之蓄，故免九年之水；湯有十年之積，故勝七歲之旱。夫蓄積者，天下之大命也〔一〕。苟粟多而財有餘，何嚮而不濟〔二〕？以攻則取，以守則固，以戰則勝，懷柔附遠〔三〕，何招而不至？管子曰：「倉廩實，知禮節；衣食足，知榮辱〔四〕。」民非足也，而可治之者，自古及今，未之嘗聞。古人曰：「一夫不耕，或爲之饑；一婦不織，或爲之寒〔五〕。」生之有時而用之無度，則物力必屈〔六〕。古之爲天下者至悉也〔七〕，故其蓄積足恃。今背本而以末，食者甚衆，是天下大殘〔八〕；從生之害者甚盛〔九〕，是天下之大賊也；汰流、淫佚、侈靡之俗日以長〔一〇〕，是天下之大祟也〔一一〕。殘賊公行，莫之或止；大命既敗〔一二〕，莫之振救〔一三〕；何計者也，事情安所取？生之者甚少而靡之者甚衆〔一四〕，天下之勢，何以不危？漢之爲漢幾四十歲矣，公私之積猶可哀痛也〔一五〕。故失時不雨，民且狼顧矣〔一六〕；歲惡不入，請賣爵鬻子〔一七〕，既或聞耳矣，安有爲天下阽危若此而上不驚者〔一八〕！

世之有饑荒〔一九〕，天下之常也，禹湯被之矣〔二〇〕。即不幸有方二三千里之旱，國何以相恤？卒然邊境有急，數十百萬之衆聚〔二一〕，國何以餽之矣？兵旱相乘〔二二〕，天下大屈，勇力者聚徒而橫擊〔二三〕，罷夫羸老易子孫而齩其骨〔二四〕。故法未必通也〔二五〕，遠方之疑者并舉而争起矣〔二六〕。爲人上者乃試而圖之〔二七〕，豈將有及乎〔二八〕？可以爲富安天下，而直以爲此廩廩也〔二九〕，竊爲陛下惜之。

王制曰：「國無九年之蓄，謂之不足；無六年之蓄，謂之急；無三年之蓄，國非其國也。」其王制若此之迫也，陛下奈何不使吏計所以爲此？可以流涕者又是也。

〔一〕大命，大計。廣韻：「命，計也。」夏案：此文載入漢書食貨志上。「禹有」四句，見前憂民注。下文相同者亦然。

〔二〕「饟」，原訛「饗」，茲據李本改。

〔三〕附遠，使遠方之人親附。詩大雅緜「疏附」疏：「疏者令之親於君上，能使親附。」夏案：詩疏謂疏族親附，此謂異族。

〔四〕「管子」四句，見管子牧民國頌，諸子集成本管子「足」、「實」下，皆有則字。

〔五〕「古人」四句，管子揆度：「一農不耕，民有爲之饑者；一女不織，民有爲之寒者。」

〔六〕屈，顏師古曰：「屈，盡也。」

〔七〕悉，顏師古曰：「悉，盡其事。」

〔八〕「今背本」三句，顏師古曰：「本，農業也。末，工商也。言人已棄農而務工商矣，其食米粟者又甚衆。殘謂傷害也。」「是天下大殘」，食貨志作「是天下之大殘也」，與下文一律，程本、周本、盧本從之。

〔九〕從生，佚周書文傳解注：「横生，萬物也。從生，人也。」朱駿聲曰：「從，假借爲縱。」

〔一〇〕汰流，謂奢侈之風流行。荀子仲尼注：「汰，侈也。」

〔一一〕「祟」，原訛崇，兹據李本改。

〔一二〕貶，説文：「貶，損也。」

〔一三〕振，顏師古曰：「振，舉也。」夏案：説文：「振，舉救之也。」魯語上注：「振，救也。」顏注或脱救字。

〔一四〕靡，顏師古曰：「靡，散也。」

〔一五〕「漢之」二句，顏師古曰：「言年載已多，而無儲積。」

〔一六〕狼顧，李奇曰：「狼性怯，走喜還顧。言民見天不雨，今亦恐也。」

〔一七〕「爵」，原脱，兹據李本補。

〔一八〕阽危，顏師古曰：「阽危，欲墜之意。音閻，又丁念反。」

〔一九〕「之有」，原誤倒，兹據食貨志乙。

〔二〇〕「禹湯」句，顏師古曰：「謂禹遭水，而湯遭旱也。」夏案：被，受也。後漢書賈復傳：「身被十二創。」

〔二一〕「十」下，原衍日字，兹據李本删。

〔二二〕乘，淮南子氾論注：「乘，加也。」

〔二三〕「者聚」，原誤倒，兹據李本乙。

〔二四〕「罷」下，原衍矣字，兹據盧本删。　罷，顔師古曰：「罷，讀曰疲。」　齩，顔師古曰：「齩，齧也。音五巧反。」

〔二五〕「故法未必通」，李本、何本、盧本從食貨志作「政法未畢通」，於義爲長。

〔二六〕疑，顔師古曰：「疑，讀曰擬。擬，僭也，謂與天子相比擬。」

〔二七〕「試」，何本、周本從食貨志作駭。劉師培：「試者，誡之誤字。食貨志作駭，駭誡古通。」夏案：駭、誡義長，作試亦通。

〔二八〕「乎」下，何本從食貨志補「今歐民而歸之農，皆著於本，使天下各食其力，末技游食之民轉而緣南畝，則畜積足而人樂其所矣」。盧文弨曰：「（此）一段方見措置之實，今缺之，則下文所謂富安者，語亦無根。」

〔二九〕廪，字彙：「廪，與懍同。」李奇曰：「廪廪，危也。」

鑄錢　事勢

迺者竊聞吏復鑄錢者〔一〕，民人抵罪，多者一縣百數，少者十數〔二〕。家屬、知識及吏之所疑，繫囚、榜笞及𢶒走者，類甚不少。僕未之得驗〔三〕，然其刑必然〔四〕。抵禍罪者，固乃始耳。此無息時，事甚不少，於上大不便，原陛下幸勿忽！

法使天下公得顧租鑄錢〔五〕，敢雜以鉛鐵爲它巧者，其罪黥。然鑄錢之情〔六〕，非殽鉛鐵及以雜銅也〔七〕，不可得贏；而殽之甚微，又易爲，無異鹽羹之易，而其利甚厚。張法雖公鑄銅錫〔八〕，而鑄者情必奸僞也。名曰顧租公鑄，法也，而實皆黥罪也。有法若此，上將何賴焉〔九〕？夫事有召禍而法有起奸，今令細民操造弊之勢〔一〇〕，各隱親其家而公鑄作〔一一〕，因欲禁其大利微姦〔一二〕，雖黥罪日報〔一三〕，其勢不止，民理然也。夫白着以請之〔一四〕，則吏隨而揜之〔一五〕，爲民設阱，孰積於是〔一六〕？上弗蚤圖之，民勢且盡矣〔一七〕！曩禁鑄錢，死罪積下〔一八〕；今公鑄錢，黥罪積下。雖少異乎，未甚也。民方陷溺，上且弗救乎〔一九〕？

且世民用錢，縣異而郡不同：或用輕錢，百加若干〔二〇〕，輕小異行〔二一〕；或用重錢，平稱不受〔二二〕。法錢不立〔二三〕，將使天下操權族〔二四〕，而吏急而壹之乎，則吏煩苛而民弗任〔二五〕，且力不能而勢不可施；縱而弗苛乎〔二六〕，則郡縣異而肆不同〔二七〕，小大異同，錢文大亂〔二八〕。夫苟非其術〔二九〕，則何鄉而可哉〔三〇〕？

夫農事不爲，而採銅日煩〔三一〕，釋其耒耨〔三二〕，冶鎔鑪炭〔三三〕。奸錢日繁，正錢日亡。善人怵而爲奸邪〔三四〕，愿民陷而之刑僇〔三五〕。黥罪繁積，吏民且日鬪矣。少益於今〔三六〕，將甚不祥，奈何而忽？國知患此〔三七〕，吏必議曰：「禁之〔三八〕。」不得其術〔三九〕，其傷必大，何以圉之〔四〇〕？令禁鑄錢，錢必還重，四錢之粟，必還二錢耳。重則盜鑄錢如雲而起，則棄市之罪又不足以禁矣。姦不勝而法禁數潰〔四一〕，難言已，大事也。久亂而弗蚤振，恐不稱陛下之明。凡治不得，應天地星辰有動〔四二〕，非小故也。或累王德，陛下不可以息，方今始伏〔四三〕，望可善圖也。

〔一〕「迺」，原訛遷，茲據李本改。顏師古曰：「迺，始也。」夏案：此篇編入漢書食貨志下。復，左傳定公四年注：「復，報也。」

〔二〕「少」，原作中，茲據程本改。

〔三〕僕，孫希旦曰：「通而言之，臣亦可稱之僕。」（禮記禮運集解）

〔四〕刑，荀子彊國注：「刑，與形同。」莫本、周本、盧本即作形。

〔五〕法，食貨志下：「孝文五年，除盜鑄錢令，使民放鑄。」　顧租，顏師古曰：「謂顧庸之直，或租其本。」夏案：顧，通雇。漢書鼂錯傳注：「顧，言雇賃也。」

〔六〕「敢雜以鉛鐵」十三字，原無。盧文弨：「此舊本無之，若無此，則下文突云『實皆黥罪』爲無根矣，今從漢書補之，并補下句首然字。」夏案：盧說是，茲據以補。　巧，集韻：「巧，僞也。」

〔七〕「以」，原作石，據劉師培說改，詳前銅布注。

〔八〕「銅錫」，原作金賜，何本作今賜，程本、朱本作舍賜。夏案：原文及諸本之文恐皆不合。金，當係銅之壞字。賜，集韻：「賜，或作錫。」此當即銅錫二字。食貨志前云「法使天下顧租，鑄銅錫爲錢」，正於此合。兹改。

〔九〕「有法」二句，諸子彙函引王鳳洲曰：「言民犯法之衆，由立法設制之非，隱隱歸在上人身上。」

〔一〇〕弊，朱駿聲曰：「弊，假借爲幣。」食貨志即作幣。

〔一一〕親，釋名釋親戚：「親，襯也，相隱襯也。」廣韻：「襯，裏也。」夏案：是親有隱、裏之義，隱親猶言隱密、隱蔽。盧文弨未達此，而謂「親訛」，非。　公，釋名釋言語：「公，廣也。」

〔一二〕「姦」，原作聊，兹據食貨志改。

〔一三〕報，鄭氏曰：「報，論。」

〔一四〕着，直音：「着，著之俗字。」白著，漢書馮奉世傳注：「白著，謂顯明也。」　請，爾雅釋詁：「請，告也。」夏案：此句即上文「名曰顧租，法也」之意，即公告百姓，使民放鑄。

〔一五〕捽，史記司馬相如傳索隱：「捽，捕也。」

〔一六〕積，顔師古曰：「積，多也。」

〔一七〕勢，勢必。　且，將。

〔一八〕死罪積下，張晏曰：「死罪者多，委積於下。」

〔一九〕「且弗」，原誤倒，兹據莫本乙。

〔二〇〕「或用輕錢」二句，應劭曰：「時錢重四銖，法錢百枚，當重一斤十六銖，輕則以錢足之若干枚，令滿平也。」

〔二一〕異行，謂輕錢使用不一。

〔二二〕「或用重錢」二句，王峻曰：「民間競用輕錢，用重錢者欲如輕錢所加之數，往往不受，所以法錢不立。」（漢書證誤）

〔二三〕法錢，顏師古曰：「法錢，依法之錢。」

〔二四〕操權族，謂操於權族。權族，猶言權門。

〔二五〕任，廣韻：「任，堪也。」

〔二六〕苛，禮記王制釋文：「苛，本亦作呵。」夏案：食貨志即作呵。顏師古曰：「呵，責怒也。」

〔二七〕肆，市肆。

〔二八〕錢文，本謂銅錢上所鑄之文字，食貨志下「文曰半兩，重如其文」是也。此謂大亂者，即文、重不符，意謂錢制大亂。

〔二九〕術，廣雅釋詁：「術，法也。」

〔三〇〕「嚮」，原訛饗，兹據李本改。

〔三一〕煩，朱駿聲曰：「煩，假借爲蕃。」淮南子主術注：「煩，多也。」

〔三二〕耨，易繫辭下釋文：「耨，鉏也。」夏案：鉏即鋤。

〔三三〕鎔，應劭曰：「鎔，形容也，作錢模也。」

〔三四〕怵，李奇曰：「怵，誘也。」

〔三五〕愿，顏師古曰：「愿，謹也。」

〔三六〕益，劉淇曰：「加甚之詞。」

〔三七〕「此」，原脱，兹據李本補。

〔三八〕「吏必議曰」，李本作吏議必曰，於義爲長。

〔三九〕「不得」上，李本、莫本、程本、盧本有禁之二字，於文爲備。

〔四〇〕圉，朱駿聲曰：「圉，假借爲禦。」

〔四一〕「法禁」，原誤倒，兹據食貨志乙。

〔四二〕天地星辰有動，漢書文帝紀：「五年，春二月，地震。夏四月，除盜鑄錢令。」夏案：誼以放鑄爲治不得當，故天地有動而示警。

〔四三〕伏，國語周語上：「陽伏而不能出，陰遁而不能烝，于是有地震。」夏案：始伏，猶言始震，意謂若不善圖，繼有大震。

新書校注卷第五

傅職 連語〔一〕

或稱春秋〔二〕，而爲之聳善而抑惡〔三〕，以革勸其心〔四〕。教之禮，使知上下之則宜〔五〕。或稱詩〔六〕，而爲之廣道顯德〔七〕，以馴明其志。教之樂，以疏其穢，而填其浮氣〔八〕。教之語〔九〕，使明於上世而知先王之務明德於民也〔一〇〕。教之故志〔一一〕，使知廢興者，而戒懼焉。教之任術〔一二〕，使能紀萬官之職任〔一三〕，而知治化之儀〔一四〕。教之訓典〔一五〕，使知族類疏戚〔一六〕，而隱比馴焉〔一七〕。此所謂學太子以聖人之德者也〔一八〕。

或明惠施以道之忠〔一九〕，明長復以道之信〔二〇〕，明度量以道之義〔二一〕，明等級以道之禮，明恭儉以道之孝〔二二〕，明敬戒以道之事〔二三〕，明慈愛以道之仁，明僩雅以道之文〔二四〕，明除害以道之武，明精直以道之伐〔二五〕，明正德以道之賞〔二六〕，明齊肅以道之敬〔二七〕，此所謂教太子也〔二八〕。

左右前後，莫非賢人以輔相之，揔威儀以先後之〔二九〕，攝體貌以左右之〔三〇〕，制義行以宣翼之〔三一〕，章恭敬以監行之〔三二〕，勤勞以勸之，孝順以内之〔三三〕，敦篤以固之，忠信以發之，德言以揚之，此所謂順者也〔三四〕。

此傅人之道也，非賢者不能行。

天子不諭於先聖人之德〔三五〕，不知君國畜民之道〔三六〕，不見禮義之正，不察應事之理〔三七〕，不博古人之典傳，不僩於威儀之數〔三八〕，詩書禮樂無經〔三九〕，天子學業之不法〔四〇〕，凡此其屬，太師之任也。古者齊太公職之〔四一〕。

天子不恩於親戚〔四二〕，不惠於庶民，無禮於大臣，不中於刑獄〔四三〕，無經於百官，不哀於喪，不敬於祭，不直於戎事〔四四〕，不信於諸侯，不誠於賞罰，不厚於德，不彊於行〔四五〕，賜予侈於左右近臣，吝授於疏遠卑賤〔四六〕，不能懲忿忘欲〔四七〕，大行、大禮、大義、大道，不從太師之教，凡此其屬，太傅之任也。古者魯周公職之。

天子處位不端〔四八〕，受業不敬，教誨諷誦詩書禮樂之不經不法不古〔四九〕，言語不序，音聲不中律〔五〇〕，將學趨讓〔五一〕，進退即席不以禮，登降揖讓無容，視瞻俯仰周旋無節，咳唾數顧〔五二〕，趨行不得〔五三〕，色不比順〔五四〕，隱琴肆瑟〔五五〕，凡此其屬，太保之任也〔五六〕。古者燕召公職之〔五七〕。

天子燕業反其學〔五八〕，左右之習詭其師〔五九〕，答遠方諸侯，遇貴大人，不知大雅之辭〔六〇〕；答左右近臣，不知已諾之適〔六一〕；側問小誦之不博不習〔六二〕，凡此之屬，少師之任也，古者史佚職之〔六三〕。

天子居處，出入不以禮，衣服冠帶不以制，御器在側不以度〔六四〕，雜綵從美不以彰德〔六五〕，忿怒説喜不以義，賦與噍讓不以節〔六六〕，小行、小禮、小義、小道，不從少師之教〔六七〕，凡此之屬，少傅之任也。

天子居處燕私〔六八〕，安所易〔六九〕，樂而湛〔七〇〕，夜漏屏人而數〔七一〕，飲酒而醉，食肉而飽，飽而彊食，饑而餒〔七二〕，暑而暍〔七三〕，寒而懦，寢而莫宥〔七四〕，坐而莫侍〔七五〕，行而莫先莫後，帝自爲開户〔七六〕，自取玩好，自執器皿〔七七〕，亟顧還面〔七八〕，而器御之不舉不臧〔七九〕，折毀喪傷，凡此其屬，少保之任也。

干戚戈羽之舞，管籥琴瑟之會〔八〇〕，號呼歌謡聲音不中律，燕樂雅頌逆樂序〔八一〕，凡此其屬，詔工之任也〔八二〕。

不知日月之不時節〔八三〕，不知先王之諱與國之大忌〔八四〕，不知風雨雷電之眚〔八五〕，凡此其屬，太史之任也〔八六〕。

〔一〕傅職，何孟春曰：「言職在傅太子者。」朱駿聲曰：「傅，相也，與俌略同。」「俌，輔也。」夏案：本文自篇首至「德言以揚之」，引自楚語上，誼於每段後加按語。自「天子不諭於先聖人之德」至篇終，輯入大戴禮記保傅（含本書保傅、胎教、容經等文）。　連語，余嘉錫年伯曰：「連語諸篇，則不盡以告君，蓋有與門人講學之語，故勸學篇首冠以『謂門人學者』，凡此，皆不必賈子手著。」夏案：是知連語諸篇或爲門人記述賈子之言，編次而成文也。玉篇：「連，合也。」禮記王制注：「連，猶聚也。」呂氏春秋審爲注：「連，結也。」是連之義。

〔二〕或，論語爲政鄭注：「人不顯其名，而略稱爲或。」夏案：此「或」，即楚語中之申叔時，下文所引出於申叔時對楚莊王問傅。或稱即或謂。稱下當有教之二字，與下文教之禮、教之樂、教之語等一律，楚語文即如是。　春秋，韋昭曰：「以天時紀人事，謂之春秋。」董增齡引王應麟曰：「春秋，謂楚之檮杌也。」夏案：楚語所謂春秋指楚春秋（即王云檮杌），誼通言之謂史乘。　檮杌，孟子離婁下注：「檮杌，惡獸名，古者因以爲凶人之號，取記惡垂戒之義也。」檮杌，音濤務。

〔三〕韋昭曰：「聳，獎也。抑，貶也。」

〔四〕革，文選袁宏三國名臣序贊注：「革，戒也。」

〔五〕則，韋昭曰：「則，法也。」「宜」，原作宣。夏案：則宣費解，茲據周本改。又，此文一二段見於楚語上。

〔六〕「或」下，原有爲之二字。劉師培曰：「爲之二字，疑當乙置而字下，與上春秋句同。」夏案：劉說是，茲乙。又，或稱，楚語作教之，當從之。

〔七〕廣道顯德，韋昭曰：「道，開也。顯德，謂若成湯、文武、周召、僖公之屬。」夏案：韋注謂道讀爲導。

〔八〕「教之樂」三句，韋昭曰：「疏，滌也。樂者，所以移風易俗蕩滌人之邪穢也。鎮，重也。浮，輕也。」夏案：「填」，楚語作鎮。盧文弨曰：「填，與鎮同。」

〔九〕語，韋昭曰：「語，治國之善語。」

〔一〇〕先王之務明德於民，尚書梓材：「先王既勤用明德。」

〔一一〕「志」，原作設。盧文弨曰：「設，訛。」夏案：盧説是，茲據楚語改。韋昭曰：「故志，謂所記前世成敗之書。」

〔一二〕「之」，原訛知，茲據李本改。任術，謂任人之術。夏案：「教之任術」三句，楚語無，此文當係自楚語「教之令，使訪物官」演化而來。韋昭注曰：「使議知百官之事業。」

〔一三〕紀，周語注：「紀，謂綜理也。」

〔一四〕儀，周語注：「儀，準也。」

〔一五〕訓典，韋昭曰：「訓典，五帝之書也。」

〔一六〕族類疏戚，韋昭曰：「謂若『惇敘九族』。」尚書皐陶謨：「惇敘九族。」鄭注：「惇，厚也。敘，序也。次序九族而親之。」莊子盜跖注：「戚，親也。」

〔一七〕隱，廣雅釋詁：『隱，度也。』比，説文：「比，密也。」馴，劉師培曰：「馴讀爲順。」

〔一八〕「此所謂」句，係賈誼按語，下同。學，盧文弨曰：「學，讀爲斅。」正字通：「斅，古文教。」

〔一九〕惠施以道之忠，韋昭曰：「施及所欲，原心舍過，謂之忠恕。」

〔二〇〕長復，盧文弨曰：「長復，謂久要不忘踐言也。」論語述而集注：「復，踐言也。」

〔二一〕明度量以道之義，韋昭曰：「義，宜也。言度量所宜也。」

〔二二〕儉，荀子非十二子注：「儉，自卑謙之貌。」

〔二三〕敬戒，韋昭曰：「敬戒於事則無敗功。」廣韻：「敬，慎也。」

〔二四〕僩，盧文弨曰：「僩，與嫺同。」夏案：此句楚語作「昭利道之文」，韋昭曰：「昭，明也。明利，言利人及物。」據韋說則昭利近乎仁，非文也，故誼不取，而改爲僩雅。文，本書容經：「有儀而可象謂之文。」

〔二五〕精直，劉師培曰：「楚語作精意，訛。精，讀靖，訓爲直。靖直，猶云正直。」「伐」，楚語及他本作罰。夏案：作伐與上句「武」一貫，作罰與下句「賞」相應，皆通。疑伐罰音訛，或通。

〔二六〕正德，韋昭曰：「謂不私所愛也。」

〔二七〕齊肅，韋昭曰：「齊，壹也。肅，敬也。」「敬」，原作教，李本作敬。劉師培曰：「作敬是也，楚語作臨，均與齊肅義符。」夏案：劉說是，茲據李本改。

〔二八〕「此所謂教太子也」，陶鴻慶曰：「此本作『此所謂教者也』，與下文『此所謂順者也』文宜一律。此篇明太師之任，故云教者也、訓者也，以分疏二字之義。今本涉上文『此所謂教太子以聖人之德也』而致誤。」

〔二九〕「摠」，原脱，茲據盧本補。說文：「總，聚束也。或從手。」夏案，摠謂整飭。「先」，原訛光，茲據楚語改。先後，詩大雅緜傳：「相導前後曰先後。」

〔三〇〕攝，儀禮士冠禮注：「攝，猶整也。」左右，易泰釋文：「左右，助也。」此謂使其得體，用法與上「先後之」同。

〔三一〕宣，韋昭曰：「宣，徧也。」

〔三二〕章，易豐虞注：「章，顯也。」

〔三三〕內，正韻：「納，古作內。」內之，謂使之接納。

〔三四〕順，陶鴻慶曰：「順，讀爲訓。」參注〔二八〕。

〔三五〕諭，廣雅釋言：「諭，曉也。」夏案：此下，戴德録入大戴禮記保傅。

〔三六〕君，説文：「君，从尹口。」段注：「尹，治也。」此用作動字，謂治。荀子王霸：「合天下而君之。」畜，孔廣森曰：「畜，養也。」

〔三七〕應，廣韻：「應，物相應也。」應事，謂因事制宜。

〔三八〕僩，王念孫曰：「僩、閑，古字同。」孔廣森曰：「閑，習也。」數，太玄玄挩：「數爲品式。」

〔三九〕無經，王聘珍曰：「不守先王之正經。」

〔四〇〕法，王聘珍曰：「法，常也。」

〔四一〕齊太公，即姜太公，周武王時封於齊。詳史記齊太公世家。

〔四二〕「恩」，原作姻。俞樾曰：「古人稱父母爲親戚，韓詩外傳『親戚既没，雖欲孝，誰爲孝』其證也。後人不達其義，易以姻字耳。大戴禮記作『天子無恩於父母』，父母即親戚也。」夏案：俞説是，玆據以改。

〔四三〕中，一切經音義：「中，平也。」

〔四四〕直，廣雅釋詁：「直，正也。」增韻：「直，當也。」夏案：大戴禮記作「誠」，於義爲長。

〔四五〕「行」，原脱，兹據大戴禮記補。

〔四六〕忩，盧文弨曰：「忩、吝同。」

〔四七〕「能」下，原衍而字，兹據李本删。　懲忿忘欲，易損：「懲忿窒欲。」疏：「懲止忿怒，窒塞情慾。」

〔四八〕處位，孔廣森曰：「坐也。」

〔四九〕「不古」，盧文弨曰：「不古，衍文。」劉師培曰：「盧説是也。『之』亦衍文。」

〔五〇〕音聲，禮記樂記正義：「聲者，是宫商角徵羽也。音者，謂宫商角徵羽，相雜和比。單者謂之聲，衆聲和合成章謂之音。」

〔五一〕趨讓，即下句之進退即席（謂就座）之禮儀。

〔五二〕「咳」上，原有妄字。劉師培曰：「妄，係衍文。蓋『數』之旁注，遂入正文。」夏案：劉説是，兹删。

〔五三〕「不」，原脱，兹據大戴禮記補。王聘珍曰：「不得者，不得其宜也。」

〔五四〕比，王聘珍曰：「比，和也。」

〔五五〕隱琴肆瑟，孔廣森曰：「隱，倚也。慢其雅器，其容褻也。」廣雅釋詁：「肆，踞也。」詩大雅皇矣箋：「肆，犯突也。」

〔五六〕「也」，原脱，兹據大戴禮記補。

〔五七〕燕召公，史記燕召公世家：「召公奭與周同姓，周武王之滅紂，封召公於北燕。」

〔五八〕「反」，原作及。王引之曰：「鈔本北堂書鈔引大戴禮作『宴業反其學』。宴業，謂宴居時所習之業。學記曰：『時教必有正業，退習必有居學。』宴業即居學也。謂宴居之業，與所學相反也。」夏案：王説是，兹據以改。燕、宴通，燕居，猶言平居。

〔五九〕「左右」句，王聘珍曰：「習，狎也。」朱駿聲曰：「詭，假借爲乖。」夏案：此句謂天子與左右便嬖之狎，詭於師教。

〔六〇〕「大」，大戴禮記作文，程本、朱本從之，於義爲長。雅，王聘珍曰：「雅，正也。」

〔六一〕已諾，王聘珍曰：「已，黜止也。諾，相然許之辭。」荀子王霸注：「諾，許也。已，不許也。」

〔六二〕「側問」，大戴禮記作簡聞。陶鴻慶曰：「側、簡同聲，例得通假。聞、問二字古亦通用。」「側問」句，王引之曰：「曾子立事篇曰：『君子既學之，患其不博也；既博之患其不習也。』不博不習正承『簡聞小誦』言。小之言少也。不博則簡聞矣，不習則少誦矣。」

〔六三〕史佚，左傳僖公十五年注：「史佚，周武王時太史，名佚。」

〔六四〕御器，王聘珍曰：「御器，服用之器。尊者謂之御。」

〔六五〕「雜綵從美不以彰德」，莫本、程本、周本、盧本作「雜綵從美不以章」，大戴禮記作「縱上下雜綵不以章」。夏案：從，讀爲縱，此文亦通。莫本此句與上下各句對文一律，然此文義顯。大戴禮記有衍訛，不可從。

〔六六〕「忿怒説喜不以義賦與譙讓不以節」，原脱，兹據大戴禮記補。『忿怒』二句，孔廣森曰：「譙，責也。忿怒非義，則譙讓無節」，說喜非義，則賦與無節。說，音悦。」盧文弨曰：「噍，當作譙。」夏案：史記萬石張叔傳「噍呵」，索隱曰：「一作譙呵。」是譙噍通。

〔六七〕「不從少師之教」，原無。孔廣森曰：「新書有『小行小禮小義小道不從少師之教』十四字。」陶鴻慶曰：「前述太傅之職云：『大行、大禮、大義、大道，不從太師之教，凡此其屬，太傅之任也。』此文小道下，當有不從少師之教六字。上文云：『倜問小誦之不博不習，凡此其屬，少師之任也。』此文正與相承。」夏案：陶說是，兹據以補。

〔六八〕燕私，猶言閒居安息。漢書谷永傳：「損燕私之閒以勞天下。」韓詩外傳：「汝往燕私之處，不有聲，是汝之無禮也。」朱駿聲曰：「燕，假借爲宴。」「宴，疑即安之古文。」

〔六九〕安所易，盧辯曰：「自放縱也。」俞樾曰：「此本作『安而易』，與下句『樂而湛』相對爲文。」夏案：王引之曰：「所，猶若也。」「若，而也。」是所、而通。

〔七〇〕樂而湛，盧辯曰：「過於樂也。」王聘珍曰：「湛，淫也。」

〔七一〕數，禮記儒行正義：「數，說也。」

〔七二〕「餧」，李本作惏。盧文弨曰：「別本下有食字。」夏案：論語鄉黨：「魚餧而肉敗不食。」集解：「魚敗曰餧也。」古人動静字無別，此謂因饑而食餧，故別本下有食字，與上文一律，或是。一切經音義：「惏，今亦作婪。」疑惏餧雙聲通。

〔七三〕喝，音謁，或音曷。盧辯曰：「喝，傷暑也。」

〔七四〕宥，王聘珍曰：「宥，讀爲侑。」説文：「侑，耦也。」段注：「相助曰耦。」夏案：莫，謂無人，下二句同。

〔七五〕恃，朱駿聲曰：「恃，假借爲侍。」夏案：是恃、侍通，莫本、程本即作侍。

〔七六〕「開」，原訛閧，茲據李本改。

〔七七〕自執器皿，孔廣森云：「春秋之義，尊者不親小事。」

〔七八〕亟，孔廣森曰「亟，屢也。」　還，集韻：「還，通作環。」盧辯曰：「環，旋也。」

〔七九〕舉，孔廣森曰：「舉，若『使舉是禮』之舉。凡御器必籍而記之。」左傳襄公二十七年：「仲尼使舉是禮也。」釋文：「舉，謂記録之也。」　臧，正字通：「臧，與藏通。」

〔八〇〕「干戚」二句，禮記月令仲夏之月疏：「管，如篴而小，併兩而吹之。干，盾也。戚，斧也。戈，鉤牙戟。羽，鳥羽。羽舞，皇舞之屬。」吕氏春秋仲夏紀注：「羽以爲翿，舞者執之以指麾也。春夏干戚，秋冬羽籥。」爾雅釋樂：「籥，如笛，三孔而短小。」夏案：篴同笛。籥音岳。翿音道。廣韻：「翿，舞者所執。」

〔八一〕「號呼」二句，盧辯曰：「輕用雅誦也。凡禮不同，樂各有秩，苟從所好，亂其次（也）。」孔廣森曰：「徒歌謂之謡。古以誦爲頌字。」王聘珍曰：「號，大呼也。燕樂，房中之樂，即關雎、二南也。」夏案：徒歌，謂無伴奏而歌。

〔八二〕詔工，王引之曰：「爾雅曰：『詔，道也。』大師掌誦詩以道王，故曰詔工。大師爲工之長，不言大師而言詔工者，嫌與上三公同名也。」夏案：道，讀爲導。大師即太師，爲樂工之長。

〔八三〕不時節，劉師培曰：「書鈔引作不得節。」夏案：此即失時不得節之義。

〔八四〕諱忌，汪照引鄭衆曰：「名爲諱，死日爲忌。」

〔八五〕「眚」，原作清。盧文弨曰：「清，訛。」夏案：盧説是，兹據李本改。易復釋文：「妖祥曰眚。」音省。

〔八六〕太史任之，王聘珍曰：「周禮：太史，下大夫二人，史官之長。」汪照曰：「人君所諱言者，災異之變；所惡聞者，危亡之事。太史奉書以告君，所謂史獻書也。」

保傅 連語〔一〕

殷爲天子三十餘世而周受之〔二〕，周爲天子三十餘世而秦受之〔三〕，秦爲天子二世而亡。人性非甚相遠也，何殷周之君有道而長也，而秦無道之暴也〔四〕？其故可知也。古之王者〔五〕，太子初生〔六〕，固舉以禮〔七〕，使士負之〔八〕，有司齊肅端冕〔九〕，見之南郊〔一〇〕，見於天也。過闕則下〔一一〕，過廟則趨〔一二〕，孝子之道也。故自爲赤子而教固以行矣〔一三〕。昔者周成王幼在襁褓之中〔一四〕，召公爲太保，周公爲太傅，太公爲太師。保，保其身體〔一五〕；傅，傅之德義〔一六〕；師，道之教訓〔一七〕：三公之職也〔一八〕。於是爲置三少，皆上大夫也，曰少保、少傅、少師，是與太子燕者也〔一九〕。故咳喨〔二〇〕，三公三少固明孝仁禮義，以道習之，逐去邪人，不使見惡行。於是皆選天下之端士，孝弟博聞有道術者〔二一〕，以衞翼之，使與太子居處出入。故太子初生而見正事，聞正言，行正道，左右前後皆正人也。習與正人居之，不能無正也〔二二〕，猶生長於楚〔二三〕，不能不楚言也〔二四〕。故擇其所嗜〔二五〕，必先受業〔二六〕，乃得嘗之；擇其所樂，必先有習，乃能爲之〔二七〕。孔子曰：「少成若天性，習貫若自然〔二八〕。」是殷周之所以長有道也。

及太子少長，知好色〔二九〕，則入於學〔三〇〕。學者，所學之官也〔三一〕。學禮曰：「帝入東學，上親而貴仁，則親疏有序而恩相及矣。帝入南學，上齒而貴信，則長幼有差而民不誣矣。帝入西學，上賢而貴德，則賢智在位而功不遺矣。帝入北學，上貴而尊爵，則貴賤有等而下不踰矣。帝入太學，承師問道，退習而考於太傅，太傅罰其不則而匡其不及，則德智長而理道得矣。此五學既成於上，則百姓黎民化輯於下矣〔三二〕。」學成治就，是殷周所以長有道也。

及太子既冠成人〔三三〕，免於保傅之嚴，則有司直之史〔三四〕，有徹膳之宰〔三五〕。太子有過〔三六〕，史必書之，史之義，不得書過則死〔三七〕；過書而宰收其膳〔三八〕，宰之義，不得收膳即死。於是有進善之旌〔三九〕，有誹謗之木〔四〇〕，有敢諫之鼓〔四一〕，瞽史誦詩〔四二〕，工誦箴諫〔四三〕，大夫進謀，士傳民語〔四四〕。習與智長，故切而不愧〔四五〕；化與心成，故中道若性〔四六〕。是殷周之所以長有道也。

三代之禮：天子春朝朝日，秋暮夕月，所以明有敬也〔四七〕；春秋入學，坐國老，執醬而親饋之，所以明有孝也〔四八〕；行以鸞和，步中采薺，趨中肆夏，所以明有度也〔四九〕；其於禽獸也，見其生不忍其死，聞其聲不嘗其肉，故遠庖廚，所以長恩，且明有仁也〔五〇〕。食以禮，收以樂〔五一〕。失度，則史書之，工誦之，三公進而讀之，宰夫減其膳，是天子不得爲非〔五二〕。

明堂之位曰〔五三〕：「篤仁而好學〔五四〕，多聞而道順。天子疑則問，應而不窮者謂之道。道者，道天子以道者也〔五五〕，常立於前，是周公也。誠立而敢斷〔五六〕，輔善而相義者謂之輔〔五七〕。輔者，輔天子之意者也，常立於左，是太公也。潔廉而切直，匡過而諫邪者謂之拂〔五八〕。拂者，拂天子之過者也〔五九〕，常立於右，是召公也。博聞彊記，捷給而善對者謂之承〔六〇〕。承者，承天子之遺忘者也，常立於後〔六一〕，是史佚也。故成王中立聽朝〔六二〕，則四聖維之〔六三〕，是以慮無失計而舉無過事〔六四〕。」殷周之所以長久者，其輔翼天子有此具也〔六五〕。

及秦而不然，其俗固非貴辭讓也，所上者告訐也〔六六〕；固非貴禮讓也，所上者刑罰也。使趙高傅胡亥而教之獄〔六七〕，所習者非斬劓人，則夷人之三族也〔六八〕。故今日即位，明日射人〔六九〕，忠諫者謂之誹謗，深爲之計者謂之妖言，其視殺人如艾草菅然〔七〇〕。豈胡亥之性惡哉？其所以集道之者非理故也〔七一〕。

鄙諺曰：「不習爲吏，而視已事〔七二〕。」又曰：「前車覆而後車戒〔七三〕。」夫殷周之所以長久者，其已事可知也；然而不能從，是不法聖智也〔七四〕。秦之亟絶者〔七五〕，其軌迹可見也〔七六〕，然而不避，是後車又覆也。夫存亡之反〔七七〕，治亂之機，其要在是矣。天下之命，縣於太子；太子之善，在於蚤諭教與選左右〔七八〕。心未濫而先諭教，則化易成也；夫開於道術，知義理之指，則教之功也〔七九〕。若其服習積貫，則左右而已矣〔八〇〕。夫胡越之人，生而同聲，嗜慾不異，及其長而成俗也，累數譯而不能相通；行有雖死而不相爲者，則教習然也〔八一〕。臣故曰：「選左右、蚤諭教最急。」夫教得而左右正，則太子正矣〔八二〕，太子正而天下定矣〔八三〕。書曰：「一人有慶，兆民賴之〔八四〕。」此時務也〔八五〕。

〔一〕保傅，本篇云：「保，保其身體。傅，傅之德義。」漢書昭帝紀注：「賈誼作保傅篇，在禮大戴記。」何孟春曰：「本傳在治安策，大戴禮實取之。」

〔二〕三十餘世，孔廣森曰：「國語曰：『商之享國三十一王』，然史記自湯至紂唯三十世，所未詳也。」汪照引皇甫謐曰：「言三十一者，兼數太子丁也。」羅振玉曰：「孟子及史記皆稱太子丁未即位，但依卜辭之屢見其名者，以帝之禮祭太丁甚明，而遇未即位者以如此之禮，甚不合於理，或爲孟子及史記之誤歟？」（增訂殷虛書契考釋上）夏案：羅引孟子，見萬章上。

〔三〕周爲天子三十餘世，盧辯曰：「凡三十七世。」

〔四〕暴，王先謙引王文彬曰：「暴與長對文，訓爲短促。」

〔五〕「古」下，原衍者字，他本無，兹删。盧辯曰：「古，即殷周時。」

〔六〕太子，汪照引韓詩外傳曰：「五帝官天下，傳賢，故自唐虞以上，無太子稱號；夏殷之王雖傳嗣，其文略矣；至周，始有文王世子之制。」

〔七〕固，公羊傳二十七年詁：「固，猶必也。」 舉，吕氏春秋自知注：「舉，猶正也。」此謂培育。 「以」，大戴禮記作之。王引之引王念孫曰：「之，當作以，言太子方生，固已舉之以禮也。」 舉以禮，孔廣森曰：「春秋左傳所謂『以太子生之禮舉之，接以太牢』是也。」夏案：孔引左傳，見桓公六年。

〔八〕「之」，原脱，兹據李本補。 使士負之，盧辯曰：「卜其吉也。」夏案：盧注謂卜士之吉者，使負之。

〔九〕齊，顔師古曰：「齊，讀曰齋。」 端冕，王聘珍曰：「端冕，謂玄衣玄冕，卿大夫祭服也。」朱駿聲曰：「端，假借爲褍。周禮司服：『齊服有玄端、素端。』」「褍，衣正幅也，衣及裳不斜殺之幅。經傳皆以『端』爲之。」

〔一〇〕見，孔廣森曰：「見，音現。」 南郊，孔廣森引白虎通義：「使士負子於南郊，以桑弧蓬矢六射。」王聘珍曰：「南郊，祭天之處。郊特牲曰：『兆於南郊，就陽位也。』」

〔一一〕過闕則下，盧辯曰：「敬君典法之處。」孔廣森曰：「下，謂下車。」

〔一二〕過廟則趨，王聘珍曰：「釋名云：『廟，貌也。先祖形貌所在也。』趨，疾行也。此言太子之南郊，過闕廟也。」

〔一三〕以，王引之曰：「以，或作已。」

〔一四〕幼在襁褓，孔廣森曰：「新書修政語曰：『成王年六歲即位』，故云襁褓。」

〔一五〕保，王聘珍曰：「文王世子曰：『保也者，慎其身以輔翼之而歸諸道也者。』鄭注云：『慎其身者，謹安護之。』」

〔一六〕傅，王聘珍曰：「廣雅：『傅，敷也，相也。』傅陳德義以相之也。」

〔一七〕師，盧辯曰：「師、傅之教大同也。師主於訓道，傅即受而述之。」「道」上，原衍師字，茲據李本删。道，讀曰導。

〔一八〕三公，盧辯曰：「今文尚書説，三公，司馬、司徒、司空也。古文尚書及周禮説與此同。」

〔一九〕「太子」，原誤作天子，茲據李本改。燕，王聘珍曰：「宴，謂宴尼居息也。文王世子曰：『太傅在前，少傅在後，入則有保，出則有師。』」王先謙曰：「宴，新書作燕。於燕居時，隨事輔導也。」論語述而集注：「燕居，閒暇無事之時。」夏案：集韻：「昵，近也。通作尼。」

〔二〇〕咳嘷，猶言孩提。顏氏家訓教子：「子生咳嘷，師保固明，仁孝禮義導習之矣。」與此文一致，大戴禮記即作孩提。王聘珍曰：「趙注孟子云：『孩提，二三歲之間，知孩笑，可提抱者也。』」夏案：説文：「孩，古文咳。」王引趙注之孩即咳。「嘷」，原訛唾，當係後人不詳咳之爲孩而誤改，茲據顏氏家訓復原。朱起鳳曰：「提字作嘷，音義亦同。」

〔二一〕弟，朱駿聲曰：「弟，字亦作悌。」大戴禮記即作悌。

〔二二〕「無」下，原衍一不字，茲據李本删。「也」下，本傳有「猶生長於齊不能不齊言也；習與不正人居之，不能毋不正」三句，何本、程本、周本、盧本從之。夏案：孔、王本大戴禮記、郡書治要引、意林引、盧藏兩種宋本新書皆無此三句。孔本大戴記係以盧注本爲底本，盧辯北周人，或其時已佚此三句，或係班氏所增，未詳也。

〔二三〕「於」，原脱，兹據李本補。

〔二四〕「不能」上，原衍言字，兹據李本删。

〔二五〕擇其所嗜，盧辯曰：「恐其懈惰，故以所嗜好而誘之。」

〔二六〕「業」，原訛素，兹據李本改。 「必先」二句，王聘珍曰：「嘗，試也。言於正業之中，取其性之所近者而試之學。」

〔二七〕「擇其所樂」三句，王聘珍曰：「樂，懽也。爲，行也。言試其樂學而教之習，乃可見諸行。」

〔二八〕「孔子」二句，盧辯曰：「言人性本或有所不能，少教成之，若天性自然也。周書曰：『習之爲常，自氣血始。』其太子幼擇師友亦然。」夏案：六書正僞：「貫，别作慣、摜。」説文無慣字，摜篆下云：「習也。」誼引子曰，見孔子家語七十二弟子解。盧引周書，陳逢衡本作「習常爲常」、「自血氣始」，二句亦不相屬。

〔二九〕知好色，顔師古曰：「於義未安。」盧文弨曰：「知好色之語，乃約略其年齡之所至耳，如孟子論人，曰少，曰知好色，曰有妻子，曰仕，皆謂其年所當値也。宋儒譏賈子『知好色』下語未了，不當便接『則入於學』，由不知當日語意，故而輕誚。」夏案：盧引孟子見萬章上。

〔三〇〕入於學，盧辯曰：「古者，太子八歲入小學，十五入大學。」

〔三一〕官，顔師古曰：「官，謂官舍。」

〔三二〕「學禮」十九句。汪照曰：「學禮，蓋古禮經也，今失傳。」王聘珍曰：「學禮者，禮古經五十六篇中之篇名也。」盧辯曰：「成王年十五亦入諸學，觀禮布政，故引天子之禮以言之。四學者，東序、瞽宗、虞庠及四郊之學也。春風温養，故上親。夏物盛，小大殊，故上齒。秋物成實，故貴德。冬時物藏於地，唯象於天半見也，故上爵也。成王學并於正三公也，獨言太傅，舉中言也。」孔廣森曰：「太學者，辟雍之中堂也。辟雍居其中，四學環之。東堂曰東序，養國老在焉。西堂曰瞽宗，祀先賢於西學。北堂曰上庠，北方冬方，文王世子云：『冬讀書，書在上庠。』南堂曰成均，乃周學之正名。易傳太初篇：『天子旦入東學，晝入南學，夕入西學，莫入北學。』」汪照曰：「三禮義宗云：『凡立學之法，有四郊及國中。在東郊謂之東學，南郊謂之南學，西郊謂之西學，北郊謂之北學，在國中謂之太學。』據此，則學有二説也。」王聘珍曰：「太學，曰辟雍，亦曰成均。理道，謂治道。百姓，謂百官族姓也。輯，和也。」　上齒，禮記祭義：「有虞氏貴德而尚齒。」疏：「有虞氏帝德弘大，故貴德。德之中，年高者在前，是德中尚齒。」詩魏風陟岵集傳：「上，猶尚。」夏案：上文上親、下文上賢、上貴之上，皆讀曰尚。　「太傅罰其不則」，原脱「太傅」，兹據大戴禮記補。爾雅釋詁疏：「則，謂常禮法也。」「德智長而理道得矣」，原脱而字，兹據李本補。　瞽宗（見盧注），周禮正義引三禮義宗云：「殷學爲瞽宗。宗，尊也。瞽，無目之稱，譬童蒙無有所識，爲瞽蒙之尊。又瞽宗者，樂官也。教國子樂，訓導童蒙，故因爲學名。」　虞庠（見盧注），禮記王制注：「虞庠，亦小學也。庠之言養也。國之小學，爲有虞氏之庠制，是以名庠也。」周禮正義：「虞庠有二，一爲大學之北學，亦曰上庠。一爲四郊之小學，曰虞庠。」　辟雍（見孔補注），禮記王制注：「辟，明也。雍，和也。所以明和天下。」白虎通：「辟者，璧也。象璧圓又以法尺，於雍水側，象教化流行也。」夏案：王制注釋其義，白虎通解其形。成均（見孔補注），禮學通故學禮通故：「成均者，亦大學之總名，以形言之曰辟雍，以義言之曰成均。辟雍之制，中曰大學，其外四學環之。大學四達於四學。其外四學，兼用四代之制。東學曰東膠，取夏學之制，謂之東序。西學曰西廱，取殷學之制，謂之瞽宗。其北學則取有虞上庠之制也。其南學則周制，謂之成均，無他名焉。」學有二説（見汪注補），禮記王制疏：「小學在公宫南之左，大學在郊，是殷制。周則大學在國，小學在四郊。」段玉裁曰：「小學、大學，各有東南西北四學。」（禮記四郊小學疏證）夏案：盧注四學無南學，代之以四郊之學，故汪氏有異説。四學可指四方（孔補注）、四代（汪注補）之學，亦可謂四季（盧注）、四時（孔補注）所學，禮記文王世子云：「春誦夏弦，大師詔之。瞽宗秋學禮，執禮者詔之。冬讀書，典書者詔之。禮在瞽宗，書在上庠。」是謂所學之事，諸説取義不同，非有異也。

〔三三〕既冠，孔廣森引荀子云：「天子、諸侯子，十九而冠。」

〔三四〕司直，淮南子主術訓注：「司直，官名，不曲也。」夏案：左傳襄公七年：「正曲爲直。」此謂掌正曲之職，即下文所謂「太子有過，史必書之。」

〔三五〕「徹」，原訛勸，與「收膳」義不合，兹據本傳改。

〔三六〕「太子」，原誤作天子，兹據大戴禮記改。

〔三七〕不得書過則死，孔廣森曰：「言史、宰不得伸其職，則以死争之。」

〔三八〕「過書」，原無。劉師培曰：「而宰上，當從大戴增過書二字。」夏案：「而宰」與上文不承接，兹據劉説補。

〔三九〕進善之旌，史記孝文紀索隱引應劭曰：「旌，幡也。堯設之五達之路，令民進善。」引如淳曰：「欲有進善者，立於旌下言之。」

〔四〇〕誹謗之木，盧辯曰：「堯設之，使書政之僁失也。」孔廣森引古今注云：「誹謗木，今之華表木也。」夏案：盧注本自尸子。呂氏春秋自知、淮南子主術訓、史記孝文紀索隱皆謂舜設。漢武帝立齊王策文注：「僁，與愆同。」

〔四一〕敢諫之鼓，盧辯曰：「舜置之。使諫者擊之以自聞也。」孔廣森曰：「禹之令曰：『教寡人以道者，擊鼓。』」

〔四二〕瞽，王聘珍曰：「鄭注大行人云：『瞽，樂師也。』」「史」，大戴禮記作夜。孔廣森曰：「『夜』非誤字，漢書禮樂志曰：『立樂府，采詩夜誦。』」王念孫曰：「上既言『有記過之史』，則此不當更言之，且誦詩乃瞽之事，非史之事。楚語曰：『史不失書，矇不失誦。』列女傳毋儀傳曰『夜則令瞽誦詩』是其證。」

〔四三〕工，盧辯曰：「工，樂人也。」　箴，尚書盤庚注：「箴，諫也。」

〔四四〕士傳民語，左傳襄公十四年：「士傳言，庶人謗。」孔廣森曰：「春秋左傳杜注曰『士卑，不得逕達，聞君過失，傳告大夫』是也。民語，傳所謂『士人謗』。」

〔四五〕「習與」二句，王聘珍曰：「習，謂所習之業。長，益也。」王先謙曰：「二句承『習貫如自然』言之，謂其習與智俱長，則所習之事，舉而措之，純乎自然，極親切而不愧退。」

〔四六〕「化與」二句，王聘珍曰：「化，猶教也。」王先謙曰：「此乃承『少成若天性』言之也。」夏案：中，音仲，合也。

〔四七〕「天子」三句，盧辯曰：「祭日東壇，祭月西壇，所以別內外，以端其位，教天下之臣也。」顏師古曰：「朝日以朝，夕月以暮，皆迎其初出也。」王聘珍曰：「周禮韋注：『天子以春分朝日，以秋分夕月。』」孔廣森曰：「朝日於朔，夕月於望。」夏案：夕月，謂祭月。周語上：「古者先王既有天下，崇立於上帝，明神而敬事之，於是乎有朝日夕月。」

〔四八〕「春秋」四句，盧辯曰：「仲春釋菜合舞，仲秋班學合聲，天子視學遂養老，教天下之孝也。」夏案：周禮春官大胥注：「鄭司農曰：『舞者皆持芬香之采。或曰，見於師，以采爲摯。采，直謂疏食菜羹之菜。或曰，學者皆人君、卿大夫之子，衣服采飾。舍采者，減損解釋盛服以下其師。月令：仲春之月上丁，命樂正習舞釋采。』玄謂：舍，即釋也。采，讀爲菜，禮先師也。菜，蘋蘩之屬。春使之學，秋頒其才藝。所爲合聲，亦等其曲折，使應節奏。」疏：「頒，分也。分其才藝高下。春合舞，象物出地鼓舞。秋合聲，象秋靜。」

〔四九〕「行以」四句。盧辯曰：「行，車行也。鸞、和，鈴也。車亦應樂節，步又中珮聲。爾雅曰：『堂上謂之行，門外謂之趨。』」顔師古曰：「中者，謂其節相應也。」王聘珍曰：「車不上於堂，此云中鸞和者，謂擧趾合其節也。鄭司農云：『肆夏、采薺皆樂名，或曰皆逸詩。』周禮樂師及小戴記玉藻并云『行以肆夏，趨以采薺』，此云『步中采茨，趨中肆夏』者，聘珍謂：堂下謂之步者，自大寢階前至於路門也。門外謂之趨者，自路門之外至於大門也。郊特牲曰：『賓入大門而奏肆夏。』則肆夏實路門以外所奏，故得云趨中肆夏也。尚書傳曰：『天子將出，太師於是奏樂。』據此，則王將出，至堂，路門內作采茨，路門外至於大門，作肆夏，而馭路者中其節也。」夏案：王解詁之「采茨」即此文之「采薺」。路門，周禮考工記匠人疏：「路門近寢。」天子門五重，路門最內，故近寢。馭路，謂馭皇輿。正字通：「路，與輅通。」

〔五〇〕「其於」六句，孟子梁惠王上：「君子之於禽獸也，見其生不忍見其死，聞其聲不忍食其肉，是以君子遠庖廚也。」王聘珍曰：「長，大也。長恩者，恩足以及禽獸也。仁，謂仁術。」

〔五一〕收以樂，周禮天官膳夫疏：「天子食終徹器之時，作樂以徹之。」

〔五二〕「失度」六句，盧辯曰：「失孝敬禮樂之度也。」王聘珍曰：「廣雅云：『讀，説也。』」

〔五三〕明堂之位，王聘珍曰：「漢書藝文志云：『明堂陰陽三十三篇。』此蓋其遺文也。」

〔五四〕篤仁，王聘珍曰：「厚於仁也。」

〔五五〕道天子，即導天子。大戴禮記徑作導。

〔五六〕「誠立」句，盧辯曰：「言能忠誠自立，而果於斷割。」朱駿聲曰：「敦，假借爲剬。莊子説劍：『試使士敦劍。』司馬注：『斷也。』敦、耑一聲之轉。」「剬，齊斷也。」夏案：大戴禮記敦作敢。

〔五七〕輔善相義，謂以善義輔佐之。禮記檀弓注：「相，佐也。」「謂之輔」，大戴禮記作謂之充，下二輔字亦作充。

〔五八〕拂，荀子臣道注：「拂，讀爲弼。」大戴禮記即作弼。

〔五九〕「過者」，原無者字，準上下文當有者字，玆據大戴禮記補。

〔六〇〕捷給，盧辯曰：「謂應所問而給也。」　承，朱駿聲曰：「承，假借爲丞。」廣韻「丞，佐也。」左傳哀公十八年注：「承，佐也。」汪照引尚書大傳曰：「古者天子必有四鄰，前曰疑，後曰承，左曰輔，右曰弼。天子有問，無以對，責之疑。可志而不志，責之承。可正而不正，責之輔。可揚而不揚，責之弼。」盧辯曰：「道者，有疑則問，故或謂之疑。」夏案：志(見汪引)，列子湯問釋文：「志，記之也。」

〔六一〕「後」下，原有一者字，準上文例，當無，兹據大戴禮記删。

〔六二〕聽，王聘珍曰：「聽，治也。」

〔六三〕維，王聘珍曰：「維，持也。」夏案：猶言維繫支持也。

〔六四〕舉，王聘珍曰：「舉，行也。」

〔六五〕此具，王聘珍曰：「此具，謂前道後承，左充右弼也。」夏案：説文：「具，共置也。」正字通：「凡備具者，皆曰具。」是具猶言設置，俱備(此制)。

〔六六〕上，猶尚。大戴禮記即作尚。訐，王先謙曰：「面相斥罪，而又告發之。新書禮容：『訐則誣人』。」

〔六七〕「使趙高」句，盧辯曰：「趙高，宦者，秦車府令。胡亥，始皇少子，二世也。」王聘珍引始皇本紀云：「趙高故嘗教胡亥書及獄律令法事。」

〔六八〕「所習」二句，孔廣森曰：「割鼻曰劓。夷，滅也。」張晏曰：「三族，父母、兄弟、妻子也。」如淳曰：「父族、母族、妻族。」王聘珍曰：「秦本紀云：『文公二十年，法初有三族之罪。』漢書刑法志云：『(秦)夷三族之令曰：當三族者，皆先黥，劓，斬左右趾，笞殺之，梟其首，菹其肉於市。其誹謗詈詛者，又先斷舌。』」夏案：王原引刑法志黥作鯨，兹依漢書。

〔六九〕射人，王聘珍引史記李斯傳云：「有行人入上林中，二世自射殺之。」

〔七〇〕艾，顏師古曰：「艾，刈也。」　菅，顏師古曰：「菅，茅也。音姦。」

〔七一〕「集」，大戴禮記、莫本、程本、周本、盧本作習。　道，顏師古曰：「道，讀曰導。」

〔七二〕而視已事，王念孫曰：「而，如也。如者，當也。已事，即成事。」

〔七三〕「前車」句，汪照曰：「前車覆二句，晏子春秋、吴越春秋俱引。說苑以爲尚書逸經泰誓篇，賈誼新書以爲周諺（夏案：原文如此），韓詩外傳以爲鄙語。」

〔七四〕法，效法。　聖智，王聘珍曰：「鄭注大司徒云：『聖，通而先識。智，明於事。』」

〔七五〕亟，顏師古曰：「亟，急也。」

〔七六〕「軌」，原訛執，茲從李本改。

〔七七〕反，說文：「反，覆也。」列子仲尼注：「反，變也。」

〔七八〕「諭」，原脱，茲據李本補。

〔七九〕「理」，原無，茲據大戴禮記補。　「夫開於」三句，王聘珍曰：「開，啓也。術，藝也。指，意也。言啓之以道藝之文，而能知義理之意，此由教而入者也。」

〔八〇〕「若其」二句，王聘珍曰：「言服習積貫而成自然，則非教之所及，在左右之人諭之而已。」

〔八一〕「夫胡越」六句，盧辯曰：「生而同聲，及其長也，重譯而曉之，不能使語言相通。嗜慾不異，至於成俗，其所行，雖有死之可畏，猶不相放爲者，皆教習使之然也。」夏案：盧謂「雖有死之可畏」云云非是，蘇林曰：「言其人之行，不能易事相爲處。」盧注「放」，朱駿聲曰：「放，假借爲仿。」又沈欽韓曰：「荀子勸學篇：『干越蠻夷之子，生而同聲，長而異俗，教使之然也。』與此文意同。」

〔八二〕「則太子正」，原脱，兹據李本補。

〔八三〕「太子」，原作天子，兹據李本改。

〔八四〕「書曰」二句，顔師古曰：「周書呂刑之辭也。一人，天子也。言天子有善，則兆庶獲其利。」夏案：此文「一人」，當謂太子。

〔八五〕「時務」，何孟春曰：「一作之謂。」夏案：經傳通解此句即作「此之謂也」，頗似誼之常語。作時務亦通，盧辯曰：「時，猶是也。」即「唯此是務」之意。

連語

連語〔一〕

紂，天子之後也〔二〕，有天下而宜然。苟背道棄義，釋敬慎而行驕肆〔三〕，則天下之人，其離之若崩，其背之也不約而若期〔四〕。夫爲人主者，誠奈何而不慎哉？紂將與武王戰，紂陳其卒，左臆右臆〔五〕，鼓之不進；皆還其刃，顧以鄉紂也。紂走還於寢廟之上，身鬬而死〔六〕，左右弗肯助也。紂之官衞與紂之軀〔七〕，棄之玉門之外〔八〕。民之觀者皆進蹴之，蹈其腹，蹶其腎，踐其肺，履其肝〔九〕。周武王乃使人帷而守之。民之觀者搴帷而入，提石之者猶未肯止〔一〇〕。可悲也！夫執爲民主〔一一〕，直與民爲仇〔一二〕，殃忿若此。夫民尚踐盤其軀〔一三〕，而況有其民政教乎？羞甚！臣竊聞之曰：「善不可謂小而無益，不善不可謂小而無傷〔一四〕。」夫牛之爲胎也，細若鼷鼠〔一五〕，紂損天下，自象著始〔一六〕。故小惡大惡一類也，過敗雖小，皆紂之罪也。周諺曰：「前車覆而後車戒。」今前車已覆矣，而後車不知戒，不可不察也。

梁嘗有疑獄〔一七〕，羣臣半以爲當罪〔一八〕，半以爲不當，雖梁王亦疑。梁王曰：「陶之朱叟〔一九〕，以布衣而富侔國〔二〇〕，是必有奇智。」乃召朱公而問之，曰：「梁有疑獄，吏半以爲當罪，半以爲不當，雖寡人亦疑，爲吾決是奈何〔二一〕？」朱公曰：「臣鄙人也，不知當獄〔二二〕，然臣家有二白璧，其色相如也，其徑相如也，其澤相如也〔二三〕。然其價也，一者千金，一者五百金。」王曰：「徑與色澤皆相如也，一者千金，一者五百金。何也？」朱公曰：「側而視之，其一者厚倍之，是以千金。」王曰：「善。」故獄疑則從去，賞疑則從予，梁國説〔二四〕。以臣誼竊觀之〔二五〕。墻薄咫亟壞〔二六〕，繒薄咫亟裂，器薄咫亟毁，酒薄咫亟酸。夫薄而可以曠日持久者，殆未有也。故有國畜民施政教者，臣竊以爲厚之而可耳。

抑臣又竊聞之曰，有上主者，有中主者，有下主者。上主者，可引而上，不可引而下；

下主者，可以引而下，不可引而上；中主者，可引而上，可引而下。故上主者，堯舜是也，夏禹、契、后稷與之爲善則行〔二七〕，鯀、驩兜欲引而爲惡則誅〔二八〕。故可與爲善，而不可與爲惡。下主者，桀紂是也，雖侈、惡來進與爲惡則行〔二九〕，比干、龍逢欲引而爲善則誅〔三〇〕。故可與爲惡，而不可與爲善〔三一〕。所謂中主者，齊桓公是也。得管仲、隰朋則九合諸侯〔三二〕，任豎貂、易牙則餓死胡宮，蟲流而不得葬〔三三〕。故材性乃上主也〔三四〕，賢人必合，而不肖人必離，國家必治，無可憂者也。若材性下主也，邪人必合，賢正必遠，坐而須亡耳〔三五〕，又不可勝憂矣。故其可憂者，唯中主耳，又似練絲〔三六〕，染之藍則青，染之緇則黑〔三七〕，得善佐則存〔三八〕，無善佐則亡，此其不可不憂者耳。詩曰：「芃芃棫樸，薪之槱之；濟濟辟王，左右趨之〔三九〕。」此言左右日以善趨也，故臣竊以爲練左右急也〔四〇〕。

〔一〕連語，本爲諸篇分類之目，皆著於題下，即如前之「事勢」、後之「雜事」；而「事勢」、「雜事」皆無作篇題者，此亦不當以爲題。疑原題闕，傳抄者誤以副題充之，復綴副題於其下。

〔二〕紂，謚法：「殘義損善爲紂。」「天子」上，李本、莫本等皆有聖字。

〔三〕敬慎，易需九三象曰：「自我致寇，敬慎不敗。」此言釋敬慎，意謂自我致寇，故下云天下「離之」、「背之」。

〔四〕不約而若期，即史記周本紀所謂：「諸侯不期而會盟津者八百諸侯。諸侯皆曰：『紂可伐矣。』」

〔五〕「臆」，莫本、周本作翼。章太炎曰：「說文云：『肊，胸肉也。』亦作臆。左臆右臆，謂胸肉之左右，是即左襄二十三年傳之胠，賈侍中注：『軍右翼曰胠。』正義：『胠是在旁之軍。』」夏案：章引說文「胸肉」，今見本作胸骨。又，胠，音區。

〔六〕「皆還」四句，史記周本紀：「紂兵皆崩畔紂，紂走，反入登於鹿臺之上，蒙衣其殊玉，自燔于火而死。」逸周書克殷解：「商辛奔內，登於廩臺之上，自燔於火。」夏案：二書皆云自燔，與此不同，殆傳聞之異也。又，殷本紀：「帝乙崩，子辛立，是爲帝辛，天下謂之紂。」故克殷解稱之商辛。

〔七〕與，易无妄虞注：「與，舉也。」

〔八〕玉門，竹書紀年：「帝辛九年，作瓊室，立玉門。」

〔九〕「肝」，原訛所，茲據莫本改。

〔一〇〕提石，俞樾曰：「史記絳侯世家索隱引蕭該曰：『提，猶擲也。』廣雅釋詁：『石，擿也。』」劉師培曰：「御覽三百七十六引作『以石抵之者』。」

〔一一〕「埶」，原訛執。說文段注：「說文無勢字，蓋古用埶爲之。」夏案：執、埶形近，茲據段說改。莫本、程本、周本徑作勢，當係以今字改。此埶當訓位，晉書裴楷傳「楷有渴利疾，不樂處勢」是其證。

〔一二〕「與」，原訛學，茲據李本改。

〔一三〕盤，正字通：「盤，盤曲。」夏案：上文無盤曲其軀事。文選成公綏嘯賦注：「盤，大石。」疑此盤（文選注實謂通磬)即上文提石之石(是則石讀如字，如劉師培説，見注〔一〇〕)。又，正字通：「磬，漢武紀引易作般。」太玄玄掜注：「般，分也。」蹴、蹈、蹶、踐之，其軀必分矣。

〔一四〕益，廣韻：「益，增也。」夏案：二句係自易繫辭下「小人以小善爲无益而弗爲也，以小惡爲无傷而弗去也」演化而來。

〔一五〕「夫」，原壞爲大，兹據程本改。　鼷，説文：「鼷，小鼠。」

〔一六〕象著，史記宋微子世家：「紂始爲象箸。箕子歎曰：『彼爲象箸，必爲玉桮；爲桮，則必思遠方珍怪之物而御之矣。輿馬宫室之漸，自此始，不可振也。』」集韻：「箸，或從艸。」正字通：「桮、杯并通。」

〔一七〕梁，孟子梁惠王上集注：「梁惠王，魏侯罃也。都大梁。」夏案：魏惠王遷都大梁(今河南開封)後，因稱魏爲梁。

〔一八〕「羣臣」，原無。陶鴻慶曰：「句之首，當有吏字，下文云『吏半以爲當罪』是其證。」夏案：陶説似是，然補吏字係推測之言，未必較新序、羣書治要更近其真，兹據新序補。

〔一九〕陶之朱叟，即范蠡，見過秦上注。

〔二〇〕侔，説文：「侔，齊等也。」

〔二一〕奈何，王引之曰：「奈何，如何也。」

〔二二〕當，正字通：「當，處斷罪人曰當，言使罪法相當。」

〔二三〕「也其澤相如也」，原脱。夏案：參下「徑與色澤皆相如也」，則此處當有此六字，兹據新序補。

〔二四〕説，朱駿聲曰：「説，假借爲悦。」

〔二五〕「誼」，原作義。夏案：誼、義通，見前益壤注。此處係賈生自稱，當作誼，兹據李本改。

〔二六〕「咫」下，原衍尺字。夏案：誼習用咫爲則字（見淮難注），與咫尺無涉，兹據李本删。

〔二七〕「契」，原訛羿，兹據李本改。　契，史記殷本紀：「契長而佐禹治水有功。帝舜乃命曰：『百姓不親，五品不訓，汝爲司徒而敬敷五教。』封於商，賜姓子氏。」　后稷，史記周本紀：「周后稷，名弃。兒時游戲，好種麻菽。及爲成人，遂好耕農，民皆法之。帝堯聞之，舉弃爲農師，有功。帝舜封弃於邰，號曰后稷。」説文繫傳通論：「后，古謂官長曰后，書曰『汝后稷』是也。」漢書百官公卿表上：「棄作后稷。」應劭曰：「后，主也。」

〔二八〕鯀、驩兜，尚書舜典：「放驩兜於崇山」，「殛鯀於羽山。」傳：「左傳：『帝鴻氏有不才子，掩義隱賊，好行凶德，頑嚚不友，天下之民謂之渾敦。』杜預云：『即驩兜也。帝鴻，黄帝也。』左傳：『顓頊氏有不才子，不可教訓，傲狠明德，以亂天常，天下之民謂之檮杌。』杜預云：『即鯀也。檮杌，凶頑無儔匹之貌。』」夏案：所引左傳，見文公十八年。

〔二九〕「雖侈」，劉師培曰：「墨子所染作推哆，韓非子説疑作侯侈，吕覽佚文作惟多，新書連語作雖侈，亦作隰侯，淮南子主術作推移。蓋推、惟、雖三字字形相似，侈、哆、移、多四字亦字形相似，故通用。推蓋國名。侈字當從新書别本作侯。自侯訛爲侈，而其義不可考矣。」夏案：劉云「新書别本」，即程本。又，晏子春秋諫上：「昔夏之衰也，有推侈、大戲；殷之衰也，有費仲、惡來；足走千里，手裂兕虎，淩轢天下，威戮無罪，崇尚勇力，不顧義理，是桀紂以滅，殷夏以衰。」或即此文所本。

〔三〇〕比干，吕氏春秋必己注：「比干，紂之諸父。」史記殷本紀：「紂愈淫亂不止。比干強諫。紂怒曰：『吾聞聖人心有七竅。』剖比干，觀其心。」　龍逄，吕氏春秋必己注：「龍逄諫桀而桀殺之。」新序節士：「桀爲酒池，足以運舟，一鼓而牛飲者三千人。關龍逄諫，桀因囚拘之。」盧文弨曰：「諸書皆作龍逢，近代多作龍逄，薄江切。」

〔三一〕「不可」，原脱可字，茲據盧本補。

〔三二〕隰朋，齊大夫，助管仲相桓公成霸業，見左傳僖公九年、十年、十二年，管子小匡。尚友録：「隰（音習），姜姓，齊莊公子廖封於隰陰爲大夫，故以爲氏焉。」

〔三三〕「任」，原無。陶鴻慶曰：「豎貂上，當有任字，胎教篇云『任豎刁而身死不葬』是其證。」夏案：陶説是，茲據以補。「易牙」，原誤作子牙，茲據李本改。　豎貂、易牙，管子小稱：「易牙以調和事桓公，公曰惟烝兒之未嘗，於是烝其子而獻公。人情非不愛其子也，於子之不愛，將何有於公？公喜宫而竪，竪刁自刑而爲公治内。人情非不愛其身也，於身之不愛，將何有於公。」夏案：豎貂、易牙皆桓公寺人。調和，謂調和五味，即掌膳。竪，豎之俗字。貂，或作刁，同。　「餓死」二句，吕氏春秋知接：「桓公有病，易牙、竪刁相與作亂，塞宫門，築高墻，不通人。公欲食，無所得，蒙衣袂而絶乎壽宫。蟲流出於户，上蓋以門扇，三月不葬。」注：「壽宫，寢堂也。」夏案：詩周頌載殳傳：「胡，壽也。」是胡宫、壽宫，一也。

〔三四〕故，吴昌瑩曰：「故，猶若也。」下文即云「若材性下主也」。

〔三五〕須，易歸妹釋文：「須，待也。」

〔三六〕練絲，淮南子説林訓：「墨子見練絲而泣之，爲其可以黄，可以黑。」注：「練，白也。」

〔三七〕「染之」二句，墨子所染：「子墨子言見染絲者而歎曰：『染於蒼則蒼，染於黄則黄。』」夏案：誼文與墨子稍異，蓋傳本不同，或偶疏也。藍，詩小雅采緑箋：「藍，染草也。」

〔三八〕「得善佐」句，原脱，兹據莫本補。

〔三九〕「詩曰」四句，詩大雅棫樸傳：「芃芃，木盛貌，棫，白桵也。樸，枹木也。槱，積也。山木茂盛，萬民得而薪之；賢人衆多，國家得用蕃興。」鄭玄曰：「辟，君也，謂文王也。文王臨祭祀，其容濟濟然敬。左右之諸臣皆促疾於事。」夏案：芃，音彭。桵，音瑞。陸機毛詩草木鳥獸蟲魚疏：「棫，即柞也。」爾雅釋木郭注：「樸屬叢生者爲枹。」郝疏：「樸屬，聚相著貌。考工記注：『樸屬，附著堅固貌。』」「槱」，音有，原誤作醮，兹據毛詩改。「王」，原訛士，兹據毛詩改。

〔四〇〕「練」，原訛諫，兹據莫本改。漢書禮樂志注：「練，選也。」

輔佐　連語〔一〕

大相上承大義而啓治道〔二〕，總百官之要，以調天下之宜，正身行，廣教化，修禮樂，以美風俗；兼領而和一之，以合治安〔三〕。故天下失宜，國家不治，則大相之任也。上執政職。

大拂秉義立誠〔四〕，以翼上志〔五〕；直議正辭，以持上行〔六〕；批天下之患〔七〕，匡諸侯之過。令或鬱而不通〔八〕，臣或盩而不義〔九〕，大拂之任也〔一〇〕。中執政職。

大輔聞善則以獻〔一一〕，知善則以獻，明號令，正法則，頒度量〔一二〕，論賢良〔一三〕，次官職〔一四〕，以時巡循〔一五〕，使百吏敬率其業〔一六〕。故經義不衷〔一七〕，賢不肖失序，大輔之任也。下執事職〔一八〕。

道行典知變化〔一九〕，以爲規是非，明利害，掌僕及輿馬之度〔二〇〕，羽旄旌旗之制，步驟徐疾之節，春夏秋冬馬之倫色〔二一〕；居車之容，登降之禮，見規宜諭，見過則譋〔二二〕。故職不率義〔二三〕，則道行之任也。

調訊典博聞〔二四〕，以掌駟乘，領時從〔二五〕，此賢能〔二六〕，天子出則爲車右〔二七〕，坐立則爲位，承聖帝之德，畜民之道，禮樂之正，應事之理，則職以箴；刑獄之衷，賞罰之誠〔二八〕，已諾之信，百官之經〔二九〕，喪祭之共〔三〇〕，戎事之誠〔三一〕，身行之彊〔三二〕，則職以諗〔三三〕；遇大臣之敬，遇小臣之惠，坐立之端，言默之序，音聲之適，揖讓之容，俯仰之節，立事之色〔三四〕，則職以証〔三五〕；出入不從禮，衣服不從制，御器不以度，迎送非其章〔三六〕，忿說忘其義〔三七〕，取予失其節，安易而樂湛〔三八〕，則職以諫。故善不徹〔三九〕，過不聞，侍從不諫，則調訊之任也。

典方典容儀〔四〇〕，以掌諸侯、遠方之君〔四一〕，譔之班爵、列位、軌任之約〔四二〕，朝覲、宗遇、會同、享聘、貢職之數〔四三〕；辨其民人之衆寡，政之治亂。率德道順〔四四〕，僻淫犯禁之差第〔四五〕；天子巡狩，則先循於其方〔四六〕。故或有功德而弗舉，或有淫僻犯禁而不知，典方之任也。

奉常典天〔四七〕，以掌宗廟社稷之祀，天神地祇人鬼，凡山川四望國之諸祭〔四八〕，吉凶妖祥占相之事；序禮樂喪紀，國之禮儀，畢居其宜，以識宗室；觀民風俗，審詩商〔四九〕，修憲命〔五〇〕，禁邪言〔五一〕，息淫聲〔五二〕；於四時之交，有事於南郊〔五三〕，以報祈天明〔五四〕。故歷天事不得〔五五〕，事鬼神不序，經禮儀人倫不正〔五六〕，奉常之任也。

祧師典春〔五七〕，以掌國之衆庶，四民之序〔五八〕，以禮義倫理教訓人民。方春三月，緩施生遂〔五九〕，動作百物〔六〇〕，是時有事於皇考祖考□□□□□〔六一〕。

〔一〕本傳：「誼以爲漢興二十餘年，天下和洽，宜當改正朔，易服色制度，定官名，興禮樂。乃草具其儀法，色上黄，數用五，爲官名悉更，奏之。」漢書藝文志：「五曹官制五篇。漢制，似賈誼所條。」夏案：此文所言官職，除奉常外，皆典籍所未載，當即本傳所云「爲官名悉更」也，此文或即所奏之疏，抑或五曹官制之文。

〔二〕大相，禮記曲禮：「天子建天官，先六大，曰：大宰、大宗、大史、大祝、大士、大卜。」注：「此蓋殷時制也。」呂氏春秋舉難：「相也者，百官之長也。」夏案：誼文之「大」，即沿「六大」之稱。大相一語見於尚書洛誥，唯彼文相訓視，誼或借以爲名。

〔三〕「天下之宜」，「下」字原脱。盧文弨曰：「舊本幷脱下字，後文云：『天下失宜』，則此亦當作天下。」夏案：盧説是，兹據以補。「總百官」八句，尚書伊訓：「百官總己，以聽冢宰。」爾雅釋詁：「冢，大也。」周禮天官大宰：「大宰之職，掌建邦之六典。一曰治典，二曰教典，三曰禮典，四曰政典，五曰刑典，六曰事典。」夏案：誼所謂大相之職，與六典相當，唯突出禮教耳。是則誼之大相，猶周之大宰。

〔四〕拂，讀曰弼，見保傅注。

〔五〕翼，集韻：「翼，輔也。」

〔六〕持，荀子解蔽注：「持，扶翼也。」

〔七〕批，漢書王莽傳注：「批，糾閉之也。」

〔八〕令，廣韻：「令，律也，法也。」

〔九〕盭，段玉裁曰：「此乖『戾』正字。」　義，釋名釋言語：「義，宜也，裁制事物使合宜也。」

〔一〇〕大拂之任也，周禮春官小宰：「掌建邦之宫刑，以治王宫之政令，凡宫糾禁。」注：「杜子春云：『宫，皆當爲官。』」玄謂：糾，猶割也，察也。若今御史中丞。」夏案：誼所謂大拂，近於周之小宰、漢之御史大夫。

〔一一〕輔，呂氏春秋介立：「輔，相也。」夏案：前保傅篇云：「誠立而敢斷，輔善而相義者，謂之輔。」與此大輔少近。唯彼文爲輔太子，故不涉事職，此則近乎注〔三〕引大宰之事典。又參注〔一八〕。

〔一二〕頌，原作領，盧文弨曰：「舊本頌作領，訛。」夏案：禮記明堂位：「制禮作樂，頌度量。」此當作頌，兹據盧本改。

〔一三〕論，禮記王制注：「論，謂考其德行道義。」

〔一四〕次，呂氏春秋季冬注：「次，列也。」荀子王霸注：「列，置於列位也。」

〔一五〕巡循，俞樾曰：「巡，乃順之假借。循，乃脩字之誤。荀子王制篇『以時順脩』，楊注：『謂不失其時而順之脩之。』」夏案：朱駿聲曰：「循，假借爲巡。」巡循複語，於文亦通。俞説雖有據，然莊子大宗師釋文：「循，本作修。」亦非字訛。

〔一六〕率，小爾雅：「率，勸也。」説文：「勸，勉也。」

〔一七〕「故」，原作正，兹據李本改。經，呂氏春秋有始注：「經，道也。」集韻：「經，常也。」衷，左傳昭公十六年注：「衷，當也。」

〔一八〕事職，周禮天官小宰：「事職，以富邦國，以養萬民，以生百物。」疏：「當職行事，義不及遠，故與六典文異也。」

〔一九〕道，莊子繕性：「道，理也。」夏案：用作動詞。論語學而集注：「道，治也。」

〔二〇〕僕，周禮夏官大馭疏：「僕，即大馭也。」

〔二一〕倫，禮記曲禮注：「倫，猶類也。」

〔二二〕調，盧文弨曰：「説文調爲讕之重文，與諫通。」

〔二三〕率，玉篇：「率，遵也。」義，宜也，詳注〔九〕。

〔二四〕調訊，謂調護諫諍。詩陳風墓門釋文：「訊，諫也。」

〔二五〕時，釋名釋言語：「侍，時也。」廣雅釋言：「時，伺也。」夏案：此謂侍從。

〔二六〕此，説文：「此，相比次也。」李本徑作比。夏案：此賢能，謂比次賢能之序位也。

〔二七〕「車」，原訛重，兹據李本改。

〔二八〕誠，説文：「誠，信也。」

〔二九〕經，左傳昭公十五年注：「經，綱紀之謂也。」

〔三〇〕共，朱駿聲曰：「共，假借爲供。」

〔三一〕誡，正字通：「誡、戒通。」

〔三二〕彊，爾雅釋詁：「彊，當也。」

〔三三〕諗，音審。説文：「諗，深諫也。」

〔三四〕色，説文：「色，顔氣也。」夏案：謂聲色態度。

〔三五〕証，説文：「証，諫也。」

〔三六〕「迎」，原脱，兹據李本補。

〔三七〕説，悦。　義，宜。

〔三八〕樂湛，見前傅職注。

〔三九〕徹，小爾雅廣言：「徹，達也。」夏案：謂達於上。

〔四〇〕方，經籍纂詁：「方，國也。」

〔四一〕遠方之君，謂屬國及外國之君。周禮夏官懷方氏注：「遠方之民，四夷之民也。」禮記王制注：「遠方，九州之外也。」

〔四二〕譔，音選。朱駿聲曰：「譔，假借爲詮。」夏案：詮即詮次，謂掄選而序其官爵班次。「軌任」，程本作執任，盧本作軌伍。劉師培曰：「疑原文當作執玉，謂圭璧差等。如周語所云：『爲贄幣瑞節以鎮之，爲班爵貴賤以列之。』玉，訛爲五，後人又易爲伍，并易執爲軌矣。」約，尚書序疏：「約，準依其事曰約。」此謂譔次之準則、差等。

〔四三〕朝覲、宗遇、會同，周禮春官大宗伯：「春見曰朝，夏見曰宗，秋見曰覲，冬見曰遇，時見曰會，殷見曰同。」注：「此六禮者，以諸侯見王爲文。四方以時分來，名殊禮異，更遞而徧。時見者，言無常期。殷，猶衆也。十二歲，王如不巡守，則六服盡朝。」享聘，禮記曲禮下：「諸侯使大夫問於諸侯曰聘。」夏案：此謂聘問天子。管子輕重戊：「天子幼弱，諸侯亢強，聘享不上。」詩商頌殷武傳：「享，獻也。」貢職之數，禮記月令疏：「貢職之數，皆天子制之。以去京遠近之差，土地所宜之物爲節度。」

〔四四〕「德」，原作意。劉師培曰：「意，乃德訛。德，正文作悳，因訛爲意。率德則不僻淫，猶道順則不犯禁也。」夏案：

劉說是，茲據以改。率，遵也。道，讀爲導。

〔四五〕僻，廣韻：「僻，邪僻也。」第，說文：「第，次也。」夏案：差第，謂差次類别。

〔四六〕循，朱駿聲曰：「循，假借爲巡。」夏案：此謂典方先巡其地。

〔四七〕奉常，漢書百官公卿表：「奉常，秦官，掌宗廟禮儀。」天，爾雅釋天釋文：「天之爲言神也。」夏案：此謂有關天神等之祭祀。

〔四八〕「以掌宗廟」三句，周禮春官大宗伯：「大宗伯之職，掌建邦之天神人鬼地示之禮。」釋文：「示，音祇，本或作祇。」周禮春官大司樂注：「地祇，謂神州之神及社稷。」祇，音奇。四望，周禮春官大宗伯注：「四望，五岳、四鎮、四瀆。」疏：「不可一往就祭，當四向望而爲壇遥祭之，故云四望也。」

〔四九〕詩商，荀子王制：「脩憲命，審詩商，禁淫聲，使夷俗邪音，不敢亂雅。」集解引王引之曰：「商，讀爲章。」楊注：「雅，正聲也。」

〔五〇〕「修憲」，原脱，茲據荀子及盧本補。憲命，君令，法令。爾雅釋詁：「憲，法也。」穆天子傳：「天子出憲。」注：「憲，命。」魯語下注：「命，令也。」

〔五一〕「言」，荀子作音。夏案：疑言訓音。三國志魏志管輅傳注「民之音曰言」是其證。

〔五二〕淫聲，周禮春官大司樂注：「淫聲，若鄭衞也。」夏案：謂鄭衞之民間音樂，即俗樂。

〔五三〕事，朱駿聲曰：「事，假借爲祀。」禮記禮器注：「大事，祭祀也。」南郊，周禮春官大司樂注：「王者祀其所受命于南郊，尊之也，孝經説曰『祭天南郊，就陽位』是也。」

〔五四〕天明，猶言天命。尚書大誥「紹天明即命」傳：「紹介天命，以定吉凶。」

〔五五〕歷，爾雅釋詁：「歷，數也。」疏：「推律所生之數。」夏案：此謂推算。天事，猶言天道，此謂天時。左傳昭公十七年：「天事恒象。」注：「天道恒以象類告示人。」周語下：「吾非瞽史，焉知天道。」注：「太史掌抱天時。」

〔五六〕經，左傳隱公十一年注：「經，謂紀理之。」

〔五七〕「祧師」，大戴禮記作司徒。夏案：此句及「方春」以下亦見於大戴禮記千乘篇，此節内容亦近於周禮地官大司徒。其職有「施十有二教焉，一曰以祀禮教敬，則民不苟。」「五曰以儀辨等，則民不越。」即本篇下文之「以禮義倫理教訓人民」。誼既「爲官名悉更」，故易司徒爲祧（音挑）師。廣雅釋天：「祧，祭也。」蓋以司徒有祀禮之教，因更名祧師。典春，王聘珍曰：「謂主春時布德和令之事。」

〔五八〕四民，穀梁傳成公元年：「古者有四民：有士民、有商民、有農民、有工民。」

〔五九〕緩，王聘珍曰：「緩，和也。」遂，漢書禮樂志注：「遂者，言皆生出也。」齊語注：「遂，長也。」

〔六〇〕動作百物，王聘珍曰：「動作百物者，月令曰：『季春之月，生氣方盛，陽氣發泄，句者畢出，萌者盡達。』」

〔六一〕「皇考祖考」，大戴禮記作皇祖皇考，是。大戴記此下又有「朝孤子八人，以成春事」二句。夏案：本篇所脱二句，當據補，然此下尚當有典夏、典秋、典冬之官，此皆脱去，未可悉補，兹仍之，請參千乘篇。

問孝〔原闕〕

新書校注卷第六

禮　連語〔一〕

昔周文王使太公望傅太子發，太子嗜鮑魚〔二〕，而太公弗與〔三〕，太公曰：「禮，鮑魚不登於俎〔四〕，豈有非禮而可以養太子哉〔五〕？」尋常之室無奥剽之位〔六〕，則父子不別；六尺之輿無左右之義〔七〕，則君臣不明。尋常之室、六尺之輿，處無禮，即上下踳逆〔八〕，父子悖亂，而況其大者乎！故道德仁義，非禮不成；教訓正俗，非禮不備；分争辯訟，非禮不決；君臣、上下、父子、兄弟，非禮不定；宦學事師，非禮不親；班朝治軍、莅官行法，非禮威嚴不行；禱祠祭祀，供給鬼神，非禮不誠不莊。是以君子恭敬、撙節、退讓以明禮〔九〕。

禮者，所以固國家，定社稷，使君無失其民者也。主主臣臣〔一〇〕，禮之正也；威德在君，禮之分也〔一一〕；尊卑大小，彊弱有位，禮之數也〔一二〕。禮，天子愛天下，諸侯愛境内，大夫愛官屬，士庶各愛其家，失愛不仁，過愛不義。故禮者，所以守尊卑之經、彊弱之稱者也〔一三〕。禮，天子適諸侯之宫，諸侯不敢自阼階。阼階者，主之階也〔一四〕。天子適諸侯，諸侯不敢有宮〔一五〕，不敢爲主人禮也。君惠臣忠，父慈子孝，兄愛弟敬，夫和妻柔，姑慈婦聽，禮之至也。君惠則不厲，臣忠則不貳，父慈則教，子孝則協，兄愛則友，弟敬則順，夫和則義，妻柔則正，姑慈則從，婦聽則婉，禮之質也〔一六〕。

禮者，臣下所以承其上也。故詩云：「一發五豝，吁嗟乎騶虞〔一七〕。」騶者，天子之囿也。虞者，囿之司獸者也。天子佐輿十乘〔一八〕，以明貴也。二牲而食〔一九〕，以優飽也〔二〇〕。虞人翼五豝以待一發，所以復中也〔二一〕。人臣於是所尊敬〔二二〕，不敢以節待，敬之至也。甚尊其主，敬慎其所掌職，而志厚盡矣〔二三〕。作此詩者，以其事深見良臣順上之志也〔二四〕。良臣順上之志者，可以義矣〔二五〕。故其歎之也長，曰「吁嗟乎」。雖古之善爲人臣者，亦若此而已。

禮者，所以節義而没不遝，故饗飲之禮，先爵於卑賤，而後貴者始羞〔二六〕，殽膳下浹而樂人始奏〔二七〕。觴不下徧，君不嘗羞〔二八〕；殽不下浹，上不舉樂。故禮者，所以恤下也。由余曰〔二九〕：「乾肉不腐，則左右親〔三〇〕；苞苴時有〔三一〕，筐篚時至〔三二〕，則羣臣附；官無蔚藏〔三三〕，腌陳時發〔三四〕，則載其上〔三五〕。」詩曰：「投我以木瓜，報之以瓊琚；匪報也，永以爲好也〔三六〕。」上少投之，則下以軀償矣；弗敢謂報，願長以爲好。古之蓄其下者〔三七〕，其施報如此。

國無九年之蓄，謂之不足；無六年之蓄，謂之急；無三年之蓄，國非其國也〔三八〕。民三年耕，必餘一年之食；九年而餘三年之食；三十歲相通，而有十年之積。雖有凶旱水溢，民無饑饉。然後天子備味而食，日舉以樂〔三九〕。諸侯食珍不失，鍾鼓之縣可使樂也〔四〇〕。樂也者，上下同之〔四一〕。故禮，國有饑人，人主不飧〔四二〕；國有凍人，人主不裘；報囚之日，人主不舉樂〔四三〕。歲凶穀不登〔四四〕，臺扉不塗〔四五〕，榭徹干侯〔四六〕，馬不食穀，馳道不除〔四七〕，食減膳，饗祭有闕〔四八〕。故禮者，自行之義，養民之道也。受計之禮〔四九〕，主所親拜者二：聞生民之數則拜之〔五〇〕，聞登穀則拜之〔五一〕。詩曰：「君子樂胥，受天之祜〔五二〕。」胥者，相也〔五三〕。祜，大福也。夫憂民之憂者，民必憂其憂；樂民之樂者，民亦樂其樂。與士民若此者，受天之福矣。

禮，聖王之於禽獸也，見其生不忍見其死，聞其聲不嘗其肉，隱弗忍也〔五四〕。故遠庖廚，仁之至也。不合圍，不掩羣〔五五〕，不射宿〔五六〕，不涸澤。豺不祭獸，不田獵〔五七〕；獺不祭魚，不設網罟〔五八〕；鷹隼不鷙，睢而不逮，不出植羅〔五九〕；草木不零落，斧斤不入山林〔六〇〕；昆蟲不蟄，不以火田〔六一〕。不麛〔六二〕，不卵〔六三〕，不刳胎〔六四〕，不殀夭〔六五〕，魚肉不入廟門〔六六〕，鳥獸不成毫毛不登庖廚〔六七〕。取之有時，用之有節，則物蕃多〔六八〕。湯曰：「昔蛛蝥作罟，不高順、不用命者，寧丁我網〔六九〕。」其憚害物也如是。詩曰：「王在靈囿，麀鹿攸伏，麀鹿濯濯，白鳥皜皜。王在靈沼，於仞魚躍〔七〇〕。」言德至也。聖主所在〔七一〕，魚鼈禽獸猶得其所，況於人民乎？

故仁人行其禮，則天下安而萬理得矣〔七二〕。逮至德渥澤洽〔七三〕，調和大暢〔七四〕，則天清徹〔七五〕，地富煴〔七六〕，物時熟〔七七〕，民心不挾詐賊〔七八〕，氣脈淳化，攫齧搏拏之獸鮮〔七九〕，毒蠚猛蚄之蟲密〔八〇〕，毒山不蕃〔八一〕，草木少薄矣〔八二〕。鑠乎大仁之化也〔八三〕。

〔一〕何孟春曰：「禮，無所徵文矣。誼之所言而名此篇者，其存以無幾，文雜意錯殆有十分之一耳，惜哉！」

〔二〕「太子」，原脱，兹據何本補。

〔三〕「太公」，原脱太字，兹據李本補。　與，何孟春曰：「一作予。」夏案：與、予通，此取予義。

〔四〕禮，鮑魚不登於俎，左傳隱公五年：「鳥獸之肉不登於俎，古之制也。」注：「俎，祭宗廟器。」疏：「饗燕之饌莫不用俎。」

〔五〕養，禮記文王世子注：「養，猶教也。言養者，積浸成長之。」

〔六〕尋常，周語注：「八尺爲尋，倍尺爲常。」　奥剽，劉師培曰：「剽，疑窔假。爾雅釋宫『東南隅謂之窔』，與『西南隅謂之奥』對文。」夏案：劉説是。窔，交聲。剽，票聲。交、票疊韻，例得通假。周禮考工記弓人注：「校，疾也。」正字通：「票，勁疾貌。」是其證。禮記曲禮：「爲人子者，居不主奥。」是奥爲尊者所居，窔則爲卑者所居，故云：「無奥剽之位，則父子不別。」

〔七〕六尺之輿，漢書爰盎傳補注引王先慎曰：「隋書禮樂志輿下云：『漢室制度，以雕玉爲之，方徑六尺。』」 左右之義，禮記曲禮「君車將駕」，僕「奮衣由右上」疏：「右上者，君位在左，故辟（避）君空位。」

〔八〕踳逆，見匈奴篇注。

〔九〕「故道德仁義」至「退讓以明禮」，亦見禮記曲禮上。鄭注：「分、辯，皆别也。宦，仕也。班，次也。涖，臨也。莊，敬也。撙，猶趨也。」疏：「道德爲萬事之本，仁義羣行之大，故舉此四者爲用禮之主。服虔云：『宦，學也。』是學職事爲官也。次，謂司士正朝儀之位次也。」孫希旦曰：「荀子注：『撙，抑也。』有所抑而不敢肆，謂之撙。有所制而不敢過，謂之節。」

〔一〇〕「主主臣臣」，原作主臣。夏案：俗激：「令主主臣臣，上下有差」，與此文下言「守尊卑之經」相合，主、臣宜疊，兹據李本補。

〔一一〕威德，尚書呂刑：「德威惟威，德明惟明。」禮記表記注：「德所威，則人皆畏之。」 分，正字通：「分，名分也。」荀子非相：「分莫不於禮。」注：「分生於有禮。」

〔一二〕數，易節象曰：「節，君子以制數度。」疏：「數度，謂尊卑禮命之多少也。」夏案，數，猶言度。

〔一三〕稱，荀子禮論注：「稱，謂各當其宜。」

〔一四〕「阼階者」，原無阼階二字。盧文弨曰：「舊本阼階不重。案：當有。」夏案：盧説是，兹據以補。 阼，禮記冠義疏：「阼是主人接賓之處。」

〔一五〕不敢有宫，謂不敢自居宫殿主人。禮記郊特牲：「天子無客禮，莫敢爲主焉。君適其臣，升自阼階，不敢有其室也。」

〔一六〕「君惠臣忠」至「禮之質也」，出自左傳昭公二十六年，文字略有出入。「厲」，原作屬，兹據程本改。姑，爾雅釋親：「婦稱夫之母曰姑。」質，禮記曲禮注：「質，猶本也。」

〔一七〕「詩云」句，見詩召南騶虞。傳云：「豕牝曰豝。虞人翼五豝以待公之發。」箋：「于嗟者，美之也。」疏：「驅五豝以待公之發矢也。翼，驅也。」釋文：「豝，百加反。」

〔一八〕佐輿，即佐車。禮記少儀注：「佐車，副車也。」

〔一九〕二牲，周禮天官膳夫：「凡王之饋，膳用六牲。」夏案：誼謂二，泛言盛也。禮記曲禮注：「貳，謂重殽膳也。」疏：「禮當盛饌。」

〔二〇〕優，説文：「優，饒也。」段注：「饒者，甚飽之辭也。」

〔二一〕復，陶鴻慶曰：「後漢書杜詩傳注：『復，謂優寬也。』」中，謂射中。

〔二二〕於是，猶言於其。吴昌瑩曰：「是，之也。之，猶其也。」

〔二三〕「而志厚盡矣」，李本作「而後志盡矣」，於義爲長。

〔二四〕「上」，原誤作下，兹據李本改。

〔二五〕「良臣順上之志者」，原脱「良臣順上之志」，兹據李本補。以，王引之曰：「以，猶謂也。」

〔二六〕「遝」，原作還。俞樾曰：「還，乃遝字之誤。小爾雅廣詁：『没，無也。』方言：『遝，及也。』没不遝，無不及也。故下所說，皆逮下之事。」夏案：俞說是，茲據以改。「羞」，原作差。夏案：盧本作羞，未出校，當是意改。雖然，作羞是（下嘗羞同）。說文：「羞，進獻也。羊，所進也。」茲據盧本改。

〔二七〕浹，小爾雅釋言：「浹，匝也。」增韻：「帀，俗作匝。」廣雅釋詁：「帀，徧也。」

〔二八〕「嘗羞」，原作賞差。盧文弨曰：「舊本嘗皆訛賞，今改正。」夏案：盧說是，茲據以改。

〔二九〕由余，秦本紀：「戎王使由余於秦。由余，其先晉人也，亡入戎，能晉言，故使由余觀秦。」「秦以女樂二八遺戎王。戎王受而說之，終年不還，由余數諫不聽，繆公又數使人間要由余，由余遂去降秦。」「三十七年，秦用由余謀伐戎王，益國十二，開地千里。」夏案：間要，乘間邀請。

〔三〇〕乾肉不腐，蓋謂庖無腐肉，已盡賜左右矣，與下三句意同。

〔三一〕苞苴，禮記曲禮注：「苞苴，裹魚肉，或以葦，或以茅。」夏案：苞苴時至，謂人君時有苞苴之賜，參下注。

〔三二〕筐篚時至，詩小雅鹿鳴序疏：「言人君於羣臣，既設饗陳饌，又實幣帛於筐篚而酬侑之，以行其厚意，然後（臣下）皆得盡其忠誠之心以事上焉。」

〔三三〕蔚，蒼頡篇：「蔚，草木盛貌也。」蔚藏，盛貯。

〔三四〕腌，說文：「腌，漬肉也。」夏案：腌肉需日久方可入味。陳，久也。腌陳，謂腌漬已久可食之肉。又，「太倉之粟，陳陳相因」，謂收藏陳久之物亦通。

〔三五〕載，釋名釋姿容：「載，戴也。」盧本即作戴。

〔三六〕詩曰，見衞風木瓜。詩序云：「衞國有狄人之敗，齊桓公救而封之。衞人欲厚報之，而作是詩。」傳：「木瓜，楙木也，可食之。瓊，玉之美者。琚，佩玉名。」箋：「匪，非也。」王先謙曰：「朱子集傳以爲男女贈答之詞。賈子本經學大師，與荀卿淵源相接。賈子指爲臣下報上之義，是其原本古訓，更無可疑。」

〔三七〕蓄，晉語四注：「蓄，養也。」夏案：猶言待也。

〔三八〕「國無九年」六句，見前無蓄注。

〔三九〕「民三年耕」至「日擧以樂」，亦見於禮記王制。疏云：「三十年之通，先以三十年通融之法，留九年蓄外，計見在之物以制國用。」「而有十年之積」，原脱「有」字，茲據李本補。備味，謂諸味具備。荀子解蔽：「口食備味，形居備宫。」日擧以樂，白虎通義禮樂：「王者食，何以有樂？樂食天下之太平，富積之饒也。」

〔四〇〕縣，周禮春官小胥注：「縣，謂鐘磬之屬，縣於筍簴也。」集韻：「縣，或从心。」朱駿聲曰：「鍾，假借爲鐘。」周禮考工記梓人注：「樂器所縣，横曰筍，直曰簴。」簴，音去。

〔四一〕「樂也者」，原脱樂也，茲據盧本補。上下同之，孟子梁惠王：「王與百姓同樂則王矣。」

〔四二〕「饑人」，原人訛入，下凍人同，茲據李本改。飧，説文段注：「饔、飧皆謂熟食，分别之，則謂朝食、夕食。」夏案：自此句至「饗祭有闕」，亦散見於左傳襄公三十六年、穀梁傳襄公二十四年、墨子七患、禮記曲禮。飧，音孫。

〔四三〕「報囚」二句，韓非子五蠹：「司寇行刑，君爲之不擧樂。」漢書顔延年傳注：「報囚，奏報行決也。」王先謙引劉攽曰：「直謂斷決囚爲報爾，非奏得報也。」

〔四四〕登，孟子滕文公注：「登，成熟也。」

〔四五〕「不塗」，原脱，兹據李本補。穀梁傳襄公二十四年注：「塗，塗飾。」

〔四六〕榭，陶鴻慶曰：「古彝器銘，以宣射爲宣榭。」夏案：爾雅釋魚釋文：「謝，本作射。」左傳襄公三十一年釋文：「榭，本亦作謝。」是知榭通射。　徹，同撤。　干侯，盧文弨曰：「干侯，豻侯。」周禮夏官射人疏：「兩畔以豻皮飾之，故得豻侯之名。」小爾雅廣器：「射有張布，謂之侯。」周禮考工記梓人注：「侯制上廣下狹，蓋取象於人也。」夏案：即以豻皮緣邊之人形靶布。

〔四七〕馳道不除，始皇本紀集解：「馳道，天子所行道也。」禮記曲禮注：「治，除也。不治道，爲妨民取疏食也。」

〔四八〕饗祭有闕，穀梁傳襄公二十四年：「臺榭不塗，弛侯，廷道不除，鬼神禱而不祠。」

〔四九〕受計，漢書武帝紀注：「受郡國所上計簿也，若今之諸州計賬。」説文：「計，會也，筭也。」段注：「筭，當作算，數也。」

〔五〇〕生民，詩大雅生民箋：「言周之始祖其生之者，是姜嫄也。爲高辛氏之妃，本后稷之初生，故謂之生民。」夏案：生民通謂人民。

〔五一〕「聞登穀」句，原脱，兹據周本補。

〔五二〕「詩曰」二句，見詩小雅桑扈。「之祜」，原訛子祐，兹據毛詩改。下祜同。祜，音户。

〔五三〕胥，爾雅釋詁：「胥，相也。」呂氏春秋舉難：「相也者，百官之長也。」儀禮鄉飲酒注：「相，主人之吏。」集韻：「相，助也。」又毛傳謂「胥，皆也」，與誼説不同。鄭箋謂「胥，有才智之名」，與誼説尚近。

〔五四〕「聖王」四句，見前保傅注。隱，朱駿聲曰：「隱，惻隱之心。」

〔五五〕「不合圍」二句，禮記曲禮疏：「春時萬物産孕，不欲多殺傷，故不合圍繞取也。羣謂禽獸共聚也，羣聚則多，不可掩取也。」夏案：自「不合圍」至「不殀夭」，大略與禮記王制同，亦散見於禮記曲禮、禮記月令、呂氏春秋、荀子王制等文。

〔五六〕宿，蓋謂宿禽宿獸。

〔五七〕豺不祭獸，呂氏春秋季秋紀注：「豺，獸也，似狗而長毛，於是月殺獸，四圍陳之，世所謂祭獸。」許維遹曰：「注『毛』字當作尾，字之壞也。淮南注作尾，是其證。」夏案：禮記月令：九月「豺乃祭獸」。田，朱駿聲曰：「田，假借爲畋。」廣韻：「畋，取禽獸也。」

〔五八〕獺不祭魚，説文：「獺，如小狗也，水居食魚。」淮南子時則訓注：「獺取鯉魚於水邊，四面陳之，謂之祭魚。」禮記王制疏：「按月令正月『獺祭魚』，孝經緯『獸蟄伏，獺祭魚』，則十月中也。是獺一歲再祭魚。」罟，説文：「罟，網也。」

〔五九〕隼，音筍。陸機曰：「隼，鷂屬。」（毛詩草木鳥獸蟲魚疏） 鷙，説文：「鷙，擊殺鳥也。」 睢，説文：「睢，仰目也。」夏案：此謂仰視。「植羅」，程本、周本、盧本作穎羅，何本從王制作罻羅。盧文弨曰：「穎羅，疑是罻羅。」

俞樾曰：「穎，讀爲絓。太玄經玄瑩篇『禍福絓羅』，正絓羅連文可證。絓從圭聲，穎從頃聲，而得通者，禮記祭義注：『頃，當爲跬。聲之誤也。』絓之通作穎，猶跬通作頃也。」王耕心曰：「俞說，殆非確詁。」夏案：俞說迂曲，植羅、穎羅皆不可解。唯罻羅可通（禮記王制注：「罻，小網也。」），然未詳何由訛成植、穎。

〔六〇〕「山」，原訛出，茲據李本改。草木零落，王制疏：「謂十月時。」此謂揔取林木依時。

〔六一〕火田，王制疏：「放火張羅，從十月以後至仲春，皆得火田。」

〔六二〕麛，原注：「音迷，鹿子。」淮南子主術訓：「不取麛夭。」

〔六三〕不卵，謂不取禽卵，以利繁殖。董增齡曰：「周書曰『不卵不蹼，以成鳥獸』是也。」

〔六四〕刳，音枯。廣韻：「刳，剖破。」

〔六五〕「殀」，原無。盧文弨曰：「舊皆脱殀字，今從王制增入。」夏案：不夭可通，與上不麛、不卵用法同，唯上句「不刳胎」三字爲句，此宜相同，茲增。殀，音夭。王制注：「殀，斷殺。」

〔六六〕「魚肉」，俞樾曰：「魚肉，其義未詳。肉，疑育之壞字。育下從肉，闕其上半則爲肉字矣。魯語曰『鳥獸成，水蟲孕，水虞於是乎禁罝麗、設穽鄂以實廟庖』，即『魚育不入廟門』義。」夏案：俞未言魚育爲何，參所引魯語，當謂「水蟲孕」，禮記郊特牲「天子牲孕弗食」與此合。唯育訓孕頗牽強，易漸「婦孕不育」，明孕、育有別。魚育，或謂稚魚，詩邶風谷風箋：「育，稚也。」

〔六七〕毫，謂秋毫。孟子梁惠王「秋毫」定本引俞樾曰：「鳥獸夏時毛羽脱落，至秋更生，稱秋毫。」吕氏春秋仲秋紀：

「是月也。乃命宰祝，巡行犧牲：視全具；案芻豢；瞻肥瘠，察物色，必比類；量大小，視長短，皆中度。五者備當，上帝其享。」注：「物，毛也。」夏案：蓋秋毫生，禽獸始肥壯，亦「不殀夭」之義。

〔六八〕「蕃」，原訛莫，茲據李本改。

〔六九〕蛛蝥（音謀），方言十一：「鼄蝥，秦晉之間謂之蛛蝥。」說文：「鼄，或从虫省聲。」「鼄，或从虫。」「不高順」，孫詒讓曰：「三字難解，疑當作高下順，又有脱文，即諭誡篇所云『欲高者高，欲下者下』也。」不用命，猶言不遵命。方言六：「用，行也。」寧，王引之曰：「寧，猶乃也。」丁，詩大雅雲漢傳：「丁，當。」夏案：寧丁，猶言乃當，即新序引作「乃罹」之義。

〔七〇〕「詩曰」六句，見大雅靈臺。傳云：「神之精明者稱靈。囿，所以域養禽獸也。靈囿，言靈道行於囿也。麀，牝也。濯濯，娱遊也。翯翯，肥澤也。沼，池也。牣，滿也。」箋：「攸，所也。文王親至靈囿，視牝鹿所遊伏之處，言愛物也。鳥獸肥盛喜樂，言得其所。靈沼之水，魚盈滿其中，皆跳躍，亦言得其所。」王引之曰：「於，語助也。」朱駿聲曰：「翯，字亦作皜。」孟子音義：「牣，丁本作仞。」

〔七一〕「所」下，原衍以，茲據李本删。

〔七二〕「萬」，原訛方，茲據李本改。

〔七三〕渥，廣雅釋詁：「渥，厚也。」洽，後漢書杜林傳注：「洽，徧也。」

〔七四〕調和，莊子天運：「一清一濁，陰陽調和。」

〔七五〕徹，詩唐風揚之水釋文：「澈，或作徹。」

〔七六〕熅，王念孫曰：「熅，與縕通。地富縕，謂生殖饒多也。」廣雅釋詁：「縕，饒也。」

〔七七〕時熟，禮記樂記：「德盛而教尊，五穀時熟。」夏案：謂及時成熟。

〔七八〕賊，論語先進疏：「賊，害也。」

〔七九〕挐，正字通：「挐，攫執也。」夏案：李本、莫本挐作擊，於義爲長，挐或擊之壞訛。

〔八〇〕蠚，音赫。集韻：「蠚，説文：『螫也』。或作蠚。」夏案：此蠚用作名詞，即螫人之蟲。猛，劉師培：「猛，即爾雅釋蟲之食根蟊也。古文作蝆，牟、孟一聲之轉，故此文假蟊爲猛。」蚄，盧文弨曰：「蚄者，虸蚄，食穀蟲也。」密，俞樾曰：「密，讀爲伏。」王耕心曰：「密，深藏也。『退藏於密』是也。俞氏讀爲伏，非也。」夏案：王説是，本義引申義可通者，則不必曲求通假。易繫辭上：「退藏於密。」玉篇：「密，深也。」

〔八一〕毒，説文作毒，説解云：「毒，厚也，害人之艸，往往而生。」段注：「毒字本義，因害人之草往往而生。往往，猶歷歷也。」夏案：誼用毒之本義，即毒草之山不蕃。俞樾謂毒字係衍文，非是。

〔八二〕少，周語下注「少，猶裁也。」朱駿聲曰：「裁，假借爲才。」爾雅釋詁：「哉，始也。」郝懿行曰：「哉者，才之假音。」夏案：是「少」，猶始也。廣雅釋草：「草叢生爲薄。」夏案：此謂草木茂盛。

〔八三〕鑠，爾雅釋詁：「鑠，美也。」

容經 連語〔一〕

志有四興〔二〕：朝廷之志，淵然清以嚴〔三〕；祭祀之志，諭然思以和〔四〕；軍旅之志，怫然愠然精以厲〔五〕；喪紀之志，漻然㵞然憂以湫〔六〕。四志形中〔七〕，四色發外，維如□□□□□□〔八〕。志色之經〔九〕。

容有四起〔一〇〕：朝廷之容，師師然翼翼然整以敬〔一一〕；祭祀之容，遂遂然粥粥然敬以婉〔一二〕；軍旅之容，湢然肅然固以猛〔一三〕；喪紀之容，怮然慱然若不還〔一四〕。容經〔一五〕。

視有四則：朝廷之視，端沕平衡〔一六〕；祭祀之視，視如有將〔一七〕；軍旅之視，固植虎張〔一八〕；喪紀之視，下沕垂綱〔一九〕。視經〔二〇〕。

言有四術：言敬以和〔二一〕，朝廷之言也；文言有序〔二二〕，祭祀之言也；屏氣折聲〔二三〕，軍旅之言也；言若不足〔二四〕，喪紀之言也。言經〔二五〕。

固頤正視〔二六〕，平肩正背，臂如抱鼓，足間二寸，端面攝纓〔二七〕，端股整足。體不摇肘曰經立〔二八〕，因以微磬曰共立〔二九〕，因以磬折曰肅立〔三〇〕，因以垂佩曰卑立〔三一〕。立容。

坐以經立之容〔三二〕，胻不差而足不跌〔三三〕。視平衡曰經坐〔三四〕，微俯視尊者之膝曰共坐，俯首視不出尋常之内曰肅坐〔三五〕，廢首低肘曰卑坐〔三六〕。坐容。

行以微磬之容，臂不摇掉〔三七〕，肩不上下，身似不則〔三八〕，從然而任〔三九〕。行容。

趨以微磬之容，飄然翼然〔四〇〕，肩狀若泝，足如射箭，趨容。

旋以微磬之容，其始動也，穆如驚倏〔四一〕；其固復也，旄如濯絲〔四二〕。跘旋之容〔四三〕。

跪以微磬之容，揄右而下〔四四〕，進左而起，手有抑揚，各尊其紀。跪容。

拜以磬折之容，吉事上左〔四五〕，凶事上右，隨前以舉〔四六〕。項衡以下〔四七〕，寧速無遲〔四八〕，背項之狀如屋之氐〔四九〕。拜容。

拜而未起。伏容〔五〇〕。

坐乘以經坐之容〔五一〕，手撫式〔五二〕，視五旅〔五三〕，欲無顧〔五四〕，顧不過轂〔五五〕。小禮動，中禮式〔五六〕，大禮下。坐車之容。

立乘以經立之容，右持綏而左臂詘〔五七〕，存劍之緯〔五八〕，欲顧，顧不過轂，小禮據〔五九〕，中禮式，大禮下。立車之容。

禮，介者不拜〔六〇〕，兵車不式，不顧，不言，反抑式以應武容也〔六一〕。兵車之容。

若夫立而技〔六二〕，坐而蹁〔六三〕，禮怠懈，志驕傲，趍視數顧〔六四〕，容色不比〔六五〕，動静不以度，妄咳唾，疾言嗟〔六六〕，氣不順，皆禁也。

古者年九歲入就小學〔六七〕，躧小節焉〔六八〕，業小道焉〔六九〕；束髮就大學〔七〇〕，躧大節焉，業大道焉〔七一〕。是以邪放非辟，無因入之焉〔七二〕。諺曰：「君子重襲〔七三〕，小人無由入；正人十倍，邪辟無由來。」古之人其謹於所近乎！詩曰：「芃芃棫樸，薪之槱之；濟濟辟王，左右趨之〔七四〕。」此言左右日以善趨也。

古者聖王居有法則，動有文章〔七五〕，位執戒輔〔七六〕，鳴玉以行〔七七〕。鳴玉者〔七八〕，佩玉也。上有雙珩，下有雙璜，衝牙蠙珠以納其間，琚瑀以雜之〔七九〕。行以采薺，趨以肆夏〔八〇〕，步中規，折中矩〔八一〕。登車則馬行而鸞鳴，鸞鳴而和應〔八二〕，聲曰和，和則敬〔八三〕。故詩曰：「和鸞噰噰，萬福攸同〔八四〕。」言動以紀度，則萬福之所聚也。故曰：明君在位可畏，施舍可愛〔八五〕，進退可度，周旋可則，容貌可觀，作事可法，德行可象〔八六〕，聲氣可樂，動作有文，言語有章，以承其上，以接其等〔八七〕，以臨其下，以畜其民。故爲之上者敬而信之，等者親而重之，下者畏而愛之，民者肅而樂之〔八八〕，是以上下和協而士民順一。故能宗揖其國以藩衞天子〔八九〕，而行義足法〔九〇〕。夫有威而可畏謂之威，有儀而可象謂之文〔九一〕。富不可爲量，多不可爲數。故詩曰：「威儀棣棣，不可選也〔九二〕。」棣棣，富也。不可選，衆也。言接君臣、上下、父子、兄弟、内外、大小品事之各有容志也〔九三〕。

子贛由其家來〔九四〕，謁於孔子。孔子正顏，舉杖磬折而立，曰：「子之大親毋乃不寧乎〔九五〕？」放杖而立〔九六〕，曰：「子之兄弟亦得無恙乎〔九七〕？」曳杖倍下行〔九八〕，曰：「妻子家中得毋病乎？」故身之倨佝〔九九〕，手之高下，顏色聲氣，各有宜稱，所以明尊卑，别疏戚也〔一〇〇〕。子路見孔子之背〔一〇一〕，磬折舉褎〔一〇二〕，曰：「唯由也見。」孔子聞之，曰：「由也，何以遺亡也〔一〇三〕。」故過猶不及〔一〇四〕，有餘猶不足也。

語曰：「沉乎明王〔一〇五〕，執中履衡〔一〇六〕。」言秉中適而據乎宜，故威勝德則淳〔一〇七〕，德勝威則施〔一〇八〕。威之與德，文若繆纆〔一〇九〕，且畏且懷，君道正矣。「質勝文則野，文勝質則史；文質彬彬，然後君子〔一一〇〕。」

龍也者，人主之辟也〔一一一〕。亢龍往而不返，故易曰「有悔」。悔者，凶也〔一一二〕。潛龍入而不能出，故曰「勿用」。勿用者，不可也〔一一三〕。龍之神也〔一一四〕，其惟玆龍乎〔一一五〕。能與細細〔一一六〕，能與巨巨，能與高高，能與下下。吾故曰：龍變無常，能幽能章〔一一七〕。故聖人者，在小不寶，在大不窕〔一一八〕；狎而不能作〔一一九〕，習而不能順；姚不惛〔一二〇〕，卒不妄〔一二一〕；饒裕不贏，迫不自喪；明是審非，察中居宜。此之謂有威儀。

古之爲路輿也〔一二二〕，蓋圜以象天〔一二三〕，二十八橑以象列宿〔一二四〕，軫方以象地〔一二五〕，三十輻以象月〔一二六〕。故仰則觀天文，俯則察地理〔一二七〕，前視則覩鸞和之聲，側聽則觀四時之運〔一二八〕，此輿教之道也。

人主大淺則知闇〔一二九〕，太傅則業厭〔一三〇〕，二者異失同敗〔一三一〕，其傷必至。故師傅之道既美其施〔一三二〕，又慎其齊〔一三三〕：適疾徐，任多少；造而勿趣，稍而勿苦〔一三四〕；省其所省，而堪其所堪。故力不勞而身大盛，此聖人之化也。

〔一〕容經，後漢書儒林劉昆傳：「少習容禮。」注：「容，儀也。」集解：「古者有容禮。」陳仁錫曰：「賈生妙處似從儀禮得來。」四庫全書總目：「保傅篇、容經篇并敷陳古典，具有源本。」夏案：是則此文源自古容禮，大戴禮記僅録其後半篇，蓋如傅職前半篇出自楚語，大戴不録也。

〔二〕志有四興，說文：「志，意也。」毛詩序：「詩者，志之所之也。在心爲志，發言爲詩。」左傳哀公二十六年：「興，發也。」夏案：志有四興，謂意志興發於外者有四，即下文所云「四志形中，四色發外」也。

〔三〕淵，集韻：「淵，深貌。」　以，王引之曰：「以，猶而也。」夏案：禮記樂記：「治世之音，安以樂。」疏：「治平之世，其樂音安靜而歡樂也。」正以「而」釋以，下同。

〔四〕「論」，李本作愉。夏案：論、愉聲同，當通。禮記祭義：「孝子之祭，其進之也，敬以愉。」注：「愉，顏色和貌。」疏：「謂顏色温和。」又「不作」疏：「祭祀須饗，孝子不得顏色不和。（宜）愉愉然和悅盡忠心。」集韻：「愉，和也。」是論爲愉之借，取其和義，本文正云「論然思以和」。　思，禮記樂記：「亡國之音，哀以思。」疏：「樂音悲哀而愁思。」文選張華勵志詩注：「思，悲也。」

〔五〕「佛」，原作惟。夏案：呂氏春秋重言：「艴然充盈，此兵革之色也。」朱駿聲曰：「佛，假借爲艴。艴，愠怒色也。」是當作佛，兹據李本改。　精，文選司馬相如上林賦「抗士卒之精」注：「精，鋭也。」

〔六〕喪紀，禮記文王世子：「喪紀，以服之輕重爲序。」注：「紀，猶事也。」　漻然，莊子知北游：「油然漻然，莫不入焉。」釋文：「音流。」疏：「漻是入死之狀。言萬物莫不從變而生，順化而死。」夏案：莊子唐寫本漻作寥，續字彙補：「漻，同寥。」是即寂寥孤苦之狀。　㵞，音愁，康熙字典：「㵞，憂貌。」　湫然，呂氏春秋重言：「湫然清靜者，衰絰之色也。」春秋繁露陽尊陰卑：「湫湫者，憂悲之狀也。」

〔七〕形，越語下注：「形，見也。」六書正譌：「見，别作現。」夏案：猶今言出現、形成。　中，説文：「中，内也。」夏案：中，通衷，猶今言内心。

〔八〕「維如」，李本無，按云：「下缺六字。」陶鴻慶曰：「如，疑妃字之誤。妃，讀爲配。廣雅釋詁：『配，當也。』色與志合，内外相當，故曰維配，亦形中發外之意。」夏案：李本按語當據宋本以至唐寫本，未可忽視，陶説可參，然未達闕文，未可足據。兹據李本補缺文號。

〔九〕「經」，原誤滛，兹據李本改，下同。　「經」下，程本有也字。夏案：志色之經四字係前文之子目，盧藏兩種宋本皆提行，當無也字；若不提行，當有也字。下同。

〔一〇〕起，廣韻：「起，興也。」夏案：是則四起與前四興意近。

〔一一〕朝廷之容，夏案：周禮地官保氏亦言「朝廷之容」等六儀，鄭注與誼文不同，其文曰：「祭祀之容，穆穆皇皇。賓客之容，嚴恪矜莊。朝廷之容，濟濟蹌蹌。喪紀之容，涕涕翔翔。軍旅之容，闞闞仰仰。車馬之容，顛顛堂堂。」師師，法言孝至注：「師師，和整尚德之貌。」王念孫曰：「師師，謂和整之德容。」　翼翼，爾雅釋訓：「翼翼，恭也。」

〔一二〕遂遂，禮記祭義注：「遂遂，相隨行之貌。」疏：「孝子思親，祭後，想像親來，形貌遂遂，如似親將復反更入然。」劉師培曰：「遂、兑古通，兑爲悦容，猶志色之經所云愉然。」　粥粥，禮記儒行釋文：「粥粥（音鬻），卑謙貌。」

〔一三〕湢，音弼。康熙字典：「湢，整肅貌。」　固，集韻：「固，堅也。」大戴禮記文王官人解詁：「固，定也。」

〔一四〕怮，原注：「音幽。憂貌。」　懾然，猶戚然。荀子禮論注：「懾，猶戚也。」　「遻」，原作還，據俞樾説改（見前禮篇注〔二六〕）。俞氏又曰：「若不遻者，若不及也。」

〔一五〕「容經」，王耕心曰：「篇内子目與全篇同名，古今無此例。考下文『容色不比』句，知此當作『容色之經』，與上節『志色之經』合。」

〔一六〕沬，玉篇：「沬，古文流字。」

〔一七〕將，周禮春官小宗伯注：「將，送也，猶奉也。」夏案：謂其視若有所奉獻。

〔一八〕固植，楚辭招魂：「弱顏固植。」注：「植，志也。言内志堅固，不可侵犯也。」　張，謂張目。

〔一九〕「網」，何本、程本、周本、盧本作綱。夏案：張、綱爲韻，皆平聲，網則仄聲，當作綱，疑原訛。句謂目光下垂至帽綱（即纓）。參注〔二七〕。

〔二〇〕「視」，原訛是，兹據李本改。

〔二一〕「和」，原脱，意林有「正」字，李本、莫本有「和」字，何本、程本有「固」字。兹據李本補。

〔二二〕「文言有序」，章太炎曰：「文言有序，當與『言敬以和』互易。序者，即左傳所謂『會期之言，必聞於表箸之位，所以昭事序也。』文言者，曲禮所謂『朝言不及犬馬，公庭不言婦女』也。」（賈子義鈔）

〔二三〕折，廣雅釋詁：「折，下也。」夏案：此言低聲，當謂不可喧嘩之場合，若訓令、集會、行軍之時。

〔二四〕言若不足，俞樾曰：「不足，猶不及也。」夏案：謂言不盡意也。

〔二五〕「言經」，原脱，兹據程本補。

〔二六〕頤，急就篇注：「頤，下頷也。」

〔二七〕攝，莊子胠篋釋文：「攝，結也。」　纓，說文段注：「可以係冠者也。从二組係於冠，卷結頤下，是謂纓。」夏案：段所云二組，謂組帶。

〔二八〕經，說文：「經，織從絲也。」王注：「從，同縱。」文選左思魏都賦注：「直行謂之經。」夏案：此謂直立，即正立。詩魏風碩鼠箋：「直，猶正也。」

〔二九〕因以，因之。此句謂較之「經立」而微磬。下之「因以」亦皆承前句而言。　「微」，原脱，兹據程本補。　磬，見下注〔三〇〕。　共，朱駿聲曰：「共，假借爲恭。」

〔三〇〕「折」，原誤哲，兹據李本改。　磬折，後漢書馬援傳注：「磬折，屈身如磬之曲折。」

〔三一〕垂佩，謂如珮之垂，其身之屈當較磬折更甚。「卑」，原訛早，兹據李本改。

〔三二〕坐以經立之容，謂上體坐姿依照經立之容。「容」，原脱，兹據李本補。

〔三三〕胻，音形。説文：「胻，脛耑也。」段注：「耑(端)，猶頭也。脛近膝者曰胻。」差，廣韻：「差，次也。不齊等也。」跌，荀子王霸注：「跌，差也。」漢書司馬相如傳注：「差，交互也。」夏案：不跌謂雙足不交叉。

〔三四〕「衡」，原訛衞，兹據李本改。

〔三五〕「俯」，原作仰。俞樾曰：「仰，當爲俯。惟俯首，故視不出尋常之内。此云俯首，猶上節磬折，謂下於微俯，而高於廢首也。」夏案：俞説是，兹據以改。

〔三六〕廢，史記淮陰侯列傳索隱引孟康曰：「廢，伏也。」

〔三七〕掉，説文：「掉，摇也。」

〔三八〕「則」，何本作側。俞樾曰：「不則，義不可曉。或改爲側，亦非也。身自不宜傾側，豈但似之而已乎？則當讀爲即。禮記王制注：『即，或爲則』，是古通用。不則者，身似不即也，言其身不往就之者然。」夏案：則讀爲側不誤。尚書洪範馬注：「側，傾也。」此謂前傾，即「行以微磬之容」。

〔三九〕從然，莊子至樂釋文：「從然，從容也。」

〔四〇〕翼然，論語鄉黨：「趨進，翼如也。」集解引孔安國曰：「言端好也。」正義：「謂疾趨而進，張拱端好，如鳥之張翼也。」王引之曰：「如，猶然也。」

〔四一〕穆，朱駿聲曰：「穆，假借爲繆。」集韻：「繚，或作繆。」夏案：盤旋猶如繚繞。

〔四二〕固復，謂復回原位。正字通：「固，本然之詞。」禮記曲禮上注：「固，常也。」旄，俞樾曰：「淮南地形注：『旄，讀近繆。』此文旄，當從彼讀，方合如濯絲之義。」濯，詩大雅泂酌傳：「濯，滌也。」朱駿聲曰：「滌，假借爲盪。」夏案：盪有回盪義，與盤旋義近。濯絲亦需在水中反復漂洗，亦有回旋之狀。故俞曰旄讀繆（即繚）「方合濯絲之義」。

〔四三〕跰，盧文弨曰：「跰，與盤同。」

〔四四〕揄，說文：「揄，引也。」夏案：右謂右足，下謂下跪。

〔四五〕上，左傳僖公二十八年注：「上，猶尚也，貴也。」

〔四六〕隨，俞樾曰：「隨乃髓之假字。隨前以舉，言拜之時，其髓必前以舉。」字彙：「髓，俗腿字。」以，猶而也，下句同。

〔四七〕項，說文：「項，頭後也。」夏案：謂後頸。衡，尚書太甲注：「衡，平也。」

〔四八〕「速」，原作遠，茲據程本改。

〔四九〕「氐」，原作玄，盧本作乇。王耕心曰：「乇，乃氐之俗文，讀如低。」夏案：「玄，無解。乇，字書所無。茲從王說改。如屋之氐，盧文弨曰：「所謂覆夏屋是也。」禮記檀弓上：「見若覆夏屋者矣。」注：「夏屋，今之門廡也，其形旁廣而卑。」後漢書順帝紀注：「廡，廊屋也。」夏案：門廡，即門廊。卑謂低垂，當謂廊檐。

〔五〇〕伏容，盧文弨曰：「此條有脱文。」

〔五一〕乘，左傳隱公元年注：「車曰乘。」夏案：子目云此節爲「坐車之容」，明乘訓車。

〔五二〕式，漢書薛宣傳注：「式，車前横木。」夏案：式，通作軾。

〔五三〕五旅，盧文弨曰：「即曲禮所云：『六視五巂』。」禮記曲禮上注：「立，平視也。巂，猶規也。謂輪轉之度。」釋文：「車輪轉一周爲巂。一周，丈九尺八寸也。」

〔五四〕「欲無顧」，疑無字衍。下「立車之容」即作「欲顧，顧不過轂。」又下注引禮記疏云「若轉頭不得過轂」，彼文轉頭，即此文欲顧，非「欲無顧」也。

〔五五〕顧不過轂，亦見禮記曲禮下。疏云：「轂者，車轂也。若轉頭不得過轂，過轂則掩後人私也。論語『車中不内顧』是也。」

〔五六〕式，謂撫軾。

〔五七〕綏，論語鄉黨集注：「綏，挽以上車之索也。」詘，朱駿聲曰：「詘，假借爲屈。」

〔五八〕存，爾雅釋訓注：「存，即在。」劍之緯，未詳。説文：「緯，織衡(横)絲也。」廣雅釋言：「緯，横也。」大戴禮記夏小正：「緯，束也。」夏案：據説文、夏小正，似指劍柄上所束之絲。據廣雅，似指劍把與劍身間之横柄。

〔五九〕據，説文：「據，杖持也。」論語學而集解：「據，依也。」夏案：此謂依扶於軾。

〔六〇〕「者」，原脱，兹據李本補。介者不拜，禮記曲禮「介者不拜」疏：「介，甲鎧也。著鎧者不爲式敬，屈拜則坐損其威武之容也。」

〔六一〕抑，說文：「𢑏，按也。」正字通：「𢑏，抑之本字。」夏案：反抑式，謂反握車軾。

〔六二〕「若夫」上，李本有總論二字。　技，集韻：「技，通作伎。」廣韻：「伎，通跂。」荀子勸學注：「跂，舉足也。」夏案：盧本作跂，用其本字。程本作跛，當係據曲禮改。曲禮上「立毋跛」疏：「謂挈舉一足。」其義一也。蓋未通其假借而改字也。

〔六三〕蹁，原注：「音偏，不正也。」

〔六四〕「趍」，盧本作趮。盧文弨曰：「趮，與躁同。舊皆訛趍。」夏案：盧說非。墨子耕柱閒詁：「魏晉間人避魏武諱，凡從喿之字，多改從參。」段本說文「摻」注：「南朝以來，摻、操不別。」是則，摻同操，趍亦同趮，即躁。集韻：「趮，或作躁。」

〔六五〕比，管子五輔注：「比，和也。」

〔六六〕嗟，釋名釋言語：「嗟，佐也。言之不足以盡意，故發此聲以自佐也。」夏案：此謂疾不擇言，濫加語助。

〔六七〕「九歲」，大戴禮記保傅、公羊傳僖公十年注、漢書食貨志、藝文志、許慎說文敘皆作八歲。疑原誤，或另有所據。又，自此至「折中距」，大戴禮記録入其保傅篇。

〔六八〕踝，盧文弨曰：「踝，踐也。」論語先進集解：「踐，循也。」儀禮士相見禮注：「踐，行也。」』　小節，漢書食貨志上：「入小學，始知室家長幼之節。」

〔六九〕業，學也。顔延之庭誥文：「業習移其天性。」 小道，論語子張疏：「小道謂才藝。」食貨志：「入小學，學六甲、五方、書計之事。」

〔七〇〕束髮，盧辯曰：「束髮，謂成童。白虎通曰『十五入大學』是也。」

〔七一〕大節、大道，食貨志：「入大學，學先聖禮樂，而知朝廷君臣之禮。」夏案：莊子天下：「大道能包之，而不能辯之。」食貨志止謂其可言者也。

〔七二〕「是以」二句，亦見禮記玉藻，其文云：「是以非辟之心，無自入也。」疏：「非類邪僻之心，無由入於身也。」

〔七三〕襲，老子五十二：「無遺身殃，是謂襲常。」注：「襲，藏也。」逸周書武明解注：「襲，掩也。」夏案：襲訓掩、藏，引申之爲防範，淮南子主術訓「人主深居隱處以避燥濕，閨門重襲以避姦賊」，與此意近。

〔七四〕「詩曰」四句，見前連語注。

〔七五〕文章，論語泰伯集注：「文章，禮樂法度也。」

〔七六〕執，經籍纂詁：「執，猶處也。」夏案：全句謂處於戒衛、輔臣之間。

〔七七〕鳴玉，楚語下注：「鳴玉，鳴其佩玉，以相禮也。」禮記玉藻：「古之君子必佩玉，周還中規，折還中矩，行則鳴佩玉，是以非辟之心，無自入也。」

〔七八〕「鳴玉者」，原脱，兹據李本補。

〔七九〕「牙」、「蠙」、「納」、「雜」，原作「耳」、「捍」、「細」、「頜」，兹從下文盧辯説，據大戴禮記保傅改。 珩，朱駿聲曰：

「珩者，珮首横玉，所以繫組。」康熙字典：「珩，通作衡。」「上有」四句，盧辯曰：「衡，平也。半璧曰璜。衡在中，牙在旁。納其間，納於衡璜之間。玭，亦作蠙。總曰玭珠，而赤者曰琚，白者曰瑀。」董增齡曰：「佩之上，横曰珩，下繫三組，貫以蠙珠。中組之半，貫一大珠，曰瑀。末縣一玉，兩端皆鋭，曰衡牙。兩旁組半，各縣一玉，長博而方，曰琚。其末各縣一玉，如半璧而内向，曰璜。又以兩組貫珠上，繫珩兩端，下交貫於瑀，而下繫於兩璜。行則衝牙觸璜而有聲。」

〔八〇〕「行以」二句，汪照曰：「爾雅曰：『堂上謂之行，堂下謂之步，門外謂之趨，中庭謂之走。』」餘詳前保傅篇注。

〔八一〕「步中規」二句，汪照引朱熹曰：「周旋，是直去卻回來，其回轉處，欲其圓如規也。折旋，是直去了復横去，其横轉處，欲其方如矩也。」夏案：朱語係釋禮記玉藻（見注〔七七〕引），其文作周還、折還（還借爲旋），故如是説。

〔八二〕鸞、和，皆爲鈴，詳注〔八四〕。

〔八三〕「和則敬」，原脱和字，兹據程本補。

〔八四〕「和鸞」，原作和鳴，兹據十三經注疏改。「噰」，詩經作雝，他本從之。王念孫曰：「雝，與噰同。」（羣經字類）。赦懿行曰：「雝本鳥名，借爲鳥聲，作雝爲正。」（爾雅義疏）「詩曰」二句，見小雅蓼蕭。集傳云：「和、鸞，皆鈴也。在軾曰和，在鑣曰鸞。攸，所。同，聚也。」

〔八五〕施舍，左傳昭公十三年注：「施舍，猶布恩德。」夏案：「故曰明君在位」至「各有容志也」，本自子産語，見左傳襄公三十一年。

〔八六〕象，廣雅釋詁：「象，效也。」

〔八七〕接，説文：「接，交也。」　等，廣雅釋詁：「等，輩也。」

〔八八〕肅，説文：「肅，持事振敬也。」

〔八九〕宗揖，即總輯。朱駿聲曰：「宗，假借爲總。」集韻：「揖，通作輯。」夏案：總輯，即上句「上下和協而士民順一」之意。

〔九〇〕行義足法，謂舉措合宜，足以效法，即上文「作事可法」之意。釋名釋言語：「義，宜也。制裁事物使合宜也。」

〔九一〕「文」，李本作儀。夏案：參上句「有威而可畏謂之威」，則此句當作「有儀而可象謂之儀」。

〔九二〕「詩曰」二句，見衞風柏舟。毛傳云：「君子望之儼然可畏，禮容俯仰各有威儀耳。棣棣，富而閑習也。」左傳襄公三十一年引此詩，注曰：「選，數也。」

〔九三〕品，説文：「品，衆庶也。」夏案：品事，諸事。　容志，儀容，心志。

〔九四〕子贛，禮記樂記注：「子贛，孔子弟子端木賜也。」史記仲尼弟子列傳：「端木賜，衞人，字子貢。」夏案：子贛事詳論語、史記。　又，此文又見於吕氏春秋異用。

〔九五〕大親，莊子庚桑楚：「蹍市人之足，由辭以放驁，大親則已矣。」集解：「若父蹋子足，則閔然而已。」夏案：是大親謂父母。　然弟子之父母與孔子同輩，不當如是之恭，異用云：「孔子荷杖而問之曰：『子之公不有恙乎？』」搏（通扶）杖而揖之，問曰：『子之父母不有恙乎？』」荷杖與此舉杖相近，而所問者爲公，據通俗編知公爲祖父，疑此大親即指祖父，猶大父謂祖也。此下或脱問父母之句。毋乃，王引之曰：「無，字或作毋。」「無乃，猶得無。」

〔九六〕「放」，原訛敢，兹據程本改。

〔九七〕得，荀子議兵注：「得序，各當其任。」夏案：得，當也，應也。

〔九八〕「倍下行」，程本作倍而行，何本作陪而行。夏案：「下」當作「而」，疑下係而之壞字。倍、陪皆通背。蓋問其妻子，故背其身也。

〔九九〕「佝」，原訛兩，兹據程本改。

〔一〇〇〕戚，孟子告子注：「戚，親也。」

〔一〇一〕子路，史記仲尼弟子傳：「仲由字子路，卞人也。」

〔一〇二〕「褏」，原訛哀，兹據盧本改。説文：「褏，袂也。俗从由。」

〔一〇三〕亡，朱駿聲曰：「亡，假借爲忘。」

〔一〇四〕過猶不及，語出孔子，見論語先進。

〔一〇五〕「沉」，盧本作審。正字通：「沉，俗沈字。」朱駿聲曰：「沈，假借爲瀋。」「審，假借爲瀋。」俞樾曰：「淮南子本經訓注：『審，明也。』審乎明王，正以審乎爲形況之辭，審乎所以擬其明也。」

〔一〇六〕執中，尚書大禹謨：「惟精惟一，允執厥中。」疏：「汝當精心，惟當一意，信執其中正之道。」履衡，猶言執平、持平。禮記表記注：「履，行也。」尚書太甲傳：「衡，平也。」

〔一〇七〕淳，俞樾曰：「淳，當讀爲憝，周書世俘篇孔注：『憝，惡也。』威勝德則惡矣。」

〔一〇八〕施，俞樾曰：「施者，弛之假字也。言德勝威則廢弛也。」

〔一〇九〕文，説文：「文，交錯畫也。」夏案：此謂交錯如文。「文」，盧本作交，於義爲長。繆，盧文弨曰：「繆，與糾同。」纆繩索。

〔一一〇〕「質勝文」四句，見論語雍也。邢疏云：「言人質多甚於文，則如野人鄙略也。文多勝於質，則如史官也。彬彬，文質相半之貌。言文華質樸相半彬彬然，然後可爲君子也。」

〔一一一〕辟，朱駿聲曰：「辟，假借爲譬。」

〔一一二〕「亢龍」四句，易乾：「上九，亢龍有悔。」疏：「上九，亢陽之至大而極盛，故曰亢龍。以人事言之，似聖人有龍德，上居天位，久而亢極，物極則反，故有悔也。純陽雖極，未至大凶，但有悔吝而已。繫辭云『悔吝者，言乎其小疵也。』」集解引王肅曰：「窮高曰亢。知進忘退，故悔也。」夏案：解悔爲凶者殊少見，惟公羊傳襄公二十九年注「悔，咎也」，與誼説近。

〔一一三〕「潛龍」四句，易乾：「初九，潛龍勿用。」疏：「潛者，隱伏之名。言於此潛龍之時，小人道盛，聖人雖有龍德，唯宜潛藏，勿可施用。」夏案：考之諸説，似無誼所謂「入而不能出」之義，九二即謂「見龍在田，利見大人」。

〔一一四〕神，易繫辭上：「陰陽不測之謂神。」易説卦：「神也者，妙萬物而爲言者。」

〔一一五〕「龍」，程本作能，於義爲長。

〔二六〕與，王引之引王念孫曰：「與，猶爲也。」

〔二七〕章，朱駿聲曰：「章，假借爲彰。」夏案：説文：「龍，鱗蟲之長，能幽能明，能細能巨，能短能長。」或本於誼説，或共有語源。

〔二八〕「在小」二句，盧文弨曰：「窕音眺，肆也。潭本作窕，同。」劉師培曰：「窕字本兼大小二訓，左傳昭二十一年『小者不窕，大者不槬』，漢書五行志引之，顔注曰：『窕，輕小也。』惟窕、寶并文義不可通。寶乃窒字之訛。窒，猶淮南之塞也。」夏案：正字通：「槬，摦字之譌。」説文新附：「摦，横大也。从手瓠聲。」集韻：「匏，或从瓜。亦作包、苞。」説文校録：「匏，从包夸，包亦聲。」是摦亦可作⿰扌匏，包聲。包、寶雙聲疊韻，朱駿聲曰：「包，假借爲苞。」「苞，假借爲俘。」「寶，假借爲俘。」是包、苞、寶互通之證。而瓠亦可作包，是瓠、寶亦可通。摦，包聲或瓠聲，亦皆可通寶。若是，此謂龍變無常，故處小不大，處大不小。又，劉引淮南子，見俶真訓，其文曰：「處小隘而不塞，横扃天地之間而不窕。」

〔二九〕狎，書泰誓蔡傳：「狎，侮慢。」作，禮記哀公問注：「作，猶變也。」此謂作色。

〔三〇〕姚，劉師培曰：「姚、卒對文，姚，當作佻。荀子王霸注：『佻，緩也。』正與倉卒義反。不惛者，言事雖緩而不遺忘也。」夏案：朱駿聲曰：「姚，或曰即佻字。」惛，音昏。廣韻：「惛，不明了。」

〔三一〕卒，盧文弨曰：「卒，倉卒也。」

〔三二〕路，王聘珍引鄭注覲禮云：「凡君所乘車曰路。」引白虎通車旂云：「路，大也。」夏案：何孟春曰：「『古之爲路車也」至「此與教之道也」，錯簡，今從大戴禮記移之於前。」即接「萬福之所聚也」後。何說可參，此節確與上文不相承接。

〔一二三〕蓋，車蓋，車篷。　圜，說文：「圜，天體也。」段注：「許書圓、圜不同。言天當作圜，言渾圓當作圓。」

〔一二四〕橑，盧辯曰：「橑，蓋弓也。」夏案：即支撐車蓋之弓形木架。

〔一二五〕軫，孔廣森曰：「軫，車底也。」

〔一二六〕三十幅以象月，孔廣森引老子云：「三十幅共一轂。」王引之曰：「三十日而成一月，故輪輻象之。」夏案：「蓋圜以象天」四句，本自周禮冬官考工記輈人。

〔一二七〕「故仰則觀」二句，易繫辭上：「易與天地準，故能彌綸天地之道。仰以觀於天文，俯以察於地理。」

〔一二八〕「側聽則觀」，原無。茲據大戴禮記補。　四時之運，盧辯曰：「謂視輪也。車爲月。」孔廣森曰：「鈴言視，輪言聽者，互文也」

〔一二九〕「大」李本作太。夏案：大、太通，惟下句又作太，此當作太。又，何本將此節移於連語篇「故臣以爲練左右急也」，下，案云：「已上舊在容經篇末，亦無文義，豈非因前段（即「古之爲路輿」一段）錯簡而俱誤？今合而一之。」其說可參。此節亦見於春秋繁露玉杯篇。

〔一三〇〕厭，集韻：「厭，足也。」

〔一三一〕「失」，原無，茲據春秋繁露補。夏案：全句謂二者其失雖異，其敗則同。

〔一二〕施，禮記學記注：「施，猶教也。」

〔一三〕齊，周禮天官亨人注：「齊，多少之量。」夏案：說文：「劑，齊也。」段注：「今人藥劑字，乃周禮之齊字。」是即今謂之劑量，猶度也，即下文疾、徐、多、少之度。

〔一四〕「造而」二句，章太炎賈子義鈔：「造，即造次之造。趣，即促也。苦即苦窳義。言急而勿迫促，緩而勿窳懶，此即所謂適疾徐也。」夏案：說文段注：「稍之言少也。」窳，音雨。正字通：「窳，惰也。」

春　秋　連語〔一〕

楚惠王食寒葅而得蛭〔二〕，因遂吞之，腹有疾而不能食。令尹入問〔三〕，曰：「王安得此疾？」王曰：「我食寒葅而得蛭，念譴之而不行其罪乎，是法廢而威不立也，非所聞也；譴而行其誅，則庖宰、監食者，法皆當死，心又弗忍也。故吾恐蛭之見也，遂吞之。」令尹避席，再拜而賀曰：「臣聞：『皇天無親，惟德是輔〔四〕。』王有仁德，天之所奉也〔五〕，病不爲傷。」是昔也〔六〕，惠王之後而蛭出〔七〕，故其久病心腹之積皆愈〔八〕。故天之視聽，不可謂不察〔九〕。

衛懿公喜鶴〔一〇〕，鶴有飾以文繡者〔一一〕，賦歛繁多而不顧其民，貴優而輕大臣〔一二〕。羣臣或諫，則面叱之。及翟伐衛〔一三〕，寇挾城堞矣〔一四〕，衛君垂涙而拜其臣民曰：「寇迫矣，士民其勉之！」士民曰：「君亦使君之貴優，將君之愛鶴，以爲君戰矣。我儕棄人也，安能守戰？」乃潰門而出走。翟寇遂入，衛君奔死，遂喪其國。故賢主者，不以草木禽獸妨害人民，進忠正而遠邪僞，故民順附而臣下爲用。今釋人民而愛鳥獸，遠忠道而貴優笑，反甚矣。人主之爲人主也〔一五〕，舉錯而不僨者〔一六〕，杖賢也。今倍其所主而棄其所杖〔一七〕，其僨仆也，不亦宜乎？語曰：「禍出者禍反，惡人者人亦惡之。」管子曰：「不行其野，不違其馬〔一八〕。」此違其馬者也。

鄒穆公有令〔一九〕，食鳧鴈者必以粃〔二〇〕，毋敢以粟。於是，倉毋粃而求易於民〔二一〕，二石粟得一石粃。吏以請曰：「粃食鴈，爲無費也。今求粃於民，二石粟而易一石粃，以粃食鴈則費甚矣。請以粟食之。」公曰：「去！非而所知也〔二二〕。夫百姓煦牛而耕〔二三〕，曝背而耘，苦勤而不敢墮者〔二四〕，豈爲鳥獸也哉？粟米，人之上食也，奈何其以養鳥也？且汝知小計而不知大會〔二五〕。周諺曰『囊漏貯中〔二六〕』，而獨弗聞與〔二七〕？夫君者，民之父母也。取倉之粟，移之於民，此非吾粟乎？鳥苟食鄒之粃，不害鄒之粟而已。粟之在倉，與其在民，於吾何擇？」鄒民聞之，皆知其私積之與公家爲一體也〔二八〕。

楚王欲淫鄒君〔二九〕，乃遺之技樂美女四人〔三〇〕。穆公朝觀，而夕畢以妻死事之孤〔三一〕，故婦人年弗稱者弗蓄，節於身而弗衆也〔三二〕。王輿不衣皮帛，御馬不食禾菽，無淫僻之事，無驕燕之行〔三三〕，食不衆味，衣不雜采〔三四〕，自刻以廣民，親賢以定國，親民如子。鄒國之治，路不拾遺，臣下順從，若手之投心〔三五〕。是故以鄒子之細〔三六〕，魯衛不敢輕，齊楚不能脅。鄒穆公死，鄒之百姓，若失慈父，行哭三月，四境之鄰於鄒者〔三七〕，士民鄉方而道哭〔三八〕，抱手而憂行。酤家不讎其酒〔三九〕，屠者罷列而歸〔四〇〕，傲童不謳歌〔四一〕，舂築者不相杵〔四二〕，婦女抉珠瑱〔四三〕，丈夫釋玦靬〔四四〕，琴瑟無音，朞年而後始復〔四五〕。故愛出者愛反，福往者福來。易曰：「鳴鶴在陰，其子和之〔四六〕。」其此之謂乎！故曰：「天子有道，守在四夷；諸侯有道，守在四鄰〔四七〕。」

宋康王時〔四八〕，有爵生鸇於城之陬〔四九〕，使史占之〔五〇〕，曰：「小而生大，必伯於天下〔五一〕。」康王大喜，於是滅滕，伐諸侯〔五二〕，取淮之地〔五三〕，乃愈自信，欲霸之亟成。故射天笞地〔五四〕，伐社稷而焚之〔五五〕，曰威服天地鬼神；罵國老之諫者爲無頭之棺〔五六〕，以視有勇〔五七〕；剖傴之背〔五八〕，斮朝涉之脛〔五九〕，國人大駭。齊王聞而伐之，民散城不守，王乃逃於郳侯之館〔六〇〕，遂得而死〔六一〕。故見祥而爲不可〔六二〕，祥反爲禍〔六三〕。

晉文公出畋〔六四〕，前驅還白，前有大蛇，高若堤，橫道而處。文公曰：「還車而歸。」其御曰：「臣聞：『祥則迎之，見妖則淩之〔六五〕。』今前有妖，請以從吾者攻之。」文公曰：「不可。

吾聞之曰：『天子夢惡則脩道，諸侯夢惡則脩政，大夫夢惡則脩官，庶人夢惡則脩身。若是，則禍不至。』今我有失行，而天招以夭〔六六〕，我若攻之，是逆天命也。」乃歸。齊宿而請於廟〔六七〕，曰：「孤實不佞，不能尊道，吾罪一。執政不賢，左右不良，吾罪二〔六八〕。飭政不謹，民人不信，吾罪三。本務不脩，以咎百姓，吾罪四。齊肅不莊〔六九〕，粢盛不潔〔七〇〕，吾罪五。請興賢遂能而章德行善〔七一〕，以道百姓〔七二〕，毋復前過。」乃退而脩政。居三月〔七三〕，而夢天誅大蛇，曰：「爾何敢當明君之路！」文公覺，使人視之，蛇已魚爛矣。文公大說，信其道而行之不解〔七四〕，遂至於伯。故曰：見妖而迎以德，妖反爲福也。

楚懷王心矜好高人，無道而欲有伯王之號，鑄金以象諸侯人君，令大國之王編而先馬〔七五〕，梁王御〔七六〕，宋王驂乘〔七七〕，周召畢陳滕薛衞中山之君〔七八〕，皆象使隨而趨。諸侯聞之，以爲不宜，故興師而伐之。楚王見士民爲用之不勸也〔七九〕，乃徵役萬人，且掘國人之墓。國人聞之振動〔八〇〕，晝旅而夜亂〔八一〕。齊人襲之，楚師乃潰。懷王逃適秦，克尹殺之西河〔八二〕，爲天下笑。此好矜不讓之罪也，不亦羞乎？

齊桓公之始伯也〔八三〕，翟人伐燕，桓公爲燕北伐翟，乃至於孤竹〔八四〕，反，而使燕君復召公之職〔八五〕。桓公歸，燕君送桓公入齊地百六十六里。桓公問於管仲曰：「禮，諸侯相送，固出境乎？」管仲曰：「非天子不出境。」桓公曰：「然則燕君畏而失禮也，寡人恐後世之以寡人能存燕而朝之也〔八六〕。」乃下車，而令燕君還車，乃剖燕君所至而與之〔八七〕，遂溝以爲境而後去。諸侯聞桓公之義，口不言而心皆服矣。故九合諸侯，莫不樂聽〔八八〕；扶興天子，莫不勸從〔八九〕。誠退讓，人孰弗戴也。

二世胡亥之爲公子〔九〇〕，昆弟數人〔九一〕，詔置酒饗羣臣，召諸子賜食先罷。胡亥下陛，視羣臣陳履狀善者，因行殘敗而去〔九二〕。諸侯聞之，莫不大息。及二世即位，皆知天下之棄之也〔九三〕。

孫叔敖之爲嬰兒也〔九四〕，出遊而還，憂而不食，其母問其故。泣而對曰：「今日吾見兩頭蛇，恐去死無日矣。」其母曰：「今蛇安在？」曰：「吾聞見兩頭蛇者死，吾恐他人又見，吾已埋之也〔九五〕。」其母曰：「無憂，汝不死。吾聞之，有陰德者，天報以福。」人聞之，皆諭其能仁也〔九六〕。及爲令尹，未治而國人信之。

〔一〕春秋，何孟春曰：「此篇名甚無謂，若爲其時事名之，前所列豈不有其時事者？此蓋『雜事』中之雜事也。」章太炎曰：「春秋篇惟衞懿公一事亦合左傳，其他楚惠王等八事，不知採自何書。各記別事，本與左傳絲毫無涉。其中二世胡亥一事，在左氏後且二百年，其不相關通明矣。篇名春秋，强調與左氏不合，然則楚漢春秋、十六國春秋之屬，有一與左氏合者乎？」夏案：杜預曰：「春秋者，魯史記之名也。記事者，以事繫日，以日繫月，以月繫時，以時繫年，所以紀遠近，別同異也。故史之所記，必表年以首事，年有四時，故錯舉以爲所記之名也。」（春秋序）是則春秋即錯舉四時以名史乘，非必關合左氏也。又，何本移此篇於卷九之末（何本目録見本書附録著録）。

〔二〕楚惠王，名章，公元前四八八——四三二年在位。即前淮難篇白公勝所逐之楚王。夏案：惠王此事，亦見王充論衡福虚篇、劉向新序雜事四。寒，説文：「寒，凍也。」段注：「凍，當作冷。」夏案：此即冷義，謂冷食，即今之涼菜。葅，玉篇：「葅，同菹。」説文：「菹，酢菜也。」説文句讀：「酢菜，猶今之酸菜。」蛭，爾雅釋魚：「蛭，蟣。」夏案：即水蛭，俗稱螞蟥。

〔三〕令尹，淮難：「令尹子西、司馬子綦皆親羣父也，無不盡傷。」當即其人。

〔四〕「皇天」二句，見尚書蔡仲之命。

〔五〕奉，廣雅釋詁：「奉，助也。」

〔六〕昔，何孟春曰：「昔，與夕同。」

〔七〕後，謂之後如厠。太平御覽四〇三引「後」下有溷字，知「後」即溷之婉稱。

〔八〕「故」，俞樾曰：「故字，衍文。」積，謂積疾，北堂書鈔一四六引即作積疾。論衡謂「心腹之積，殆積血也」，別是一解。

〔九〕「視聽」，俞樾曰：「視聽乃親德之誤。論衡作『天之親德也，可謂不察乎』是其證。上云『皇天無親，唯德是輔』，此即承上文爲説也。廣雅釋詁：『察，至也。』（此言）不可謂不至也。後人不達，遂以形似之視聽易之。」夏案：

誼此論，王充非之，略云：「國君專擅賞罰，惠王通譴，赦而不罪，惠莫大焉。今則不然，使監食不聞其過，無御非之心，不肖一也。蛭長寸度，眇目猶將見之，擇濯不謹罪重，不譴，不肖二也。投地隱匿，足以使蛭不見，何必食之？如不可食之物，可復強食之？不肖三也。有不肖之行而天祐之，是天祐不肖人也。賢者操行，多若吞蛭之類。吞蛭，天除其病，是則賢者常無病也？然而武王不豫，孔子疾病，天之祐人，何不實也！」

〔一〇〕衞懿公，名赤，公元前六六八——六六一年在位。喜鶴事，又見左傳閔公二年、呂氏春秋義勇篇、史記衞世家、新序義勇篇、韓詩外傳。

〔一一〕「者」，原無，兹據李本補。夏案：李本原作「而乘軒者」，當據左傳。而乘軒事，他書及宋本不載，賈生或疑其事而改。

〔一二〕優，說文：「優，倡也。」文選司馬相如上林賦注：「優，樂人。」

〔一三〕翟，音狄，韓詩外傳、新序即作狄。

〔一四〕挾，俞樾曰：「挾，讀爲接。」「堞」，原訛蝶，兹據李本改。釋名釋宮室：「城上垣，或名堞。」夏案：俗稱城墻垛子。

〔一五〕「之」，陶鴻慶曰：「之，當爲者字之誤。『人主者，爲人主也』，與下句各爲一義。下文云：『今背其所主，而棄其所杖』，正承此二義言。」

〔一六〕錯，朱駿聲：「錯，假借爲措。」　僨，漢書韓王信傳注：「僨，謂僵仆而倒也。」

〔一七〕倍，說文：「倍，反也。」正字通：「倍，俗亦作背。」

〔一八〕「管子」二句，見管子形勢。形勢解云：「馬者，所乘以行野也，故雖不行於野，未嘗解惰也。民者，所以守戰也，故雖不守戰，其治養民也，未嘗解惰也。故曰不行其野，不違其馬。」

〔一九〕鄒，漢書地理志下：「魯國，縣六：騶，故邾國，曹姓，二十九世爲楚所滅。」王先謙曰：「邾，魯附庸國。說文騶作鄒。」

〔二〇〕食，通飼。　鳧鴈，爾雅釋鳥：「鳧鴈醜，其足蹼。」疏：「鳧，水鳥也。鴈，陽鳥也。」郝懿行曰：「鳧鴈，膳鳥也。」夏案：邢疏以鴈爲陽鳥（即雁），雁不可飼，與此文不合，當從郝說。說文：「鳧，舒鳧，鶩也。」段注：「李巡云：『鳧，野鴨。鶩，家鴨。』許當云：鳧，水鳥也。舒鳧，鶩也。」說文：「鴈，鵝也。」段注：「許意雁爲鴻雁，鴈爲鵝。」是知鳧鴈即鴨鵝，故郝云膳鳥也。

〔二一〕毋，朱駿聲曰：「毋，假借爲無。」

〔二二〕「而」，新序作汝，通。

〔二三〕煦，正字通：「煦，與煦通。」盧本即作煦。集韻：「咻，痛念聲，或作煦。」夏案：痛念聲即呼痛聲，此當係噢咻聲，即叱牛聲。劉師培謂當從藝文類聚八十五引作餉，非是。

〔二四〕墮，淮南子說林訓注：「墮，廢也。」夏案：盧本作惰，疑係意改。即作惰解，亦無煩改字。晉書音義：「惰，本作墮。」

〔二五〕計、會（音快），孟子萬章下疏：「零星算之爲計，總合算之爲會。」

〔二六〕貯，説文：「貯，積也。」夏案：用作静字即貯藏之所，猶言倉也。下文即云「取倉之粟，移之於民，此非吾粟乎」。

〔二七〕而，汝。　與，集韻：「與，通作歟。」盧本即作歟。

〔二八〕「與」，原脱，兹據李本補。

〔二九〕淫，孟子滕文公下注：「淫，亂其心也。」

〔三〇〕技，集韻：「技，通作伎。」夏案：伎樂，謂歌舞藝人。

〔三一〕死事，管子問注：「死事，死於王事。」　孤：説文：「孤，無父也。」

〔三二〕衆，謂衆蓄嬪妃。

〔三三〕燕，禮記樂記注：「燕，猶褻也。」

〔三四〕雜，説文：「雜，五色相合也。」　采，朱駿聲曰：「采，字亦作彩。」

〔三五〕投，後漢書楊震傳注：「投，應也。」

〔三六〕鄒子，歷代疆域表：「邾，附庸，進爵子。」夏案：邾即鄒，見注〔一九〕。此謂邾子之國。　細，玉篇：「細，小也。」

〔三七〕「鄒」，原訛雛，兹據李本改。

〔三八〕鄉，朱駿聲曰：「鄉，假借爲向。」

〔三九〕酤，玉篇：「酤，賣酒也。」　讎，集韻：「售，或作讎。」

〔四〇〕列，説文：「列，分解也。」玉篇：「刿，同列。」莊子養生主疏：「解，宰割也。」

〔四一〕傲，正字通：「傲，與敖通。」説文：「敖，遊也。」

〔四二〕築，説文：「築，所以擣也。」「擣，築也。」夏案：説文前築用作静字，後築則係動字。

〔四三〕「抉」，原作扶，兹據盧本改。集韻：「抉，剔也。」　瑱，説文：「瑱，以玉充耳也。」左傳昭公二十六年疏：「以一條横冕上，兩頭下垂，繫黄緜，緜下又縣玉爲瑱，以塞耳。」夏案：此泛指首飾。

〔四四〕「丈」，原作大，兹據李本改。　玦䍐（音看），王引之曰：「決，箸於右手大指，所以鉤弦也。扞，箸於左臂，所以扞弦也。玦與決同。䍐與扞同。」

〔四五〕朞，集韻：「稘，説文：『復其時也。』或作朞、期。」夏案：朞年，即周年。

〔四六〕「易曰」二句，見中孚。注云：「處内而居重陰之下，而履不失中，雖在闇昧，物亦應焉。」疏：「處於幽昧而行不失信，則聲聞於外，爲同類所應焉。」

〔四七〕「故曰」四句，左傳昭公二十三年：「古者，天子守在四夷，天子卑，守在諸侯。諸侯守在四鄰，諸侯卑，守在四竟。」會箋：「言其和柔四夷，以爲諸夏之衞也。」杜注：「鄰國爲之守。」

〔四八〕宋康王，名偃，逐其兄自立爲王，四十七年爲齊楚軍所殺，宋遂亡，詳史記宋微子世家。夏案：康王此事見宋策，劉向新序雜事四亦載。

〔四九〕爵，朱駿聲：「爵，假借爲雀。」　鸇，音氈。毛詩草木鳥獸魚蟲疏：「鸇，似鷂，黄色，擊鳩、鴿、燕、雀食之。」　陬，音鄒。宋策注：「陬，隅也。」

〔五〇〕史，左傳襄公二十五年注：「史，筮人也。」

〔五一〕「小而」三句，宋策注：「太史能辨吉凶之妖祥，康王無道，不敢正對，故云『必霸天下』，危行言遜，太史有焉。」

「大」，俞樾曰：「戰國策作巨，當從之。古占驗之辭必有韻，巨與下爲韻，大與下則非韻矣。」伯，正韻：「伯，同霸。後人恐與侯伯字溷，借霸字别之。」

〔五二〕「伐諸侯」，劉師培曰：「新序作『伐薛』，此作諸侯，疑誤。」夏案：宋策亦作薛。

〔五三〕「淮之地」，宋策、新序、何本、程本作淮北之地。盧本作淮北之城，未言所據。

〔五四〕射天，宋微子世家：「盛血以韋囊，縣而射之，命曰射天。」

〔五五〕社稷，尚書召誥傳：「共工子句龍，能平水土，祀以爲社。周祖后稷，能殖百穀，祀以爲稷。」夏案：此謂社稷之廟。

〔五六〕「無頭之棺」，宋策作無顔之冠，羣書治要引作無頭之冠。盧文弨曰：「無頭之棺，似訛。」王耕心曰：「無頭之冠，示人人皆願喪其元耳。」夏案：此爲康王所駡，非諫者所願，王説未確。作冠雖義長，作棺似亦可通。白虎通崩薨：「棺之爲言完也，所以藏屍以完全也。」無頭則不完，此蓋謂無頭之屍。

〔五七〕視，朱駿聲曰：「視，假借爲示。」

〔五八〕剖，宋策注：「剖，劈也。」傴，説文：「傴，僂也。」

〔五九〕斮朝涉之脛，僞尚書泰誓：「斮朝涉之脛。」孔叢子抗志：「商紂斮朝涉，天下稱暴。」

〔六〇〕郳侯，山堂肆考：「邾武公封次子於郳。」通志氏族略：「倪氏，即郳氏也。」

〔六一〕得，黄丕烈曰：「得，獲也。即世家殺王偃事。」（戰國策札記）

〔六二〕爲不可，王念孫曰：「爲不可，謂爲不善也。」

〔六三〕「禍」，原訛福，兹據宋策改。

〔六四〕畋（音田），吕氏春秋直諫注：「畋，獵也。」夏案：此事亦載新序雜事二。

〔六五〕「見」，莫本無。夏案：參上句例，當無見字。

〔六六〕招，朱駿聲曰：「招，假借爲昭。」左傳昭公十二年賈注：「昭，明也。」釋名釋典藝：「詔，昭也。人暗不見事宜，則有所犯，以此昭示之，使昭然知所由也。」晏子春秋諫上：「詔之妖祥，以戒不敬。」 夭，水經注河水紀昀校：「夭、妖通。」李本即作妖。

〔六七〕「齊宿」，原訛齊伯，兹據李本改。齊宿，即齋宿。

〔六八〕「二」，原脱，兹據李本補。

〔六九〕齊肅，漢書郊祀志注：「齊，讀曰齋。齊肅，莊敬也。」

〔七〇〕粢盛，孟子滕文公下注：「黍稷曰粢，在器曰盛。」

〔七一〕遂，禮記月令注：「遂，進也。」 章，朱駿聲曰：「章，假借爲彰。」

〔七二〕道，讀爲導。

〔七三〕「月」，原作日。夏案：脩政三日，於理不合，兹據李本改。

〔七四〕解，王耕心曰：「解，讀爲懈。」

〔七五〕編，廣韻：「編，次也。」先馬，荀子正論：「天子出門，諸侯持輪挾輿先馬。」注：「先馬，導馬也。」字彙：「先，先馬，前驅也。」

〔七六〕梁王，即魏王。

〔七七〕驂乘，漢書文帝紀注：「乘車之法，尊者居左，御者居中，又有一人處車之右，以備傾倒。戎車稱車右，其餘則曰驂乘。驂者，三也。蓋取三人爲名義耳。」

〔七八〕周，史記周本紀：「考王封其弟於河南，是爲桓公。桓公卒，子威公代立。威公卒，子惠公代立，乃封其少子於鞏，號東周惠公。」。夏案：此周相對於上文「大國之君」而言，當係指周室之附庸，即東西二周。參過秦上「吞二周」注。召（音邵），史記燕召公世家索隱：「（燕召公）元子就封，次子留周室，代爲召公。」夏案：此當謂留周之召公，燕則其時爲大國。畢，左傳僖公二十四年注：「畢國，在長安縣西北。」尚友録：「畢，周文王十五子公高之後。」陳，史記陳杞世家：「陳胡公滿者，虞帝舜之後也。周武王克殷紂，乃復求舜後，封之於陳。」滕，通志氏族略：「滕氏，文王十四子叔繡後也，武王封之於滕。」薛，文獻通考封建考：「薛，任姓，侯爵，黄帝之後。奚仲封於薛，今徐州薛城。」衞，史記衞康叔世家：「衞康叔，名封，周武王同母少弟也。周公旦伐殷，殺武庚禄父，以武庚殷餘民封康叔爲衞君。」　中山，讀史方輿紀要直隸真定府：「定州（今河北定縣），春秋時鮮虞國，戰國初爲中山國，尋爲趙所倂。」

〔七九〕勸，宋策注：「勸，力也。」

〔八〇〕振，通震，見前過秦上「威振四海」注。

〔八一〕旅，爾雅釋詁：「旅，陣也。」逸周書作雒解注：「旅，列也。」夏案：此謂成列、列陣。

〔八二〕「克」，何本、程本作免，王國維校本作兑。　夏案：誼說與史載不同，不詳其實。

〔八三〕始伯，史記齊太公世家桓公五年：「桓公於是始霸也。」夏案：其時在公元前六八一年。救燕事，於桓公二十三年（公元前六六三年）。

〔八四〕孤竹，史記周本紀正義引括地志云：「孤竹故城在平州盧龍縣，殷時孤竹國也。」夏案：盧龍，今河北縣名。

〔八五〕「使」，原在燕君下，兹據程本移。　復召公之職，即齊世家所謂「復修召公之政」、燕世家所謂「復修召公之法」。廣雅釋詁：「職，業也。」

〔八六〕能，廣韻：「巧，能也。」朱駿聲曰：「能，假借爲態。」文選張衡西京賦注：「態，巧也。」夏案：是能亦訓巧。集韻：「巧，僞也。」此能當訓僞。　程本、盧本未達此而改「能」爲「爲」，非是。　朝，即過秦上「朝同列」之朝，謂使燕朝己，與上「管仲曰：非天子不出境」相應。　程本、盧本未達此而改「朝」爲「欺」，非是。

〔八七〕剖燕君所至而與之，齊世家正義引括地志云：「燕留，故城在滄州長盧縣東北，即齊桓公分溝割燕君所至地與燕，因築此城，故名燕留。」夏案：燕留，今河北滄縣。

〔八八〕「聽」，原訛德，兹從盧本改。

〔八九〕勸，説文：「勸，勉也。」段注：「勉之而悦從亦曰勸。」

〔九〇〕公子，儀禮喪服注：「公子，君之庶子也。」夏案：時扶蘇爲太子，故胡亥爲公子。此事亦載新序雜事五。

〔九一〕昆，吴語注：「昆，兄也。」

〔九二〕「殘」，新序、盧本作踐。

〔九三〕「棄之」，原脱之，兹據程本補。「之棄之」，新序作「必棄之」，於義爲長。

〔九四〕孫叔敖，吕氏春秋情欲注：「孫叔敖，楚令尹，薳賈之子。」夏案：此事亦載新序雜事一。

〔九五〕「埋」上，新序有「殺而」二字，於文爲備。

〔九六〕諭，吕氏春秋慎小注：「諭，明也。」漢書翼奉傳注：「諭，曉解。」

新書校注卷第七

先醒 連語〔一〕

懷王問於賈君曰〔二〕：「人之謂知道者爲先生〔三〕，何也？」

賈君對曰：「此博號也〔四〕，大者在人主，中者在卿大夫，下者在布衣之士。乃其正名〔五〕，非爲先生也，爲先醒也。彼世主不學道理〔六〕，則嘿然惛於得失〔七〕，不知治亂存亡之所由，忳忳然猶醉也〔八〕。而賢主者學問不倦，好道不厭，惠然獨先迺學道理矣〔九〕。故未治也知所以治，未亂也知所以亂，未安也知所以安，未危也知所以危，故昭然先寤乎所以存亡矣。故曰先醒，辟猶俱醉而獨先發也〔一〇〕。故世主有先醒者，有後醒者，有不醒者〔一一〕。

昔楚莊王即位〔一二〕，自靜三年〔一三〕，以講得失〔一四〕，乃退辟邪而進忠正，能者任事而後在高位，内領國政，辟草而施教〔一五〕，百姓富〔一六〕，民恒一〔一七〕，路不拾遺，國無獄訟。當是時也，周室壞微，天子失制矣〔一八〕，宋鄭無道，欺昧諸侯。莊王圍宋伐鄭〔一九〕，鄭伯肉袒牽羊〔二〇〕，奉簪而獻國〔二一〕。莊王曰：『古之伐者，亂則整之，服則舍之，非利之也。』遂弗受，乃與晉人戰於兩棠〔二二〕，大克晉人，會諸侯於漢陽〔二三〕，申天子之辟禁〔二四〕，而諸侯説服。莊王歸過申侯之邑〔二五〕，申侯進飯，日中而王不食。申侯請罪曰：『臣齋而具食甚潔〔二六〕，日中而不飯，臣敢請罪。』莊王喟然嘆曰：『非子之罪也。吾聞之曰，其君賢君也，而又有師者王；其君中君也，而又有師者伯；其君下君也，而羣臣又莫若者亡〔二七〕。今我下君也，而羣臣又莫若不穀〔二八〕，恐亡有也〔二九〕。吾聞之，世不絶賢。天下有賢，而我獨不得，若吾生者，何以食爲？』故莊王戰服大國，義從諸侯，戚然憂恐，聖智在身，而自錯不肖〔三〇〕，思得賢佐，日中忘飯，可謂明君矣。此之謂『先寤所以存亡』〔三一〕，此先醒者也〔三二〕。

昔宋昭公出亡至於境〔三三〕，喟然嘆曰：『嗚呼！吾知所以存亡！吾被服而立〔三四〕，侍御者數百人，無不曰吾君麗者；吾發政舉事，朝臣千人，無不曰吾君聖者〔三五〕。外内不聞吾過，吾是以至此，吾困宜矣。』於是革心易行，衣苴布〔三六〕，食⿰豐粦餕〔三七〕，晝學道而夕講之。二年，美聞於宋〔三八〕。宋人車徒迎而復位〔三九〕，卒爲賢君，謚爲昭公〔四〇〕。既亡矣，而乃寤所以存，此後醒者也。

昔者虢君驕恣自伐〔四一〕，諂諛親貴〔四二〕，諫臣詰逐，政治踳亂，國人不服。晉師伐之，虢人不守，虢君出走，至於澤中，曰：『吾渴而欲飲。』其御乃進清酒〔四三〕。『吾饑而欲食。』御進腶脯粱糗〔四四〕。虢君喜曰：『何給也〔四五〕？』御曰：『儲之久矣。』『何故儲之？』對曰：『爲君出亡而道饑渴也。』君曰：『知寡人亡邪？』對曰：『知之。』曰：『知之，何以不諫？』對曰：『君好謟諛而惡至言，臣願諫，恐先虢亡。』虢君作色而怒。御謝曰：『臣之言過也〔四六〕。』爲閒，君曰：『吾之亡者，誠何也？』其御曰：『君弗知耶？君之所以亡者，以大賢也。』虢君曰：『賢，人之所以存也。乃亡何也？』對曰：『天下之君皆不肖，夫疾吾君之獨賢也〔四七〕，故亡。』虢君喜，據式而笑，曰：『嗟！賢固若是苦耶！』遂徒行而於山中居，饑倦，枕御膝而卧。御以塊自易〔四八〕，逃行而去。君遂餓死，爲禽獸食。此已亡矣，猶不悟所以亡〔四九〕，此不醒者也。

故先醒者，當時而伯；後醒者，三年而復；不醒者，枕土而死，爲虎狼食。嗚呼，戒之哉！」

〔一〕何孟春曰：「漢書賈誼傳：『誼爲梁懷王太傅。懷王，上少子，愛，而好書，故令誼傅之。』此篇乃誼自記答問之辭，今載韓詩外傳。」

〔二〕懷王，漢書文三王傳：「梁懷王揖，文帝少子也。好詩書，帝愛之，異於他子。五年一朝，凡再入朝，因墮馬死。」君，正字通：「君稱臣曰君。」漢書韓信傳：「上曰：『於君如何？』」

〔三〕「爲」，原無，兹據程本補。知道，莊子秋水：「知道者，必達於理。」疏：「知虚通之道者，必達深玄之實理。」

〔四〕博號，猶言通稱，泛稱。説文：「博，大通也。」增韻：「博，普也。」

〔五〕乃，王引之曰：「乃，猶而也。」

〔六〕世主，猶言世俗之君，與下賢主對文。下「世主有先醒者」，則謂世間之君。

〔七〕嘿，玉篇：「嘿，與默同。」　惛，不明，見容經注。

〔八〕「忳忳然」，原誤「然忳忳」，兹據李本乙。王耕心曰：「玉篇：『忳，悶也。』忳忳，蓋瞀悶之狀，與眊眊同義。」

〔九〕惠，正韻：「慧，亦作惠。」　迺，同乃，此訓而，見注〔五〕。

〔一〇〕辟，朱駿聲曰：「辟，假借爲譬。」　發，汪中曰：「發，醒也。晏子諫篇上『景公飲酒，三日而後發。』」（經義知新記）

〔一一〕「有不醒者」，原脱，兹據莫本補。

〔一二〕楚莊王，名侶，穆王子，公元前六一三——五九〇在位。詳史記楚世家。

〔一三〕静，俞樾曰：「静，讀爲靖。爾雅釋詁：『靖，謀也。』自靖者，自謀也。韓詩外傳作『楚莊王謀事而居』，雖與此不同，然彼謀字即此静字也。」夏案：楚世家與誼説不同，其文曰：「莊王即位三年，不出號令，日夜爲樂，令國中曰：『有敢諫者，死無赦。』伍舉入諫，曰：『有鳥在於阜，三年不蜚不鳴，是何鳥也？』莊王曰：『三年不蜚，蜚將沖天；三年不鳴，鳴將驚人。』居數月，淫益甚。蘇從乃入諫。王曰：『若不聞令乎？』對曰：『殺身以明君，臣之願也。』於是乃罷淫樂聽政。」伍舉所言蜚，通飛。

〔一四〕講，廣雅釋詁：「講，論也。」

〔一五〕辟草，劉師培曰：「辟草，即墾土也。」

〔一六〕「姓」，原誤教，兹據李本改。

〔一七〕民恒一，劉師培曰：「民恒一，猶言人民弗貳也。」

〔一八〕「矣」，莫本、程本、周本、盧本無。夏案：上下皆四字爲句，疑矣字衍。

〔一九〕圍宋伐鄭，事見左傳宣公十一年至十四年。夏案：其事乃莊王圖霸業耳，非必宋鄭無道欺昧。

〔二〇〕肉袒牽羊，左傳宣公十二年注：「示服爲臣僕也。」

〔二一〕奉簪，猶言去冠退位。夏案：文選左思招隱詩：「聊欲投吾簪。」注：「簪，所以持冠也。翰曰：『欲投棄冠簪而隱。』」是士大夫投簪猶挂冠棄官，鄭伯奉簪當即下之「獻國」意。又，章太炎謂簪當讀爲識，識即志字，鄭國之國書與地圖之類也。詳春秋左傳讀。

〔二二〕與晉人戰，史記楚世家：「六月，晉救鄭，與楚戰，大敗晉師河上。」春秋宣公十二年：「六月，晉荀林父帥師及楚子戰于邲。」兩棠，孫人和曰：「兩棠，即泌地也。」(左宧漫録兩棠考)夏案：其地在今河南鄭州與滎陽之間。

〔二三〕漢陽，左傳僖公二十八年注：「水北曰陽，姬姓之國，在漢(水)之北者。」夏案：史乘無莊王會諸侯於漢陽之事。

〔二四〕辟禁，猶言法令。説文：「辟，法也。」吕氏春秋離謂注：「禁，法也。」

〔二五〕申侯，歷代疆域表：「申，今河南府北二十里有申城，即故申國都。莊六年，楚滅申，後遂入楚爲申邑。」夏案：此申侯當即楚申邑大夫，故荀子堯問、韓詩外傳六皆作申公巫臣。荀子注：「巫臣，楚申邑大夫也。」據歷代疆域表云，申，姜姓，侯爵。故巫臣亦得稱侯。又，詩邶風旄丘序箋：「侯爲州牧也。」申邑故地，在今河南南陽。

〔二六〕具食，猶言備膳。廣雅釋詁：「具，備也。」

〔二七〕「其君賢君」六句，荀子堯問：「諸侯自爲得師者王，得友者霸，得疑者存，自爲謀而莫己若者亡。」夏案：吴子圖國、呂氏春秋驕恣亦有類似論述。「又有師者伯」，原脱又字，茲據周本補。

〔二八〕不穀，老子三十九：「貴以賤爲本，高以下爲基，是以侯王自謂孤、寡、不穀。」爾雅釋詁：「穀，善也。」

〔二九〕「亡有」，盧藏潭本、李本作已有，盧藏建本、莫本作亡者，周本作亡國，傅增湘校本作亡□，何本、盧本作亡無日，程本作亡自憂。夏案：宋本、早期明本皆二字，作三字者晚出不可從。案諸異文，首字多爲亡字，應無疑。次字蓋漫漶（傅校作□可證），諸家臆補，文從字順者尤可疑，茲就吉府本疏解。朱駿聲曰：「有，假借爲域。」魯語：『共工氏之伯九有也。』注：『域也。』」是亡有即亡域，周本所謂亡國也。又，「亡有」上，何本、程本、周本、盧本疊「不穀」，雖是，然疑臆增。

〔三〇〕錯，論語爲政集解：「錯，置也。」

〔三一〕「此之」，原脱，茲據李本補。

〔三二〕「者」，原無。夏案：此下二節之結語皆有者字，此當一律，茲據群書治要補。

〔三三〕宋昭公，史記宋世家：「昭公無道，國人不附。昭公出獵，衞伯攻殺昭公杵臼。」夏案：左傳文公十六年，亦載攻殺事，皆無復國事。若誼別無所據，則所言昭公當非此人。考宋世家：「宋公子特，攻殺太子而自立，是爲昭公」。本自左傳哀公二十六年。左傳止於哀公二十七年，當不及載其出亡復國事，史記亦未言。疑誼所言係此昭公。又，此條又見於韓詩外傳六、新序雜事五。

〔三四〕「吾」，原脱，兹據李本補。被，左傳襄公三年注：「被，是被覆衣著之名。」夏案：此係動字，即著，着。

〔三五〕「吾發政舉事朝臣千人無不曰吾君聖者」，原無，兹據盧本補。「千人」，韓詩外傳作百人。盧文弨：「侍御者數十人、朝臣數百人爲近實。」

〔三六〕苴，朱駿聲曰：「苴，假借爲粗。」

〔三七〕䭀餕，字彙補：「䭀，音未詳。劉子雜俎：『食䭀餕。』」王耕心曰：「䭀，宜音鄰。䭀餕，榨油所餘者是也，亦名豆餅。」夏案：説文新附：「餕，食之餘。」王説即據此而訓䭀也，録以備考。

〔三八〕「於宋」，原脱，兹據程本補。

〔三九〕徒，左傳隱公九年注：「徒，步兵也。」

〔四〇〕昭公，逸周書謚法解：「昭德有勞曰昭。聖聞周達曰昭。」

〔四一〕虢（音國），歷代疆域表：「陝西鳳翔府南有虢城，謂之西虢。文王弟虢叔始封，僖五年滅於晉。」章太炎曰：「虢君一事，與左傳陳轅頗事同。枕塊，又與國語楚靈王事同。自古人異而事同者，傳記所載，何止一端，非必彼此有誤，自其情事同耳。」夏案：轅頗事，見左傳哀公十一年。又「君之所以亡者，以大賢也」，見呂氏春秋審己，則謂齊湣王事。是一事傳爲三人矣，而新序又訛爲靖郭君，豈皆「情事同耳」？傳説不同，未可深詰也。　伐，廣韻：「伐，自矜曰伐。」

〔四二〕「謟」，李本、周本、盧本作諂。夏案：作諂文從字順，謟亦不誤。下文「君好謟諛」，韓詩外傳作「君喜道諛」，是謟諛即道諛，謟、道雙聲疊韻，例當通假。道諛係先秦兩漢習語（見莊子天地、鹽鐵論相刺），漢書賈山傳「道諛」注：「道，讀曰導，導引主意於邪也。」此謂謟諛者，與下諫臣對文。又，郭慶藩曰：「道人即諂人。諂與道，聲之轉也。」（莊子集釋天下）而諂無道聲，説文：「臽，从人在臼上。」是臽會意字，非刀聲也。是本作謟，其旁證也。

親貴，與之親，使之貴。

〔四三〕清酒，周禮天官酒正注：「清酒，冬釀，接夏而成。」疏：「清酒者，更久於昔酒，故以清爲號。」

〔四四〕「腶」，原作服（集韻：「服，腸病也。」），茲據左傳改。　腶脯，左傳哀公十一年疏：「腶脩，捶脯施薑桂也。析言之，脯與腶脩微異；統言之，則皆脯也。」　粱，朱駿聲：「粱，假借爲粱。」　糗，左傳注：「糗，乾飯也。」

〔四五〕給（音擠），秦策注：「給，供也。」

〔四六〕謝，正字通：「自以爲過曰謝。」

〔四七〕夫，王引之曰：「夫，猶彼也。」

〔四八〕「易」，原脱，茲據李本補。　塊，土塊。

〔四九〕「所以亡」，原作所存亡，茲據何本改。

耳痹 連語〔一〕

竊聞之曰，目見正而口言枉則害〔二〕，陽言吉錯之民而凶則敗〔三〕，倍道則死〔四〕，障光則晦，無神而逆人則天必敗其事〔五〕。

故昔者楚平王有臣曰伍子胥〔六〕，王殺其父而無罪，奔走而之吴，曰〔七〕：「父死而不死，則非父之子也；死而非補〔八〕，則過計也〔九〕；與吾死而不一明〔一〇〕，不若舉天地以成名〔一一〕。」於是紆身而不□〔一二〕，適闔閭〔一三〕，治味以求親。闔閭甚而安之〔一四〕，説其謀〔一五〕，果其舉〔一六〕，反其德〔一七〕，用而任吴國之政也。民保命而不失〔一八〕，歲時熟而不凶，五官公而不私〔一九〕，上下調而無尤〔二〇〕，天下服而無御〔二一〕，四境静而無虞〔二二〕。然后忿心發怒，出凶言，陰必死〔二三〕，提邦以伐楚〔二四〕。五戰而五勝，伏尸數十萬，城郢之門，執高庫之兵，傷五臟之實，毁十龍之鍾〔二五〕，撻平王之墓〔二六〕。昭王失國而奔，妻生虜而入吴。故楚平王懷陰賊〔二七〕，殺無罪，殃既至此矣。

子胥發鬱冒忿〔二八〕，輔闔閭而行大虐。還十五年，闔閭没而夫差即位，乃與越人戰江上，棲之會稽〔二九〕。越王之窮至乎喫山草，飲腑水〔三〇〕，易子而食。於是履甓戴璧〔三一〕，號唫告毋罪〔三二〕，呼皇天，使大夫種行成於吳王〔三三〕，吳王將許，子胥曰：「不可，越國之俗，勤勞而不慍〔三四〕，好亂而無禮〔三五〕，谿徼而輕絶〔三六〕，好詛而倍盟〔三七〕。放此類者〔三八〕，鳥獸之儕徒，狐狸之醜類也〔三九〕，生之爲患，殺之無咎，請無與成。」大夫種拊心嗥啼，沫泣而言信〔四〇〕，割白馬而爲犧〔四一〕，指九天而爲證，請婦人爲妾，大夫爲臣〔四二〕，百世名寶因閒官爲積〔四三〕，孤身爲關内諸侯〔四四〕，世爲忠臣。吳王不忍，縮師與成〔四五〕。還，謀而伐齊，子胥進争不聽，忠言不用〔四六〕。越既得成，稱善累德〔四七〕，以求民心。於是上帝降禍，絶吳命乎直江〔四八〕。君臣乖而不調，置社稷而分裂〔四九〕，容臺振而掩敗〔五〇〕，犬羣嗥而入淵〔五一〕，彘銜菹而適奥〔五二〕，燕雀剖而蚖蛇生〔五三〕；食蘆菹而蛭口〔五四〕，浴清水而遇蠆〔五五〕。伍子胥見事之不可爲也，何籠而自投水〔五六〕，自抉而珥東門〔五七〕，身鴟夷而浮江〔五八〕。懷賊行逆〔五九〕，深報而殃不辜，禍至乎身矣！越於是果逆謀負約，襲邦剉夫差〔六〇〕，兼吳而拊〔六一〕。事濟功成〔六二〕，范蠡負石而蹈五湖〔六三〕，大夫種縶領謝室〔六四〕，渠如處車裂回泉〔六五〕。自此之後，句踐不樂，憂悲荐至〔六六〕，内崩而死。

故天之誅伐，不可爲廣虚幽間〔六七〕，攸遠無人〔六八〕；雖重襲石中而居〔六九〕，其必知之乎。若誅伐順理而當辜〔七〇〕，殺三軍而無咎；誅殺不當辜，殺一匹夫，其罪聞皇天。故曰：天之處高，其聽卑〔七一〕；其牧芒〔七二〕，其視察。故凡自行，不可不謹慎也。

〔一〕耳痹，何孟春曰：「此篇專載子胥吴越事，必有爲而發，疑亦懷王者。」夏案：説文：「痹，溼病也。」一切經音義十八：「痹，手足不仁。」於題無所取義。本文結云：「天之處高，其聽卑」，「故凡自行，不可不謹慎也。」是耳痹即聽卑，非謂耳病不仁。耳用作動字即聽，漢書外戚傳上注：「耳，常聽聞而記之也。」是其證。詩小雅正月釋文：「卑，本作庳。」庳、痹音近當通，周禮夏官司弓矢「痹矢」，鄭司農注作「庳矢」，鄭玄云：「庳，讀如痹。」是其證。

〔二〕枉，正字通：「枉，本作桂。」説文：「桂，衺曲也。」

〔三〕陽，左傳定公十二年釋文：「佯，本亦作陽。」錯，易序卦干注：「錯，施也。」之，王引之曰：「之，猶於也。」

〔四〕倍，背之本字。

〔五〕無，朱駿聲曰：「無，假借爲罔。」禮記樂記注：「誣，罔也。」

〔六〕楚平王，共王第五子，名棄疾，殺二楚王而自立，改名熊居，公元前五二八——五一六在位。參前大都公子棄疾注。

〔七〕「曰」上，原衍王字，兹據盧本删。

〔八〕非，吴昌瑩曰：「非，猶無也。」周本即作無。

〔九〕過，齊策注：「過，失也。」

〔一〇〕與，與其。　「一明」，原訛荫。兹據程本改。

〔一〕舉，廣韻：「舉，立也。」

〔二〕「不□」，原祇一不字，其下當有脱文，兹據李本補脱文號。

〔三〕闔閭，名光，弑吴王僚自立，公元前五一五——四九六年在位。詳史記吴太伯世家。

〔四〕甚，説文：「甚，尤安樂也。」段注：「尤，甘也。」。

〔五〕説，讀爲悦。

〔六〕果，廣雅釋詁：「果，信也。」

〔七〕反，史記樂書集解：「反，報也。」德，禮記玉藻疏：「德，有所施與之名也。」夏案：德，猶言惠。公子光之刺王僚自立，藉專諸也，而專諸乃子胥所進，故此言反其德。

〔八〕保命，左傳僖公二十三年：「保君父之命，而享其生禄。」注：「報，恃也。」夏案：全句謂恃其政令而無過失。

〔九〕五官，禮記曲禮下：「天子之五官，曰司徒、司馬、司空、司土、司寇。」夏案：五官，泛指百官。急就篇注：「古言五官者，總舉衆職以配五行，無所不包，若今言百官也。」

〔一〇〕尤，爾雅釋言舍人注：「尤，怨也。」

〔一一〕「無」，原無。俞樾曰：「上句云『上下調而無尤』，下句云『四境静而無虞』，則此句所闕必是無字。御，讀爲啎。御從卸聲，卸從午聲，吾從五聲，故御與啎聲相近而得通。説文：『𢓦，或作䘚。』即其例也。天下服而無啎者，天下服而無逆也。説文：『啎，逆也。』後人不解御字，以無御不可通而闕之。」夏案：俞説是，兹據以補。

〔三二〕虞，太玄經玄瑩注：「虞，憂也。」

〔三三〕陰必死，暗懷決死之志。大戴禮記文王官人注：「陰，私謀也。」

〔三四〕伐楚，左傳定公四年秋「伍員爲吴行人以謀楚」，十一月「吴入郢」。

〔三五〕「城郢」四句，劉師培曰：「淮南泰族訓：『闔閭伐楚，五戰入郢，燒高府之粟，破九龍之鐘。』高注：『楚爲九龍之簴以縣鐘也。』此文城郢之門，城蓋版築之義。執，疑爇訛，爇即燒也。兵字之上，脱庫之二字。楚有高庫，爲藏粟之所，兼爲藏兵之所，吕氏春秋分職篇曰『出高庫之兵以賦民』，其確證。十龍之鍾，即彼九龍之鐘也。」夏案：劉説近是，兹於兵上補庫之二字。然謂執爲爇訛，非是。粟則爇之，兵謂兵器，毋須爇之。大可執而自用。「出高庫之兵」，亦見於淮南子道應訓，二書皆謂出，亦可證非爇也。又，「城郢」亦非版築之義，於文於事皆不合。於文，與此下之執、傷毁、撻不類。於事，下文云昭王奔，築城誰禦。此城當謂攻城、毁城，用如「諸侯之士門焉」之門。左傳襄公十年：「諸侯之士門焉。」疏：「攻之也。」周本「城郢門」作入郢門，雖係臆改，得其意矣。郢，楚都，故地在今湖北江陵。臟，正字通：「臟，本作藏。」集韻：「藏，物所畜曰藏。」通雅：「五倉，即五臟。」實，説文：「實，從宀貫，貫爲貨物。」段注：「貨物充於屋下，是爲實。」左傳文公十八年注：「實，財也。」夏案：實，謂五臟所藏之財物。

〔三六〕撻平王之墓，史記伍子胥傳：「吴兵入郢，伍子胥求昭王，既不得，乃掘楚平王墓，出其尸，鞭之三百。」夏案：楚昭王，平王子，時在位，詳下諭誡注。

〔二七〕陰賊，史記游俠傳「陰賊」索隱：「內心忍害。」

〔二八〕冒，説文：「冒，蒙而前也。」夏案：冒與上「發」互文，猶言乘忿、洩忿。

〔二九〕「闔閭没」三句，史記吳太伯世家：「（闔廬）十年春，越聞吳王之在郢，國空，乃伐吳。十九年夏，吳伐越，傷吳王闔廬指，軍却七里。吳王病傷而死。闔廬使立太子夫差，謂曰：『爾而忘句踐殺汝父乎？』對曰：『不敢！』（夫差）二年，吳王悉精兵以伐越，敗之夫椒，越王句踐乃以甲兵五千人棲於會稽。」夏案：會稽，故地在今浙江紹興。

〔三〇〕腑，俞樾曰：「腑，即腐字，移下半肉字於左耳。」

〔三一〕甓，廣雅釋宮：「甓，瓴也。」字彙：「瓴，俗作磚。」戴璧，史記魯周公世家：「周公北面立，戴璧秉圭，告於太王。」集解引孔安國曰：「璧以禮神。」夏案：尚書金縢作「植璧」。孫星衍曰：「史公植作戴，戴亦植也。鄭注喪大記云：『戴之言值。』值與植通。植爲古置字。言置璧於神前也。」

〔三二〕唫，音金。説文：「唫，口急也。」夏案：號唫，謂號咷不成聲。又，朱駿聲曰：「唫，假借爲吟。」是則謂號咷呻吟。

〔三三〕大夫種，吳世家索隱：「大夫，官也。種，名也。吳越春秋以爲種姓文。」行成，左傳哀公元年注：「行成，求和也。」

〔三四〕慍，説文：「慍，怨也。」夏案：全句猶云任勞任怨，忍辱負重。

〔三五〕「亂」下，原有勝字，劉師培曰：「勝係衍文。」夏案：劉説是，兹據以删。

〔三六〕谿徼，盧文弨曰：「徼，當作皦，慘皦也。」劉師培曰：「谿，爲隘狹刻覈之義。晏子春秋問下云：『谿盎而不苛』。」

夏案：繳、礉聲近當通。正字通：「礉，刻也。」韻會：「覈（音核），深刻也。」谿徼，猶今言陰險刻薄。

〔三七〕「好」上，原有「俗」字，劉師培曰：「俗，亦衍字，以上語已言越國之俗也。」夏案：劉説是，茲據以删。　詛，左傳宣公二年注：「詛，盟誓也。」　倍，背之本字。

〔三八〕放，集韻：「放，效也。」朱駿聲曰：「放，借爲仿。」

〔三九〕醜，易離虞注：「醜，類也。」夏案：醜類複語，與上句儕徒互文。

〔四〇〕沬，説文：「沬，洒面也。」夏案：沬泣，猶言淚泣滂沱如水洒面也。

〔四一〕犧，説文：「犧，宗廟之牲。」夏案：此謂祭天盟誓之犧。

〔四二〕「大夫」，李本作丈夫。夏案：當作丈夫，丈夫該一切男子，非必大夫也。越語：「種曰：『願以金玉子女賂君。』」是其證。　臣，謂奴僕，詳前服疑篇注。

〔四三〕「百世」句，俞樾曰：「此言以越國百世之名寶，因吴國館舍空虚者而以爲積。」夏案：説文：「因，就也。」朱駿聲曰：「官，假借爲館。」楚語下注：「積，儲也。」

〔四四〕關内諸侯，劉師培曰：「猶言境内諸侯。關内，謂封疆之内。」夏案：即附庸。

〔四五〕縮，一切經者義二十：「縮，退也。」

〔四六〕「還，謀而伐齊」四句，吴世家：「夫差聞齊景公死而大臣争寵，新君弱，乃興師北伐齊。子胥諫曰：『越王句踐食不重味，衣不重采，弔死問疾，且欲有所用其衆。此人不死，必爲吴患。今越在腹心疾而王不先，而務齊，不亦謬乎？』吴王不聽，遂北伐齊。」

〔四七〕稱，俞樾曰：「稱，讀爲再。説文：『再，并舉也。』并舉亦有積累之義，故與累德對文。」

〔四八〕直江，劉師培曰：「直江，疑胥江之訛。」夏案：直江即浙江。直、折音近，例當通假。禮記樂記注：「曲直，歌之曲折也。」爾雅釋水：「千里一曲一直。」郝疏：「河隨山勢爲曲折，千里亦大概言之。」是直即折。史記秦始皇紀索隱：「浙者，折也。」是直、折、浙同。又，正字通：「浙，亦作淛，通作制。」制、直音同。廣雅釋詁一：「直，正也。」增韻：「制，正也。」是直、制音義并同。亦直、制、淛、浙互通之證。讀史方輿紀要：「浙江，春秋時爲吴越二國地。」

〔四九〕置，正字通：「置，棄也。」周語中注：「置，猶廢也。」夏案：於此文，置當訓棄、廢，故何本徑作「社稷置而分裂」。然此文又見淮南子覽冥訓，彼作「植社槁而⿰土雩裂」（王念孫曰：「説文、玉篇、廣韻皆無⿰土雩字，當爲墫。」）盧文弨曰：「稷，疑是槁。」禮記祭法：「大夫以下，成羣立社，曰置社。」則謂社廟荒槁而坼裂。

〔五〇〕「客臺振」，原訛「客臺握」，兹據淮南子改。容臺振，高誘曰：「容臺，行禮容之臺，言不能行禮，故天文振動而敗之。」孫詒讓曰：「注文『文』字，御覽八十二引作大，是也。」夏案：孫説是。又，振，通震。

〔五一〕「犬」上，原有則字，盧文弨曰：「則字，今從别本去之。」夏案：盧説是，兹據淮南子删。「犬羣」句，高誘曰：「言將壞城，犬失其主，故嗥而入江。一説言犬禍也。」夏案：犬失主而嗥，或是；因而入淵則不可信。此句上下文，皆古人所謂災異，未可坐實。

〔五二〕「銜」，原訛衡，兹據淮南子改。「蒩」，劉師培曰：「蒩字，疑蓐字訛。」淮南子作蓐。高誘曰：「豕銜其蓐席入之澳，言豕禍也。」奥，莊子徐無鬼釋文：「奥，豕牢也。」

〔五三〕剖，文選木華海賦：「剖卵成禽」。注：「剖，破也。」夏案：參海賦，此亦當謂剖燕雀之卵。蚖，集韻：「蚖，毒蛇。」

〔五四〕蘆，王耕心曰：「蘆，蘆之俗字，字書無考。蘆蒩，以蘆茅爲蒩也。今所謂蘆筍」。「口」，原作日，兹據程本改。王耕心曰：「蛭口，蛭螯口也。」夏案：蛭即螞蟥，見前春秋篇注。

〔五五〕蠆，音柴。廣雅釋蟲：「蠆，蠍也。」

〔五六〕何，説文：「何，擔也。」夏案：劉師培引左傳哀公十一年、荀子成相爲證，謂此句當作「何籠而自殺」，即：「揭屬鏤之劍而自殺」（謂籠係屬鏤之音轉）。實據彼文印校此文，然誼此節所敘數事，頗異於他書，豈可一一辨證？古事傳聞不同，未可執一而論，參下注〔六三〕俞樾、畢沅説。

〔五七〕「自」，李本、周本、盧本作目，夏案：作目義長，作自亦通。吴語：「（員）將死，曰：『懸吾目於東門。』」未言誰抉其目，至史記方謂倩人耳。「抉」，原訛挟，兹據李本改。珥，文選左思咏史詩注：「珥，插也。」

〔五八〕鴟夷，吴語：「（吴王）乃使取申胥之尸，盛以鴟夷而投之於江」。注：「鴟夷，革囊。」

〔五九〕懷賊，即上文「楚平王懷陰賊」之意，見注〔二七〕。

〔六〇〕「邦」，盧本删。剉，説文：「剉，折傷也。」

〔六一〕拊，説文：「拊，揗也。」段注：「揗者，摩也。古作拊揗，今作撫循，古今字也。」

〔六二〕「事」上，原有「闔閭」二字。盧文弨曰：「兩本皆衍闔閭二字，今删。」夏案：盧説是，兹删。

〔六三〕「范蠡」句，俞樾曰：「此文言越之君臣皆不善終，以明『誣神逆人，天必敗其事』也。下文曰『大夫種繫領謝室』云云。則『范蠡負石而蹈五湖』，亦言不得其死，非如蔡澤所謂超然避世，長爲陶朱者也。呂氏春秋悔過云『箕子窮於商，范蠡流乎江』，意與此近。古事相傳往往不同，如子胥爲夫差所殺，其事甚著，此云『何籠而自投水』，然則説范蠡事，豈必如世所傳乎？」畢沅呂氏春秋校正悔過：「負石而蹈五湖，與『流江』之説頗相似，疑當時相傳有此言也。」

〔六四〕𥿋，音憋。玉篇：「𥿋，結也。」領，説文：「領，項也。」段注：「項，當作頸。領字以全頸言之，不當釋以頭後。」

謝室，盧文弨曰：「即請室。」夏案：請室，見前階級篇注。

〔六五〕渠如處，盧文弨曰：「渠如處，當即臯如，吴越春秋作句如。」臯如，越大夫。

〔六六〕荐，爾雅釋言：「荐，再也。」左傳僖公十三年釋文：「荐，重也。」

〔六七〕爲，王引之引王念孫曰：「爲，猶謂也。」幽間，荀子王制注：「幽，深也。間，隔也。」

〔六八〕攸，朱駿聲曰：「攸，假借爲悠。」

〔六九〕襲，老子五十二注：「襲，藏也。」

〔七〇〕「誅」上，原衍順字，兹據莫本删。

〔七一〕卑，易繫辭上：「天尊地卑，乾坤定矣。卑高以陳，貴賤位矣。」疏：「卑謂地體卑下。高謂天體高上。」夏案：此卑謂地，即人間。

〔七二〕「其牧芒」，何本作其狀芒，周本作其目芒。愈樾曰：「牧，乃狀字之誤，言天其狀雖若芒芒，然而其視甚察也。」夏案：若何本非臆改，則作狀是，作目則係諧音校改。芒，朱駿聲曰：「芒，假借爲荒，即今茫字。」

諭誠 連語〔一〕

湯見設網者四面張，祝曰：「自天下者，自地出者，自四方至者，皆羅我網〔二〕。」湯曰：「嘻，盡之矣！非桀其孰能如此？」令去三面，舍一面〔三〕，而教之祝曰〔四〕：「蛛蝥作網〔五〕，今之人脩緒〔六〕，欲左者左，欲右者右，欲高者高，欲下者下，吾請受其犯命者〔七〕。」士民聞之，曰：「湯之德及於禽獸矣〔八〕，而況我乎！」於是下親其上。

楚昭王當房而立〔九〕，愀然有寒色〔一〇〕，曰：「寡人朝饑饉時〔一一〕，酒二酣〔一二〕，重裘而立，猶憯然有寒氣〔一三〕，將奈我元元之百姓何〔一四〕？」是日也，出府之裘以衣寒者，出倉之粟以賑饑者。居二年，闔閭襲郢，昭王奔隋〔一五〕。諸當房之賜者，請還，至死之寇〔一六〕。闔閭一夕而十徙卧，不能賴楚〔一七〕，曳師而去。昭王乃復。當房之德也。

昔楚昭王與吴人戰，楚軍敗，昭王走，屨決背而行失之，行三十步，復旋取屨〔一八〕。及至於隋，左右問曰：「王何曾惜一踦屨乎〔一九〕？」昭王曰：「楚國雖貧，豈愛一踦屨哉？思與偕反也。」自是之後，楚國之俗無相棄者。

文王晝卧，夢人登城而呼己曰：「我東北陬之槁骨也〔二〇〕，速以王禮葬我。」文王曰：「諾。」覺，召吏視之，信有焉。文王曰：「速以人君禮葬之〔二一〕。」吏曰：「此無主矣，請以五大夫〔二二〕。」文王曰：「吾夢中已許之矣，奈何其倍之也！」士民聞之曰：「我君不以夢之故而倍槁骨〔二三〕，況於生人乎？」於是，下信其上。

豫讓事中行之君〔二四〕，智伯滅中行氏，豫讓徙事智伯，及趙襄子破智伯，豫讓劑面而變容〔二五〕，吞炭而爲啞，乞其妻所而妻弗識，乃伏刺襄子，五起而弗中〔二六〕。襄子患之，食不甘味，一夕而三易卧〔二七〕，見不全身。人謂豫讓曰：「子不死中行而反事其讎，何無可耻之甚也〔二八〕？今必碎身靡軀以爲智伯〔二九〕，何其與前異也？」豫讓曰：「我事中行之君，與帷而衣之〔三〇〕，與關而枕之〔三一〕。夫衆人畜我〔三二〕，我故衆人事之。及智伯分吾以服衣〔三三〕，餡吾以鼎實〔三四〕，舉被而爲禮〔三五〕。是以國士遇我，我故國士報之。」故曰「士爲知己者死，女爲悦己者容」，非冗言也，故在主而已〔三六〕。

〔一〕何孟春曰：「以下諸篇，其事多出他書，誼亦偶筆録耳」。夏案：此文與前連語、春秋等文體例相近，蓋引古事以曉諭梁懷王或門人弟子，下之退讓、君道、勸學等篇亦同。

〔二〕羅，漢書于定國傳注：「羅，罹也。」

〔三〕舍，穀梁傳莊公二十四年注：「舍，置也。」即設置。

〔四〕「教之祝」，原「之祝」倒，茲據李本乙。

〔五〕蛛蝥，即蜘蛛，詳前禮篇注。

〔六〕「人」，原脱，茲據李本補。　脩緒，周語上：「時序其德，纂脩其緒。」注：「纂，繼也。緒，事也。」夏案：禮記大學疏：「重習謂之脩。」此謂人習蛛蝥作網。

〔七〕犯命，違反天命。周禮夏官大司馬注：「犯令者，違命也。」論語子罕集解：「命，天之命也。」

〔八〕「之德」，原倒，茲據莫本乙。

〔九〕楚昭王，名壬，平王子，公元前五一五——四八九年在位。詳史記楚世家。

〔一〇〕愀然，禮記哀公問注：「愀然，變動貌。」此謂變色。

〔一一〕「饉」，李本、盧本無。夏案：疑涉饑而衍。

〔一二〕酟，俞樾曰：「説文：『觛，小觶也。』酟即觛字，變从角者而从酉耳。」集韻：「觛，小卮也。」

〔一三〕憯，字彙：「憯，與慘通。」夏案：憯然，狀人感寒氣之慘烈。文選張衡西京賦：「雨雪飄飄，冰霜慘烈。」注：「慘烈，寒也。」

〔一四〕元元，後漢書光武帝紀注：「元元，猶言喁喁，可矜憐之辭也。」

〔一五〕隋，廣韻：「隋，國名，本作隨。左傳『漢東之國，隋爲大。』」夏案：隋，故地在今湖北隋縣。

〔一六〕之寇，猶言赴寇。列子湯問釋文：「之，適也。」

〔一七〕賴，方言十三：「賴，取也。」

〔一八〕旋，小爾雅廣言：「旋，還也。」

〔一九〕何曾，王引之曰：「何曾，何乃也。」　踦，方言二：「踦，奇也。凡全物而體不具，謂之倚。梁楚之間謂之踦。」

〔二〇〕陋，説文：「陋，阪隅也。」段注：「謂阪之角也，引申爲凡隅之稱。」夏案：文王此事，亦載呂氏春秋異用、淮南子人間訓、新序雜事五等書，然皆言文王作靈臺，掘地見枯骨，唯淮南高注言托夢事。

〔二一〕「人君禮」，原脱禮字，兹據何本補。

〔二二〕「五大夫」下，何本、程本有「禮葬之」三字。夏案：有此三字於文爲備，無亦通。

〔二三〕「而倍」，原作下倍，兹據何本改。

〔二四〕豫讓，見前階級篇注，此下已見於該篇者，兹略。

〔二五〕劑，太玄經永注：「劑，翦也。」夏案：劑面，猶言傷面。

〔二六〕「五」，原訛正，兹據李本改。

〔二七〕「三」，何本、程本、盧本作五。夏案：階級篇亦作五，當一律。

〔二八〕可，王引之曰：『可，猶所也。何無可耻之甚也，言無所耻之甚也。』

〔二九〕靡，漢書廣川惠王越傳注：「靡，碎也。」

〔三〇〕與，予。　帷，朱駿聲曰：「在上曰幕，在旁曰帷，皆以布爲之。」夏案：此謂以帷幕之布衣之，泛言粗服也。之，謂己，下枕之同。

〔三一〕關，説文：「關，以木横持門户也。」夏案：即門栓。泛言器用楛惡。

〔三二〕夫，王引之曰：「夫，猶彼也。」

〔三三〕「以」，原脱，兹據何本補。　服衣，謂智伯所服之衣，故曰分，即解衣衣我之義。

〔三四〕餡，集韻：「䭇，餌也。或作餡（音滔）。」廣泛釋詁三：「餌，食也。」　鼎實，即鼎食，言其食之盛。易鼎：「九二，鼎有實。」注：「鼎之中有實者也。」

〔三五〕「被」，陶鴻慶曰：「被，當爲袂字之誤。」

〔三六〕「報之」以下，原無。盧文弨曰：「『大夫』以下，潭本闕，建本有之。」夏案：「是以國士遇我，」盧本「是以」作「大夫」。「是以」以下潭本體系諸本確脱，而「報之」以下，建本體系諸本皆無；若有，何孟春當無不見之理，竟無隻字言及，頗疑盧氏之説。然以上四節皆有結語，此亦應有，姑據盧本補以待考。

退讓 連語〔一〕

梁大夫宋就者，爲邊縣令，與楚鄰界。梁之邊亭與楚之邊亭皆種瓜〔二〕，各有數。梁之邊亭劬力而數灌〔三〕，其瓜美。楚窳而希灌〔四〕，其瓜惡。楚令固以梁瓜之美〔五〕，怒其亭瓜之惡也。楚亭惡梁瓜之賢己〔六〕，因夜往，竊搔梁亭之瓜，皆有死焦者矣。梁亭覺之，因請其尉，亦欲竊往，報搔楚亭之瓜。尉以請。宋就曰：「惡〔七〕！是何言也！是講怨分禍之道也〔八〕。惡！何稱之甚也〔九〕！若我教子，必誨莫令人往〔一〇〕，竊爲楚亭夜善灌其瓜，令勿知也。」於是梁亭乃每夜往，竊灌楚亭之瓜。楚亭旦而行瓜〔一一〕，則此已灌矣，瓜日以美，楚亭怪而察之，則乃梁亭也。楚令聞之大悦，具以聞。楚王聞之，惄然醜以志自惛也〔一二〕，告吏曰〔一三〕：「微搔瓜〔一四〕，得無他罪乎？」説梁之陰讓也〔一五〕，乃謝以重幣〔一六〕，而請交於梁王。楚王時則稱説梁王以爲信，故梁、楚之驩由宋就始。語曰：「轉敗而爲功，因禍而爲福。」老子曰：「報怨以德。」此之謂乎。夫人既不善〔一七〕，胡足效哉？

翟王使使至楚，楚王欲誇之，故饗客於章華之臺上〔一八〕。上者三休，而乃至其上。楚王曰：「翟國亦有此臺乎？」使者曰：「否。翟，窶國也〔一九〕，惡見此臺也〔二〇〕？翟王之自爲室也，堂高三尺，壤陛三絫〔二一〕，茆茨弗剪〔二二〕，采椽弗刮〔二三〕，且翟王猶以作之者大苦〔二四〕，居之者大佚〔二五〕，翟國惡見此臺也！」楚王媿。

〔一〕篇題至「翟國亦有此臺乎」，原脱，兹據盧本補。此文亦見於新序雜事四。

〔二〕邊亭，當指亭候。後漢書光武紀下注：「亭候，伺候望敵之所。」此謂亭候之卒。

〔三〕劬，説文新附：「劬，勞也。」夏案：劬力，猶言盡力。

〔四〕窳（音雨），正字通：「窳，惰也。」希，朱駿聲：「希，假借爲稀。」

〔五〕「固」，新序作因。王引之曰：「固，或作故。」「故，申事之辭。」夏案：申事之辭，即「是以」之義，與因義同。

〔六〕賢，儀禮鄉射禮注：「賢，猶勝也。」

〔七〕惡（音污），孟子公孫丑下注：『惡，深嗟歎也。』

〔八〕講，朱起鳳曰：「構、搆音義同。講字亦從冓聲，故古通。搆怨。假作講怨。」「分」，程本、周本作召。夏案：作召義長，作分亦通。玉篇：「分，施也，賦也。」

〔九〕稱，新序作稨，何平、程本、周本從之。夏案：作稨義長，作稱亦通。晉語六注：「稱，副也。」周禮考工記輿人注：「稱，猶等也。」意謂相同之行爲，即報復。

〔一〇〕「必誨莫令人往」，陶鴻慶曰：「誨，蓋每字之誤。莫，即暮之本字。」夏案：新序作每，故陶如是説。此誨乃承上教字而言，不誤。

〔一一〕行，呂氏春秋季夏注：「行，察也。」

〔一二〕恕，禮記中庸疏：「恕，忖也。」夏案：此當謂自忖。又，新序「恕」作惄。方言一：「惄，憂也。」於義爲長。恕、惄音近或通。醜，莊子德充符釋文：「醜，慙也，愧也。」志，禮記緇衣注：「志，猶知也。」惛，正字通：「惛，同惽。」漢書劉向傳注：「惛，謂不了，言惑也。」廣韻：「惛，不明了。」

〔一三〕告，禮記王制疏：「告，謂問也。」

〔一四〕微，劉淇曰：「微，猶言非獨。」

〔一五〕說，讀爲悦。

〔一六〕幣，左傳成公二年注：「幣，聘物。」夏案：即禮物。

〔一七〕夫，王引之曰：「夫，猶彼也。」

〔一八〕章華之臺，水經沔水注：「離湖側有章華臺，臺高十丈，基廣十五丈。」楚語上：「靈王爲章華之臺。」夏案：楚語、左傳昭公七年（是年成章華臺，諸侯或親往，或遣使賀之），皆無翟使事。韓詩外傳八載齊使事，與此文相近。章華臺，楚離宫，故址在今湖北潛江縣。

〔一九〕窶，爾雅釋言：「窶（音舉），貧也。」

〔二〇〕惡，集韻：「惡，安也。」見，俞樾曰：「見，當作㝵，古得字也。與見相似，往往致誤。」

〔二一〕絫，説文段注：「絫，隸變作累。」

〔二二〕茆，周禮天官醢人注：「茆，讀爲茅。」茨，説文：「茨，茅蓋屋。」

〔二三〕采椽弗刮，史記太史公自序索隱：「采椽，櫟椽也。」正義：「採取爲椽，不刮削也。」夏案：采，歷來有二解，一爲静字，即櫟木；一爲動字，即採。參上句茆爲静字，此當訓爲櫟。又，二句本自韓非子五蠹：「堯之爲天下也，茅茨不翦，采椽不斲。」史記李斯傳亦謂堯堂高三尺。

〔二四〕「王」，原脱，兹據程本補。

〔二五〕佚，廣雅釋詁：「佚，樂也。」

君道 連語〔一〕

紂作梏數千，睨諸侯之不諂己者〔二〕，杖而梏之。文王桎梏於羑里〔三〕，七年而後得免。及武王克殷，既定，令殷之民投撤桎梏而流之於河。民輸梏者以手撤之〔四〕，弗敢墜也；跪之入水，弗敢投也。曰：「昔者，文王鬻常擁此〔五〕。」故愛思文王，猶敬其梏，況乎其法教乎？

詩曰：「濟濟多士，文王以寧〔六〕。」言輔翼賢正，則身必已安也。又曰：「弗識弗知，順帝之則〔七〕。」言士民說其德義，則效而象之也〔八〕。文王志之所在，意之所欲，百姓不愛其死〔九〕，不憚其勞，從之如集。詩曰：「經始靈臺〔一〇〕」，「庶民攻之〔一一〕，不日成之。經始勿亟，庶民子來〔一二〕。」文王有志爲臺，令近規之〔一三〕。民聞之者麏褁而至〔一四〕，問業而作之，日日以衆。故弗趨而疾〔一五〕，弗期而成〔一六〕。命其臺曰靈臺〔一七〕，命其囿曰靈囿，謂其沼曰靈沼，愛敬之至也。詩曰：「王在靈囿，麀鹿攸伏，麀鹿濯濯，白鳥皜皜。王在靈沼，於仞魚躍〔一八〕。」文王之澤，下被禽獸〔一九〕，洽于魚鼈〔二〇〕，咸若攸樂〔二一〕，而況士民乎？

詩曰：「愷悌君子，民之父母〔二二〕。」言聖王之德也。易曰：「鳴鶴在陰，其子和之〔二三〕。」言士民之報也。書曰：「大道亶亶，其去身不遠，人皆有之，舜獨以之〔二四〕。」去射而不中者，不求之鵠，而反脩之於己〔二五〕。君國子民者〔二六〕，反求之己，而君道備矣。

〔一〕何本以連語首節「紂，聖天子之後也」至「不可不察也」置於此文篇首。夏案：荀子亦有君道篇，此文部分內容與之相合。詳注〔八〕。

〔二〕睨，廣雅釋詁一：「睨，視也。」「謟」，盧本作諂。夏案：此字當作諂無疑。然本書當作諂而作謟者凡三見（另二在先醒），或非偶然，且石經論語殘碑諂亦作謟，又陳球后碑、玉真公主受道記碑之焰字皆作焰，疑古人臽、召之別并非嚴苛，積久成習而通。

〔三〕「羑」，原訛姜，茲據李本改。　羑里，太平御覽刑法部引風俗通云：「三王始有獄，殷曰羑里。言不害人，若於閭里。」駢雅釋宫：「羑里，獄也。」淮南子氾論訓「羑里」注：「今河内湯陰是也。」夏案：湯陰，今河南省縣名。

〔四〕撤，廣雅釋詁一：「撤，取也。」此有捧意。上句撤，謂撤除。

〔五〕「鬻」，李本、盧本作獄，何本作亦，程本無此字。夏案：何本、程本蓋因鬻費解或改或删，李本則易以同音字。疑鬻、獄通，音同例當通假。詩豳風鴟鴞集傳：「鬻，養也。」文選張衡東京賦注：「圉，牢養也。」是鬻、圉音義皆同。朱駿聲曰：「圄，假借爲圉，」是鬻、圉、圄得互通。廣韻：「圄，周獄名。」常，朱駿聲曰：「常，假借爲嘗。」

〔六〕「詩曰」二句，見大雅文王。毛傳云：「濟濟，多威儀也。」

〔七〕「弗識」二句，詩大雅皇矣：「帝謂文王，予懷明德。不大聲以色，不長夏以革。不識不知，順帝之則。」箋：「天之言云：我歸人君有光明之德，而不虚廣言語以外作容貌。不長諸夏以變更王法者，其爲人不識古不識今，順天之法而行之者。此言天之道尚誠實，貴性自然。」

〔八〕「言世民」二句，夏案：參上注，「不識不知」指文王，帝指天帝。誼則謂帝指人君，弗識弗知指士民。誼之志蓋與荀子君道所云相近，其略云：「上好禮義，則下亦將致忠信而謹於臣子矣。雖在小民，不待合符節、别契券而信。故賞不用而民勸，罰不用而民服。百姓莫敢不順上之法，象上之志，勸上之事，而安樂之矣。」

〔九〕愛，禮記表記注：「愛，惜也。」

〔一〇〕詩，見大雅靈臺，下詩曰「王在靈囿」同。夏案：靈臺共四節，誼此文引其一二節。前二節皆六句，誼文止引十一句，故何本、王耕心本於「經始靈臺」下補原詩「經之營之」，似應從之。「經始」句，毛傳云：「經，度也。神之精明者稱靈。四方而高曰臺。」疏：「經理而量度，初始爲靈臺之基趾也。此實觀氣祥之臺，而名曰靈者，以文王之化行似神之精明，故以名焉。」

〔一一〕攻，毛傳云：「攻，作也。」

〔一二〕「經始勿亟」二句，鄭箋云：「亟，急也。度始靈臺之基趾，非有急就之意。」集傳云：「文王心恐煩民，戒令：勿亟，而民心樂之，如子趣父事，不召自來也。」集韻：「趣，或作趨。」趨，見注〔一五〕。

〔一三〕「近」，俞樾曰：「近，乃匠字之誤。干禄字書所載，如匝作迊，匹作疋，凡從匸之字，每變而爲辶，匠之誤作近，亦猶是也。」夏案：俞說是，干禄字書去聲：「近、匠上俗下正。」與俞說相似。

〔一四〕麕，朱駿聲曰：「麇，囷省聲，籀文囷聲，字亦作麕。」左傳昭公五年注：「麇，羣也。」褁，康熙字典：「褁，音執，字辨：『囊也』。按：與裹字音義別。」夏案：用作動字謂擕囊，即擕行囊、糗囊。

〔一五〕趨，漢書高帝紀注：「趨，讀曰促。」夏案：此謂催促。

〔一六〕期，廣韻：「期，限。」

〔一七〕命，廣雅釋詁三：「命，名也。」

〔一八〕「詩曰」六句，見前禮篇注。

〔一九〕被，音披。韻會：「被，覆也。」

〔二〇〕洽，說文：「洽，霑也。」廣雅釋詁：「洽，漬也。」

〔二一〕「咸若」句，劉師培曰：「猶言咸順所樂也。」夏案：盧本於此句之上有「故禽獸魚鼈」五字，謂建本有，今見明清別本皆無此五字。

〔二二〕詩，見大雅洞酌。「愷悌」，十三經注疏本作豈弟。夏案：說文：「愷，康也。」徐箋：「此當是豈之重文，因豈爲語詞所專，故增心旁。」王筠釋例：「夫樂作則喜樂，故豈爲樂名，即爲喜樂。中古欲其有別也，故喜樂之豈加心。」朱駿聲曰：「弟，字亦作悌。」說文新附：「悌，善兄弟也。」君子，集傳：「君子，指王也。」

〔二三〕「易曰」二句，見易中孚。王注云：「處內而居重陰之下，而履不失中，不徇於外，任其真者也。立誠篤至，雖闇昧，物亦應焉。」

〔二四〕「書曰」四句，今本尚書無。玉函山房輯佚書尚書逸篇即録此文。「大道」二句，又見於文子上德、淮南子原道訓，皆未言「書曰」，亦無後二句。亶，與坦通，文子、淮南子即作坦。以，說文：「以，用也。」

〔二五〕「去射」三句，禮記射義：「射者，仁之道也。射求正諸己，己正而後發，發而不中，則不怨勝己者，反求諸己而已。」「鵠」，原誤銘，茲據李本改。儀禮大射義注：「鵠，所設之主。」即靶。

〔二六〕君，淮南子說林訓注：「君，官主也。」夏案：主即主宰，此謂統治，用如動字。下子字亦用如動字，謂以民爲子，即統治百姓。漢書景十三王傳：「多欲，不宜君國子民。」

新書校注卷第八

官人　連語〔一〕

王者官人有六等：一曰師，二曰友，三曰大臣，四曰左右，五曰侍御，六曰廝役。知足以爲源泉，行足以爲表儀〔二〕；問焉則應，求焉則得；入人之家足以重人之家〔三〕，入人之國足以重人之國者，謂之師。知足以爲礲礪〔四〕，行足以爲輔助，仁足以訪議〔五〕；明於進賢，敢於退不肖〔六〕；内相匡正，外相揚美者〔七〕，謂之友。知足以謀國事，行足以爲民率〔八〕，仁足以合上下之驩；國有法則退而守之，君有難則進而死之；職之所守，君不得以阿私託者〔九〕，大臣也。脩身正行不倦於鄉曲〔一〇〕，道語談説不倦於朝廷；智能不困於事業，服一介之使〔一一〕，能合兩君之驩；執戟居前〔一二〕，能舉君之失過，不難以死持之者〔一三〕，左右也。不貪於財，不淫於色；事君不敢有二心，居君旁不敢洩君之謀；君有失過，雖不能正諫以其死持之，憔悴有憂色，不勸聽從者〔一四〕，侍御也。柔色傴僂〔一五〕，唯諛之行〔一六〕，唯言之聽，以睚眦之間事君者〔一七〕，廝役也。故與師爲國者帝，與友爲國者王，與大臣爲國者伯，與左右爲國者彊，與侍御爲國者若存若亡，與廝役爲國者亡可立待也〔一八〕。

取師之禮〔一九〕，黜位而朝之〔二〇〕。取友之禮，以身先焉〔二一〕。取大臣之禮，皮幣先焉〔二二〕。取左右之禮，使使者先焉。取侍御之禮，以令至焉〔二三〕。取廝役之禮，以令召矣。師至，則清朝而侍〔二四〕，小事不進。友至，則清殿而侍，聲樂技藝之人不并見〔二五〕。大臣奏事，則俳優侏儒逃隱〔二六〕，聲樂技藝之人不并奏。左右在側，聲樂不見。侍御者在側，子女不雜處。故君樂雅樂〔二七〕，則友、大臣可以侍；君樂燕樂〔二八〕，則左右、侍御者可以侍；君開北房從薰服之樂〔二九〕，則廝役從。清晨聽治〔三〇〕，罷朝而論議，從容澤燕〔三一〕。夕時開北房，從薰服之樂。是以聽治論議，從容澤燕，矜莊皆殊序，然後而帝王之業可得而行也。

〔一〕官人，荀子正論注：「官人，職事之官也。」夏案：正文云「王者官人有六等」，非止謂職事之官，亦含荀子所謂「王者之人」。王制注：「王者之人，王者之佐。」又，何本將此篇編於卷五輔佐篇後，按曰：「王者知取師友之禮，而後任輔佐之職者，始得其人，故以官人次焉。」「連語」，原脱，兹據李本補。

〔二〕「知足」二句，亦見於韓詩外傳五，其文云：「智如泉源，行可以爲表儀者，人師也。」夏案：知讀爲智，下同。

〔三〕重，禮記祭統注：「重，猶尊也。」夏案：此謂使人之家尊貴，下同。

〔四〕礲礪，荀子性惡注：「礱厲，皆磨也。厲與礪同。」廣雅釋詁三疏證：「礱，與礲同。」

〔五〕訪，説文：「訪，汎謀曰訪。」爾雅釋詁：「訪，謀也。」

〔六〕「敢」，劉師培曰：「敢，疑嚴字之訛。」

〔七〕「揚美者」，原脱者字。夏案：上下文「謂之」上皆有者字，此當一律，兹據何本補。

〔八〕率，通韻：「率，表的也。」

〔九〕「以」，原誤不，兹據李本改。　阿，吕氏春秋貴直注：「阿，曲也。」

〔一〇〕怎，盧文弨曰：「怎，與怍同。」説文：「怍，慙也。」　鄉曲，本謂一隅之鄉，猶言僻隅。文選左思吴都賦注：「曲，謂僻也。」後泛指鄉里。　莊子胠篋：「治邑屋州閭鄉曲者，曷嘗不法聖人哉？」

〔一一〕服，論語爲政皇疏：「服，執持。」夏案：此謂任。　一介，尚書泰誓：「如有一介臣。」釋文：「馬云：『一介，耿介一心端慤者。』字又作个。」朱駿聲曰：「介，又爲孤特之義。　廣雅釋詁三：『介，獨也。』左襄八傳：『亦不使一介行李。』」

〔一二〕執戟，史記淮陰侯列傳集解引張晏曰：「宿衞執戟之人也。」

〔一三〕持，越語下注：「持，守也。」

〔一四〕勸，陶鴻慶曰：「勸，勉也。言雖不能強諫，亦不肯勉從也。」

〔一五〕傴僂，廣雅釋詁一：「傴，曲也。」説文：「僂，背僂。」後漢書張酺傳注：「傴僂，言恭敬從命也。」

〔一六〕諛，管子五行注：「諛，悦順貌。」

〔一七〕「睚眦」，原作睚⿰目比。夏案：⿰目比，字書不載，兹從何本改。盧文弨曰：「此睚眦，非怒視也。蓋謂不出君之目前耳，潭本作眦，未詳，兹從别本。」王耕心曰：「此謂視睚眦爲進退。」

〔一八〕「故與師」六句，本自燕策一：「帝者與師處，王者與友處，霸者與臣處，亡國與役處。」亦見於韓詩外傳。　爲，論語里仁皇疏：「爲，治也。」

〔一九〕取，韓詩外傳五：「君取於臣，謂之取。」漢書賈誼傳注：「取，謂所擇用也。」

〔二〇〕黜，玉篇：「黜，退也。」　朝，陔餘叢考：「古時凡詣人皆曰朝，吕覽『堯朝許由於沛澤之中』是也。」夏案：所引吕覽，見吕氏春秋求人。

〔二一〕身，爾雅釋詁：「身，我也。」夏案：此謂親身迎接。

〔二二〕「皮」上，盧本有以字。夏案：盧氏未出校，他本亦無以字，當係臆增，然參上下文例，此當有以字。　皮幣，左傳襄公二十八年：「奉其皮幣，聘於下執事。」注：「聘用乘皮。」儀禮聘禮注：「物四曰乘，謂四皮也。」夏案：幣謂贄禮，已見退讓篇注。

〔二三〕至，劉師培曰：「至，乃致字之省，猶言以令致之。」

〔二四〕「則」，原脱，兹據程本補。　侍，論語先進皇疏：「卑者在尊者之側曰侍也。」夏案：人君於其師稱侍或可，然下文於其友亦稱侍，恐未合於禮，疑此侍係待之假，儀禮士昏禮注「今文待作侍」是其證。下文言「友、大臣可以侍」亦其旁證。

〔二五〕「聲樂」，原倒，參下文兩作聲樂，玆據李本乙。　見，六書正譌：「見，別作現。」夏案：此見假爲現，下同。

〔二六〕「俳」，原脱，玆據莫本補。

〔二七〕雅，集韻：「雅，正也。」夏案：雅樂謂郊廟朝會之樂。

〔二八〕燕樂，儀禮既夕禮「燕樂器」注：「與賓客燕（通宴）飲用樂之器。」新唐書禮樂志：「自周陳以上，雅鄭殽雜而無別，隋文帝始分雅俗二部，俗樂者，燕設用之。」

〔二九〕北房，未詳，疑即北宫。周禮内宰注：「北宫，后之六宫。謂之北宫者，繫於王言之。」　薰服，陶鴻慶曰：「道術篇云：『欣熏可安謂之熅。』盧氏解熏爲和悦意，此薰字義與彼同。禮記孔子閒居注云：『服，猶習也。』薰服，謂其素所便安者。」　「之」，原誤乏，玆據程本改。

〔三〇〕「清晨聽治」，原作清門治聽，玆據李本改乙。　聽治，猶聽政，處制政事。

〔三一〕澤，集韻：「釋，或作澤。」朱駿聲曰：「釋，字亦作懌。字林：『懌，怡也。』」　燕，禮記仲尼燕居注：「退朝而處曰燕居。」論語述而集注：「燕居，閒暇無事之時。」夏案：澤燕，猶言怡然安閒。

勸學連語〔一〕

謂門人學者〔二〕：舜何人也？我何人也〔三〕？夫啓耳目，載心意〔四〕，從立移徙〔五〕，與我同性〔六〕。而舜獨有賢聖之名，明君子之實〔七〕，而我曾無鄰里之問〔八〕，寬狥之智者〔九〕，獨何與？然則舜僶俛而加志〔一〇〕，我儃僈而弗省耳〔一一〕。

夫以西施之美而蒙不潔，則過之者莫不睨而掩鼻〔一二〕。嘗試傅白黱黑〔一三〕，榆鋏陂，雜芷若，虿虻視，益口笑〔一四〕，佳能佻志〔一五〕，從容爲説焉，則雖王公大人，孰能無悇憛養心而巔一視之〔一六〕？今以二三子材，而蒙愚惑之智〔一七〕，予恐過之有掩鼻之容也。

昔者南榮跦醜聖道之忘乎己〔一八〕，故步涉山川〔一九〕，坌冒楚棘〔二〇〕，彌道千餘〔二一〕，百舍重繭〔二二〕，而不敢久息。既過老聃〔二三〕，噩若慈父〔二四〕，鴈行避景〔二五〕，夔立蛇進〔二六〕，而後敢問。見教一高言，若飢十日而得大牢焉，是達若天地，行生後世〔二七〕。

今夫子之達佚乎老聃〔二八〕，而諸子之材不避榮跦〔二九〕，而無千里之遠、重繭之患。親與巨賢連席而坐，對膝相視，從容談語，無問不應，是天降大命以達吾德也〔三〇〕。吾聞之曰：時難得而易失也。學者勉之乎！天禄不重〔三一〕。

〔一〕盧文弨曰：「此（指先醒篇）必出於其徒之所纂集，篇中稱『懷王問於賈君』，又勸學一篇，語其門人，皆可爲明證。」夏案：考文意參注〔二八〕劉師培説，此當爲受業張蒼時，爲諸同門所作。「連語」，原脱，兹據李本補。

〔二〕學者，求學者。禮記學記：「學者有四失，教者必知之。」

〔三〕「舜何人」二句，孟子滕文公上：「顏淵曰：『舜何人也？予何人也？有爲者亦若是。』」夏案：此節亦見於淮南子修務訓，二者當有共源，或本自愼子，亦或管子，見注〔二〕。

〔四〕「夫啓耳目」二句，蓋謂張啓耳目，表達心意。禮記少儀注：「啓，開也。」晉語注：「載，施也。」

〔五〕從立移徙，謂行止。從，讀爲縱，謂直立。荀子賦注：「從，豎也。」

〔六〕同性，謂本性、天性相同。

〔七〕君子，禮記禮運「此六君子」疏：「言此聖賢六人。」夏案：淮南子即作聖智。

〔八〕曾，王引之曰：「曾，則也。」問，朱駿聲曰：「問，假借爲聞。」盧文弨曰：「聞，名譽著聞也。」

〔九〕寬狥，盧文弨曰：「寬，裕也。徇，通也。」字彙：「狥，俗徇字。」

〔一〇〕僶俛，文選陸機文賦注：「僶（音敏）俛，猶勉強也。」夏案：此謂奮勉。

〔一一〕儃（音旦）僈，或作澶漫、誕謾。朱起鳳曰：「此皆聲近義通之字。」莊子馬蹄釋文：「澶漫，猶縱逸也。」

〔一二〕「夫」，原壞作天，茲據李本改。「夫以」二句，孟子離婁下：「西子蒙不潔，則人皆掩鼻而過之。」夏案：管子小稱：「毛嬙西施，天下之美人也。盛怨氣於面，不能以爲可好。」愼子：「毛嬙西施天下之至姣也，衣以皮褐倛，則見者走。」或係孟子所本。又參注〔一六〕。睨，説文：「睨，衺視也。」

〔一三〕當，王引之曰：「儻，或然之詞，字或作尚，或作當。」正字通：「倘，同儻。」傅，正字通：「傅，麗著也。」夏案：即敷，塗。　黱，盧文弨曰：「黱，黛本字。」夏案：黱用作動字，與上傅互文。

〔一四〕「褕鋏陂」四句，俞樾曰：「褕鋏陂，未詳。疑褕字讀若揄，揄之言引也。陂乃帔之假字。此句蓋言衣服之美耳。雜芷若者，芷若皆香草也。䖟虱視，義不可通。䖟，疑望之假字。虱即風之誤字。言望風而視也。益讀爲嗌。方言：『嗌，掩也。』即掩口笑。」劉師培曰：「褕即揄。鋏與夾同。夾陂者，猶穆傳之左右夾佩也。䖟虱視，即籠蒙視。（淮南子修務訓）高注云：『籠蒙，猶眇目視也。』䖟、蒙通轉。籠蒙與逢蒙同。逢蒙本無定字，故此文又作䖟虱。益口，疑與冶由義同。（修務訓）高注云：『冶由笑，巧笑。』」王念孫曰：「（修務訓）籠蒙目，即籠蒙視，與冶由笑相對爲文。賈子作風䖟視，今本風䖟誤作䖟虱。風䖟、籠蒙，語之轉耳。」夏案：參諸説，四句當作：揄夾珮，雜芷若，風䖟視，益（讀嗌）口笑。「芷」，原訛芒，兹據李本改。俞引穆傳，見穆天子傳一，原注：「夾佩，左右兩佩。」廣雅釋詁三：「雜，聚也。」

〔一五〕能，朱駿聲曰：「能，實熊之假借。虞書鄭注：『能，姿也。』今以態爲姿致專用，能爲才能。」佻，盧文弨曰：「佻與姚同，美好貌。」志，説文：「志，意也。」

〔一六〕悇憛，廣韻：「悇，憛悇，愛也。」夏案：悇憛即憛悇，雙聲聯綿字，例可互倒，廣雅釋訓即作悇憛。「養」，劉師培曰：「養，當作癢。」夏案：荀子正名注：「養，與癢同。」淮南修務即作癢。「巔」，劉師培曰：「巔，疑顚訛。」夏案：顚，夏承碑作顛。顛，功勳銘作顛。是則顚訛爲顛，顛訛爲巔。又，「夫以」十一句，蓋本慎子：「毛嬙西施天下之至姣也，衣以衣褐倛，則見者走；衣以玄緆，則行者皆止。」

〔一七〕智，劉師培曰：「淮南修務訓作『蒙愚惑之智，被污辱之行。』智即知識之知，故智、行對文。」

〔一八〕「跦」，原訛趺。盧文弨曰：「莊子作趎，跦與趎同。」夏案：盧説是，兹據程本改。莊子庚桑楚釋文：「趎，昌于反。向音疇。李云：『庚桑弟子也。』」淮南子修務訓作南榮疇，高注：「南，姓。榮疇，字。蓋魯人也。」　醜，誼文多以醜爲耻，見階級篇「主醜亡身」注。　忘，文選陸機歎逝賦注：「忘，失也。」夏案：全句謂以聖道失於己爲耻。

〔一九〕步涉，猶言跋涉。後漢書仲長統傳：「舟車足以代步涉之艱。」

〔二〇〕岔冒，説文段注：「凡爲細末糝物若被物者，皆曰坋。坋之爲言被也。」篇海：「坋，亦作坌。」孫鳴鏘曰：「岔、坌通。」（吕氏春秋高注補正）劉師培曰：「坌冒與（淮南修務訓）冒蒙同。」夏案：段注被，讀爲披，猶劉云蒙。「冒」，原訛買，兹據李本改。　楚，説文：「楚，叢木，一名荆也。」

〔二一〕彌，文選張衡西京賦注：「綜曰：『彌，遠也。』」

〔二二〕「舍」，原訛合。夏案：莊子天道篇言士成綺見老子「百舍重趼而不敢息」，知當作舍，淮南子亦作舍，兹據程本改。莊子集解：「百舍，百日止宿。」淮南子高注：「百里一舍。」

〔二三〕過，秦策注：「過，猶見也。」　「呥」，史記老子韓非傳、淮南子作眲。集韻：「冄，或作冉。」中華大字典：「呥，眲俗字。」

〔二四〕噩，通遻，玉篇：「遻，遇也。」此謂㑆、迎。見前匈奴篇「噩迕仇讎」注。

〔二五〕雁行避景，莊子天道集釋：「雁行斜步，側身避影。」大戴禮記曾子天圓注：「景，古通以爲影字。」

〔二六〕夔，莊子秋水釋文：「夔，一足獸也。」夏案：夔立，謂直立雙腿併立如一，若夔之一足，狀恭立貌。史記五帝紀集解：「徐廣曰：『夔夔，和敬貌。』」　蛇進，猶言蛇行，亦敬畏貌。秦策注：「蛇行，紆行。」

〔二七〕「若飢十日」二句，劉師培曰：「淮南作『欣然七日不食，如饗太牢，是以明照四海，名施後世，達略天地，察分秋毫。』與彼文相較，而得大牢，即如得太牢。達若，當作達略，高注云：『達，猶通也。略，猶數也。』即其義。行生後世，即名施後世。生字疑衍。」夏案：王引之曰：「若，猶及也。」是達若天地即達及天地，非必如淮南子作達略。又，易觀六三荀注：「生者，教化生也。」此謂其行教化生於後世，生非衍文。

〔二八〕夫子，章太炎曰：「夫子，指張北平。賈生之弟子於張北平，猶庚桑楚之弟子於老聃也。」劉師培曰：「夫子，疑即張蒼，誼傳左氏於張蒼，此蓋受業之時所作。蒼曾典書柱下，故以老聃爲況。」經典釋文序：「左丘明作傳，荀況傳武威張蒼，蒼傳洛陽賈誼。」史記張丞相傳：「張丞相蒼者，秦時爲御史，主柱下方書。及沛公略地過武陽，遂從西入武關。沛公立爲漢王，漢王以蒼爲代相。蒼以代相從攻臧荼有功，以六年中封爲北平侯。」索隱：「周秦皆有柱下史，謂御史也。所掌及侍立恒在殿柱下，故老子爲周柱下史，今蒼在秦代亦居斯職。」　佚，文選鮑照蕪城賦注：「軼，過也。佚與軼通。」

〔二九〕諸子，章太炎曰：「謂同學後生。」　避，盧文弨曰：「避，讓也。」

〔三〇〕「天」，原誤夫，茲據李本改。

〔三一〕天禄，詩大雅既醉：「天被爾禄。」傳：「禄，福也。」

道術　連語〔一〕

曰：「數聞道之名矣，而未知其實也，請問道者何謂也？」

對曰：「道者所道接物也〔二〕，其本者謂之虚〔三〕，其末者謂之術〔四〕。虚者，言其精微也〔五〕，平素而無設諸也〔六〕；術也者，所從制物也〔七〕，動静之數也〔八〕。凡此皆道也。」

曰：「請問虚之接物何如？」

對曰：「鏡義而居〔九〕，無執不臧〔一〇〕，美惡畢至，各得其當；衡虚無私〔一一〕，平静而處，輕重畢懸，各得其所。明主者南面而正〔一二〕，清虚而静〔一三〕，令名自命〔一四〕，令物自定〔一五〕，如鑑之應，如衡之稱。有舋和之〔一六〕，有端隨之，物鞫其極〔一七〕，而以當施之，此虚之接物也。」

曰：「請問術之接物何如？」

對曰：「人主仁而境内和矣〔一八〕，故其士民莫弗親也；人主義而境内理矣，故其士民莫弗順也〔一九〕；人主有禮而境内肅矣，故其士民莫弗敬也；人主有信而境内貞矣〔二〇〕，故其士民莫弗信也〔二一〕；人主公而境内服矣，故其士民莫弗戴也〔二二〕；人主法而境内軌矣〔二三〕，故其士民莫弗輔也〔二四〕。舉賢則民化善，使能則官職治；英俊在位則主尊，羽翼勝任則民顯〔二五〕；操德而固則威立，教順而必則令行〔二六〕；周聽則不蔽〔二七〕，稽驗則不惶，明好惡則民心化，密事端則人主神。術者，接物之隊〔二八〕。凡權重者必謹於事，令行者必謹於言〔二九〕，則過敗鮮矣。此術之接物之道也者。其爲原無屈〔三〇〕，其應變無極，故聖人尊之。夫道之詳，不可勝術也〔三一〕。」

曰：「請問品善之體何如〔三二〕？」

對曰：「親愛利子謂之慈，反慈爲嚚〔三三〕。子愛利親謂之孝，反孝爲孽。愛利出中謂之忠〔三四〕，反忠爲倍。心省恤人謂之惠〔三五〕，反惠爲困〔三六〕。兄敬愛弟謂之友，反友爲[illegible]〔三七〕。弟敬愛兄謂之悌〔三八〕，反悌爲敖〔三九〕。接遇慎容謂之恭，反恭爲媟。接遇肅正謂之敬，反敬爲慢。言行抱一謂之貞〔四〇〕，反貞爲僞。期果言當謂之信〔四一〕，反信爲慢〔四二〕。衷理不辟謂之端〔四三〕，反端爲趽〔四四〕。據當不傾謂之平〔四五〕，反平爲險〔四六〕。行善決菀謂之清〔四七〕，反清爲斂〔四八〕。辭利刻謙謂之廉〔四九〕，反廉爲貪。兼覆無私謂之公〔五〇〕，反公爲私。方直不曲謂之正，反正爲邪。以人自觀謂之度，反度爲妄。以己量人謂之恕〔五一〕，反恕爲荒〔五二〕。惻隱憐人謂之慈，反慈爲忍〔五三〕。厚志隱行謂之潔〔五四〕，反潔爲汰〔五五〕。施行得理謂之德，反德爲怨。放理潔靜謂之行〔五六〕，反行爲汙〔五七〕。功遂自卻謂之退，反退爲戟〔五八〕。厚人自薄謂之讓，反讓爲冒〔五九〕。心兼愛人謂之仁，反仁爲戾〔六〇〕。行充其宜謂之義〔六一〕，反義爲懜〔六二〕。

剛柔得道謂之和〔六三〕，反和爲乖。合得密周謂之調〔六四〕，反調爲盭〔六五〕。優賢不逮謂之寬〔六六〕，反寬爲阨〔六七〕。包衆容易謂之裕〔六八〕，反裕爲褊〔六九〕。欣熏可安謂之熅〔七〇〕，反熅爲鷙〔七一〕。安柔不苛謂之良，反良爲齧〔七二〕。緣法循理謂之軌，反軌爲易〔七三〕。襲當緣道謂之道〔七四〕，反道爲辟〔七五〕。廣較自斂謂之儉〔七六〕，反儉爲侈。費弗過適謂之節，反節爲靡。呦銀勉善謂之慎〔七七〕，反慎爲怠。忠惡勿道謂之戒〔七八〕，反戒爲傲〔七九〕。深知禍福謂之知，反知爲愚。亟見窕察謂之慧〔八〇〕，反慧爲童〔八一〕。動有文體謂之禮〔八二〕，反禮爲濫〔八三〕。容服有義謂之儀〔八四〕，反儀爲詭〔八五〕。行歸而過謂之順〔八六〕，反順爲逆。動靜攝次謂之比〔八七〕，反比爲錯。容志審道謂之僩〔八八〕，反僩爲野。辭令就得謂之雅〔八九〕，反雅爲陋。論物明辯謂之辯，反辯爲訥。纖微皆審謂之察，反察爲旄〔九〇〕。誠動可畏謂之威〔九一〕，反威爲圂〔九二〕。臨制不犯謂之嚴〔九三〕，反嚴爲軟〔九四〕。仁義修立謂之任〔九五〕，反任爲欺。伏義誠必謂之節〔九六〕，反節爲罷〔九七〕。持節不恐謂之勇，反勇爲怯。信理遂惔謂之敢〔九八〕，反敢爲揜〔九九〕。志操精果謂之誠〔一〇〇〕，反誠爲殆〔一〇一〕。克行遂節謂之必〔一〇二〕，反必爲怛〔一〇三〕。凡此品也，善之體也，所謂道也。」

故守道者謂之士，樂道者謂之君子；知道者謂之明〔一〇四〕，行道者謂之賢，且明且賢，此謂聖人。

〔一〕何孟春曰：「此篇以道爲虚，以術爲用，殊無得於孔子之學也。」陶鴻慶曰：「下文紀賈君語，皆稱對曰，當是作傅時與王問答之辭，當與先醒篇相次，或此篇之首有脱文也。」夏案：論語里仁：「子曰：『參乎，吾道一以貫之。』曾子曰：『唯！』子出，門人問曰：『何謂也？』曾子曰：『夫子之道，忠恕而已矣。』」史記太史公自序：「儒者以六藝爲法，列君臣父子之禮，序夫婦長幼之别，雖百家弗能易也。」漢書藝文志：「儒家者流，助人君順陰陽明教化者也。游文於六經之中，留意於仁義之際，祖述堯舜，憲章文武，宗師仲尼，於道最爲高。」是孔子之學，用世之道也。太史公自序：「道家無爲，其術以虚無爲本。」誼云「本者謂之虚」，是道家之言也，故何氏謂「無得於孔子之學也」。「連語」，原脱，兹據李本補。

〔二〕所道，禮記禮器注：「道，猶由也，從也。」莫本、程本、盧本即作所從。　接物，淮南子原道訓：「物，事也。接，交也。」夏案：物，謂事、物，相對於道而言。易繫辭上：「形而上者謂之道，形而下者謂之器。」疏：「道是無體之名，形是有質之稱。」又云：「形乃謂之器。」疏：「體質成器，是謂器物。」所道接物，謂依道而認識處理事物。

〔三〕本者謂之虚，管子心術：「虚無無形，謂之道。」老子一章：「道可道，非常道。名可名，非常名。無名，天地之始。」四十一章：「道隱無名。」莊子人間世：「唯道集虚。」吕氏春秋知度：「用虚無爲本。」本書道德説：「道者無形。」

〔四〕末者謂之術，淮南子原道訓：「實出於虚」，「貴虚者，以豪（通毫）末爲宅。」本書六術：「有形之物，莫細於毫。」夏案：參下文「術也者，所從制物也」。「術者，接物之隊」。知術與道之「無設諸」「平靜而處」之靜態不同，已「應變無窮」，即結語所謂「行道」。故淮南子謂之宅，宅者，道之所存也，已爲有形之毫末矣。

〔五〕精微，老子二十一章：「窈兮冥兮，其中有真。」本義：「窈冥則全不可見，此言道之『無』也。真即精也。」十四章：「搏之不得名，曰微。」呂氏春秋大樂：「道也者，至精也。」注：「精，微也。」說文：「搏，索持也。」

〔六〕平素，淮南子詮言：「虛則平，平者道之素也。」本經注：「素，樸也。」呂氏春秋上德注：「素，質也。」管子水地注：「素，無色謂之素。」夏案：平，當即下文所謂「平靜而處」。諸，釋名釋飲食：「諸，儲也。」

〔七〕「所」下，原有以字，參上「所道」，此當無以字，玆據李本删。

〔八〕動靜，上句言制，此句偏指動。數，管子霸言注「數，理也。」

〔九〕義，盧本作儀，通。俞樾曰：「儀，讀爲俄。廣雅釋詁：『俄，衺也。』凡置鏡必稍傾衺之，然後可以自鑒，故曰『鏡儀而居』。」王耕心曰：「鏡義而居，謂以此義爲立身之具，如下所陳者，俞說迂曲旁騖，幾成誣罔。」夏案：俞說訓詁可通，義理無取。王說空鑿，將謂「衡虛無私」何？此「義」當與「衡虛」之虛對應。管子水地：「唯無不流，至平而止，義也。」孔子家語執轡注：「義，平也。」管子文謂水，誼蓋取以水爲鑒之義。鏡面必平，故可鑒。鬼谷子摩篇：「平者，靜也。」「平」正與「衡虛」及下文「清虛而靜」相應。又，韓非子飾邪「鏡執清而無事，美惡從而比焉」，或即誼所本，此「義」之平，猶彼文之清、無事。又，參注〔一一〕引淮南子亦謂衡虛可以爲平。

〔一〇〕臧，陶鴻慶曰：「臧，讀爲藏，言無所執着，亦無所藏匿也。故下云：『美惡畢至，各得其當』。」

〔一一〕衡虛無私，史記秦始皇本紀正義：「衡，秤衡也。」淮南子主術訓：「衡之於左右，無私輕重，故可以爲平。」原道訓注：「虛者，情無念慮也。」

〔一二〕「而正」，原倒，兹據程本乙。

〔一三〕清虛而靜，老子四十五章：「清靜爲天下正。」韓非子主道：「明君守始以知萬物之源，虛靜以待令，令名自命也，令事自定也。虛則知實之情，靜者知動者正。」

〔一四〕令名自命，韓非子主道：「令名自命也，令事自定也。有言者自爲名，有事者自爲形，形名參同。」釋名釋言語：「名，明也。名實使分明也。」廣雅釋詁：「命，名也。」夏案：命用作動字。句謂清虛而靜，可使事之名實自然相稱。

〔一五〕「令」，原脱。劉師培曰：「物上疑脱令字，蓋此文語首用令字，二語并同，亦與下文兩用如字同例也。」夏案：劉説是，兹據韓非子補。

〔一六〕釁，廣韻：「釁，俗釁字。」朱駿聲曰：「釁，殺牲以血塗坼罅。」集韻：「釁，罅坼也。」和，廣韻：「和，諧也。」

〔一七〕鞠，廣韻：「鞠，推窮也。」

〔一八〕「和」，原作知，盧文弨曰：「知，訛。」夏案：盧説是，兹據程本改。

〔一九〕「其」，原脱，兹據李本補。

〔二〇〕貞，易乾文言注：「貞，信也。」太玄經交注：「貞，精誠也。」

〔二一〕「也」，原作矣，兹據李本改，與上下文一律。

〔二二〕「其」，原脱，兹據李本補。

〔二三〕法，禮記中庸：「君子行而世爲天下法。」章句：「法，法度也。」夏案：法用作動字，謂有法度。

〔二四〕「故」，原作則，兹據李本改，與上下文一律。

〔二五〕顯，榮顯。孟子離婁下：「未嘗有顯者來。」疏：「未嘗見有富貴顯達者來。」

〔二六〕「教順而必則令行」，原作「教順則必令行」，兹據程本改，與上句一律。必，下文云：「克行遂節謂之必。」

〔二七〕周，廣雅釋詁二：「周，徧也。」

〔二八〕隊，陶鴻慶曰：「隊，讀爲隧。隧，道也，與術同義。」

〔二九〕「令行者」，原者訛則，兹據李本改。

〔三〇〕屈，呂氏春秋安死注：「屈，盡也。」

〔三一〕術，朱駿聲曰：「術，假借爲述。」

〔三二〕品，説文：「品，衆庶也。」夏案：此謂各類。體，易繫辭上疏：「體，謂形質之稱。」全句謂諸善之體現。

〔三三〕嚚，一切經音義二十二：「嚚（音銀），惡也。」白居易唐元府夫人鄭氏墓誌銘：「悍婦和，嚚母慈。」

〔三四〕愛利，漢書翟方進傳注：「愛利，謂仁愛而欲安利人也。」中，禮記文王世子注：「中，心中也。」

〔三五〕省，禮記曲禮上注：「省，問其安否何如。」

〔三六〕「困」，原壞作囚，兹據李本改。章太炎曰：「左傳：『子三困我於朝。』困即不省恤之義。」夏案：章引左傳，見襄公二十二年。

〔三七〕𪗉，俞樾曰：「𪗉字無考。說文：『齤，缺齒也。讀若權。』疑即此字，蓋齘齕也。」

〔三八〕「敬」，原脱，兹據程本補。

〔三九〕敖，朱駿聲曰：「敖，假借爲傲。」

〔四〇〕「一」，原脱，兹據李本補。抱一，老子二十二章：「聖人抱一爲天下式。」河上公注：「抱守法式也。」本義引蘇轍曰：「道，一而已。」莊子庚桑楚疏：「抱一，守真不二也。」貞，釋名釋言語：「貞，定也。精定不動惑也。」

〔四一〕期，說文「期」段注：「期者，要約之意。」要讀如邀。果，玉篇：「果，信也。」論語子路：「言必信，行必果。」皇疏：「果，成也。」當，說文：「當，田相值也。」正韻：「當，猶合也。」夏案：言當，謂踐言。

〔四二〕慢，左傳襄公三十年注：「慢，易也。」古書疑義舉例補：「劉師培曰：『慢易，即怠忽。』」

〔四三〕衷理不辟，左傳昭公六年：「楚辟，我衷。」注：「辟，邪也。衷，正也。」

〔四四〕昉，廣韻：「昉（音放），𨄇踁曲貌。」盧文弨曰：「昉，亦有曲義。」

〔四五〕當，吕氏春秋義賞注：「當，正也。」

〔四六〕險，荀子解蔽注：「險，傾斜也。」

〔四七〕「菀」，何本作宛，李本作死，盧本作衷，莫本、傅校本作□。夏案：朱起鳳曰：「菀，古多省作宛。」詩唐風山有樞傳：「宛，死貌。」是作死者以訓詁代字或其壞字。盧本未言所據，當係臆改。此當作苑。決苑，謂裁處屈塞、鬱塞。詩小雅都人士箋：「苑，猶屈也，積也。」

〔四八〕「魰」，原作⿰魚攵，何本、程本、周本、盧本作濁。盧文弨曰：「建本作魰，潭本作⿰魚攵，皆不可曉，或是汶。」夏案：據盧校知宋本不作濁，作濁雖文從字順，當是臆改，不可從。⿰魚攵，字書無考，疑爲魰之訛壞。正字通：「魰，鱗細有花文，一名文魚。文魚之改爲魰，猶人魚之改爲魜也。」是知魰，即文。在魚爲魰，在心爲忞，在絲爲紊，在水爲汶。故朱駿聲曰：「文，假借爲紊、爲忞、爲汶。」俱自說文「錯畫」義引申，皆有昏亂迷亂義，即清之反義，是知魰非不可曉，茲據盧藏建本改。

〔四九〕刻謙，刻意謙遜。句意猶漢書朱建傳：「刻廉剛直，行不苟合。」

〔五〇〕兼，荀子解蔽注：「兼，盡也。」

〔五一〕恕，論語衛靈公：「其恕乎，己所不欲，勿施於人。」朱注：「恕非寬假之謂，推己及物爲恕。」

〔五二〕荒，朱駿聲曰：「荒，假借爲妄。」夏案：「以己量人」與「以人自觀」，文異而意同，故荒、妄轉注。

〔五三〕忍，晉語一注：「忍，不義也。」夏案：此謂殘忍。

〔五四〕厚，禮記坊記注：「厚，遠也。」

〔五五〕汰，朱駿聲曰：「汰、泰同字。泰，滑也。」集韻：「滑（音骨），亂也。」後漢書周燮傳注：「滑，混也。」夏案：猶言濁、污。

〔五六〕放，廣雅釋詁四：「放，依也。」莊子天道：「夫子亦放德而行，循道而趨。」

〔五七〕汚，俞樾曰：「汚，當作汙。左傳隱公三年：『潢汙行潦之水。』服虔曰：『水不流謂之汙。』是汙爲停積之水，故反行爲汙。」夏案：正字通：「汚，汙同。」

〔五八〕戟，禮記明堂位注：「棘、戟同。」方言三：「凡草木刺人，江湘之間謂之棘。」夏案：是戟有刺義，刺則必急進方可，故反退爲戟。又，正字通：「撠，與擊通。」康熙字典：「撠，通作戟。」亦進擊義。

〔五九〕冒，左傳文公十八年注：「冒，亦貪也。」

〔六〇〕戾，詩小雅頍弁箋：「戾，虐也。」荀子儒效注：「戾，暴也。」

〔六一〕充，漢書揚雄傳上注：「充，當也。」

〔六二〕懜，説文：「懜（音夢），不明也。」朱駿聲曰：「心不明也。」夏案：心不明則行不宜，故反義爲懜。又，孫詒讓因盧藏潭本作憒，而憒字書無考，以爲係費訛，費通悖、佛，謂反義則言行拂悖。説似迂曲，録以備考。

〔六三〕「道」，盧本作適。夏案：作適義長，然盧氏未言所據，疑係臆改。莊子繕性：「道，理也。」得道謂得理，於文亦通。

〔六四〕合，吕氏春秋古樂注：「合，和諧。」　密周，猶言周密。

〔六五〕「盭」，原訛盩，盩字字書無考，兹據盧本改。盭，古戾字，程本即作戾。

〔六六〕「優賢」，原作懷優賢，何本、程本作懷賢，周本作懷優，盧本作優賢。夏案：原當衍一字，諸本皆可通，兹從盧本。

句謂優賢唯恐不及也。

〔六七〕阸，集韻：「阸，或作阨。」正字通：「隘，與阸同。」

〔六八〕「包」，原作色，盧文弨曰：「包，舊訛色，今以意定爲包。」夏案：色衆無解，兹從盧説，據周本改。容易，即寬容。左傳桓公十三年：「告諸天之不假易也。」王引之引王念孫曰：「謂天道之不相寬從（縱）也。」僖三十三年傳『敵不可縱』，秦策作『敵不可易』，是假、易皆寬縱之意也。賈子道術篇曰『包衆容易謂之裕』，是易與寬容同義。」

〔六九〕「褊」，原訛徧，兹據盧本改。小爾雅廣言：「褊，狹也。」

〔七〇〕憮，盧文弨曰：「憮字無考，當是和悦意。」煴，盧文弨曰：「煴，當謂温藉也。一曰煙煴，亦和意。」

〔七一〕鷙，漢書匈奴傳下注：「鷙，佷也。」正字通：「佷，俗作很、狠。」

〔七二〕齧，朱駿聲曰：「齧，或曰借爲契。契，刻也。」夏案：苛、刻義近。「不苛謂之良」，故反良爲刻。

〔七三〕易，劉師培曰：「易，韓非子八經篇云『詭曰易』，與此易字相同，易即邪也。」

〔七四〕當，呂氏春秋義賞注：「當，正也。」

〔七五〕辟，詩大雅蕩釋文：「辟，邪也。」

〔七六〕「較」，原作軷。盧文弨曰：「建本作軷，别本作輙，皆未詳。」夏案：軷、輙，於義無取。史記田仲完世家索隱：「較，校量也。」於文意差可通，兹據李本改。

〔七七〕「黝𩛥」，李本作黝□，程本作昒𩛥，何本作僶勉，盧本作□□。盧文弨曰：「空二字。建本作弗勤，别本作昒𩛥，潭本作吻□，皆訛。或校改爲僶勉，亦意定耳。」章太炎曰：「當從建本作弗勤。弗，借爲勿。祭義注：『勿勿，猶勉勉也。』」

〔七八〕「忠」，盧本作思。夏案：他本皆作忠，唯盧本異，盧氏無校語，當是臆改。疑忠係忡之譌，二字皆從心中聲，於例當通，然自古即爲二字，不得混淆，傳寫者誤植耳。說文：「忡，憂也。」道，行。

〔七九〕傲，盧文弨曰：「此傲當與警同，放也。與前『反悌爲傲』異。」

〔八〇〕窕察，盧文弨曰：「窕音窱。窕察，深察。」荀子賦注：「窕，讀爲窱，深貌也。」

〔八一〕童，太玄經太玄錯：「童，無知。」

〔八二〕文，容經：「有儀而可象謂之文。」

〔八三〕濫，禮記樂記注：「濫，僭差也。」

〔八四〕義，釋名釋言語：「義，宜也。裁制事物，使合宜也。」

〔八五〕詭，漢書公孫弘傳注：「詭服，違衆之服。」朱駿聲曰：「詭，假借爲乖。」

〔八六〕「過」，何本、周本作適。盧文弨曰：「過，疑誤。舊校本改爲適。」俞樾曰：「過，當作和。古書和或以咼爲之，淮南説山篇『咼氏之璧』，高誘注『咼，古和字』是也。賈子原文作咼，後人不識，因改爲過矣。和與順，義正相應。」夏案：俞説是。行歸猶言行止。

〔八七〕攝，吴語注：「攝，執也。」儀禮士喪禮注：「攝，持也。」攝次，謂循序。比，管子五輔注：「比，合也。」荀子儒效：「比中而行之。」王念孫曰：「比，順也。」

〔八八〕容志，容經：「四志形中，四色發外。」形之於衷曰志，發之於外曰容。　審，淮南子本經訓注：「審，明也。」　僩，荀子榮辱：「陋者，俄且僩也。」集解引盧文弨曰：「僩，當爲嫺雅之義。賈誼書道術篇『容志審道謂之僩，反僩爲野』，此以僩與陋相對，義亦合。」

〔八九〕就，小爾雅廣詁：「就，因也。」廣韻：「就，即也。」廣雅釋詁二：「就，歸也。」　得，朱駿聲曰：「得，假借爲德。」夏案：説文：「嫺，嫺雅也。」上句謂容志之嫺（僩），此謂辭令之雅，其事雖異，其志則同。上句之「審道」即此之「就得」，故得訓德。又，若謂就得即得當，亦通。

〔九〇〕旄，禮記射義釋文：「旄，本又作耄。」周語下注：「耄，昏惑也。」

〔九一〕誠，下文「志操精果謂之誠」。

〔九二〕圂，朱駿聲曰：「圂（音混），假借爲惲。」賈子道術：『反威爲圂』。」「惲，重厚也。」夏案：六書故：「圂，亦作溷。」漢書陸賈傳注：「溷，辱也。」訓辱亦通。大政上：「君以民爲威侮。」威、侮反義，侮、辱義近故曰「反威爲圂」。

〔九三〕臨，華嚴經音義下：「臨，治也。」　制，正字通：「制，裁也。」　不犯，謂不可犯。

〔九四〕「軧」，何本、周本作輭。盧文弨曰：「軧字無考。或校改爲輭，義頗相近。」洪頤煊曰：「軧，當是䀒字之譌。莊子達生釋文：『䀒，笑貌。』」劉師培曰：「説文：『䁨，伏皃。』伏義近柔，疑即此字。」夏案：字書無軧字，然韓非子南面有「軧小變而失長便」語，當係字書失收。參南面上句「苦小費而忘大利」，此繫與苦相應，似當訓爲懼。説文：「唇，驚也。」朱駿聲曰：「唇，驚也。假借爲脤，今俗用爲脣齒字。」「震，假借爲唇，爾雅釋詁：『震，驚懼也。』」⿰車辰、唇、震聲同當通，訓懼，故曰「反嚴爲⿰車辰」。

〔九五〕任，正字通：「任，誠篤也。」詩邶風燕燕箋：「以恩相信曰任。」

〔九六〕伏，文選張衡西京賦注：「伏，猶憑也。」集韻：「凴，依也。」　必，下文「克行遂節謂之必」。字彙：「必，定辭」夏案：此謂堅定。

〔九七〕罷，齊語注：「無行曰罷（音疲）。」夏案：無行即無節操。

〔九八〕惔，盧文弨曰：「惔，或是錟字之訛。錟者，鋒鋭，與敢義近。惔是恬惔，疑非也。」夏案：詩小雅節南山釋文：「惔，韓詩作炎。」是惔通炎。吴語注：「炎炎，進也。」惔或取義於此。信理遂進，故曰敢。

〔九九〕揜，廣雅釋詁：「揜，藏也。」

〔一〇〇〕精，荀子解蔽注：「精，精誠也。」　果，廣雅釋詁：「果，信也。」

〔一〇一〕殆，公羊傳襄公五年注：「殆，疑也。」疑則不誠。

〔一〇二〕克，左傳宣公八年注：「克，成也。」　遂，素問六節藏象論注：「遂，盡也。」禮記緇衣注：「遂，猶達也。」　必，字彙：「必，專也。」

〔一〇三〕怚，集韻：「怚（音粗），心不精也。」

〔一〇四〕「知道者謂之明」，原脱，兹據莫本補。

六術　連語〔一〕

德有六理，何謂六理？道、德、性、神、明、命，此六者德之理也〔二〕。六理無不生也〔三〕，已生而六理存乎所生之内。是以陰陽、天地、人盡以六理爲内度〔四〕，内度成業〔五〕，故謂之六法〔六〕。六法藏内，變流而外遂〔七〕，外遂六術，故謂之六行〔八〕。是以陰陽各有六月之節〔九〕，而天地有六合之事〔一〇〕，人有仁、義、禮、智、信之行〔一一〕，行和則樂與〔一二〕，樂與則六〔一三〕，此之謂六行。陰陽、天地之動也，不失六律〔一四〕，故能合六法；人謹修六行，則亦可以合六法矣。

然而人雖有六行，細微難識，唯先王能審之，凡人弗能自志〔一五〕。是故必待先王之教，乃知所從事。是以先王爲天下設教，因人所有〔一六〕，以之爲訓〔一七〕；道人之情，以之爲真〔一八〕。是故内法六法〔一九〕，外體六行，以與書詩易春秋禮樂六者之術以爲大義〔二〇〕，謂之六藝。令人緣之以自修，修成則得六行矣。六行不正，反合六法〔二一〕。藝之所以六者，法六法而體六行故也，故曰六則備矣。

六者非獨爲六藝本也，他事亦皆以六爲度。

聲音之道以六爲首〔二三〕，以陰陽之節爲度，是故一歲十二月，分而爲陰陽，陰陽各六月。是以聲音之器十二鍾〔二三〕，鍾當一月，其六鍾陰聲，六鍾陽聲；聲之術，律是而出，故謂之六律。六律和五聲之調，以發陰陽、天地、人之清聲，而内合六法之道。是故五聲宫、商、角、徵、羽，唱和相應而調和，調和而成理謂之音〔二四〕。聲五也，必六而備，故曰聲與音六。夫律之者，象測之也〔二五〕，所測者六，故曰六律。

人之戚屬〔二六〕，以六爲法。人有六親〔二七〕，六親始曰父；父有二子，二子爲昆弟〔二八〕；昆弟又有子，子從父而昆弟，故爲從父昆弟〔二九〕；從父昆弟又有子，子從祖而昆弟，故爲從祖昆弟；從祖昆弟又有子，子從曾祖而昆弟，故爲從曾祖昆弟〔三〇〕；從曾祖昆弟又有子〔三一〕，子爲族兄弟，備於六，此之謂六親。親之始於一人，世世别離〔三二〕，分爲六親。親戚非六則失本末之度，是故六爲制而止矣。六親有次，不可相踰；相踰則宗族擾亂，不能相親。是故先王設爲昭穆三廟以禁其亂〔三三〕。何謂三廟？上室爲昭，中室爲穆，下室爲孫嗣令子〔三四〕。各有其次〔三五〕，上下更居；三廟以别，親疏有制。喪服稱親疏以爲重輕〔三六〕，親者重，疏者輕，故復有麤衰、齊衰、大紅、細紅、緦麻，備六〔三七〕，各服其所當服。夫服則有殊，此先王之所以禁亂也。

數度之道，以六爲法。數加於少而度出於居〔三八〕，數度之始，始於微細。有形之物，莫細於毫。是故立一毫以爲度始，十毫爲髮，十髮爲氂，十氂爲分，十分爲寸，十寸爲尺，備於六，故先王以爲天下事用也。

事之以六爲法者，不可勝數也。此所言六〔三九〕，以效事之尺〔四〇〕，盡以六爲度者謂六理，可謂陰陽之六節〔四一〕，可謂天地之六法〔四二〕，可謂人之六行。

〔一〕六術，本文云：「曰六則備矣。」「六者非獨爲六藝之本也，他事亦皆以六爲度。」「事之以六爲法者，不可勝數也。此所言六，以效事之尺，盡以六爲度者。」道術篇云：「術也者，所從制物也。」「術者，接物之隊。」夏案：是知誼以六爲備，以六爲法，以數之六，備述「陰陽、天地、人」之理，所謂接物、制物也。此蓋先民以數目釋解宇宙之遺教。漢書律曆志「伏羲畫八卦由數起」，「所以算數事物，順性命之理也」，書曰：『先其算命』注：以命百事也」，老子四十二章「道生一，一生二，二生三，三生萬物」，皆是也。誼之以六爲備，蓋本於秦制。史記封禪書：「周得火德，今秦變周，水德之時。於是秦更命河曰德水，以冬十月爲年首，色上黑，度以六爲名。」正義引張晏曰：「水，北方，黑。水終數六。」秦始皇本紀：「數以六爲紀，符、法冠皆六寸，而輿六尺，六尺爲步，乘六馬。」鄭氏周易注：「地六成水于北，與天一并。」「五行之次，一曰水，天數也。二曰火，地數也。三曰木，天數也。四曰金，地數也。五曰土，天數也。此五者，陰無匹，陽無耦，故又合之。地六爲天一匹。」又，漢書賈誼傳：「誼以爲漢興二十餘年，宜當改易服色制度，乃草具儀法，色上黃，數用五。」是則，誼後亦不「以六爲法」矣，此文蓋作於二十歲前後。

〔二〕德有六理，本書道德説曰「道者無形」，「道者德之本也」。「德者，離無而之有」，「濁而始形矣，故六理發焉」。「諸生之理，皆道之化也，各有條理以載於德」。夏案：此文之旨，言六術之接物、制物，故須就有形之德而言，故不云道有六理。而六理之中又含道者，即道德説所謂「道雖神，必載於德，乃有所因」。又，道、德、性、神、明、命，誼自有解，詳下道德説。

〔三〕無，俞樾曰：「無字絶句，言無此則六理不生。」夏案：毋須於無絶句，此謂六理無所不生也。

〔四〕「天」，原脱，兹據李本補。　六理爲內度，謂六理「存乎所生之內」，始形之界度。夏案：誼文之度、法、術、行，逐層遞增，以言「道之化也，各有條理以載於德」之過程，而「度出於小」，故此內度謂始形之界度。左傳桓公二年疏：「度，謂限制。」參注〔六〕。

〔五〕業，晉語四注：「業，次也。」夏案：內度成業，謂六理界度既明，又成次序。

〔六〕法，爾雅釋詁：「律，法也。」漢書律曆志上：「律，法也。莫不取法焉。」尚書舜典：「協時月正日，同律度量衡。」疏：「漢書律曆志，度、量、衡，皆出於黄鐘之律也。度、量、衡三者法制，皆出於律，故云『律，法制也。』」夏案：蓋誼即以虞書之審定律曆之制，言「內度成業，故謂之六法」，意即將度銓次乃成法（下文專言律、曆之應，亦其證）。而律曆志上亦云：「同律，審度，嘉量，平衡，鈞權，正準，直繩，貞天下於一，同海內之歸。注：貞，正也。」是律（法）高於度也。

〔七〕汖，玉篇：「汖，古文流字。」流，廣雅釋詁：「流，化也。」　遂，集韻：「遂，達也。」夏案：外遂，謂形之於外。

〔八〕行，周禮地官師氏注：「在心爲德，施之爲行。德、行，内外之稱也。」

〔九〕陰陽各有六月之節，漢書律曆志上：「律十有二，陽六爲律，陰六爲吕。律以統氣物。」夏案：古以十二月應十二律，陽六律爲奇數月，陰六吕爲偶數月。詳吕氏春秋音律、史記律書、漢書律曆志。並參下文及注〔三〕。

〔一〇〕六合，吕氏春秋審分注：「六合，四方上下也。」

〔一一〕「信」，原作聖，兹據盧本改。

〔一二〕與，齊語注：「與，從也。」漢書淮陽憲王欽傳：「與，偕也。」

〔一三〕「與」，原脱，兹據盧本補。

〔一四〕「律」，原作行。俞樾曰：「行，當作律。」陶鴻慶曰：「上言六行，謂仁義禮智信，與樂而六，與『陰陽天地』義不相屬，當作不失六律，六律之義，詳見下文。」夏案：俞陶説是，兹據以改。

〔一五〕志，禮記緇衣注：「志，猶知也。」

〔一六〕有，吴昌瑩曰：「唐韻正：『有，古讀爲以。』」夏案：因人所有，謂因人所以訓教也。

〔一七〕「爲」，原脱，兹據李本補。

〔一八〕真，劉師培曰：「真，當作慎。慎者，順之假字。順，與導應。」夏案：朱駿聲曰：「真，假借爲慎。」又，劉云與導應，吉府本作道，通。

〔一九〕「内」下，原脱法字，兹據莫本補。

〔二〇〕「以與」，俞樾曰：「與，乃興字之誤。」夏案：俞説是。

〔二一〕反，荀子法行注：「反，乖悖。」反和，猶言乖合，即不合。

〔二二〕首，禮記曾子問注：「首，本也。」

〔二三〕鍾，説文：「鍾，酒器也。」「鐘，樂鐘也。」朱駿聲曰：「鐘，周禮有鍾氏，考工梟氏作鍾，皆以鍾爲之。」十二鍾，淮南子天文訓：「鐘者，氣之所種也。律之術六，分爲雌雄，故曰十二鐘，以副十二月。」夏案：是知十二鐘即十二律。雌雄即陰陽。律之術六，分爲陰陽，即六律（陽律）、六吕（陰律），見注〔九〕。

〔二四〕音，禮記樂記：「情動於中，故形於聲，聲成文謂之音。」夏案：此文之成理，即彼文之成文，即形成曲調。聲，即音階。

〔二五〕象，禮記樂記：「聲者，樂之象也。」疏：「樂本無體，由聲而見（現），是聲爲樂之形象也。」測之，吕氏春秋古音：「黄帝令伶倫作爲律。伶倫取竹於嶰谿之谷，吹之，以爲黄鐘之宫。黄鐘之宫，六律六吕，皆可以生之，故曰黄鐘之宫，律吕之本。」

〔二六〕戚屬，即親屬。禮記大傳疏：「戚，親也。」

〔二七〕六親，歷來傳述不一，誼之所言，與他説或不盡同。

〔二八〕昆，集韻：「昆，翼、晜。」説文：「周人謂兄曰翼。」或作晜，通作昆。」

〔二九〕「子從父而昆弟故爲從父昆弟」，原作「子爲從父而爲昆弟，故爲從父從父父昆弟」，參下「子從祖而昆弟，故爲從祖昆弟」句式(下同)，據李本删節如文。

〔三〇〕「子從曾祖而昆弟，故爲從曾祖昆弟」二句，原作「子從祖昆弟，故爲從祖昆弟，從祖又有子，從曾祖而昆弟，故爲曾祖昆弟」，茲據李本删補如文。

〔三一〕「從曾祖」，原脱從字，茲據李本補。

〔三二〕别離，謂因繁衍而分支。説文：「别，分解也。」集韻：「離，分也。」

〔三三〕昭穆，周禮春官小宗伯注：「自始祖之後，父曰昭，子曰穆。」孫詒讓曰：「漢書韋玄成傳曰：『禮，王者始受命、諸侯始封之君，皆爲太祖。父爲昭，子爲穆，孫復爲昭。』論語八佾皇疏曰：『昭者，明也；尊父，故曰明也。穆，敬也，子宜敬於父也。』詒讓案：昭穆者，所以辨廟祧之序次，不以此爲尊卑。凡廟及神位，并昭在左，穆在右。故冢人『掌公墓』云：『先王之葬居中，以昭穆爲左右。』注云：『廟位與墓位同。』」夏案：左傳襄公九年注：「諸侯以始祖之廟爲祧(音挑)。」禮記祭法集解：「遠廟爲祧，其字從兆，乃窈窕幽邃之義。廟以奉神主。」又參下三廟注。

三廟，禮記王制：「天子七廟，三昭三穆，與太祖之廟而七。諸侯五廟，二昭二穆，與太祖之廟而五。大夫三廟，一昭一穆，與太祖之廟而三。」俞樾曰：「此所謂廟，非廟祧之廟也。呂氏春秋愼勢篇曰：『古之王者，居天下之中而立國，擇國之中而立宮，擇宮之中而立廟。』是王者所居謂之廟也。此三廟即所謂三寢，莊公三十二年公羊傳何休注：『天子諸侯皆有三寢，一曰高寢，二曰路寢，三曰小寢。父居高寢，子居路寢。孫從王父母，妻從夫寢，夫人居小寢。』而謂孫從王父母，似不若此書所説之善。」夏案：考誼文，此三廟當謂三寢，然未悉稱生人爲昭穆者，故録王制文供參考。又，慎勢所謂國，指國都。何氏所謂王父母，指祖父母。

〔三四〕令子，稱謂録：「弘農楊氏傷子辭曰『予有令子，儉衣削食』，是己之子亦稱令子。」

〔三五〕有，猶以，詳注〔一六〕。李本即作「各以其次」。

〔三六〕稱，禮記禮器注：「稱，謂各當其宜也。」夏案：此謂依照，按照。

〔三七〕麤，荀子禮論注：「麤，麤布也。」夏案：謂粗白麻布。衰（音崔），集韻：「縗，或作衰。」玉篇：「縗，喪服也。」夏案：群書拾唾：「服制令：『父，斬衰三年。母，齊衰三年。同堂兄弟，大功九月。再從伯叔父母、姑兄姊，小功五月。三從伯叔父母、姑兄姊，緦麻五月。』」知誼所謂麤衰即服制令之斬衰。儀禮喪服：「斬者何？不緝也。」疏：「不言裁割而言斬者，有痛甚之意。」指製衣前，不裁剪，用手撕裂，製成衰服後，不緣邊。齊衰，儀禮喪服：「齊（音茲）者何？緝也。」大紅，漢書文帝紀注引服虔曰：「當言大功布也。」引晉灼曰：「漢書例以紅爲功也。」儀禮喪服注：「大功布者，其鍛冶之功麤沽之。」疏：「斬衰章云『冠六升不加灰』，則此七升，見人功麤沽之義。」集韻：「升，布以八十縷爲升。」細紅，即小功。廣雅釋詁二：「細，小也。」儀禮喪服：「小功布，十一升。」緦麻，儀禮喪服：「緦者，十五升。」夏案：誼所列喪服計五種，即後代所謂五服，未詳何以言「備六」。

〔三八〕「居」，盧文弨曰：「居，疑當作多。」俞樾曰：「此本作『數加於少而度出於小』，言數之多者由少而加；度之大者從小而出也。下文曰『數度之始，始於微細。有形之物莫細於毫，是故立一毫以爲度始』，此正『度出於小』之證。」夏案：俞說似可從，然小、度二字形音義相去甚遠，疑不應訛。禮記王制：「數各居其上之三分。」注：「居，猶當也。」當，或此居之義。

〔三九〕「此所言六」，六下原有尺字。盧文弨曰：「舊本有尺字，衍。」遂删去。夏案：就此句而言，尺當係衍文，然删此字，下句則成「以效事之盡以六爲度者謂六理」，意不可通，疑尺字誤植，兹於此句删之，移下，見注〔四〇〕。

〔四〇〕「以效事之尺」，尺字原無，何本有，李本作□。夏案：尺謂尺度，此句蓋上文「他事亦皆以六爲度」之意，以下文又云「盡以六爲度者」，故此易度爲尺，手民誤與上句「六」連文，遂意不可通，故李本植□，示有闕文；何本或係意校，或有所據，兹依何本補。

〔四一〕「六節」，原無「六」字，兹據程本補。

〔四二〕「天地之六法」，原脱之、法二字，兹據李本補。

道德説 連語〔一〕

德有六理。何謂六理？曰：道、德、性、神、明、命，此六者德之理也。諸生者，皆生於德之所生〔二〕，而能象人德者，獨玉也〔三〕。寫德體六理〔四〕，盡見於玉也〔五〕，各有狀，是故以玉效德之六理。澤者，鑑也〔六〕，謂之道〔七〕；腒如竊膏謂之德〔八〕；湛而潤厚而膠謂之性〔九〕；康若濼流謂之神〔一〇〕；光輝謂之明；礐乎堅哉謂之命〔一一〕；此之謂六理。鑑生空竅，而通之以道〔一二〕。德生理〔一三〕，通之以六德之畢離狀〔一四〕。六德者〔一五〕，德之有六理。理，離狀也〔一六〕。性生氣〔一七〕，而通之以曉〔一八〕。神生變〔一九〕，而通之以化。明生識〔二〇〕，而通之以知。命生形〔二一〕，而通之以定。

德有六美，何謂六美？有道、有仁、有義、有忠、有信、有密〔二二〕，此六者德之美也。道者，德之本也；仁者，德之出也；義者，德之理也〔二三〕；忠者，德之厚也；信者，德之固也；密者，德之高也。

六理、六美〔二四〕，德之所以生陰陽、天地、人與萬物也。固爲所生者法也〔二五〕。故曰：道此之謂道〔二六〕，德此之謂德〔二七〕，行此之謂行。所謂行此者，德也。是故，著此竹帛謂之書。書者，此之著者也〔二八〕；詩者，此之志者也〔二九〕；易者，此之占者也；春秋者，此之紀者也〔三〇〕；禮者，此之體者也〔三一〕；樂者，此之樂者也。祭祀鬼神，爲此福者也〔三二〕；博學辯議，爲此辭者也。

道者無形〔三三〕，平和而神〔三四〕。道有載物者，畢以順理適行〔三五〕，故物有清而澤。澤者，鑑也。鑑以道之神〔三六〕。摹貫物形〔三七〕，通達空竅〔三八〕，奉一出入爲先〔三九〕，故謂之鑑。鑑者，所以能也〔四〇〕。見者，目也。道德施物，精微而爲目。是故物之始形也，分先而爲目，目成也形乃從。是以人及有因之在氣〔四一〕，莫精於目。目清而潤澤若濡，無毳穢雜焉〔四二〕，故能見也。由此觀之，目足以明道德之潤澤矣，故曰「澤者，鑑也」，「生空竅，通之以道」。

德者，離無而之有。故潤則腒然濁而始形矣〔四三〕，故六理發焉。六理所以爲變而生也，所生有理。然則物得潤以生〔四四〕，故謂潤德。德者變及物理之所出也。夫變者，道之頌也〔四五〕。道冰而爲德〔四六〕，神載於德。德者，道之澤也。道雖神，必載於德，而頌乃有所因，以發動變化而爲變〔四七〕。變及諸生之理，皆道之化也，各有條理以載於德。德受道之化，而發之各不同狀。德潤，故曰「如膏，謂之德」，「德生理，通之以六德之畢離狀」。

性者，道德造物。物有形，而道德之神專而爲一氣〔四八〕，明其潤益厚矣。濁而膠相連，在物之中，爲物莫生〔四九〕，氣皆集焉，故謂之性。性，神氣之所會也。性立，則神氣曉曉然發而通行於外矣，與外物之感相應，故曰「潤厚而膠謂之性」，「性生氣，通之以曉」。

神者，道、德、神、氣發於性也，康若濼流不可物效也。變化無所不爲，物理及諸變之起，皆神之所化也，故曰「康若濼流謂之神〔五〇〕」，「神生變，通之以化〔五一〕」。

明者，神氣在內則無光而爲知，明則有輝於外矣。外內通一，則寫得失〔五二〕，事理是非，皆職於知〔五三〕，故曰「光輝謂之明」，「明生識，通之以知」。

命者，物皆得道德之施以生，則澤潤，性、氣、神、明及形體之位分、數度，各有極量指奏矣〔五四〕。此皆所受其道德，非以嗜欲取捨然也。其受此具也〔五五〕，礐然有定矣，不可得辭也，故曰命。命者，不得毋生〔五六〕，生則有形，形而道、德、性、神、明因載於物形〔五七〕，故曰「磐堅謂之命〔五八〕」，「命生形，通之以定」。

物所道始謂之道〔五九〕，所得以生謂之德。德之有也，以道爲本。故曰「道者，德之本也」。德生物又養物，則物安利矣〔六〇〕。安利物者，仁行也〔六一〕。仁行出於德，故曰「仁者，德之出也」。德生理，理立則有宜，適之謂義〔六二〕。義者，理也〔六三〕。故曰「義者，德之理也」。德生物，又養長之而弗離也，得以安利。德之遇物也忠厚，故曰「忠者，德之厚也」。德之忠厚也，信固而不易，此德之常也。故曰「信者，德之固也」。德生於道而有理，守理則合於道，與道理密而弗離也，故能畜物養物。物莫不仰恃德〔六四〕，此德之高，故曰「密者，德之高也」〔六五〕。道而勿失〔六六〕，則有道矣；得而守之，則有德矣；行而無休，則行成矣。故曰「道此之謂道，德此之謂德，行此之謂行」〔六七〕。諸此言者，盡德變〔六八〕；變也者〔六九〕，理也。

書者，著德之理於竹帛而陳之令人觀焉，以著所從事，故曰「書者，此之著者也」。詩者，志德之理而明其指，令人緣之以自成也〔七〇〕，故曰「詩者，此之志者也」。易者，察人之循德之理與弗循而占其吉凶〔七一〕，故曰「易者，此之占者也」。春秋者，守往事之合德之理與不合而紀其成敗〔七二〕，以爲來事師法，故曰「春秋者，此之紀者也」。禮者，體德理而爲之節文〔七三〕，成人事，故曰「禮者，此之體者也」。樂者，書詩易春秋禮五者之道備，則合於德矣。

合則驩然大樂矣，故曰「樂者，此之樂者也」。人能修德之理，則安利之謂福。莫不慕福，弗能必得，而人心以爲鬼神能與於利害，是故具犧牲、俎豆、粢盛〔七四〕，齊戒而祭鬼神〔七五〕，欲以佐成福，故曰「祭祀鬼神，爲此福者也」。德之理盡施於人，其在人也，内而難見，是以先王舉德之頌而爲辭語，以明其理；陳之天下，令人觀焉；垂之後世〔七六〕，辯議以審察之，以轉相告〔七七〕。是故弟子隨師而問，受傳學以達其知〔七八〕，而明其辭以立其誠〔七九〕，故曰「博學辯議，爲此辭者也〔八〇〕」。

德畢施物，物雖有之〔八一〕，微細難識。夫玉者，真德寫也〔八二〕。六理在玉〔八三〕，明而易見也。是以舉玉以諭，物之所受於德者〔八四〕，與玉一體也。

〔一〕何孟春曰：「自勸學篇至此，誼之所謂學者，略可識矣。誼未長於明治體，而識未足以究理學，論篤君子故有所未取也。」夏案：何説囿於宋明理學成見，未足爲據。賈生博采先秦百家之言融於一爐，而自出機杼，未可以董子、程朱之學律之。然亦有其生硬牽强之處，故未盡能通其訓詁。又，此篇與六術重出者，請參前注，兹略。

「連語」，原無，兹據盧本補。

〔二〕諸生，猶言萬物。管子水地：「地者，萬物之本原，諸生之根菀。」萬物、諸生互文。本篇下云：「六理六美，德之所以生陰陽、天地、人與萬物也。」是知諸生不獨謂生物。「皆生於德之所生」，劉師培曰：「生於二字，疑衍。」

夏案：下文云：「物所道始謂之道，所得以生謂之德。德之有也，以道爲本。」「變及諸生之理，皆道之化也。」是則「生於德之所生」，謂生於德之所以生，即道。劉説衍「生於」二字，於文亦通，下文云「德者，變及物理之所出也」，「德生物又養物」，則止言德生諸生，而不涉道之化也。

〔三〕「能象人德」，原象人誤倒，兹據李本乙。能象人德，獨玉也，荀子法行：「夫玉者，君子比德焉。」管子水地：「夫玉之所貴者，九德出焉。」

〔四〕寫，周髀算經上：「笠以寫天。」注：「寫，猶象也。」

〔五〕「見於」，原誤倒，兹據何本乙。

〔六〕澤，禮記聘義：「(玉)温潤而澤，仁也。」疏：「言玉色温和柔潤而光澤。」鑑，朱駿聲曰：「鑑，假借爲鏡。」釋名釋首飾：「鏡，景也。言有光景也。」景，影本字。

〔七〕謂之道，稱之爲道，以之喻道。道術「道者，其本者謂之虚」，「鏡義而居，無執不藏」，故以之喻道。

〔八〕腒，音居。説文：「腒，北方謂鳥腊腒。」廣雅釋器：「腒，脯也。」夏案：下文云「目足以明道德之潤澤」，「德者離無而之有，故潤則腒然濁而始形矣」。「道冰而爲德」。此蓋以肉之乾縮成腒，喻道之「清虚」(道術篇)凝聚成「濁而始形」之德。又，疑腒爲𦠆(音屑)之壞訛，廣雅釋器：「𦠆，脂也。」正合「腒(𦠆)如竊膏」之義。竊，廣雅釋言：「竊，淺也。」夏案：蓋以玉色淺淡喻始形之膏。又，下文云「如膏，謂之德」，無竊字，疑此衍。又，朱駿聲曰：「在人曰膏，在物曰脂。」禮記内則注：「凝者曰脂。」正合「道冰而爲德」之義。「竊膏」下，原有「之理」二字。

盧文弨曰：「建本衍之理二字。」夏案：盧説是，兹據李本删。

〔九〕湛，韻會：「湛，澄也。」楚辭九章悲回風注：「湛，厚也。」

〔一〇〕康，朱駿聲曰：「康，借爲漮。」説文：「漮，水虚也。」夏案：此蓋以玉色虚瑩閃爍爲喻。濼，説文：「濼，齊魯間水也。」

〔一一〕鑑生空竅，下文云：「澤者，鑑也。撑貫物形，通達空竅。」「鑑者，所以能也。見者，目也。」是知空竅指目，謂鑑之能見如目也，即以鏡面喻目睛，參注〔三八〕。之所以能見，蓋因「通之以道」也。易繫辭上：「推而行之謂之通。」

〔一二〕礐，類篇：「礐（音確），石名。」

〔一三〕「德生理」，德原訛理，兹據李本改。

〔一四〕畢，説文：『畢，田网也。』夏案：網之狀，諸縷分離又皆繫於綱，即如「德生理」、「各有條理而載於德」之狀。又，疑畢離即披離。朱起鳳曰：「披離，或作被離、被麗、配藜、仳離，皆音轉而義同。此等連綿字，幷以聲爲通轉，不當斤斤於字形求之。」畢離亦當音轉而義同，即紛披狀。吳均同詠庭中桐詩「細葉能披離」，即謂細葉分披於枝也。披離與「各有條理而載於德」義合。

〔一五〕「六德者」，原德作得。夏案：朱駿聲曰：「得，假借爲德。」兹改還本字，與上下文一律，且他本亦皆作德。

〔一六〕「理離狀」，俞樾曰：「理離狀，即畢離狀。畢誤作里，又誤作理。」夏案：俞説可參。此或當作「理，畢離狀也」、「理，離狀也」。方言七：「離，謂之羅。」詩王風兔爰傳：「鳥網爲羅。」説文：「畢，田网也。」是畢、離義同。

〔一七〕性生氣，文子守弱：「氣者，生之元也。」淮南子原道訓：「氣者，生之充也。」夏案：是知「生氣」之性，已具有生命性質而尚未成形，參見注〔四八〕及其上下文。

〔一八〕「曉」，原疊，參上下文句式，據李本删一。

〔一九〕神，管子內業：「一切能化謂之神，一事能變謂之智。」夏案：此當指精神、變化。

〔二〇〕「明」，原脱，兹據李本補。夏案：明，當指知、識、智慧。

〔二一〕命，命定。下文云「命者，物皆得道德之施以生」，「礐然有定也，不可得辭也，故曰命」。夏案：命又「生形」，是知命謂生命、必定、命定。

〔二二〕「有道」上，原有「有德」二字。夏案：以下釋道、仁、義、忠、信、密六者，正合六美，而不釋德，知「有德」二字衍，兹據李本删。　「有信」，原脱，兹據李本補。

〔二三〕「義者」，原作美者。夏案：説文段注：「美、善、義，皆同意。」禮記少儀釋文：「美，音儀。」周禮春官小宗伯注：「故書，儀爲義。」是則美、義通，然上下文皆作義，兹改一律。又，六美與德之關係，下文另有釋解。

〔二四〕「六理」，原訛六德，兹據李本改。

〔二五〕「固爲所生者法也」，原作「固爲所生法記」，兹據李本改。

〔二六〕道此之謂道，言取道於此（承上句「爲所生者法」，道用爲動字），則合乎道。

〔二七〕德此，謂以此爲德。德用如動字即得，見注〔一五〕。下文即謂「得而守之，則有德矣」。

〔二八〕著，廣雅釋詁：「著，明也。」夏案：謂六理、六美於書中顯明。

〔二九〕志，尚書舜典：「詩言志。」説文：「詩，志也。」詩大序：「詩者，志之所之也。在心爲志，發言爲詩。」夏案：此志用作動字，列子湯問釋文：「志，記之也。」故下言：「詩者，志德之理而明其指」。

〔三〇〕紀，正字通：「紀，記也。」漢書藝文志：「左史記言，右史記事。事爲春秋，言爲尚書。」

〔三一〕禮者，此之體也，釋名釋言語：「禮，體也，得事體也。」畢沅曰：「禮記禮器：『禮也者，猶體也。體不備，君子謂之不成人。設之不當，猶不備也。』得事體，乃所謂當，乃所謂備。」夏案：得事體，猶得體，誼文體係動字，詩衞風氓釋文：「體，韓詩作履。」即履行，體現。

〔三二〕福，禮記祭統：「賢者之祭也，必受其福，非世所謂福也。福者，備也。備者，百順之名也。言内盡於己，外順於道也。」

〔三三〕道者無形，老子二十六章：「有物混成，先天地生。寂兮寥兮，獨立不改。周行而不殆，可以爲天下母，吾不知其名，字之曰道。」王注：「混然不可得而知，而萬物由之以成，故曰混成。寂寥，無形體也。」四十二章：「大象無形，道隱無名。」

〔三四〕神，易繫辭上：「陰陽不測之謂神。」

〔三五〕「道有載物者畢以順理適行」，原作「道物有載物者畢以順理和適行」。劉師培曰：「適行，與順理對文，衍上物字及和字。」夏案：劉説是，兹據以删。

〔三六〕「鑑以道之神」，原鑑作監。夏案：周禮天官凌人釋文：「鑑，本又作監。」兹改還本字，以與上下文一律。 道，讀爲導。

〔三七〕「⿰扌摹」，原作擟。夏按：擟，字書無，當是⿰扌摹之壞字。李本作摸。集韻：「摹，亦書作摸。」康熙字典：「⿰扌摹，摹之俗字。」兹改還原字。 貫，詩齊風猗嗟傳：「貫，中也。」夏案：中，謂符合。

〔三八〕空竅，韓非子喻老：「空竅者，神明之户牖也。」夏案：喻目，亦謂鑑。

〔三九〕一，説文：「一，惟初太極，道立於一。」上文言「鑑生空竅，而通之以道」，此言「通達空竅，奉一出入爲先」，是知一謂道。

〔四〇〕「所以能也」，盧本作「所以能見也」。盧文弨曰：「舊本無見字，今案下文補。」劉師培曰：「盧增見字甚誤。能，即古文態字。態形爲姿，楚辭大招注：『態，姿也。』義與『形』同，所以能者，猶云所以形也。下云：『見者，目也』，言物形於鑑，而見之者則目，非此語當有見字也。又，下文『故能見也』，能亦態字。態見者，形呈於目也，上云『目成也形乃從』，此其證。」

〔四一〕人及有因之在氣，費解。夏案：吴昌瑩曰：「及，猶其也。」是則，此文或係「人其有因之在氣」，亦即「人之有因其在氣」。之、其通。論語學而集注：「因，依也。」

〔四二〕毳，音脆。説文：「毳，獸細毛也。」此取細義。

〔四三〕「腒」，原作倨。盧文弨曰：「腒，舊皆作倨，今案建本前作腒，從之。」夏案：盧説是，兹據以改。 濁而，猶云濁爾。吴昌瑩曰：「而，訓爾。」

〔四四〕然則，劉師培曰：「然則，與然後義同。」

〔四五〕「夫變者」，原夫作未。俞樾曰：「未字乃夫字之誤。」夏案：俞説是，兹據以改。頌，説文：「頌，皃也。」段注：「皃下曰：『頌儀也。』古作頌皃，今作容皃。」

〔四六〕「冰」下，原有疑字。盧文弨曰：「冰，古凝字。舊本下有一疑字，當是舊校者不識冰即凝，故注一疑字作標記耳。」夏案：説文：「冰，冰堅也。俗冰从疑。」王注：「經典皆以冰爲仌，冰則作凝矣。」盧説是也。唯云「舊校者不識冰即凝」云云則非是，蓋舊校者知冰即凝字，恐讀者不識乃注疑字於旁，傳寫者不察而誤入正文。疑，即凝。楚辭九章涉江注：「疑，一作凝。」兹删疑字。「爲德」，原脱，兹據莫本補。

〔四七〕「神載於德」至「以發動變化而爲變」，原脱，兹據莫本補。

〔四八〕專，朱駿聲曰：「專，假借爲團。」「團，假借爲摶。摶，結聚也。」此借爲摶。

〔四九〕莫，朱駿聲：「莫，假借爲無。」王引之曰：「無，未也。」

〔五〇〕「康」，原脱，兹據上文補。

〔五一〕「神生變」，原神作理。陶鴻慶曰：「理，爲神字之誤，上文云：『神生變而通之以化』，是其證。」夏案：陶説是，兹據以改。「通之以化」，原之以誤倒，兹據上文乙。

〔五二〕「寫」，原作爲。劉師培曰：「爲字不可通。爲蓋爲訛。爲即象字别體。象與效同，則象得失，即得失畢呈之義。」

夏案：爲當係寫字之訛，寫訓象，見前注〔四〕，茲據前文改。

〔五三〕職，説文：「職，記微也。」段注：「經典通用以从言之識。職爲識之本字。」夏案：皆職於知，謂皆由知而得識。

〔五四〕極量，限量。韻會：「極，方隅之極也。」　指奏，周禮夏官合方氏釋文：「奏，本或作湊。」淮南子原道訓注：「指，所之也。湊，所合也。指湊，猶言行止也。」夏案：極量應上數度，指奏應上位分，此謂位分舉措之度。度即行止之所宜也。

〔五五〕具，正字通：「具，言物數可目見。」夏案：即上述之極量指奏。

〔五六〕「毋」，原訛母，茲據李本改。

〔五七〕「道德性神明」，原作「道德性形神明命」。盧文弨曰：「建本性下衍形字，又神明下有命字，潭本同。今案：亦衍文，并去之。」夏案：盧説是，茲據以删。

〔五八〕「曰」，原脱，參上文句式，據盧本補。

〔五九〕所道，所導。

〔六〇〕安利，史記匈奴傳：「（萬民）莫不就安利而辟危殆。」易乾程傳：「利者，萬物之遂。」夏案：安利與危殆對文，利即程傳順遂之義。養物即使物順遂生長也，即下文「德生物，又養長之而弗離也，得以安利」之義。

〔六一〕「仁行」，原倒，參下句據莫本乙。　安利物者，仁行也，莊子天地：「愛人利物之謂仁。」

〔六二〕義，釋名釋言語：「義，宜也。裁制事物使合宜也。」

〔六三〕義者，理也，荀子大略：「義，理也，故行。」

〔六四〕「畜物養物物莫不仰恃德」，原作「物養畜養其不仰恃德」。盧文弨曰：「舊人校改作『故能畜物養物。畜養而莫不仰恃德』，亦賸字，今更正之。」夏案：原句不成文理，盧氏據何本校正，文字順約，茲從之。

〔六五〕「故曰密者德之高也」，原無。盧文弨曰：「『故曰以下八字，舊本并脱，亦從舊校本增。』」夏案：參上文例當有此八字，茲據何本補。又，參上文「與道理密而弗離也」，此密即密切義，謂「密者，德之高也」，就「六美」而言之也。說文：「密，堂也。」釋名釋宫室：「堂，猶堂堂，高貌。」

〔六六〕道，原無，茲據盧本補。

〔六七〕「道此之謂道」，原之謂倒，參前文據莫本乙。下「行此之謂行」同。「德此之謂德」，原無，參前文據何本補。

〔六八〕盡德變，謂竭盡德之變化。廣韻：「盡，竭也。」

〔六九〕「變也者」，原也作世。陶鴻慶曰：「變世二字難通，世字當爲也字之誤。上文云：『六理所以爲變而生也』，故此云：『變也者，理也』。」夏案：陶説是，茲據以改。

〔七〇〕「令人緣之」，原令作今。參上「令人觀焉」，據周本改。

〔七一〕「察人之循」，原作「察人之精」。俞樾曰：「精，乃循字之誤。察人之循德與弗循爲句，下文云『春秋者，守往事之合德之理與不合』，句法與此一律。」夏案：俞説是，茲從何本改。「與」上，原有而字，參俞説據莫本删。

〔七二〕「與不合」上，原有之字。盧文弨曰：「之字，舊人校删。」茲從何本删。

〔七三〕節，禮記曲禮上「禮不踰節。」疏：「禮不踰越節度也。」　文，荀子富國注：「文，謂敬事之威儀也。」
〔七四〕「具」，原訛其，兹據何本改。　粢盛，公羊傳桓公十四年注：「黍稷曰粢，在器曰盛。」
〔七五〕齊，通齋，李本即作齋。
〔七六〕「垂」下，原有人字，兹據李本删。
〔七七〕「相」，原作於，兹據李本改。
〔七八〕「傳」，原作博，兹據莫本改。
〔七九〕明其辭以立其誠，易乾文言：「修辭立其誠，所以居業也。」
〔八〇〕「故」，原作議，參前文句式據李本改。　「博」，原訛傳，參前文據李本改。
〔八一〕「有之」，原之訛知，兹據李本改。
〔八二〕「寫」，原訛爲，兹據李本改。
〔八三〕「玉」，原訛六，兹據盧本改。
〔八四〕「受」，原訛愛，兹據盧本改。

新書校注卷第九

大政上〔一〕

聞之於政也〔二〕，民無不爲本也〔三〕。國以爲本，君以爲本，吏以爲本。故國以民爲安危，君以民爲威侮〔四〕，吏以民爲貴賤。此之謂民無不爲本也。聞之於政也，民無不爲命也。國以爲命，君以爲命，吏以爲命，故國以民爲存亡，君以民爲盲明，吏以民爲賢不肖。此之謂民無不爲命也。聞之於政也，民無不爲功也〔五〕。故國以爲功，君以爲功，吏以爲功。國以民爲興壞〔六〕，君以民爲強弱，吏以民爲能不能。此之謂民無不爲功也。聞之於政也〔七〕，民無不爲力也。故國以爲力，君以爲力，吏以爲力〔八〕。故夫戰之勝也，民欲勝也；攻之得也，民欲得也；守之存也，民欲存也。故率民而守〔九〕，而民不欲存，則莫能以存矣；故率民而攻，民不欲得，則莫能以得矣；故率民而戰，民不欲勝，則莫能以勝矣。故其民之爲其上也〔一〇〕，接敵而喜，進而不可止，敵人必駭，戰由此勝也。夫民之於其上也，接而懼，必走去〔一一〕，戰由此敗也。故夫菑與福也〔一二〕，非粹在天也，又在士民也〔一三〕。嗚呼，戒之！戒之！夫士民之志，不可不要也〔一四〕。嗚呼，戒之！戒之〔一五〕！

行之善也，粹以爲福己矣〔一六〕；行之惡也，粹以爲菑己矣。故受天之福者，天不攻焉〔一七〕；被天之菑，則亦毋怨天矣，行自爲取之也。知善而弗行，謂之不明；知惡而弗改，必受天殃。天有常福，必與有德；天有常菑，必與奪民時〔一八〕。故夫民者，至賤而不可簡也〔一九〕，至愚而不可欺也。故自古至於今，與民爲仇者，有遲有速，而民必勝之。知善而弗行謂之狂，知惡而不改謂之惑〔二〇〕。故夫狂與惑者〔二一〕，聖王之戒也，而君子之愧也〔二二〕。嗚呼，戒之！戒之！豈其以狂與惑者自爲分〔二三〕？明君而君子乎，聞善而行之如爭，聞惡而改之如讎，然後禍菑可離，然後保福也。戒之！戒之！

誅賞之慎焉〔二四〕，故與其殺不辜也，寧失於有罪也〔二五〕。故夫罪也者，疑則附之去已〔二六〕；夫功也者，疑則附之與已。則此毋有無罪而見誅〔二七〕，毋有有功而無賞者矣。戒之哉！戒之哉！誅賞之慎焉，故古之立刑也，以禁不肖，以起怠惰之民也〔二八〕。是以一罪疑則弗遂誅也，故不肖得改也；故一功疑則必弗倍也〔二九〕，故愚民可勸也。是以上有仁譽而下有治名。疑罪從去，仁也；疑功從予，信也。戒之哉！戒之哉！慎其下，故誅而不忌〔三〇〕，賞而不曲，不反民之罪而重之〔三一〕，不滅民之功而棄之。故上爲非，則諫而止之，以道紀之〔三二〕；下爲非，則矜而恕之，道而赦之〔三三〕，柔而假之〔三四〕。故雖有不肖民，化而則之〔三五〕。

故雖昔者之帝王〔三六〕，其所貴其臣者，如此而已矣。

人臣之道，思善則獻之於上，聞善則獻之於上，知善則獻之於上。夫民者，唯君者有之，爲人臣者助君理之〔三七〕。故夫爲人臣者，以富樂民爲功，以貧苦民爲罪。故君以知賢爲明，吏以愛民爲忠。故臣忠則君明，此之謂聖王。故官有假而德無假，位有卑而義無卑。故位下而義高者，雖卑，貴也；位高而義下者，雖貴，必窮。嗚呼，戒之哉！戒之哉〔三八〕！行道不能〔三九〕，窮困及之。

夫一出而不可反者〔四〇〕，言也；一見而不可揜者，行也。故夫言與行者，知愚之表也，賢不肖之别也。是以知者慎言慎行〔四一〕，以爲身福；愚者易言易行，以爲身菑。故君子言必可行也，然後言之〔四二〕，行必可行也，然後行之〔四三〕。嗚呼，戒之哉！戒之哉！行之者在身，命之者在人，此福菑之本也。道者，福之本；祥者，福之榮也〔四四〕。無道者必失福之本，不祥者必失福之榮。故行而不緣道者，其言必不顧義矣。故紂自謂天王也〔四五〕，桀自謂天子也，已滅之後，民以相駡也。以此觀之，則位不足以爲尊，而號不足以爲榮矣。故君子之貴也，士民貴之，故謂之貴也；故君子之富也，士民樂之，故謂之富也。故君子之貴也，與民以福〔四六〕，故士民貴之；故君子之富也，與民以財，故士民樂之。故君子富貴也，至於子孫而衰，則士民皆曰：「何君子之道衰也數也〔四七〕？」不肖暴者，禍及其身，則士民皆曰：

「何天誅之遲也？」

夫民者，萬世之本也，不可欺。凡居於上位者，簡士苦民者是謂愚，敬士愛民者是謂智〔四八〕。夫愚智者，士民命之也〔四九〕。故夫民者，大族也〔五〇〕，民不可不畏也。故夫民者，多力而不可適也〔五一〕。嗚呼，戒之哉！戒之哉〔五二〕！與民爲敵者，民必勝之〔五三〕。君能爲善，則吏必能爲善矣；吏能爲善，則民必能爲善矣。故民之不善也，吏之罪也；吏之不善也，君之過也。嗚呼，戒之！戒之！故夫士民者，率之以道，然後士民道也；率之以義，然後士民義也；率之以忠，然後士民忠也；率之以信，然後士民信也。故爲人君者，其出令也，其如聲；士民學之，其如響〔五四〕；曲折而從君〔五五〕，其如景矣〔五六〕。嗚呼，戒之哉！戒之哉！君鄉善於此則失然協〔五七〕，民皆鄉善於彼矣，猶景之象形也；君爲惡於此則哼哼然協〔五八〕，民皆爲惡於彼矣，猶響之應聲也。故是以聖王而君子乎，執事而臨民者，日戒慎一日，則士民亦日戒慎一日矣，以道先民也〔五九〕。

道者，聖王之行也；文者，聖王之辭也；恭敬者，聖王之容也；忠信者，聖王之教也。聖人也者，賢智之師也。仁義者，明君之性也〔六〇〕。故堯舜禹湯之治天下也，所謂明君也，士民樂之，皆即位百年然後崩，士民猶以爲大數也〔六一〕。桀紂所謂暴亂之君也，士民苦之，皆即位十年而滅，士民猶以爲大久也。故夫諸侯者，士民皆愛之，則國必興矣；士民皆苦之〔六二〕，則國必亡矣。故夫士民者，國家之所樹而諸侯之本也〔六三〕，不可輕也。嗚呼！輕本不祥，實爲身殃。戒之哉！戒之哉！

〔一〕黃震曰：「大政、修政，敘黃帝至成王之言，皆諸子之説。」

〔二〕政，鬻子曲阜魯周公政甲：「吾聞之於政也，知善不行者，謂之狂。」注：「政者，法教也。此明帝王之政事以爲法教可稱也。」夏案：誼之句式即本之鬻子，鬻子所言亦見於下文，唯鬻子已殘闕殊甚，未能盡辨本篇何者爲其所言，何者爲誼所言。

〔三〕民無不爲本，管子霸形：「齊國百姓，公之本也。」孟子盡心下：「民爲貴，社稷次之，君爲輕。」

〔四〕「君以民爲威侮」，原民爲倒，茲據李本乙。　威侮，尚書甘誓：「威侮五行。」夏案：此威謂尊嚴，與侮反義，威侮猶言榮辱，與上下文之安危、貴賤同例。

〔五〕民無不爲功，鬻子貴道五帝三王周政：「君子其所以爲功者，以其民也。」注：「人惟邦本，得衆斯昌；建極乘時，必資兆庶；人皆效力，以成其功也。」

〔六〕「國以民」、「以」下原衍爲字，茲據李本删。

〔七〕「也」，原訛曰，茲據李本改。

〔八〕「吏以爲力」，俞樾曰：「下有缺文，以上文例可見。」夏案：俞説是，此下當有：國以民爲□□、君以民爲□□、吏以民爲□□之句。

〔九〕「率民而守」，民上原衍吏字，兹據李本删。

〔一〇〕爲，吴昌瑩曰：「爲，猶於也。」夏案：下文「民之於其上也」正與此爲字互文。

〔一一〕走去，猶云逃離。釋名釋姿容：「疾行曰趨，疾趨曰走。」説文：「去，人相違也。」段注：「違，離也。」

〔一二〕菑，詩大雅生民釋文：「災，本亦作菑。」「福」，原訛細，兹據李本改。

〔一三〕粹，陶鴻慶曰：「廣雅釋言：『粹，純也。』言菑與福非純然在天，又在人之自爲也。」

〔一四〕要，音腰，察也。尚書康誥「要囚」傳：「謂察其辭以斷獄。」

〔一五〕「戒之」，原不疊，參上下文例據李本增。

〔一六〕「己」，原訛已，兹據李本改。下「菑己」同。「矣」下，原有嗚呼戒之戒之六字，參上下文例兹據程本删。

〔一七〕攻，漢書董賢傳注：「功字，或作攻。」章太炎曰：「作攻者爲古本。」

〔一八〕奪民時，孟子梁惠王上：「彼奪其民時，使不得耕耨以養其父母。」夏案：句謂（災）必予奪民時者。與，同予。

〔一九〕簡，吕氏春秋驕恣注：「簡，傲也。」晏子春秋問上：「樂簡慢而玩百姓。」

〔二〇〕「知善」二句，鬻子曲阜魯周公政甲：「知善不行者謂之狂，知惡不改者謂之惑。」

〔二一〕「故夫狂」，原夫狂倒，兹據李本乙。

〔二二〕愧，後漢書馬援傳注：「愧，辱也。」

〔二三〕分，文選曹植上責躬應詔詩表注：「分，猶甘愜也。」

〔二四〕之，吴昌瑩曰：「之，猶而也。」

〔二五〕「故與其」二句，左傳襄公二十六年：「夏書曰：『與其殺不辜，寧失不經。』」

〔二六〕附，小爾雅廣詁：「附，因也。」夏案：下文云「疑罪從去」，附當與從義近。又，或係付之假。周禮秋官小司寇注：「附，故書作付。」已，王引之曰：「已爲語終之辭，與矣同義。」

〔二七〕「毋有無罪」，原作無有毋罪，參下「毋有有功」句例據李本改。

〔二八〕起，廣韻：「起，興也，作也。」猶言振作。

〔二九〕倍，荀子五輔注：「倍，乖戾也。」

〔三〇〕忌，晉語三注：「忌，怨也。」

〔三一〕反，説文：「反，覆也。」詩小雅小明箋：「反覆，謂不以正罪見罪也。」論語述而鄭注：「反，思其類。」夏案：不反民之罪而重之，蓋謂不以類推之罪重之，以正罪見罪。廣韻：「正，平也。」文選張衡東京賦注：「正，中也。」是正罪謂平正、中正之罪，即明確之罪。

〔三二〕紀，周語上注：「紀，謂綜理也。」吕氏春秋本味注：「紀，猶節也。」

〔三三〕道，讀爲導。「之」，原脱，兹據李本補。

〔三四〕假，後漢書安帝紀注：「假貸，猶寬容也。」

〔三五〕則，爾雅釋詁：「則，常也。」注：「謂常法耳。」夏案：則用如動字，謂守法，遵守行爲準則。

〔三六〕「故雖」，劉師培曰：「故雖二字，疑係衍文。」夏案：劉説是，故雖涉上句而衍。

〔三七〕「助」，原訛功，兹據程本改。

〔三八〕「戒之哉」，原不重，參上下文例據李本增。

〔三九〕能，荀子勸學注：「能，善也。」

〔四〇〕「夫」，原訛失，兹據李本改。

〔四一〕「是以」上，原有故字，兹據李本删。「知」，李本作智，同。本當作智。上「知愚之表」同。

〔四二〕「言」，原誤行，兹據李本改。

〔四三〕「行必可行」二句，原脱，兹據李本補。夏案：程本、盧本「可行」作可言似亦通，然誼文當本管子形勢解「聖人擇可言而後言，擇可行而後行」，當作可行。

〔四四〕榮，漢書揚雄傳注：「榮，謂草木之英。」楚辭離騷注：「英，華也。」即花。此喻結果。

〔四五〕天王，史記孝文紀：「所謂天王者，乃天子。」蔡邕獨斷：「天王，諸夏之所宗，天下之所歸往，故稱天王。」顧炎武日知録天王：「尚書但稱王，春秋則曰天王，以别於當時楚吴僭王。」

〔四六〕與，予。下「與民以財」同。

〔四七〕數，禮記曾子問鄭注：「數，讀爲速。」

〔四八〕「愛」，原脱，兹據李本補。

〔四九〕命，廣雅釋詁三：「命，名也。」

〔五〇〕族，逸周書程典解注：「族，群也。」

〔五一〕適，朱駿聲曰：「適，假借爲敵。」下文即作「與民爲敵」。

〔五二〕「戒之哉」，原不重，兹據李本增。

〔五三〕「勝」，原訛慎，兹據周本改。

〔五四〕響，玉篇：「響，應聲也。」

〔五五〕「曲折」上，俞樾曰：「上有闕文，當有『如形』一喻，然後如景句乃有所承。蓋聲、響一喻，形、景一喻，不可并而爲一。下文曰：『君向善於此，則佚佚然協，民皆鄉善於彼矣，猶景之象形也。』以後證前，知此文將言景，必先言如形，其有闕文明矣。」

〔五六〕景，影。

〔五七〕「失然」，盧本作佚佚然。盧文弨曰：「佚佚，輕便之貌。建本訛作失然。」夏案：失然，不訛。朱駿聲曰：「失，假借爲佚。左昭三十二傳『魯君世從其失』，王氏懷祖曰：『縱其佚。』」唯參下哼哼然，此當作失失然。

〔五八〕哼，音屯。説文段注：「哼言口氣之緩，故引伸爲重遲之貌。」

〔五九〕先，禮記郊特牲注：「先，謂倡導也。」

〔六〇〕「仁義者明君之性也」，陶鴻慶曰：「當在『聖人也者』二句之上。上文云『道者，聖王之行也；文者，聖王之辭也；恭敬者，聖王之容也；忠信者，聖王之教也』，此云『仁義者，明君之性也』，正與道、文、恭敬、忠信以類相從。」夏案：陶説是。

〔六一〕大數，即太數。大、太通，周本即作太。數訓速，見前注〔四七〕。

〔六二〕「士民」上，原衍故字，兹據李本删。

〔六三〕樹，廣雅釋詁三：「樹，本也。」

大政下

易使喜、難使怒者，宜爲君。識人之功而忘人之罪者，宜爲貴〔一〕。故曰刑罰不可以慈民〔二〕，簡泄不可以得士〔三〕。故欲以刑罰慈民，辟其猶以鞭狎狗也〔四〕，雖久弗親矣；故欲以簡泄得士，辟其猶以弧怵鳥也〔五〕，雖久弗得矣。故夫士者〔六〕，弗敬則弗至；故夫民者，弗愛則弗附。故欲求士必至、民必附〔七〕，惟恭與敬、忠與信，古今毋易矣。渚澤有枯水〔八〕，而國無枯士矣。故有不能求士之君，而無不可得之士；故有不能治民之吏，而無不可治之民〔九〕。故君明而吏賢矣，吏賢而民治矣。故見其民而知其吏，見其吏而知其君矣。

故君功見於選吏，吏功見於治民，故觀之其上者猶其下〔一〇〕，而上覩矣，此道之謂也。故治國家者，行道之謂〔一一〕，國家必寧；信道而以僞〔一二〕，國家必空。故政不可不慎也，而吏不可不選也，而道不可離也。嗚呼，戒之哉！離道而災至矣。

無世而無聖，或不得知也；無國而無士，或弗能得也。故世未嘗無聖也，而聖不得聖王則弗起也〔一三〕；國未嘗無士也，不得君子則弗助也〔一四〕。上聖明則士闇飾矣〔一五〕，故聖王在上位，則士百里而有一人，則猶無有也。故王者衰，則士沒矣。故暴亂位上，則千里而有一人，則猶比肩也。故國者有不幸而無明君；君明也，則國無不幸而無賢士矣。故自古而至於今，澤有無水，國無無士。故士易得而難求也，易致而難留也。故求士而不以道，周徧境内不能得一人焉。故求士而以道，則國中多有之。此之謂士易得而難求也。故待士而以敬，則士必居矣；待士而不以道，則士必去矣。此之謂士易致而難留也。

王者有易政而無易國〔一六〕，有易吏而無易民。故因是國也而爲安〔一七〕，因是民也而爲治。故湯以桀之亂民爲治〔一八〕，武王以紂之北卒爲彊〔一九〕。故民之治亂在於吏，國之安危在於政。故是以明君之於政也慎之，於吏也選之，然後國興也。故君能爲善，則吏必能爲善矣；吏能爲善〔二〇〕，則民必能爲善矣。故民之不善也，失之者吏也；故民之善者，吏之功也。故吏之不善也，失之者君也；故吏之善者，君之功也。是故君明而吏賢，吏賢而民治矣。故苟上好之，其下必化之，此道之政也〔二一〕。

夫民之爲言也，瞑也〔二二〕；萌之爲言也〔二三〕，盲也。故惟上之所扶而以之〔二四〕，民無不化也，故曰民萌。民萌哉，直言其意而爲之名也。夫民者，賢不肖之材也，賢不肖皆具焉。故賢人得焉〔二五〕，不肖者伏焉；技能輸焉〔二六〕，忠臣飭焉。故民者積愚也。故夫民者雖愚也，明上選吏焉，必使民與焉。故士民譽之，則明上察之，見歸而舉之〔二七〕；故士民苦之，則明上察之〔二八〕，見非而去之〔二九〕。故王者取吏不忘〔三〇〕，必使民唱，然後和之。故夫民者，吏之程也〔三一〕。察吏於民，然後隨之。夫民至卑也，使之取吏焉，必取而愛焉〔三二〕。故十人愛之有歸，則十人之吏也；百人愛之有歸，則百人之吏也；千人愛之有歸，則千人之吏也；萬人愛之有歸，則萬人之吏也。故萬人之吏，選卿相焉。

夫民者，諸侯之本也。教者，政之本也〔三三〕；道者，教之本也〔三四〕。有道，然後教也；有教，然後政治也；政治，然後民勸之〔三五〕；民勸之，然後國豐富也。故國豐且富，然後君樂也。忠，臣之功也；臣之忠者，君之明也。臣忠君明，此之謂政之綱也。故國也者行政之綱〔三六〕，然後國臧也〔三七〕。故君之信在於所信，所信不信，雖欲論信也〔三八〕，終身不信矣。故所信不可不慎也。事君之道，不過於事父，故不肖者之事父也，不可以事君；事長之道，不過於事兄，故不肖者之事兄也，不可以事長；使下之道，不過於使弟，故不肖者之使弟也，不可以使下；交接之道，不過於爲身，故不肖者之爲身也，不可以接友；慈民之道，不過於愛其子，故不肖者之愛其子，不可以慈民；居官之道，不過於居家，故不肖者之於家也，不可以居官〔三九〕。夫道者，行之於父，則行之於君也；行之於兄，則行之於長矣；行之於弟，則行之於下矣；行之於身，則行之於友矣；行之於子，則行之於民矣；行之於家，則行之於官矣。故士則未仕而能以試矣〔四〇〕。聖王選舉也，以爲表也〔四一〕。問之，然後知其言〔四二〕；謀焉，然後知其極〔四三〕；任之以事，然後知其信。故古聖王君子不素距人〔四四〕，以此爲明察也。

國之治政，在諸侯大夫士；察之理，在其與徒〔四五〕。君必擇其臣，而臣必擇其所與〔四六〕。故察明者賢乎人之辭，不出於室，而無不見也；察明者乘人，不出其官，而無所不入也。故王者居於中國，不出其國，而明於天下之政，何也？則賢人之辭也。不離其位，而境內親之者，謂之人爲之行之也〔四七〕。故愛人之道，言之者謂之其府〔四八〕；故愛人之道，行之者謂之其禮〔四九〕。故忠諸侯者，無以易敬士也；忠君子者，無以易愛民也。諸侯不得士，則不能興矣；故君子不得民，而不能稱矣〔五〇〕。故士能言道而弗能行者謂之器〔五一〕，能行道而弗能言者謂之用〔五二〕，能言而能行之者謂之實〔五三〕。故君子訊其器，任其用，乘其實〔五四〕，而治安興矣。嗚呼，人耳！人耳！

諸侯即位享國，社稷血食〔五五〕，而政有命〔五六〕，國無君也；官有政長而民有所屬〔五七〕，而政有命，國無吏也；官駕百乘而食食千人〔五八〕，政有命〔五九〕，國無人也。何也？君之爲言也，道也〔六〇〕。故君也者〔六一〕，道之所出也。賢人不舉而不肖人不去〔六二〕，此君無道也，故政謂此國無君也〔六三〕。吏之爲言〔六四〕，理也。故吏也者，理之所出也。上爲非而不敢諫，下爲善而不知勸〔六五〕，此吏無理也，故政謂此國無吏也。官駕百乘而食食千人，近側者不足以問諫，而由朝假不足以考度〔六六〕，故政謂此國無人也。嗚呼，悲哉！君者，群也〔六七〕，無人誰據？無據必蹶，政謂此國素亡也〔六八〕。

〔一〕識，論語述而集注：「識，音志，記也。」「識人」二句，本自周書：「記人之功，忘人之過，宜爲君者也。」顔師古曰：「尚書之外逸書也。」夏案：此文見於漢書陳湯傳引周書。

〔二〕慈民，猶云愛民。左傳昭公二十八年注：「上愛下曰慈。」

〔三〕簡泄，猶言簡慢。荀子榮辱注：「泄，與媟同，嫚也。」簡，傲也，已見上篇注。

〔四〕辟，朱駿聲曰：「辟，假借爲譬。」其，王引之曰：「其，猶之也。」

〔五〕弧，廣韻：「弧，弓也。」怵，文選賈誼鵩鳥賦注引孟康曰：「怵，爲利所誘怵也。」

〔六〕「故」，原無，參下句「故夫民者」例，據李本增。

〔七〕「士必至民必附」，原作士必附，參上文意，據李本補「必至民」三字。

〔八〕「水」，原作木。盧文弨曰：「舊本枯水作枯木。今案：下云『澤有無水，國無無士』，此則亦當作水。」夏案：盧説是，兹據群書治要所引改。

〔九〕「不可治之民」，原脱治字，兹據李本補。

〔一〇〕「觀」，原作勸。劉師培曰：「勸，疑作觀。此言欲觀其上，必先觀其下，故下文言『上睹』。又上文云『見其民而知其吏，見其吏而知其君』，觀與見，義相應。」夏案：劉説是，兹據以改。之，王引之曰：「之，猶諸也。諸訓爲於。」猶，王引之曰：「猶，與由同聲而相通。」

〔一一〕「行道之謂」，何本作行道而爲。夏案：詛文「行道之謂」與上「此道之謂」一律，即「謂之行道」，然與下句「國家必寧」不相承接，何本意長。然如何意亦無煩改字。吴昌瑩曰：「之，猶而也。」王引之曰：「謂，亦可訓爲。」是「之謂」即而爲。

〔一二〕「以僞」，李本、何本、盧本作不爲。夏案：李本意長，然「以僞」亦通。荀子性惡：「人之性惡，其善者僞也。」注：「僞，爲也，矯也，矯其本性也。凡非天性而人作爲之者，皆謂之僞。」是此謂信道而以矯情行之。又，左傳定公十年注：「以，猶爲也。」是則「以僞」即爲僞，於文亦通。

〔一三〕「而聖」，錢本、陳本無。夏案：無此二字，於文通暢，下句「不得君子則弗助」亦無「而士」二字。

〔一四〕「助」，原作助，字書不載，疑係助之異體字，兹據李本改。

〔一五〕「上」，原無。陶鴻慶曰：「聖明上，當有上字。孫卿大略篇：『上好義則民闇飾矣。』即賈子所本。鹽鐵論錯幣篇云：『上好禮則民闇飾矣。』亦其證。」夏案：陶説是，若無上字，亦易與上文「無聖」之聖混殽，兹據以補。闇飾，荀子集解引王念孫曰：「上好義，則民雖處幽闇之中，亦自修飾，不敢放於利而行也。」夏案：此謂士之未仕，雖處幽闇，亦自修飾品德，是以賢士衆，故下云百里而有一人，聖王必嫌其少，以爲猶無有也。

〔一六〕易，齊語注：「易，變易也。」周禮考工記玉人注：「易，改也。」夏案：句謂政令可變易，而國家不可改換。下句略同。

〔一七〕是，王引之曰：「是，此也。」夏案：句謂依此國此民而爲治安。下句略同。又參注〔一八〕引管子。

〔一八〕「民」，原無，參下句「北卒」，據群書治要所引補。夏案：「故湯」二句，本自管子宙合：「國猶是國也，民猶是民也，桀紂以亂亡，湯武以治昌。」

〔一九〕「北」，原訛比，兹據莫本改。北卒，敗卒。荀子議兵注：「北，敗走也。」

〔二〇〕「吏能爲善」，原脱，兹據李本補。

〔二一〕「此道之政也」，俞樾曰：「文不可通，當作此道之謂也。上文云『故勸其上者由其下，而上睹矣，此道之謂也』，與此文法一律。」劉師培曰：「政，疑功訛，與上吏之功、君之功并文。」

〔二二〕瞑，春秋繁露深察名號：「民之爲言，固猶瞑也。」即本此，皆誣民爲無知。

〔二三〕萌，説文：「民，衆萌也。」漢書劉向傳注：「萌，與甿同，無知之貌。」周禮地官遂人注：「甿，猶懵。懵，無知貌。」

〔一四〕扶，淮南子本經訓注：「扶，治也。」以，王引之曰：「以，與也。」齊語注：「與，從也。」

〔一五〕得焉，鬻子撰吏五帝三王傳政乙注：「言賢者不自求進，而材爲時須，王者必任賢人，所以得也。」

〔一六〕技能，漢書匡衡傳：「采有德，戒聲色，近嚴敬，遠技能。」顔注：「無德之人，雖有技能，則斥遠之。」夏案：賢人、不肖對舉，忠臣亦當與技能對舉，是知此技能應如匡傳所云。「輸」，鬻子作側。夏案：此輸亦當與匡傳遠義相似，與上句伏義相近。説文：「輸，委輸也。」廣韻：「輸，盡也。」尚書洪範注：「側，傾也。」淮南子原道訓注：「側，伏也。」

〔一七〕「舉」，原訛譽，兹據鬻子、程本改。

〔一八〕「則」，原脱，參上文例，據何本補。

〔一九〕「去」，原作與，據鬻子、莫本改。

〔二〇〕忘，莊子盜跖釋文：「忘，或作妄。」李本即作妄。

〔二一〕程，鬻子注：「程，式法也。知之在下，故取吏之法式，察之於衆庶。」荀子致仕注：「程，準也。」

〔二二〕而，吴昌瑩曰：「而，猶其也。」何本即作其。

〔二三〕教者，政之本也，説文：「教，上所施，下所效也。」夏案：下文云「有教，然後政治」，正謂上所施，下效之，其政方可得治，故此謂教者，政之本也。又管子侈靡：「（問曰）：『政與教孰急？』管子曰：『今夫政則少則。』」注：「即皆從教，則人無所犯，故於爲政少用爲則也。」

〔三四〕道者，教之本也，禮記中庸：「修道之謂教。」

〔三五〕勸，説文段注：「勉之而悦從亦曰勸。」

〔三六〕「政」，原無。俞樾曰：「行下本有政字，上云：『臣忠君明，此之謂政之綱也。』兩文相承，奪政字，則文不成義矣。」夏案：俞説是，兹據以補。

〔三七〕臧，説文：「臧，善也。」

〔三八〕論，陶鴻慶曰：「論，當爲喻字之誤。諭信，謂曉人以信也。」夏案：論有喻明之義，無煩改字。尚書周官蔡傳：「論者，講明之謂。」吕氏春秋適音注：「論，明。」皆其例。

〔三九〕「不可以居官」上，原有故字，參上文例，據程本删。

〔四〇〕以試，猶言已試。王引之曰：「以，或作已。」

〔四一〕表，荀子大略注：「表，標志也。」即標準。

〔四二〕「問之然後知其言」，原問、言倒，兹據何本改。

〔四三〕極，左傳昭公十三年注：「極，謂限極。」詩大雅江漢集傳：「極，中之表也。居中而爲四方所取正也。」夏案：此即謂水準、極限（猶言根柢）。

〔四四〕不素距人，猶言不無故拒人（指用人）。詩魏風伐檀傳：「素，空也。」正字通：「距，與拒通。」

〔四五〕「以此爲明察也國之治政在諸侯大夫士察之理在其與徒」，何本、周本作「以此爲明察也，察國之治，在夫諸侯，察士之理，在其與徒」。俞樾曰：「察也二字誤倒，侯字衍文，士察二字亦誤倒。下文云『君必擇其臣』，即所謂『察國之治，在諸大夫』也。又云『臣必擇其所與』，即所謂察士之理，在其與徒』也。政乃語詞，猶言正在於此也。」王耕心謂「政字衍」，餘從俞説。夏案：如俞説，則此文當爲：「以此爲明也（屬上段）。察國之治，政在諸大夫；察士之理，在其與徒。」是則如王説删政亦治。諸，之于。又，盧文弨、劉師培另有説，盧説與文義不合，劉説嫌迂曲，兹略。又，何氏校改亦可參。

〔四六〕「臣必擇其所與」，原脱臣字，兹據程本補。

〔四七〕「故察明者賢乎人」至「爲之行之也」十四句，陶鴻慶曰：「察明者賢乎人之辭，當作『明者察乎賢人之辭』，下云『則賢人之辭』，即承此言。察明者乘人，察字涉上而衍；乘人，當作『乘賢人之行』，下云『人爲之行』即承此言。『境内親之者』下，依上文亦當有何也二字。謂之，涉下兩謂之而衍。人字下，依上文亦當有賢字。行字下，當從建本删之字。試舉其文云：明者察乎賢人之辭，不出於室，而無不見也。明者乘賢人之行，不出其官，而無所不入也。故王者居於中國，不出其國，而明於天下之政，何也，則賢人之辭也。不離其位，而境内親之者，何也？賢人爲之行也。」「不出於室」二句，本自老子四十七章：「不出户，知天下；不闚牖，見天道。」乘，周禮夏官稾人注：「乘，計也。」官，禮記玉藻注：「官，謂朝廷治事處。」

〔四八〕謂之其府，盧文弨曰：「出於肺府也。」朱駿聲曰：「府，俗字作腑。」

〔四九〕「故愛人之道行之者謂之禮」。盧文弨曰：「上句複，疑衍。」王耕心本據之删上句。陶鴻慶曰：「盧説非也。愛人之道，當作敬士之道，其禮正指敬士而言。下文云『忠諸侯者，無以易敬士也』，即與此文相承，其明證矣。敬士與愛民對文，修政下篇亦屢見。」

〔五〇〕稱，左傳宣公八年注：「稱，舉也。」與上「興」對文。

〔五一〕器，論語先進：「君子不器。」正義：「謂聖人之道，不如器施於一物。如者，似也。」夏案：器皿唯一用，此士唯能言道，故喻之器。論語意謂君子之道，無所不施，故子曰不器。下言訊其器，則謂訊其所言之道。

〔五二〕用，方言六：「用，行也。」「能」，原脱，參上下文例，茲據李本補。

〔五三〕實，孟子告子下注：「名者，有道德之名。實者，治國惠民之功實也。」夏案：能言道行道者，即名至實歸，故謂之實。

〔五四〕乘，班固典引注：「乘，因也。」論語學而集注：「因，依也。」

〔五五〕社稷血食，史記封禪書：「周興而邑邰，立后稷之祠，至今血食天下。」正義引顔師古曰：「祭有牲牢，故言血食。」周禮春官大宗伯：「以血祭社稷。」

〔五六〕命，盧文弨曰：「命，名也。」王耕心曰：「政皆謂古政典而言，即『聞之於政』、『請以上世之政』也。命，被以此名也。政有命，謂古政典有此垂戒之言，如國無君、國無吏諸目也。」劉師培曰：「命，疑慢字之假。禮記大學篇『命也』鄭注：『讀爲慢。』政有慢者，猶言政有怠失也。雖有君、有吏、有人，猶之無君、無吏、無人也。而，與如同。」夏案：政謂政令，命訓名。言其政徒有其名，而其實無君、無吏、無人。下文「君之爲言也，道也」、「吏之爲言，理也」，皆先釋其名，繼析其無實，故結云「政謂此國」無君、無吏、無人，與此一致，亦與上文「能言能行之者謂之實」之論相應。

〔五七〕「所屬」，原作所政屬。盧文弨曰：「政字，衍。」夏案：盧説是，兹據以删。

〔五八〕食食千人，猶言以食物供養千人。後食字，讀飼。

〔五九〕「政」上，何本有而字，參上文例當有而字。

〔六〇〕「道也」，原道作考。夏案：參下「吏之爲言，理也。故吏也者，理之所出也」句例，下句云「君也者，道之所出也」，此當作道，兹據何本改。荀子君道：「道者何也？君道也。」王念孫曰：「韓詩外傳作『道者何也？曰君之所道也』。」君之所道，謂君之所行也。」是此道，兼動静二義，即道、導，謂以道導之，猶下文之理。

〔六一〕「也」，原無，參下文例，據何本補。

〔六二〕「去」，原作出，涉上而訛，兹據李本改。

〔六三〕政，俞樾曰：「政，語辭，猶言正。」夏案：俞謂本篇之政皆正假，恐非，唯於此及下文尚洽。

〔六四〕「吏之爲言」上，原有故字，準上下文例，據李本删。

〔六五〕勸，廣韻：「勸，奬勉也。」

〔六六〕朝假，費解，疑謂朝請。吕氏春秋士容注：「假，請也。」事物紀原朝請：「奉朝請者，奉朝會請召。」泛指朝會，朝事。

〔六七〕君者，群也，荀子君道：「君者何也？曰：能群也。能群也者何也？曰：善生養人者也，善班治人者也，善顯設人者也，善藩飾人者也。」夏案：誼語本自荀子，其意當即前所謂「得民」，故下云「無人誰據」。又，白虎通三綱六紀「君，群也。群下之所歸心也」，亦得民之義，當本誼文。

〔六八〕素，素問陽明脈解注：「素，本也。」夏案：上篇云：「民無不爲本也。國以爲本，君以爲本，吏以爲本。」此云「國無人也」，是其本已亡，故曰「政謂此國素亡也」。

脩政語上〔一〕

黄帝曰：「道若川谷之水，其出無已，其行無止。」故服人而不爲仇，分人而不譐者〔二〕，其惟道矣〔三〕。故播之於天下而不忘者〔四〕，其惟道矣。是以道高比於天，道明比於日，道安比於山。故言之者見謂智〔五〕，學之者見謂賢，守之者見謂信，樂之者見謂仁，行之者見謂聖人。故惟道不可竊也，不可以爲虚也〔六〕。故黄帝職道義〔七〕，經天地〔八〕，紀人倫〔九〕，序萬物，以信與仁爲天下先。然後濟東海〔一〇〕，入江内取綠圖〔一一〕，西濟積石〔一二〕，涉流沙〔一三〕，登於崑崙。於是還居中國，以平天下。天下太平，唯躬道而已〔一四〕。

帝顓頊曰：「至道不可過也〔一五〕，至義不可易也。」是故以後者復迹也〔一六〕。故上緣黄帝之道而行之，學黃帝之道而賞之〔一七〕，弗加弗損〔一八〕，天下亦平也。

顓頊曰：「功莫美於去惡而爲善，罪莫大於去善而爲惡。故非吾善善而已矣〔一九〕，善緣善也；非惡惡而已也，惡緣惡也。吾日慎一日，其此已也〔二〇〕。」

帝嚳曰：「緣道者之辭而與爲道已〔二一〕，緣巧者之事而學爲巧已，行仁者之操而與爲仁也。」故節仁之器以修其財〔二二〕，而身專其美矣。故上緣黃帝之道而明之〔二三〕，學帝顓頊之道而行之，而天下亦平矣。

帝嚳曰：「德莫高於博愛人，而政莫高於博利人。故政莫大於信，治莫大於仁，吾慎此而已矣。」

帝堯曰：「吾存心於先古〔二四〕，加志於窮民〔二五〕，痛萬姓之罹罪，憂衆生之不遂也〔二六〕。故一民或饑，曰此我饑之也；一民或寒，曰此我寒之也；一民有罪，曰此我陷之也。」仁行而義立，德博而化富〔二七〕。故不賞而民勸，不罰而民治，先恕而後行〔二八〕，是故德音遠也〔二九〕。是故堯教化及雕題、蜀、越〔三〇〕，撫交趾〔三一〕，身涉流沙，地封獨山〔三二〕，西見王母〔三三〕，訓及大夏、渠叟〔三四〕，北中幽都〔三五〕，及狗國與人身〔三六〕，而鳥面及焦僥〔三七〕，好賢而隱不還〔三八〕，彊於行而菑於志〔三九〕，率以仁而恕，至此而已矣。

帝舜曰：「吾盡吾敬以事吾上，故見謂忠焉〔四〇〕；吾盡吾敬以接吾敵〔四一〕，故見謂信焉；吾盡吾敬以使吾下，故見謂仁焉。是以見愛親於天下之人〔四二〕，而歸樂於天下之民，而見貴信於天下之君。故吾取之以敬也〔四三〕，吾得之以敬也〔四四〕。」故欲明道而諭教，惟以敬者爲忠必服之〔四五〕。

大禹之治天下也，諸侯萬人而禹一皆知其國，其士萬人而禹一皆知其體〔四六〕，故大禹豈能一見而知之也〔四七〕？豈能一聞而識之也？諸侯朝會而禹親報之〔四八〕，故是以禹一皆知其國也；其士月朝而禹親見之，故是以禹一皆知其體也。然且大禹其猶大恐，諸侯會，則問於諸侯曰：「諸侯以寡人爲驕乎？」朔日，士朝，則問於士曰：「諸侯大夫以寡人爲汏乎〔四九〕？其聞寡人之汏耶〔五〇〕，而不以語寡人者，此教寡人殘道也，滅天下之教也。故寡人之所怨於人者，莫大於此也。」

大禹曰：「民無食也，則我弗能使也；功成而不利於民，我弗能勸也。」故鬟河而導之九牧〔五一〕，鑿江而導之九路，澄五湖而定東海，民勞矣而弗苦者，功成而利於民也。禹嘗晝不暇食，夜不暇寢矣。方是時也，憂務故也。故禹與士民同務〔五二〕，故不自言其信，而信諭矣。故治天下，以信爲之也。

湯曰：「學聖王之道者，譬其如日；靜思而獨居，譬其若火。夫人舍學聖王之道而靜居獨思〔五三〕，譬其若去日之明於庭，而就火之光於室也，然可以小見，而不可以大知。」是故明君而君子，貴尚學道而賤下獨思也。故諸君得賢而舉之，得賢而與之，譬其若登山乎；得不肖而舉之，得不肖而與之，譬其若下淵乎。故登山而望，其何不臨而何不見？凌遲而入淵〔五四〕，其孰不陷溺？是以明君慎其舉，而君子慎其與〔五五〕，然後福可必歸〔五六〕，菑可必去矣。

湯曰：「藥食嘗於卑〔五七〕，然後至於貴；藥言獻於貴〔五八〕，然後聞於卑。」故藥食嘗於卑然後至於貴，教也；藥言獻於貴然後聞於卑，道也。故使人味食然後食者，其得味也多；使人味言然後聞者，其得言也少。故以是明上之於言也，必自也聽之，必自也擇之，必自也聚之，必自也藏之，必自也行之。故道以數取之爲明〔五九〕，以數行之爲章〔六〇〕，以數施之萬姓爲藏〔六一〕。是故求道者不以目而以心，取道者不以手而以耳〔六二〕，致道者以言，入道者以忠，積道者以信，樹道者以人。故人主有欲治安之心而無治安之政者，雖欲治安顯榮也〔六三〕，弗得矣。故治安不可以虛成也，顯榮不可以虛得也。故明君敬士、察吏、愛民以參其極〔六四〕，非此者，則四美不附矣〔六五〕。

〔一〕何孟春曰：「方策秦焰之餘，六經歷漢甬世無完書，他何述焉？而誼修政語載古帝王遺訓，班班如此，此其可少哉！」夏案：所謂古訓，真僞已難查稽。

〔二〕譐，俞樾曰：「譐，讀爲剸。説文：『剸，減也。』字或作撙。分人而不譐者，謂雖分以與人而其數不爲之減也。」

〔三〕「其惟」，原倒，兹據李本乙。

〔四〕忘，俞樾曰：「忘，讀爲亡。播之於天下而不亡，謂播之於天下而不絶也。」

〔五〕見謂，猶言謂之。夏案：見，古人常用以表示動字之受事者，如見賜、見背、見告、見諒，謂賜我、背（棄）我、告我、諒我，譬諸「之」。「謂」下，原有之字，準下文例，據莫本删。

〔六〕「爲虚」，何本、莫本、程本、盧本作虚爲。夏案：上言「道不可竊」，結云「躬道而已」，誼旨在乎實行，虚爲義長。

〔七〕職，周禮夏官掌固注：「職，謂守。」夏案：上言「守之者見謂信」，下言「以信與仁爲天下先」，知職謂守。

〔八〕經，文選陸機皇太子讌玄圃宣猷堂有令賦詩注：「經，理也。」天地，文選張衡南都賦注：「天地，猶天下也。」

〔九〕紀，周語上注：「紀，謂綜理也。」

〔一〇〕濟東海，史記五帝本紀：「（黄帝）東至於海，登丸山，及岱宗。」

〔一一〕緑圖，墨子非攻下：「河出緑圖，地出乘黄。」孫詒讓曰：「緑、籙通。」藝文類聚十一引河圖挺佐輔云：「黄帝祓齋七日，至於翠嬀之川，大鱸魚折溜而至，五色畢具，魚汎白圖，蘭葉朱文，以受黄帝，名曰緑圖。」正字通：「籙，通作録。」夏案：緑圖當係二物，即符籙、圖讖，蓋預言之圖書也。又，誼文之江，當謂嬀川，即潙水，其源在今湖南寧鄉縣，注入湘江。

〔一二〕「西」，原作而。夏案：積石與長江不相及，未可以而字承接。何孟春曰：「而，一作西。」五帝本紀亦云「西至於空桐（即崆峒）」。而當係西之壞字，兹據盧本改。又，積石，即積石山，今甘肅臨夏有大積石山，青海西寧有小積石山。

〔一三〕流沙，尚書禹貢鄭注：「流沙，居延縣西北，名居延澤。」夏案：故地在今甘肅張掖。又，流沙泛指沙漠，此文上下皆地名，恐非泛指。

〔一四〕躳道，謂親身行道。説文：「躳，身也。」大政下：「治國家者，行道之謂。」

〔一五〕過，史記外戚王太后世家索隱：「過，謂踰之。」

〔一六〕迹，漢書平當傳注：「迹，謂求其蹤迹。」夏案：復迹謂踵迹。

〔一七〕賞，俞樾曰：「賞，讀爲償。」劉師培曰：「鬻子賞作常，當從之。」夏案：二説皆通。廣雅釋言：「償，復也。」鬻子注：「效其通道而常見也。」

〔一八〕「弗加」，原無弗字。陶鴻慶曰：「此本作弗加弗損。上文云『至道不可過也，至義不可易也。是故以後者復迹也』，正所謂弗加弗損。」夏案：陶説是，兹據以增。

〔一九〕「非吾」，陶鴻慶曰：「吾字當在非字上。」　善善，漢書霍光傳注：「善善者，謂褒寵善人也。」夏案：此謂悦善。前善用作動字，下「善緣善」之前善同。下「惡惡」、「惡緣惡」亦同。

〔二〇〕其此已也，陶鴻慶曰：「已，讀爲以。其此以也，猶言其以此也。」

〔二一〕「緣」，原脱，參下句例，據何本補。　「爲道已」，原脱道字，兹據盧本補。　與，王引之曰：「與，猶以也。」夏案：

與爲道，猶言以之行道。下「與爲仁」，亦謂以之行仁。

〔二二〕節，荀子性惡注：「節，準。」禮記曲禮注：「節，法度。」夏案：節用作動字，即上文之緣義。器，易繫辭下「君子藏器於身」疏：「君子藏善道於身。」夏案：是則器即道，下言修財，又以喻修財之道器。「財」，程本作躬。夏案：作躬文從字順，然早期明本皆作財，疑係臆改。且困學紀聞二引此亦作財，尤爲明證。朱駿聲曰：「財，假借爲才。」文選左思魏都賦注：「財與材，古字通。」

〔二三〕「上」，原訛士，茲據何本改。

〔二四〕「先古」，劉師培：「説苑君道先古作天下，當從之。」

〔二五〕志，廣雅釋詁三：「志，意也。」程本即作意。

〔二六〕不遂，禮記樂記：「生物不遂。」疏：「生物不得遂成。」夏案：是則遂訓成長，參下饑寒語，不遂謂民生不寧。

〔二七〕「富」，劉師培曰：「富，當從説苑君道篇作廣。」夏案：説文：「富，備也。」論語顔淵正義：「富，盛也。」富訓備、盛，於文皆通。

〔二八〕「行」，説苑君道作教。夏案：説苑當是因行費解而改，疑此行通刑（見經義述聞卷二十一），謂恕而重犯者刑之。

〔二九〕德音，詩豳風狼跋集傳：「德音，猶令聞也。」即美譽之聲。

〔三〇〕雕題，禮記王制：「南方曰蠻，雕題、交趾。」疏：「雕，謂刻也。題，謂額也。謂以丹青雕刻其額也。」夏案：是以其俗而名其族也，下交趾同。

〔三一〕交趾，王制疏：「卧時頭向外，而足在内而相交，故云交趾。」夏案：古指嶺南地區（含今越南）。

〔三二〕獨山，劉師培曰：「獨山即蜀山。」夏案：上已言蜀，此不當複；且上句云「身涉流沙」，下句云「西見王母」，其中不當忽側蜀山，劉説恐非。山海經東山經：「（犲山）又南三百里，曰獨山，其上多金玉，其下多美石。末涂之水出焉，而東南流注於沔。」沔水在今陝西，誼文當謂此獨山。

〔三三〕王母，山海經西山經：「（流沙）又西三百五十里，曰玉山，是西王母所居也。西王母其狀如人，豹尾虎齒而善嘯。」

〔三四〕訓，盧文弨曰：「訓，與馴同。」大夏，吕氏春秋本味注：「大夏，澤名，或曰山名，在西北。」渠叟，凉土異物志：「古渠搜國，在大宛北界。」漢書地理志上「渠叟」注：「叟，讀曰搜。」夏案：其地當在今中亞北部。

〔三五〕中，莊子在宥釋文：「中者，順也。」夏案：謂使之馴順，與上句訓相應。幽都，莊子在宥「幽都」釋文：「即幽州也。」夏案：古幽州即今河北及遼寧之一部分。

〔三六〕狗國人身，逸周書王會解：「正西昆侖狗國。」新五代史四夷附録二：「狗國，人身狗首，長毛不衣。」夏案：誼意人身爲另一國，未詳，或傳聞不同。又，山海經海内北經：「環狗，其爲人獸首人身。」或謂之。

〔三七〕而，劉師培曰：「而，猶及也。」鳥面，神異經東荒經：「東荒山中，有大石室，東王公居焉。長一丈，人形鳥面而虎尾。」夏案：此謂一人（或神），誼謂一族，疑即鳥夷、鳥氏。漢書地理志「鳥夷」注：「此東北夷也，博取鳥獸，食其肉而衣其皮。一説，居住海曲，被服容止，皆象鳥也。」山海經海内經：「南海之内，有鹽長之國，有人焉，鳥首，名曰鳥氏。」焦僥，淮南子地形訓注：「焦僥，短人之國也，長不滿三尺。」

〔三八〕「隱不還」，李本、盧本作隱不逮。夏案：二者似皆通。易坤文言：「天地閉，賢人隱。」因堯好賢，故隱者出仕而不歸隱。廣雅釋詁二：「還，歸也。」又，楚辭九章悲回風注：「隱，憂也。」説文：「逮，及也。」爾雅釋詁：「逮，與也。」謂好賢而憂己之不及，或謂好賢而憂賢者不已與。

〔三九〕「彊」上，原衍而字，兹據李本删。　菑，音自。盧文弨曰：「菑，謂植立也。」菑於志，謂植固其志。

〔四〇〕見，詩鄭風褰裳序疏：「見者，自彼加己之辭。」夏案：猶今所謂被。與注〔五〕解稍異。此下「焉」，即於之，全句謂被人稱作忠，猶下文「見愛親於天下之人」，是此焉即「於天下之人」。

〔四一〕接吾敵，接交同輩。説文：「接，交也。」廣雅釋詁一：「敵，輩也。」

〔四二〕「人」，原作民。盧文弨曰：「人，建潭本作民，訛。」夏案：盧説是，兹據以改。

〔四三〕「吾」下，原有詳字。俞樾曰：「困學紀聞引此無詳字，當據删。」夏案：俞説是，兹删。

〔四四〕「吾得之以敬也」，原脱，兹據莫本補。

〔四五〕「故欲明道而諭教惟以敬者爲忠必服之」，程本作「故欲明道而諭教，惟以敬也。故欲明道，爲忠必服之」。夏案：程本晚出，此前宋明本無作此者（何氏、盧氏未言及宋本如此），當係臆改；其所以校改，必因原文費解。疑原有脱訛。或此文本作「故欲明道者惟以敬，而諭教爲忠必服之」。

〔四六〕「諸侯萬人而禹一皆知其國其士萬人而禹一皆知其體」句，原「國」作「體」，無「其士」以下十一字。盧文弨曰：

「此當作國，必更有『其士萬人而禹一皆知其體』一句，今脱之矣。」夏案：盧説是，下文「知其國」、「知其體」二句即承此而言，茲據以改體字，補下句。　體，禮記内則疏：「體，謂威儀也。」此謂容貌。

〔四七〕故，吴昌瑩曰：「故，猶夫也。」

〔四八〕報，廣雅釋言：「報，復也。」集韻：「報，酬也。」此謂酬答。

〔四九〕汏，荀子仲尼注：「汏，侈也。」夏案：汏與驕互文，二者皆謂驕汏。

〔五〇〕「之汏」上，莫本、何本、程本、盧本有之驕二字。夏案：上句「諸侯大夫」，盧本無侯字。蓋以禹問於士，無涉諸侯而删，而此句「之驕」又明係問於諸侯之語，卻存之，與上句殊少照應。蓋古人行文例疏，雖問士，卻語涉諸侯，後人未達此，或删侯字或删之驕二字，遂使文脈不暢。各删之字當悉補。

〔五一〕鬟，盧文弨曰：「鬟，與環同。」　九牧，荀子解蔽注：「九牧，九州。」

〔五二〕「士民」，原作民士，茲據周本乙。

〔五三〕「夫人舍學聖王之道」，原無人、王二字。劉師培曰：「類聚一引，夫下有人字，聖下有王字，當據補。」夏案：劉説是，茲據藝文類聚補。

〔五四〕凌遲，朱起鳳曰：「陵、凌古通，遲即夷也。陵夷是聯緜字，漸平曰陵夷。」章太炎曰：「古語陵遲爲漸下。」

〔五五〕「慎其與」，原脱其字，茲據李本補。

〔五六〕「福可必歸」，原訛細可必細，茲據何本改。

〔五七〕藥食，即補品、藥膳。舊唐書經籍志有神化藥食經。

〔五八〕藥言，猶言藥石之言。史記商君傳：「苦言，藥也。」舊唐書高季輔傳：「上疏切諫時政得失，特賜鍾乳一劑，曰：『進藥石之言，特以藥石相報。』」

〔五九〕數，廣雅釋言：「數，術也。」

〔六〇〕章，朱駿聲曰：「章，假借爲彰。」

〔六一〕「藏」，何本作臧，王耕心本從之。王耕心曰：「臧，善也。以道施萬姓，所謂兼善天下也。作臧是。」夏案：王解是，然無煩改字。說文新附：「藏，漢書通用臧。」

〔六二〕「取道者」，原脱者字，兹據李本補。

〔六三〕「安」，原脱，兹據盧本補。

〔六四〕參，猶言至。杜甫古柏行：「黛色參天二千尺。」

〔六五〕四美，謂治、安、顯、榮。

脩政語下

周文王問於粥子曰〔一〕：「敢問君子將入其職〔二〕，則其於民也何如〔三〕？」粥子對曰：

「唯，疑〔四〕。請以上世之政詔於君王〔五〕。政曰：君子將入其職，則其於民也，旭旭然如日之始出也。」周文王曰：「受命矣。」曰：「君子既入其職，則其於民也，何若？」對曰：「君子既入其職，則其於民也，暯暯然如日之正中〔六〕。」周文王曰：「受命矣。」曰：「君子既去其職，則其於民也，何若？」對曰：「君子既去其職，則其於民也〔七〕，暗暗然如日之已入也。故君子將入而旭旭者，義先聞也；既入而暯暯者，民保其福也；既去而暗暗者，民失其教也。」周文王曰：「受命矣。」

周武王問於粥子曰：「寡人願守而必存，攻而必得，戰而必勝，則吾爲此奈何？」粥子曰：「唯，疑〔八〕。攻守而戰乎同器〔九〕，而和與嚴其備也〔一〇〕。故曰：和可以守而嚴可以守，而嚴不若和之固也；和可以攻而嚴可以攻，而嚴不若和之得也〔一一〕；和可以戰而嚴可以戰，而嚴不若和之勝也。則唯由和而可也。故諸侯發政施令，政平於人者，謂之文政矣；諸侯接士而使吏，禮恭於人者，謂之文禮矣；諸侯聽獄斷刑〔一二〕，仁於治，陳於行〔一三〕。其由此守而不存、攻而不得、戰而不勝者，自古而至於今，自天地之辟也，未之嘗聞也。今也，君王欲守而必存，攻而必得，戰而必勝，則唯由此也爲可也。」周武王曰：「受命矣。」

周武王問於王子旦曰〔一四〕：「敢問治有必成而戰有必勝乎？攻有必得而守有必存乎〔一五〕？」王子旦對曰：「有。政曰：諸侯政平於內而威於外矣，君子行修於身而信於輿人矣〔一六〕，治民治而榮於名矣。故諸侯凡有治心者，必修之以道而與之以敬〔一七〕，然後能以成也；凡有戰心者，必修之以政而興之以義，然後能以勝也〔一八〕；凡有攻心者〔一九〕，必結之以約而論之以信〔二〇〕，然後能以得也；凡有守心者，必固之以和而論之以愛，然後能有存也〔二一〕。」周武王曰：「受命矣。」師尚父曰〔二二〕：「吾聞之於政也，曰：天下壙壙〔二三〕，一人有之；萬民藂藂〔二四〕，一人理之。故天下者，非一家之有也，有道者之有也。故夫天下者，唯有道者理之，唯有道者紀之，唯有道者使之，唯有道者宜處而久之。故夫天下者，難得而易失也，難常而易忘也〔二五〕。故守天下者，非以道則弗得而長也。故夫道者，萬世之寶也。」周武王曰：「受命矣。」

周成王年六歲〔二六〕，即位享國，親以其身見於粥子之家而問焉，曰：「昔者先王與帝修道而道修〔二七〕，寡人之望也，亦願以教，敢問興國之道奈何？」粥子對曰：「唯，疑。請以上世之政詔於君王。政曰：興國之道，君思善則行之，君聞善則行之，君知善則行之，位敬而常之〔二八〕，行信而長之，則興國之道也。」周成王曰：「受命矣。」

周成王曰：「敢問於道之要奈何？」粥子對曰：「唯，疑。請以上世之政詔於君王。政曰〔二九〕：爲人下者敬而肅，爲人上者恭而仁，爲人君者敬士愛民，以終其身，此道之要也。」周成王曰：「受命矣。」

周成王曰：「敢問治國之道若何？」粥子曰：「唯，疑。請以上世之政詔於君王。政曰：治國之道，上忠於主，而中敬其士，而下愛其民。故上忠其主者，非以道義則無以入忠也；而中敬其士，不以禮節無以諭敬也；下愛其民，非以忠信則無以諭愛也〔三〇〕。故忠信行於民，而禮節諭於士，道義入於上，則治國之道也。雖治天下者，由此而已。」周成王曰：「受命矣。」

周成王曰：「寡人聞之，有上人者，有下人者，有賢人者，有不肖人者，有智人者，有愚人者。敢問上下之人，何以爲異？」粥子對曰：「唯，疑。請以上世之政詔於君王。政曰：凡人者，若賤若貴〔三一〕，若幼若老，聞道志而藏之，知道善而行之，上人矣；聞道而弗取藏也，知道而弗取行也，則謂之下人也。故夫行者善則謂之賢人矣，行者惡則謂之不肖矣〔三二〕。故夫言者善則謂之智矣，言者不善則謂之愚矣。故智愚之人有其辭矣〔三三〕，賢不肖之人別其行矣，上下之人等其志矣〔三四〕。」周成王曰：「受命矣。」

周成王曰：「寡人聞之，聖王在上位，使民富且壽云。若夫富則可爲也，若夫壽則不在天乎？」粥子曰：「唯，疑。請以上世之政詔於君王。政曰：聖王在上位，則天下不死軍兵之事。故諸侯不私相攻，而民不私相鬬鬩〔三五〕，不私相煞也〔三六〕。故聖王在上位，則民免於一死而得一生矣。聖王在上位，則君積於道〔三七〕，而吏積於德，而民積於用力。故婦人爲其所衣〔三八〕，丈夫爲其所食，則民無凍餒矣。故聖王在上，則民免於二死而得二生矣。聖王在上，則君積於仁，而吏積於愛，而民積於順，則刑罰廢矣。而民無夭遏之誅〔三九〕。故聖王在上，則民免於三死而得三生矣〔四〇〕。聖王在上，則使民有時，而用之有節，則民無厲疾〔四一〕。故聖王在上，則民免於四死而得四生矣。聖王在上〔四二〕，則使盈境内興賢良〔四三〕，以禁邪惡。故賢人必用而不肖人不作〔四四〕，則已得其命矣〔四五〕。故夫富且壽者，聖王之功也。」周成王曰：「受命矣。」

〔一〕何孟春曰：「粥子書二十二篇，今存十四篇。誼所載文王武王成王所問答之辭，皆今書所無者，豈其所亡篇中語乎？」楊之森曰：「右補鬻子凡七則，出賈太傅新書修政論，想太傅應及見遺書也。」（補鬻子跋）正字通：「鬻，姓，省作粥。」夏案：本篇多爲粥子所言，故何氏有是説。粥子，左傳僖公二十六年注：「鬻熊，祝融之十二世孫。」漢書藝文志：「鬻子二十二篇。名熊，爲周師，自文王以下問焉，周封爲楚祖。」逢行珪鬻子序：「鬻子名熊，楚人，周文王之師也。年九十見文王，王曰：『老矣。』鬻子曰：『使臣捕獸逐麈已老矣，使臣坐策國事尚少也。』文王師之。著書二十二篇，名曰鬻子。據劉氏九流，即道流也。」

〔二〕入，吳語注：「入，受。」

〔三〕「其於」，原倒，參下文例，據莫本乙。

〔四〕唯，疑，劉淇曰：「唯，疑，此類并是故應之辭，非實也。」

〔五〕詔，朱駿聲曰：「上告下之語，古用誥，秦復造詔當之。按周禮諸職，凡言詔者，皆下告上之辭。爾雅釋詁：『詔，道也。』詔，假借爲告。」

〔六〕暯，符定一曰：「暯暯，日中之貌。」章太炎曰：「暯，御覽卷三引作暵，且有夾注云『音漢』。則此暯爲訛誤無疑。」夏案：集韻：「暯，冥也。」字彙：「暯，虚無也。」説文：「暵，乾也。」正字通：「暵，曝也。」章説近之，符氏當是因文釋義，典籍無徵。

〔七〕民，原訛氏，兹據李本改。

〔八〕「疑」，原無。俞樾曰：「上下文鬻子之對，并曰『唯，疑』，此文唯下，亦當有疑字。」夏案：群書治要引、補鬻子皆有疑字，兹據以補。

〔九〕「戰」，原作勝。俞樾曰：「上文曰：『周武王問：「守而必存，攻而必得，戰而必勝，則吾爲此奈何。」』粥子告以攻、守、戰三者同器也。攻守而戰乎，猶大政上篇『明君而君子乎』，賈子自有此文法，言攻守與戰也三者并舉，以而字連屬之，又用乎字爲語詞耳。」夏案：俞説是，兹據群書治要改。

〔一〇〕和，道術：「剛柔得適謂之和。」　嚴，道術：「臨制不犯謂之嚴。」夏案：此謂御下嚴。　備，淮南子修務訓注：「備，猶用也。」

〔一一〕「得」，原作德。夏案：德得通，唯上下文皆作得，兹據李本改而一律。

〔一二〕「刑」上，原有治字，兹據李本删，參下注〔一三〕。

〔一三〕「陳於行」，補鬻子行作刑。夏案：「諸侯聽獄」三句，何本作「諸侯聽獄斷刑，治仁於人者，謂之文治矣，治陳於仁，而仁行焉」，群書治要引作「諸侯聽獄斷治，刑仁於人者，謂之文誅矣。故三文行於政，立於治，陳於行」。參上文，此處當有文誅或文治之論述，群書治要及何本或近於真，唯文字相去甚遠，不便遽改，録以備考。又，行、刑通，何本取行義，群書治要取刑義，於文皆可通。

〔一四〕王子旦，史記魯周公世家：「周公旦者，自文王在時，旦爲子孝，異於群子。」

〔一五〕「而」，原在攻字上，參上句例，據程本移。

〔一六〕輿人，衆人。集韻：「輿，衆也。」

〔一七〕與，易无妄虞注：「與，舉也。」與下「興之以義」互文義近，而鬻子即作興。

〔一八〕「以」下，原有之字，參上下文例，據李本删。

〔一九〕「心」，原作之，準上下文例，據莫本改。

〔二〇〕諭，吕氏春秋適音注：「諭，明。」尚書周官蔡傳：「論者，講明之謂。」夏案：盧文弨曰：「建潭本諭作論，訛。」盧說非是，諭、論義近，且誼慣用論謂明諭，見大政下注〔三八〕。

〔二一〕「存」，原訛有，兹據盧本改。

〔二二〕師尚父，詩大雅大明「維師尚父」傳：「師，大師也。尚父，可尚可父。」箋：「尚父，吕望也，尊稱焉。」

〔二三〕壙，說文：「壙，一曰大野。」此謂廣大。

〔二四〕藂，韻會：「叢，聚也。或作藂。」

〔二五〕忘，王引之曰：「無，字或作亡，或作忘。」

〔二六〕「六歲」，盧本作二十歲。何孟春曰：「禮記諸書俱云成王年十三而嗣立，與此不同。」盧文弨曰：「鄭注金縢，武王崩時，成王年十歲。服喪三年畢，成王十二即位，及周公歸政，成王年二十二歲，此處建本作二十，或略舉歸政之年，或是十二之誤。潭本、別本并作六歲，非也。」夏案：武王崩時，成王之齡，歷來說者紛紜，即孫星衍所引，亦有一歲二歲七歲八歲十三歲之說，故即位之年亦難推定。如執一說而論定則鑿矣。此作六歲，未見於他書，且下文成王談吐亦非六齡童之所爲，疑此有誤。又，今見覆建本之明本，無一作二十者，盧說亦可疑。

〔二七〕「帝」，何孟春曰：「帝字恐誤，或作子。」王耕心本從之而改。夏案：似當作子。

〔二八〕位，左傳昭公二十二年釋文：「位，本作立。」是位立通。

〔二九〕「政」，原脱，兹據李本補。

〔三〇〕「諭」，原作喻。夏案：集韻：「喻，或作諭。」唯上下文皆作諭，兹改一律。

〔三一〕若，王引之曰：「若，猶或也。」

〔三二〕「謂之不肖」，原脱之字，兹據莫本補。

〔三三〕「有」，陶鴻慶曰：「有字誤文，雖不能定爲何字，當與下文別其行、等其志意義相近，皆答成王『何以爲異』之問也。」夏案：廣韻：「有，質也。」此似謂質其辭，則知其言善否。

〔三四〕等，俞樾曰：「禮記樂記鄭注曰：『等，差也。』則等其志，謂其志有等差也。」

〔三五〕閱，音細。左傳僖公二十四年注：「閱，訟争之貌。」説文：「訟，争也。」

〔三六〕煞，集韻：「殺，或作煞。」

〔三七〕「君」，原作臣。夏案：臣、吏意複，下文又云「君積於仁」，與吏、民并舉，當作君，兹據李本改。　積，説文：「積，聚也。」夏案：此謂致力、專注。

〔三八〕「人」，原脱，兹據周本補。

〔三九〕夭遏，朱起鳳曰：「夭閼，猶言夭壽也。閼遏同音通用。」

〔四〇〕「而得三生」，原脱而字，準上文例，據李本補。下「而得四生」同。

〔四一〕「聖王在上則使民有時」，原「聖」上衍故字，準上文例，據周本删。下「聖王在上，則使盈境内」同。

〔四二〕厲，論語子張集解：「厲，病也。」

〔四三〕盈境，猶言全境。楚語注：「盈，滿也。」　「賢」，原脱，兹據李本補。

〔四四〕作，説文：「作，起也。」

〔四五〕「已」，群書治要引作民，於義爲長。

新書校注卷第十

禮容語上〔原闕〕

禮容語下 雜事〔一〕

魯叔孫昭子聘於宋〔二〕，宋元公與之燕〔三〕，飲酒，樂。昭子右坐〔四〕，歌終而語，因相泣也。樂祁曰〔五〕：「過哉，君〔六〕！非哀所也。」已而告人曰：「今兹〔七〕，君與叔孫其皆死乎？吾聞之，哀樂而樂哀〔八〕，皆喪心也〔九〕。心之精爽是謂魂魄〔一〇〕，魂魄已失，何以能久？且吾聞之，主民者不可以媮〔一一〕，媮必死。今君與叔孫其語皆媮，死日不遠矣。」居六月，宋元公薨。間一月，叔孫婼卒。

晉叔向聘于周〔一二〕，發幣大夫〔一三〕。及單靖公，靖公享之儉而敬〔一四〕，賓禮贈賄同〔一五〕，是禮而從〔一六〕，享燕無私〔一七〕，送不過郊，語説昊天有成命〔一八〕。

既而叔向告人曰：「吾聞之曰，一姓不再興，今周有單子以爲臣，周其復興乎？昔史佚有言曰〔一九〕：『動莫若敬〔二〇〕，居莫若儉，德莫若讓〔二一〕，事莫若資〔二二〕。』今單子皆有焉。夫宮室不崇，器無蟲鏤〔二三〕，儉也；身恭除潔〔二四〕，外內肅給〔二五〕，敬也；燕好享賜，雖歡不踰等，讓也；賓之禮事，稱上而差〔二六〕，資也。若是而加之以無私，重之以不侈，能辟怨矣。居儉動敬，德讓事資〔二七〕，而能辟怨，以爲卿佐，其有不興乎？夫昊天有成命，頌之盛德也〔二八〕。其詩曰：『昊天有成命，二后受之，成王不敢康，夙夜基命宥謐〔二九〕。』謐者〔三〇〕，寧也，億也〔三一〕。命者，制令也〔三二〕。基者，經也，勢也〔三三〕。夙，早也。康，安也。后〔三四〕，王。二后，文王武王。成王者，武王之子，文王之孫也〔三五〕。文王有大德而功未就，武王有大功而治未成，及成王承嗣，仁以臨民，故稱『昊天』焉〔三六〕。不敢怠安，蚤興夜寐〔三七〕，以繼文王之業。布文陳紀〔三八〕，經制度，設犧牲，使四海之內，懿然葆德〔三九〕，各遵其道，故曰有成〔四〇〕。承順武王之功，奉揚文王之德〔四一〕，九州之民，四荒之國，歌謠文武之烈〔四二〕，累九譯而請朝〔四三〕，致貢職以供祀，故曰『二后受之』。方是時也，天地調合，神民順億，鬼不厲祟〔四四〕，民不謗怨，故曰『宥謐』。成王質仁聖哲，能明其先，能承其親，不敢惰懈，以安天下，以敬民人。今單子美說其志也，以佐王室，吾故曰『周其復興乎』。」故周平王既崩以後，周室稍稍衰弱不墜，當單子之佐政也，天子加尊，周室加興。

晉之三卿郤錡郤犨郤至〔四五〕，從晉厲公會諸侯於加陵〔四六〕，周單襄公在會〔四七〕。晉厲公視遠步高。郤錡見單子，其語犯〔四八〕；郤犨見，其語訏〔四九〕；郤至見，其語伐〔五〇〕；齊國佐見〔五一〕，其語盡〔五二〕。

單襄公告魯成公曰〔五三〕：「晉將有亂，其君與三郤其當之乎？」魯侯曰：「寡人固晉而彊其君〔五四〕，今君曰『將有亂』，敢問天道乎〔五五〕？意人故也〔五六〕？」對曰：「吾非諸史也〔五七〕，焉知天道？吾見晉君之容，而聽三郤之語矣，殆必有禍矣。君子目以正體〔五八〕，足以從之，是以觀容而知其心。今晉侯視遠而足高，目不在體，而足不步目〔五九〕，其心必異矣。體目不相從，何以能久？夫合諸侯，國之大事也〔六〇〕，於是觀存亡之徵焉。故國將有福，其君步言視聽，必皆得適順善，則可以知德矣。視遠曰絶其義〔六一〕，足高曰棄其德〔六二〕，言爽曰反其信〔六三〕，聽淫曰離其名〔六四〕。夫目以處義〔六五〕，足以踐德〔六六〕，口以庇信〔六七〕，耳以聽名者矣〔六八〕，故不可不慎也。偏亡者有咎〔六九〕，既亡則國從之〔七〇〕。今晉侯無一可焉，吾是以云。夫郤氏，晉侯之寵人也。是族在晉有三卿五大夫，貴矣，亦可以戒懼矣。今郤伯之語犯，郤叔訏，郤季伐〔七一〕；犯則凌人，訏則誣人〔七二〕，伐則揜人〔七三〕。有是寵也，而益之以三怨〔七四〕，其誰能忍之？齊國武子亦將有禍〔七五〕。齊，亂國也。立於淫亂之朝，而好盡言以暴人過〔七六〕，怨之本也。惟善人能受盡言，今齊既亂，其能善乎？」居二年，晉殺三卿。明年，厲公弑於東門。是歲也，齊人果殺國武子〔七七〕。

詩曰〔七八〕：「敬之敬之，天惟顯思，命不易哉〔七九〕！毋曰高高在上，陟降厥士〔八〇〕，日監在茲。惟予小子，不聰敬止。日就月將，學有緝熙于光明。佛時仔肩，視我顯德行〔八一〕。」故弗順弗敬，天下不定〔八二〕；忘敬而怠〔八三〕，人必乘之。嗚呼，戒之哉！

〔一〕余嘉錫年伯曰：「其雜事諸篇則平日所稱述誦説者，凡此，皆不必賈子手著，諸子之例，固如此也。」

〔二〕「子」，原無，下文又稱昭子，茲據何本補。　叔孫昭子，通志氏族略：「叔孫氏，以族系爲氏。魯公子叔牙之後，牙飲酖而死，遂立公孫茲爲叔孫氏。」昭子名婼，謚昭。見左傳昭公四年——二十五年。聘宋事見二十五年。又見漢書五行志下之上。

〔三〕宋元公，名佐，公元前五三一——五一七年在位，見左傳昭公十一年——二十五年。

〔四〕右坐，左傳昭公二十五年疏：「禮，公西向，賓南向也。使昭子右坐，令在宋公之右，蓋在宋公之北，同西向以相近，言其改禮坐也。」

〔五〕樂祁，顏師古曰：「樂祁，宋司城子梁也。」夏案：左傳載，時「樂祁佐」，杜注：「助宴禮。」顏師古曰「佐，佐酒。」

〔六〕「君」，李本作兹，屬下爲句，於義爲長。

〔七〕今兹，盧文弨曰：「今兹，謂今年也。」

〔八〕哀樂而樂哀，顏師古曰：「哀樂，可樂而反哀也。樂哀，可哀而反樂也。」夏案：王引之曰：「而，猶及也。」又，「樂哀」，原誤倒，兹據左傳、漢書乙。

〔九〕喪，顏師古曰：「喪，失之也。」

〔一〇〕「心之精爽」句，左傳昭公七年：「人生始化曰魄，既生魄，陽曰魂，用物精多，則魂魄強，是以有精爽至於神明。」疏：「精，亦神也。爽，亦明也。精是神之未著，爽是明之未昭。」

〔一一〕媮，音偷。漢書食貨志下注：「媮，苟且也。」

〔一二〕叔向，晉大夫羊舌肸之字，周語下即作羊舌肸。肸音細。董增齡曰：「説文：『肸，響布也。』左思楚都賦注引韋宏嗣曰：『肸蠁，蟲類是也。大福之興如此蟲之騰起。』故名肸，字叔蠁。後轉作響，又省作向。」

〔一三〕幣，周禮天官大宰注：「幣帛，所以贈勞賓客者。」説文：「幣，帛也。」儀禮士相見禮疏：「玉馬皮圭璧帛，皆稱幣。」夏案：據儀禮聘禮，諸侯之使朝君後，復與公卿相會，皆設宴贈幣。

〔一四〕單靖公，董增齡曰：「靖公，王卿士，襄公之孫，頃公之子。」享，朱駿聲曰：「享，假借爲饗。」儉而敬，韋昭曰：「享禮薄而身敬也。」

〔一五〕賄，儀禮聘禮注：「賄，予人財之言也。」

〔一六〕是，俞樾曰：「是，與視相通。周語載此事曰：『賓禮贈餞，視其上而從之。』此言是，彼言視，文異而義同。」

〔一七〕享燕無私，韋昭曰：「無私好貨及籩豆之加也。」

〔一八〕「語說」句，韋昭曰：「說，樂也。昊天有成命，周頌篇名。」

〔一九〕史佚，韋昭曰：「周武王時太史尹佚。」

〔二〇〕「動」下，原衍其字，據周語及李本删。

〔二一〕讓，韋昭曰：「讓，遠怨也。」

〔二二〕資，盧文弨曰：「資，與咨同。」周語及程本即作咨。韋昭曰：「咨，寡失也。」說文：「咨，謀事曰咨。」

〔二三〕蟲鏤，言雕鏤之精細如蟲蛀。程本即作雕鏤。

〔二四〕除，韋昭曰：「除，治也。」

〔二五〕外内肅給，韋昭曰：「外，在朝庭。内，治家事。給，備也。」

〔二六〕稱上而差，蓋謂咨君而稱其意，禮節有差。

〔二七〕「德」，原作禮。夏案：上云「德莫若讓」，此當作德，兹據周語及李本改。

〔二八〕「昊」，原脱，兹據周語及李本補。「昊天」二句，韋昭曰：「盛德，二后也。謂成王即位始郊，見推文武受命之功，以郊祀天地而歌之。昊天，天之大號也。言昊天有所成命，文武則能受之。」群經正字：「昦，今經典作昊，从日从天，於六書之義，無所依附，古無此字，乃俗儒不識夰字，筆法相近變爲天也。」説文：「昦，春爲昦天，元氣昦養也。」説文部首：「夰，放也。从大而八分也。」

〔二九〕「謐」，周語、毛詩作密。朱駿聲曰：「謐，假借爲宓。」説文：「宓，安也。」段注：「此字經典作密，密行而宓廢矣。」

〔三〇〕「謐者」，盧藏潭本、李本作宥謐。夏案：周語叔向釋此句曰：「宥，寬也。」「密，寧也。」此文賈生逐字釋之，亦當有「宥者，寬也」一類語句。蓋他本已皆脱去，唯譚本體系作宥謐，尚存其殘蹟。詳見注〔三一〕。

〔三一〕億，説文：「億，安也。」夏案：疑此億字本係宥之訓詁，宥字脱，此字錯簡於此，何本無此字，爲其旁證。因疑億係優之壞訛。詩大雅瞻卬箋「優，寬也」，正與周語「宥，寬也」相合。竊以爲二句當爲「宥者，優也。謐者，寧也。」

〔三二〕「制令」，俞樾曰：「制令，當爲制度。蓋訓命爲制度，訓基爲經，故下文曰『經制度』，即釋基命之義。後人不達其意，疑命當訓令，遂改爲制令，然詔令稱制，三代未聞，賈子述叔向之語，不當以制令連文也。」夏案：文體明辨命：「秦并天下，改命曰制。」俞説有據。

〔三三〕基者，經也，爾雅釋言：「基，經也。」郝懿行曰：「鬼谷子抵巇篇云：『經起秋豪之末。』注云：『經，始也。』即基之訓也。」「勢也」，俞樾曰：「基之訓勢，未聞其義，直當爲衍文耳。」夏案：勢字必非衍文。一則，周語、詩毛傳皆作「基，始也。」勢、始同音，音同例當通假，唯典籍無徵而已。二則，説文段注：「説文無勢字，蓋古用埶爲之。」集韻：「埶，説文『種也』，亦作蓺。」説文：「基，墻始也。」是始係基之引申義，亦可謂動静同字。種亦動静同字。漢書食貨志下注：「種，五穀之種也。」周禮校人注：「種，謂上善似母者。」是種亦當有始義。老子一章：「無名，天地之始；有名，萬物之母。」母、始互文，是其證。

〔三四〕后，説文：「后，繼體君也。」段注：「后之言後也。開創之君在先，繼體之君在後也。析言之如是，渾言之則不別矣。」

〔三五〕「成王」三句，昊天有成命疏：「此詩作在成王之初，非是崩後，不得稱成之謚，所言成王有涉成王之嫌。韋昭云：『謂文武修己自勤成其王功，非謂周成王身也。鄭賈唐説皆然。』是時有疑是成王身者，故辨之也。」夏案：誼説當係「是時有疑是成王身者」之一源也。

〔三六〕稱昊天焉，周語下：「成王能定文昭，能定武烈者也。夫道成命者而稱昊天，翼其上也。」韋昭曰：「稱，舉也。翼，敬也。」昊天有成命疏：「昊天有此成就之命，謂降生后稷爲將王之兆，而經歷多世，至於文武二君乃應而受之。二君既受此業，施行道德，以成此王功。」集傳：「成命，既有定命。」夏案：參周語、詩疏、集傳，誼文蓋謂文武雖有功德，尚未成就天命，至成王方稱天命。晉語六注：「稱，副也。」即下文所謂「故曰有成」。

〔三七〕興，説文：「興，起也。」詩衞風氓「夙興夜寐」箋：「早起晚卧。」

〔三八〕文，論語子罕：「文王既没，文不在兹乎。」集注：「道之顯者謂之文，蓋禮樂制度之謂。」

〔三九〕懿，爾雅釋詁：「懿，美也。」　葆，朱駿聲曰：「葆，假借爲保。」

〔四〇〕「有成」，原脱，兹據李本補。

〔四一〕「文王」，原訛武王，兹據何本改。

〔四二〕烈，晉語六注：「烈，功也。」

〔四三〕九譯，漢書賈捐之傳注：「遠國使來，因九譯而語言乃通也。」九言其多。

〔四四〕「祟」，原訛崇，兹據李本改。

〔四五〕郄錡郄犨郄至，韋昭曰：「郤錡，晉卿，郤克之子，駒伯也。郤犨，晉卿，郤錡之族父步揚之子，苦成叔也。郤至，晉卿，郤犨之弟，温季昭子也。」夏案：郄，説文作郤。三郄事，見周語下、左傳成公十六年十七年、吕氏春秋驕恣、淮南子人間訓、漢書五行志中之上等書。

〔四六〕晉厲公，韋昭曰：「厲公，晉成公之孫，景公之子，厲公州蒲。」董增齡曰：「成十年經：『晉立太子州滿爲君。』蒲，誤。」「加陵」，周語、左傳作柯陵。爾雅釋地義疏：「柯陵即加陵。加，柯聲借也。」韋昭曰：「柯陵，鄭西地名也。」

〔四七〕單襄公，顔師古曰：「單襄公，周卿士單子朝也。」夏案：「公」，原誤王，兹據周語及李本改。

〔四八〕犯，韋昭曰：「犯，陵犯人。」

〔四九〕「訐」，原作許。盧文弨曰：「説文：『訐，詭譎也。』國語作迂，此訐義亦相近。舊本作許，訛。」夏案：盧説是，兹據何本改。

〔五〇〕伐，韋昭曰：「伐，好自伐其功。」顔師古曰：「伐，矜尚也。」

〔五一〕國佐，韋昭曰：「國佐，齊卿，國歸父之子，國武子也。」

〔五二〕盡，韋昭曰：「盡者，盡其心意，善惡褒貶無所諱也。」

〔五三〕魯成公，韋昭曰：「魯成公，宣公之子，成公黑肱也。」夏案：誼文旨在言禮容，略去本事，詳見周語。

〔五四〕固晉而彊其君，謂以晉甚固，以其君甚彊。

〔五五〕「乎」，原無，據周語及程本補，參下注〔五六〕。

〔五六〕「意人故也」，原意人倒。盧文弨曰：「意，與抑同，周語作抑，潭本意人倒，今從建本。」夏案：盧説是，兹據莫本乙。蓋傳抄者未詳意之通抑，誤以意人爲訛而臆改也。

〔五七〕「諸」，周語作瞀，李本從之。夏案：作瞀義長。諸若非瞀之音訛，則當係句中助詞，無義。

〔五八〕體，韋昭曰：「體，手足也。論語：『四體不勤。』」

〔五九〕足不步目，謂足不從目。上文云：「目以正體，步以從之」，此「目不在體」，故目不可從之。即下文所謂「體目不相從」。

〔六〇〕「國」，原誤民，何孟春曰：「民，當作國。」夏案：何説是，兹據周語及李本改。

〔六一〕絶其義，韋昭曰：「絶其宜也。」

〔六二〕棄其德，韋昭曰：「人君容止佩玉有節，今步高失儀，棄其德也。」

〔六三〕「言爽」句，韋昭曰：「爽，貳也。反，違也。」顔師古曰：「爽，差也。」

〔六四〕「聽淫」句，韋昭曰：「淫，濫也。離，失也。名，聲也。失所名。」顔師古曰：「淫，邪也。」夏案：釋名釋言語：「名，明也。名實使分明也。」此謂濫聽則失其明。

〔六五〕義，韋昭曰：「義，宜也。」

〔六六〕足以踐德，韋昭曰：「踐，履也。動履德行。」顏師古曰：「所履皆德行也。」

〔六七〕口以庇信，韋昭曰：「庇，覆也。言行相覆爲信。」

〔六八〕耳以聽名，韋昭曰：「耳所以聽別萬物之名聲。」夏案：名，明。詳注〔六四〕。　矣，王引之曰：「矣，猶也也。」周語、漢書即作也。

〔六九〕「咎」，原作免，兹據周語及程本改。　偏亡，韋昭曰：「步言視聽四者，亡其二爲偏。偏喪有咎，咎及其身也。」顏師古曰：「苟喪其一，則有咎。」

〔七〇〕「既亡」句，韋昭曰：「既，盡也。四者盡喪，國從而亡。」

〔七一〕伯、叔、季，韋昭曰：「伯，錡也。叔，犨也。季，至也。」

〔七二〕「誣」，原作無，兹據周語、漢書及何本改。

〔七三〕揜人，韋昭曰：「揜人之美。」

〔七四〕益之以三怨，韋昭曰：「益，猶加也。三怨，陵、誣、揜也。」

〔七五〕國武子，盧文弨曰：「稱國武子，與左傳石碏之稱陳桓公相類，古人行文不盡拘也。」夏案：武子爲謚號，時國佐尚未逝，故盧氏如是言。

〔七六〕暴，音曝。說文：「暴，晞也。」段注：「暴之本義爲曬米。因之凡暴物於日謂之暴，俗增日旁作曝。」

〔七七〕「居二年」六句，周語下：「簡王十二年（即魯成公十七年），晉殺三郤，十三年晉侯殺於翼東門。齊人殺國子。」春秋：「（成公）十有七年，晉殺其大夫郤錡郤犨郤至。十有八年，晉弒其君州蒲，齊殺其大夫國佐。」夏案：五人之死時，漢書同周語，左傳同春秋，與誼説不合。

〔七八〕詩，見周頌敬之。詩序：「敬之，臣進戒嗣王。」疏：「謂成王朝廟，與群臣謀事，群臣因在廟中進戒。」

〔七九〕「敬之」三句，孔穎達曰：「王當敬其事而行之，天之臨下乃光明顯見，去惡與善，其命吉凶不變易哉。」集傳：「顯，明也。思，語辭也。」

〔八〇〕「厥士」，原士作止，玆據詩經改。「毋曰」三句，毛傳：「士，事也。」鄭箋：「無謂天高又高在上，遠人而不畏也。天上下其事，謂轉運日月，施其所行。日月瞻視，近在此也。」馬瑞辰曰：「陟降，猶云升降。士，當讀如士民之士，爲群臣之通稱。」

〔八一〕小子，毛傳：「小子，嗣王也。」止，詩召南草蟲傳：「止，辭也。」將，毛傳：「將，行也。」集傳：「將，進也。」馬瑞辰曰：「日就日將，猶言日積月累也。」緝熙於光明，鄭箋：「緝熙，光明也。」馬瑞臣曰：「説文：『緝，績也。』績之言積。緝熙，當謂漸積廣大以至於光明。」佛，朱熹曰：「佛弼通。」時，鄭箋：「時，是也。」仔肩，馬瑞辰曰：「爾雅：『肩，克也。』説文：『仔，克也。』二字同義。克，勝也。勝亦任也。」視，王先謙曰：「魯（詩）示作視，古字通。」毛詩即作示。「惟予」六句，鄭箋：「群臣戒成王以敬之敬之，故承之以謙，云：我小子也，不聰達於『敬之』之義。日就月將，言當習之以積漸也，且欲學之於有光明之光明者，謂賢中之賢也。輔弼是任，示道我以顯明之德行。」

〔八二〕「不」，原誤必，兹據李本改。

〔八三〕「忘」，原訛志，兹據李本改。

胎教　雜事〔一〕

易曰〔二〕：「正其本而萬物理，失之毫釐，差以千里。」故君子慎始。春秋之元〔三〕，詩之關雎〔四〕，禮之冠婚〔五〕，易之乾坤〔六〕，皆慎始敬終云爾〔七〕。

素成〔八〕，謹爲子孫婚妻嫁女〔九〕，必擇孝悌世世有行義者〔一〇〕。如是，則其子孫慈孝，不敢淫暴，黨無不善〔一一〕，三族輔之〔一二〕。故鳳凰生而有仁義之意，虎狼生而有貪戾之心，兩者不等〔一三〕，各有其母〔一四〕。嗚呼，戒之哉！無養乳虎，將傷天下。故素成〔一五〕，胎教之道，書之玉版〔一六〕，藏之金櫃〔一七〕，置之宗廟，以爲後世戒。

青史氏之記曰〔一八〕：「古者胎教之道，王后有身，七月而就蔞室〔一九〕。太師持銅而御户左〔二〇〕，太宰持斗而御户右〔二一〕，太卜持蓍龜而御堂下〔二二〕，諸官皆以其職御於門内。比三月者〔二三〕，王后所求聲音非禮樂〔二四〕，則太師撫樂而稱不習〔二五〕；所求滋味者非正味，則太宰荷斗而不敢煎調〔二六〕，而曰不敢以侍王太子。太子生而立〔二七〕，太師吹銅曰聲中某律〔二八〕，太宰曰滋味上某〔二九〕，太卜曰命云某〔三〇〕。

然後，爲太子懸弧之禮義〔三一〕。東方之弧以梧，梧者，東方之草，春木也〔三二〕；其牲以雞，雞者，東方之牲也〔三三〕。南方之弧以柳，柳者，南方之草，夏木也〔三四〕；其牲以狗，狗者，南方之牲也〔三五〕。中央之弧以桑，桑者，中央之木也〔三六〕；其牲以牛，牛者，中央之牲也〔三七〕。西方之弧以棘，棘者，西方之草也，秋木也〔三八〕；其牲以羊，羊者，西方之牲也〔三九〕。北方之弧以棗，棗者，北方之草，冬木也〔四〇〕；其牲以彘，彘者，北方之牲也〔四一〕。五弧五分矢〔四二〕，東方射東方〔四三〕，南方射南方，中央射中央〔四四〕，西方射西方，北方射北方，皆三射。其四弧具〔四五〕，其餘各二分矢，懸諸國四通門之左；中央之弧亦具，餘二分矢，懸諸社稷門之左。

然後卜王太子名，上毋取於天〔四六〕，下毋取於土，毋取於名山通谷，毋悖於鄉俗。是故君子名難知而易諱也〔四七〕，此所以養隱之道也〔四八〕。」

正之禮者，王太子無羞臣，領臣之子也，故謂領臣之子也。身朝王者，妻朝后，之子朝王太子，是謂臣之子也〔四九〕。此正禮胎教也。周妃后妊成王於身〔五〇〕，立而不跛〔五一〕，坐而不䛽〔五二〕，獨處不倨〔五三〕，雖怒不罵，胎教之謂也〔五四〕。成王生，仁者養之〔五五〕，孝者繈之〔五六〕，四賢傍之〔五七〕。成王有知，而選太公爲師，周公爲傅，前有與計而後有與慮也。是以封於泰山而禪梁父〔五八〕，朝諸侯〔五九〕，一天下。由此觀之，主左右不可不練也〔六〇〕。

昔禹以夏王，而桀以夏亡；湯以殷王，而紂以殷亡；闔閭以吴戰勝無敵，而夫差以之見禽於越〔六一〕；文公以晉伯，而厲公以見殺於匠麗之宫〔六二〕；威王以齊彊於天下，而簡公以殺於檀臺〔六三〕；穆公以秦顯名尊號，而二世以刼於望夷之宫〔六四〕。其所以君王同而功迹不等者〔六五〕，所任異也。故成王處襁褓之中朝諸侯，周公用事也；武靈王五十而弑於沙丘，任李兑也〔六六〕。齊桓公得管仲九合諸侯，一匡天下〔六七〕，稱爲義主〔六八〕；失管仲，任豎刁而身死不葬〔六九〕，爲天下笑。一人之身榮辱具施焉者，在所任也。故魏有公子無忌而削地復〔七〇〕，趙任藺相如而秦兵不敢出，安陵任周瞻而國獨立〔七一〕，楚有申包胥而昭王反復〔七二〕，齊有陳單而襄王得其國〔七三〕。由此觀之，無賢佐俊士〔七四〕，能成功立名、安危繼絶者〔七五〕，未之有也。是以國不務大而務得民心，佐不務多而務得賢者；得民心而民往之，得賢者而賢者歸之。

文王請除炮烙之刑而殷民從〔七六〕，湯去張網者之三面而二垂至〔七七〕，越王不頹舊冢而吴人服〔七八〕，以其所爲順於人也。故同聲則處異而相應〔七九〕，意合則未見而相親，賢者立於本朝，而天下之士相率而趨之。何以知其然也？管仲，桓公之讎也〔八〇〕。鮑叔以爲賢於己而進之桓公〔八一〕，七十言説乃聽，遂使桓公除仇讐之心，而委之國政焉。桓公垂拱無事而朝諸侯，鮑叔之力也。管仲之所以走桓公而無自危之心者〔八二〕，同聲於鮑叔也。

衛靈公之時〔八三〕，蘧伯玉賢而不用〔八四〕，彌子瑕不肖而任事〔八五〕。史鰌患之〔八六〕，數言蘧伯玉賢而不聽〔八七〕。病且死〔八八〕，謂其子曰：「我即死〔八九〕，治喪於北堂〔九〇〕，吾生不能進蘧伯玉而退彌子瑕，是不能正君也〔九一〕。生不能正君者，死不當成禮，死而置屍於北堂〔九二〕，於我足矣〔九三〕。」靈公往弔，問其故，其子以父言聞。靈公戚然易容而寤，曰：「吾失矣〔九四〕！」立召蘧伯玉而進之，召彌子瑕而退之，徙喪於堂，成禮而後去。衛國已治〔九五〕，史鰌之力也。夫生進賢而退不肖，死且未止，又以屍諫，可謂忠不衰矣。

紂殺王子比干，而箕子被髮而佯狂〔九六〕；陳靈公殺泄冶，而鄧元去陳以族徙〔九七〕。自是之後，殷并於周，陳亡於楚，以其殺比干與泄冶，而失箕子與鄧元也〔九八〕。燕昭王得郭隗，而鄒衍樂毅自齊魏至〔九九〕，於是舉兵攻齊，棲閔王於莒〔一〇〇〕。燕度地計衆，不與齊均也。然而，所以能信意至於此者〔一〇一〕，由得士故也。故無常安之國，無宜治之民〔一〇二〕，得賢者顯昌，失賢者危亡。自古及今，未有不然者也。鑑所以照形也，往古所以知今也。夫知惡古之所以危亡〔一〇三〕，不務襲迹於其所以安存〔一〇四〕，則未有異於卻走而求及前人也〔一〇五〕。太公知之，故國微子後〔一〇六〕，而封比干之墓〔一〇七〕。夫聖人之於聖者之死，尚如此其厚也，況當世存者乎？其弗可失矣。

〔一〕胎教，本文亦見於大戴禮記保傅篇。

〔二〕易，盧辯曰：「據易說言也。」孔廣森曰：「易說，通卦驗文。」章太炎曰：「漢初焉得有緯書？明亦古易傳文，其後易緯乃襲之爾。」

〔三〕春秋之元，汪照曰：「左傳：『元年春，公即位。』杜注：『凡人君即位，欲其禮元而居正。』春秋元命苞曰：『元，宜爲一，謂之元何？曰：元之始年也。』又云：『孔子曰：某作春秋，始於元，終於麟，王道成也。』」王聘珍引公羊傳隱公元年注：「元者，氣也。無形以起，有形以分，造起天地，天地之始也。」

〔四〕詩之關雎，王聘珍曰：「詩序云：關雎，后妃之德也，風之始也。」

〔五〕禮之冠婚，王聘珍曰：「禮，謂士禮，士冠第一，士昏第二也。昏義曰：『夫禮始於冠，本於昏。』」夏案：即儀禮士冠禮、士昏禮。

〔六〕易之乾坤，王聘珍曰：「易，謂周易。乾爲天，坤爲地。易曰：『有天地，然後萬物生焉。』」

〔七〕敬終，即慎終，廣韻：「敬，慎也。」

〔八〕「素成」，孔本、王本大戴禮記作素誠繁成。孔廣森曰：「新書無誠、繁二字，繁，素之誤而衍也。誠，成之誤而衍也。」王聘珍曰：「素，猶始也。郊特牲曰：『夫昏禮，萬世之始也。』廣雅曰：『誠，敬也。』繁，多也，謂子孫繁衍也。成，猶終也。素誠繁成者，言昏禮於始能誠敬，必繁衍其終也。此目下文之事。」汪照曰：「此二字，下文『故曰素成』錯簡於此。」夏案：此四字頗生澀，如王說，則下文「故素成」，近於强解（見注〔一五〕）；如孔解（同上），此處當從汪說删去。

〔九〕「婚妻嫁女」，大戴禮記作娶妻嫁女。孔廣森曰：「通解妻作婦，無嫁女二字。」夏案：經傳通解義長，下文祇言擇婦，不及嫁女。此亦不誤，涉筆成文耳。

〔一〇〕「行義」，孔廣森曰：「義上，朱本有仁字。」汪照曰：「别本此處衍一仁字。」夏案：行爲仁之訛。白虎通嫁娶：「禮保傅記：『謹爲子嫁娶之，擇世有仁義者。』」是漢人所見本作仁義。朱本之行仁義，係手民誤將校行爲仁之鉛黄竄入正文，亦行當作仁之旁證。且下文「鳳凰生而有仁義」，正與此相應。行爲仁之訛明甚。

〔一一〕黨，王聘珍曰：「黨，類也。」詩譜序疏：「黨，族親也。」

〔一二〕三族，盧辯曰：「父族、母族、妻族。」

〔一三〕等，王聘珍曰：「等，齊也。」

〔一四〕有，吴昌瑩曰：「以有二字同而通用。」大戴禮記即作以。王引之曰：「以，由也。」李本、何本、周本即作由。

〔一五〕素成，孔廣森曰：「素，平素也。生子賢否，慎之於母，是平日預成也。」王聘珍曰：「素成，猶言始終，謂有始必有終。」

〔一六〕玉版，孔廣森曰：「板，方也。編之曰策，不編曰方。國之大事皆著於板。太公有金板六弢，用玉之義，重亦同焉。」

〔一七〕金櫃，孔廣森曰：「金匱，書所謂金縢之匱也。凡藏秘書，藏之匱，必以金緘其表。」

〔一八〕青史氏，漢書藝文志：「青史子五十七篇。古史官記事也。」章太炎曰：「疑青史子即左氏所著書，左氏故稱青史也。史之所記，大者爲春秋，細者爲小説。故青史子本古史官記事也。賈生引胎教之道云云，是禮之别記也，而録在小説家。」夏案：藝文志列青史子爲小説家，故章氏云爾。

〔一九〕「七月」，原作十月。盧文弨曰：「下云『比三月者』，則此處當從大戴記作七月。」夏案：盧説是，兹據以改。「蔞室」，大戴禮記作宴室，何本從之。夏案：盧辯曰：「宴室，夾室，次宴寢也，亦曰側室。自王后以下有子、月震，女史皆以金環止御。王后以七月就宴室，閉房而處也。」禮記内則「側室」疏：「夫正寢之室在前，燕寢在後；側室在燕寢之旁，故謂之側室。」此宴室即謂側室，故盧曰「次宴寢也」。蔞室當同宴室，然未詳何以名蔞。説文：「蔞，艸也，可以亨魚。」

〔二〇〕太師，盧辯曰：「太師，瞽者，宗伯之屬，下大夫。」汪照曰：「尚書大傳：『雞鳴，太師奏雞鳴於階下。』則知侍后、夫人房外者乃太師也。」銅，孔廣森曰：「銅，律管以銅爲之。」王聘珍曰：「太師職曰：『掌六律，以合陰陽之聲。』」御，王聘珍曰：「御，猶待也。」左，盧辯曰：「樂爲陽，故在左。」

〔二一〕太宰，盧辯曰：「太宰，膳夫也。」「斗」，孔本大戴禮記作升。孔廣森曰：「升，所以斟者，非量器也。」俞樾曰：「穆天子傳郭注：『斗，斟水杓也。』則斗亦未嘗不可以斟。盧氏所據大戴記，其作升、斗未可知也。且下文云『荷斗而不敢煎調』，則并非斟酒之物。疑此文本作豆。大戴禮記曾子父母篇注：『豆，醬器。』則於下文『不敢煎調』

義合。斗豆聲近，而誤豆爲斗；斗升形似，而誤斗爲升。」夏案：大戴禮記無「而不敢煎調」五字，且太宰亦當無於蔞室之側烹煎之理，而下文祇言「所求滋味者」、「滋味上某」，不涉烹煎。是此器當與滋味相關，疑作豆是。廣雅釋器：「豆，杯落也。」即後代所謂托盤，上可置調味之器，即俞氏所引盧注之醬器。又，王耕心以荷字而訂爲斗，因斗有柄可荷。但荷字有異文，未可爲據，參下注〔二六〕。右，盧辯曰：「飲食爲陰，故在右。」

〔二二〕太卜，周禮春官序官注：「太卜，卜筮官之長。」持，原脱，茲據李本補。蓍龜，禮記中庸集注：「蓍，所以筮。龜，所以卜。」

〔二三〕比，廣雅釋詁三：「比，近也。」

〔二四〕「聲音」，原作音聲。夏案：音聲本亦可通，然六術云：「五聲，宫商角徵羽，唱和相應而調和，調和而成理謂之音。」茲據李本乙。

〔二五〕樂，謂樂器。史記周紀贊：「太師抱樂。」

〔二六〕「荷」，大戴禮記作倚。劉師培曰：「大戴記荷作倚，當從之。倚爲攲假。説文：『攲，持去也。』」

〔二七〕立，朱駿聲曰：「立，假借爲泣。」李本即作泣。

〔二八〕「律」，原脱，茲據李本補。聲中（音仲）某律，孔廣森曰：「泣聲剛柔清濁，以律辨之，知其性術焉。文王官人篇：『心氣鄙戾者，其聲嘶醜。心氣寬柔者，其聲温好。』」

〔二九〕滋味上某，孔廣森曰：「春上酸，夏上苦，秋上辛，冬上鹹。」

〔三〇〕命，廣雅釋詁三：「命，名也。」

〔三一〕懸弧，禮記內則：「子生，男子設弧於門左。」「射人以桑弧蓬矢六，射天地四方。」注：「弧者，示有事於武也。」義，王聘珍曰：「義，讀爲儀。」

〔三二〕梧者，東方之草，春木也，詩大雅卷阿：「梧桐生矣，于彼朝陽。」傳：「梧桐，柔木也。出東曰朝陽。」禮記鄉飲酒義：「東方者，春。」夏案：誼文之諸木諸牲配四方，當本自青史子，然其書已佚（今存輯本，輯於新書、大戴禮記），不可質之。所述或他書所無，或有異同，詳下注。草，朱駿聲曰：「艸，亦木也。」

〔三三〕雞者，東方之牲，禮記月令孟夏注：「雞，木畜。」春秋繁露五行對：「木爲春。」注：「木在東方。」夏案：牲謂犧牲。下同。

〔三四〕柳者，南方之草，夏木也，未詳。夏案：疑以二十八宿之柳爲喻。爾雅釋天：「咮，謂之柳。柳，鶉火也。」注：「火，屬南方。」義疏：「柳者，八星曲，頭垂似柳。」禮記鄉飲酒義：「南方者，夏。」

〔三五〕狗者，南方之牲也，未詳。夏案：禮記月令孟秋注：「犬，金畜也。」春秋繁露：「金爲秋。」與誼說不同。

〔三六〕桑者，中央之木，易否荀注：「桑者，上玄下黃，以象乾坤也。」春秋繁露循天之道：「中者，天地之太極也。」易說卦：「乾，天也。」「坤爲地。」

〔三七〕牛者，中央之牲也，易說卦：「牛爲坤。」「坤爲地。」禮記月令季夏：「中央，土。」「（天子）食稷與牛」注：「牛，土畜也。」

〔三八〕棘者，西方之草也，秋木也，禮記王制：「西方曰棘。」禮記鄉飲酒義：「西方者，秋。」夏案：王制之棘，謂西南夷，故鄭注云：「棘，當爲僰。」西南之夷人可稱棘，則西方之木亦可稱棘。

〔三九〕羊者，西方之牲也，易説卦：「兑爲羊。」「兑，正秋也。」

〔四〇〕棗者，北方之草，冬木也，小爾雅廣木：「棗者，北方之草，冬木也。」春秋繁露：「水爲冬。」注：「水位在北方。」

〔四一〕彘者，北方之牲也，禮記月令孟冬注：「彘，水畜也。」

〔四二〕「五分矢」，陶鴻慶曰：「五分矢上，當有各字。下文云『其四弧具，其餘各二分矢』，例與此同。此脱各字，則文義不明。」「分」，王引之曰：「賈子胎教云『五弧五分矢』，『其餘各二分矢』。分字亦介字俗體之譌，言每弧有矢五介。既發，既發三介，猶有二介也。介，俗作分，與分相似，故書傳介字多誤爲分。个者，介字隸書之省。分者，介字俗體之譌。」

〔四三〕東方射東方，謂以東方之弧射東方，下南西北中同。

〔四四〕「射中央」，莫本、何本、周本、盧本作高射。盧文弨曰：「今從建本。」夏案：高射義長，然準上下文例，疑係臆改。

〔四五〕具，廣雅釋詁二：「具，備也。」

〔四六〕「毋取於天」，原脱於，兹據李本補。「上毋取」四句，左傳桓公六年：「(名)不以官，不以山川，不以隱疾，不以畜牲，不以器幣。」禮記曲禮：「名子者，不以國，不以日月，不以隱疾，不以山川。」毋悖鄉俗，盧辯曰：「言不苟易於鄉俗也。」王聘珍曰：「謂地俗所不可諱，如隱疾、畜牲、器幣也。」

〔四七〕「名難知而易諱」，原無名、而二字，兹據大戴禮記補。

〔四八〕「此所以」，原無，兹據大戴禮記補。　隱，廣雅釋詁一：「隱，安也。」夏案：左傳桓公六年：「名將終諱之。」古人諱稱其名，謂稱名則不安，故程本改作息。　又，此隱訓諱亦通，字彙：「諱，隱也。」

〔四九〕「正之禮者」八句，俞樾曰：「羞臣領三字、故謂領臣之子七字，并疑衍文。　此文本爲：『王太子無臣之子也。身朝王者，妻朝后，之子朝王太子，是謂臣之子也。』蓋以上文所説諸禮，惟王太子得行之，人臣之子皆無是也。　故曰：『正之禮者，王太子，無臣之子也。』之，猶其也，謂正其禮也。　此下又申説『臣之子』之義，謂其身朝王者，其妻必朝后，其子必朝王太子，是乃所謂臣之子也。」孫詒讓曰：「羞，當爲養。　故，當爲胡。　之子朝王太子，之字衍。　是謂臣之子也，謂下當有領字。　大意言，太子不得養私臣，惟得帥領諸臣之子也。」夏案：如孫説，於文較曉暢。　俞所解臣之子即臣其子，謂以其子爲臣也。

〔五〇〕「周妃后」，大戴禮記作周后妃，於義爲長。　姙，正字通：「妊姙同。」

〔五一〕跛，王引之引王念孫曰：「曲禮『立毋跛』注曰：『跛，偏任也。』列女傳母儀傳：『古者，婦人妊子，立不蹕。』蹕跛聲相近也。」

〔五二〕「䜺」，鄭藏本作蹉，大戴禮記作差。　盧文弨曰：「差，與蹉同。」夏案：䜺、差當通。　從言之字，若無誤解，皆可省言，如試省作式，説省作兑，諉省作委，誻省作沓，議省作義，諝省作胥等，且有意符者多爲後起。　此文䜺、差皆通作蹉。　「䜺」下，程本、盧本有笑而不誼四字。

〔五三〕倨，王聘珍曰：「倨，漫也。」夏案：倨，當係踞之假，上文立、坐皆謂行止，此倨亦然。朱駿聲曰：「倨，假借爲踞。」若謂「獨處」另起一意，訓漫亦通。

〔五四〕胎教之謂也，盧辯曰：「古者婦人厚子之禮，寢不側，坐不邊，立不蹕，不食邪味，目不視邪色，耳不聽淫聲，誦詩道正事。如此，則生子形容端，心平正，才過人矣。任子之時，必慎所感，感於善則善，感於惡則惡。」正字通：「任，與妊、姙同。」

〔五五〕仁者養子，盧辯曰：「謂乳母也。」

〔五六〕「孝者」，原脱者字，兹據李本補。　孝者繦之，盧辯曰：「謂保母也。」

〔五七〕四賢，盧辯曰：「四賢，慈母及子師。」孔廣森曰：「内則曰：『必求其寬裕慈惠，温良恭敬，慎而寡言者，使爲子師，次爲慈母，其次爲保母，皆居子室。』他人無事不往。」夏案：孔引禮記爲三母，疑誼所謂四賢，益以乳母。又，儀禮喪服注：「慈母，妾之無子者。」

〔五八〕封於泰山而禪梁父，盧辯曰：「白虎通云：『王者易姓而起，必升封泰山，報告之義。天以高爲尊，地以厚爲德，故增泰山之高以報天，附梁甫之厚以報地，明以成功事就，有益於天地，若高者加高而廣者增厚矣。』尚書中侯：『聖王功成道洽，乃封泰山。』封，謂負土石於泰山之陰，爲壇而祭天也。禪，謂除地於梁甫之陰，爲墠以祭地也。變墠爲禪，神之也。」白虎通：「梁甫者，泰山旁山名。」集韻：「父，同甫。」

〔五九〕朝諸侯，謂使諸侯來朝，與過秦上「朝同列」用法同。

〔六〇〕練，王聘珍曰：「埤蒼云：『練，擇也。』練與揀音義同。」

〔六一〕禽，王聘珍曰：「禽，古擒字。」

〔六二〕厲公以見殺於匠麗之宮，盧辯曰：「厲公驕暴無道，遊於匠黎氏之家，爲欒書中行偃刼而幽之，三月而死也。」孔廣森曰：「殺，音弑。古殺弑同讀。黎，新書作麗。」汪照曰：「史記注引賈逵說，曰：『匠驪氏，公外嬖大夫。』黎與驪音相似，古人遂通用。」

〔六三〕「威王」二句，盧文弨曰：「威王在簡公之後，而文如此敘，古人行文多不拘，大戴禮亦同。」俞樾曰：「說苑尊賢篇作『湣王以弑死於廟梁』，或賈子原文也。」王耕心曰：「此文乃賈子之偶誤，劉氏覺其誤而改之耳。」劉師培曰：「威，即桓也。王，乃公誤。宋人諱桓易威，俗儒不察，以爲戰國之時齊有威王，并易公爲王。不（夏案：不字疑衍）知威王舊作桓公者，以下文復言桓公任賢也。春秋繁露滅國：『魯絶，威立之。邢杞未嘗朝聘，齊桓見其滅，率諸侯而立之。』威，即齊桓，正與此文同例。」夏案：劉說本自春秋繁露凌注，其言可疑，既避諱改桓爲威，何下文（并繁露）齊桓不改？且盧辯北周人，何以注威王（見下）而不注桓公？當從王說。威王、簡公，盧辯曰：「簡公，悼公之子齊侯壬也。威王，陳敬仲之後，田常之六世孫，田和之孫也。田常弑簡公，至和爲齊侯，其孫號稱王，大強於天下。」檀臺，史記田敬仲完世家正義：「檀臺，在青州臨淄縣東北一里。」在今山東淄博。

〔六四〕「穆公」二句，盧辯曰：「穆公，秦伯任好也。修德行武，東平晉亂，西霸戎翟，天子致伯，諸侯畢賀。顯名尊號謂此也。望夷宮，在長陵西北，臨涇水作之，以望北夷。趙高爲丞相，二世以天下之兵寇而責之，趙懼誅，遂使其婿閻樂將士卒殺之望夷之宮。」

〔六五〕「以」，原脱，兹據大戴禮記及李本補。

〔六六〕「武靈王」，原作靈王，兹據大戴禮記及程本補。「武靈王」二句，盧辯曰：「武靈王，肅侯之子趙武王也。後有太子難，李兑圍之於沙丘，終餓死於沙宮也。」

〔六七〕一匡天下，王聘珍曰：「馬注論語云：『匡，正也。』天子微弱，桓公帥諸侯以尊周室，一匡天下。」

〔六八〕「稱爲義主」，劉師培曰：「大戴作『再爲義王』，當從之。再與九合、一匡對文。」王聘珍曰：「義王者，以義正王室也。再爲義王，謂首止與洮之會也。左氏僖五年傳曰：『會於首止，會太子鄭，謀寧周也。』僖公八年傳：『盟於洮，謀王室也。』杜彼注云：『惠王以惠后故，欲廢太子鄭而立王子帶，故齊桓帥諸侯會王太子以定其位。』又云：『王人會洮還，而後王位定。』」夏案：如王説，大戴禮記義長。

〔六九〕任竪刁而身死不葬，盧辯曰：「管仲死，桓公任竪刁、狄牙，使專國政。桓公卒，二子各欲立其所傅之公子，而諸子并争，國亂無主。桓公屍在牀，積六十七日。」

〔七〇〕「故魏有」句，盧辯曰：「公子無忌，信陵君也。時魏地多爲秦所并削，信陵君率五國之兵攻秦而敗之，復得其地。」

〔七一〕「安陵」句，盧辯曰：「周瞻，諸記多爲唐雎。」孔廣森：「周形近唐，瞻形近雎，并轉寫之誤。安陵，魏所封小國也。戰國策云：『安陵君使唐雎使於秦，秦王謂唐雎曰：「寡人以五百里之地易安陵，安陵君不聽寡人，何也？」對曰：「安陵君受地於先王而守之，雖千里未敢易也。」挺劍而起，秦王色撓，曰：「韓魏滅亡，而安陵以五十里之地存者，徒以有先生也。』」是其事矣。」

〔七二〕「楚有」句，盧辯曰：「昭王爲闔廬敗於柏莒。包胥跣走請救秦，遂得甲車千乘、步兵十萬，敗吴師於濁上，王反而國存。」夏案：盧所云包胥即申包胥。

〔七三〕「而」，原無，準上文例，兹據李本補。「齊有」二句，盧辯曰：「襄王，閔王之子章也。初，齊之敗，淖齒遂殺閔王，其子章變姓名，爲莒太史家庸夫。莒中齊亡臣相聚，求閔王之子欲立之，於是共立章爲襄王。襄王五年，而田單卒以即墨之師攻破燕，迎襄王，齊故地盡復。」夏案：淖齒，楚將。田單，即陳單。

〔七四〕俊，尚書皋陶謨鄭注：「才德過千人爲俊。」

〔七五〕「能成功立名安危繼絶者」，原脱立名安危四字，兹據大戴禮記及李本補。夏案：安危，謂使危者安。繼絶，謂使絶世之國有繼嗣。

〔七六〕「炮烙」，王耕心本作炮格。王耕心曰：「校本史記如文，是也。炮格，置銅格於火上，而使人行火上，滑而墮，即爲火所燔也。後世不達其義，多作炮烙。」夏案：謂烙當作格，不始於王氏。漢書谷永傳及顔注、史記殷本紀索隱引鄒誕生注音、清儒王念孫王先謙等皆言及。竊以爲作名詞解當爲格，烙爲其假；作動詞解當爲烙，格爲其假。渾言則無别。朱駿聲曰：「格，字亦作烙。」説文：「炮，毛炙肉也。」段注：「謂肉不去毛炙之也。」集韻：「炮，灼也。」

〔七七〕湯去網，見諭誡注。　二垂，盧辯曰：「二垂，謂天地之際，言通感處遠。」夏案：盧說寬泛。說文：「垂，遠邊也。」朱駿聲曰：「垂，書傳皆以陲爲之。」後漢書杜詩傳注：「二垂，謂西與北。」此雖不必指西北，但當作邊陲解。匈奴篇「湯祝網而漢陰降」，亦謂邊陲異族，是其證。

〔七八〕「不穨舊冢」，原作不遺久處，大戴禮記如正文。盧文弨曰：「遺，乃隤之訛。久，即舊也。處，乃冢之訛。今從別本，與大戴同。」兹從盧說，據程本改。　「越王」句，孔廣森曰：「蓋句踐修政思報吴時也。」

〔七九〕「故同聲」句，易乾文言：「同聲相應，同氣相求。」

〔八〇〕「管仲」句，盧辯曰：「乾時之役，管仲射桓公而中其鉤。」夏案：據齊世家，管仲射桓公於莒，在乾時之役前，盧記誤。

〔八一〕「賢於己而進之」，原脱己而進之四字，兹據李本補。

〔八二〕走，說文：「走，趨也。」

〔八三〕衛靈公，姬元，衛襄公之子。公元前五三四——四九三年在位，見史記衛康叔世家。

〔八四〕蘧伯玉，衛大夫瑗之字。論語衛靈公：「君子哉，蘧伯玉。邦有道則仕，邦無道則可卷而懷之。」大戴禮記衛將軍文子：「外寬而内直，自設於隱栝之中，直己而不直於人，以善存，無汲汲，蓋蘧伯玉之行也。」淮南子原道訓：「蘧伯玉年五十，而知四十九年非。」

〔八五〕彌子瑕，衛靈公之幸臣。曾私駕君車赴母病，靈公謂之孝。食桃而甘，以其半啗君，靈公以其愛己。及色衰愛弛，靈公數其罪而黜之。見韓非子説難。

〔八六〕史鰌，衞大夫，字子魚，亦稱史魚。論語衞靈公：「直哉，史魚。邦有道，如矢；邦無道，如矢。」

〔八七〕「賢」，原脱，兹據李本補。

〔八八〕且，王引之曰：「且，將也。」

〔八九〕即，王引之曰：「即，如也。」

〔九〇〕北堂，孔廣森曰：「房中半以北曰北堂。禮，死於適室，小斂於户内，侇於兩楹之間，大斂於阼，殯於西階上。今示不以禮。」儀禮士喪禮正義：「侇，陳尸之義。」

〔九一〕「是」，原脱，兹據李本補。

〔九二〕「死而置屍」，原誤而爲不，兹據李本改。

〔九三〕「我」，原誤禮，兹據大戴禮記及程本改。

〔九四〕「曰吾失矣」，原脱曰吾失三字，兹據何本補。

〔九五〕已，王引之曰：「已，或作以。已與以，字本同也。」李本、程本、盧本即作以。

〔九六〕「紂殺」二句，盧辯曰：「比干諫而死，箕子曰：『知不用而言，愚也；殺其身以彰君之惡名，不忠也。二者不可，然且爲之，不祥莫大焉。』解衣被髮，爲狂而去也。」汪照曰：「家語云，比干是紂諸父。宋世家云，箕子者，紂之親戚也。言親戚，不知爲諸父諸兄也。鄭玄王肅皆以箕子爲紂之諸父，服虔杜預皆以爲紂之庶兄，經書幷無確據。」夏案：盧注被髮即披髮，爲狂即僞狂。

〔九七〕「陳靈公」二句，汪照曰：「宣公九年左傳：『陳靈公與孔寧儀行父通於夏姬，泄冶諫，公告二子。二子請殺之，公弗禁，遂殺泄冶。』困學紀聞曰：『鄧元事，惟見于此。』」「族」，原誤疾，兹據李本改。

〔九八〕「自是」五句，盧辯曰：「紂以文王十二年殺比干，十三年爲武王滅。陳靈公，魯宣九年殺泄冶，十一年而楚子縣焉。」

〔九九〕「燕昭王」二句，盧辯曰：「昭王，易王之子，燕王平也。能師事郭隗，而爲之立宮室，於是修先君之怨，爲齊以求士也。」孔廣森曰：「以燕世家考之，（盧注）當作『於是鄒衍自齊往，樂毅自魏往，劇辛自趙往。』」夏案：盧注「先君之怨」，指齊湣王因燕衰而攻之，大敗燕師，易王死焉。詳史記燕世家。

〔一〇〇〕「於是」二句，盧辯曰：「閔王，宣王之子，齊王地也。閔王三十年，昭王與晉楚合謀伐燕，齊師大敗，閔王出奔。」汪照曰：「莒，今爲山東沂州府莒州。」夏案：莒（音舉），即今山東莒縣。

〔一〇一〕信，朱駿聲曰：「信，假借爲申。」

〔一〇二〕宜治，孔廣森曰：「言其性偏近於治，與稱婦人宜子之宜同意。」

〔一〇三〕惡，音務。史記仲尼弟子傳索隱：「惡，長也。」呂氏春秋安死注：「惡，猶患也。」

〔一〇四〕襲迹，王聘珍曰：「襲，因。迹，行也。」「於其所以安存」，原脱於、以二字，兹據李本補。

〔一〇五〕「未有異於」，原作未有以異何異，兹據大戴禮記及程本增删。　卻，孔廣森曰：「卻，退也。」

〔一〇六〕「太公」二句，史記宋微子世家：「周公既承成王命誅武庚，殺管叔，放蔡叔，乃命微子開代殷後，奉其先祀，作微子之命以申之，國于宋。」汪照曰：「言太公者，事在武王方入殷之時，太公實左右之。」夏案：據史記，國微子在成王時，周公主其事，此或賈生記誤，或傳聞不同，汪氏曲爲之辯耳。

〔一〇七〕封，史記周本紀正義：「封，謂益其土及畫疆界。」

立後義　雜事

古之聖帝將立世子〔一〕，則帝自朝服升自阼階上，西鄉於妃〔二〕。妃抱世子自房出，東鄉。太史奉書西上堂，當兩階之間，北面立，曰世子名曰某者參〔三〕。帝執禮稱辭〔四〕，命世子曰，度大祖大宗與社稷於子者參〔五〕。其命也〔六〕，妃曰不敢者再；於三命，曰謹受命，拜而退。太史以告太祝〔七〕，太祝以告太祖太宗與社稷。太史出以告太宰〔八〕，太宰以告州伯〔九〕，州伯命藏之州府〔一〇〕。凡諸貴已下至於百姓男女，無敢與世子同名者〔一一〕，以此防民百姓猶有争爲君者〔一二〕。

夫勢明則民定而出於一道，故人皆争爲宰相而不姦爲世子〔一三〕，非宰相尊而世子卑也，不可以智求，不可以力争也。今以爲知子莫如父，故疾死置後者，恣父之所以〔一四〕。此使親戚不相親，兄弟不相愛，亂天下之紀，使天下之俗失所尊敬而不讓〔一五〕，其道莫經於此〔一六〕。疾死致後復以嫡長子〔一七〕，如此則親戚相愛也，兄弟不争，此天下之至義也〔一八〕。民之不争，亦惟學王宫國君室也〔一九〕。

殷湯放桀，武王伐紂，此天下之所同聞也。爲人臣而放其君，爲人下而弑其上，天下之至逆也；而所以有天下者，以爲天下開利除害，以義繼之也。故聲名稱於天下而傳於後世，隱其惡而揚其德美，立其功烈而傳之於久遠〔二〇〕，故天下皆稱聖帝至治。其道之下，當天下之散亂〔二一〕，以强淩弱，衆暴寡，智治愚〔二二〕，士卒罷弊，死於甲兵，老弱騷動，不得治産業〔二三〕，以天下之無天子也。

高皇帝起於布衣而兼有天下，臣萬方諸侯，爲天下辟〔二四〕，興利除害，寢天下之兵，天下之至德也。而天下莫能明高皇帝之德美，定功烈而施之於後世也。故天下猶行弊世德與其功烈風俗也。夫帝王者莫不相時而立儀〔二五〕，度務而制事，以馴其時也〔二六〕。欲變古易常者，不死必亡〔二七〕。此聖人之所制也。惡民更之，故拘爲古，使結之也〔二八〕，所以聞於後世也。

〔一〕世子，孟子滕文公上注：「世子，太子也。」白虎通爵：「所以名之爲世子何？言欲其世世不絶也。」梁紹壬曰：

「太、世二字大約有時而通，天子之子曰太子，而春秋傳曰：『會王世子于首止。』諸侯之子曰世子，而申生子華終生等并稱太子。」（兩般秋雨盦隨筆）黄生曰：「太，古音替，故或作世，如太祖爲世祖，太子爲世子之類是也。觀屜字从世，便得世太轉音之義。」

〔二〕「西鄉於妃」，劉師培曰：「於妃二字，疑衍。」夏案：劉説是，下句方言妃自房出。且禮記内則亦言「（君）立於阼階，西鄉。世婦抱子，升自西階」，亦無「於世婦」字。

〔三〕「參」，原訛叅，兹據盧本改，下同。盧文弨曰：「參，即『三』字。」

〔四〕「帝執禮稱辭」，原作聖帝壇執禮，兹據程本增删。

〔五〕度，通渡，猶言授。元好問論詩詩「莫把金針度與人」，即謂授。程本即作授。　大，與太同。

〔六〕「也」，原脱，兹據程本補。

〔七〕太祝，周禮春官太祝：「太祝，掌六祝之辭，以事鬼神。」説文：「祝，祭主贊辭者。」

〔八〕「告」，原脱，兹據李本補。

〔九〕州伯，禮記王制：「二百一十國以爲州，州有伯。」即統轄一方之諸侯長，又稱州長。

〔一〇〕「州伯命藏之」，原脱州伯二字，兹據程本補。　州府，禮記内則疏：「州府，是州長之府藏。」

〔一一〕「名」，原無。盧文弨曰：「名字，舊脱，今校增。」夏按：盧説是，兹據以補。

〔一二〕猶，吴昌瑩曰：「由，因也，亦作猶。説苑：『其不王者，猶無佐也。』謂因無佐也。」夏案：此猶當訓因，謂因同名而争爲君。

〔一三〕姦，朱駿聲曰：「姦，假借爲干。」爾雅釋言：「干，求也。」

〔一四〕所以，猶言所爲。論語爲政「視其所以。」集注：「以，爲也。」

〔一五〕「所」，原誤開，盧本作明。俞樾曰：「明，疑所字之誤。」茲從俞説改。

〔一六〕經，朱駿聲曰：「徑，假借爲經。」廣雅釋詁二：「徑，邪也。」

〔一七〕「疾死致後復以嫡長子」，原作疾此致後復以驕長子。盧文弨曰：「致，與置通。復字，衍。驕字，誤。今從别本。」夏案：復字不衍，茲據何本改。

〔一八〕義，宜，合宜。

〔一九〕「亦惟」句，本自尚書大誥：「亦惟在王宫邦君室。」注：「亦在天子諸侯教化，綏近以及遠。」夏案：「宫」，原訛官，茲據尚書及盧本改。「國」，王耕心引丁嘉璋曰：「諱邦爲國，漢人辭，此真賈子原文。」

〔二〇〕烈，禮記祭統注：「烈，業也。」

〔二一〕「至治其道之下當」，盧藏潭本、李本作「至秦爲不道」，王耕心本從之。群書治要引作「至治句其道之也當矣」，引文畢於此。夏案：疑唐時所見本即如此，故群書治要改下爲也，增矣字而收煞。潭本當是意改（李本覆潭本）。此文當有舛訛，其意蓋即潭本所云。

〔二二〕「治」，莫本、周本、盧本作欺。夏案：當作欺，語本管子，見時變注。

〔二三〕治産業，猶言從事生産。正字通：「産，民業曰産。居積爲生計曰産。」

〔二四〕辟，爾雅釋詁：「辟，君也。」

〔二五〕相，説文：「相，省視也。」

〔二六〕馴，盧文弨曰：「馴，猶順也。」

〔二七〕「必」，原訛不，兹據何本改。

〔二八〕「故拘爲古使結之也」，盧本古作書。劉師培曰：「結，當作詰。周禮太宰鄭注云：『詰，禁也。』此文大旨蓋謂：嫉民更制，禁之以法，兼以示後。書，即令典之屬，猶云據執令典以行其禁也。」夏案：原文可通，無煩改字。廣韻：「拘，執也。」即劉所釋之據執。漢書董仲舒傳注：「古，謂古法。」劉云「令典之屬」與「古法」之義合。文選孫綽遊天台山賦注：「結，固也。」固結「聖人所制」，正與上文「變古易常」對文。又，文選張衡東京賦注：「結，止也。」亦與劉改結爲詰而訓禁之義同。

附録一

新書未收文賦及佚文

禮　察〔一〕

凡人之智，能見已然，不能見將然。夫禮者禁於將然之前〔二〕，而法者禁於已然之後，是故法之所用易見，而禮之所爲生難知也〔三〕。若夫慶賞以勸善〔四〕，刑罰以懲惡，先王執此之政，堅如金石，行此之令，信如四時，據此之公，無私如天地耳，豈顧不用哉〔五〕？然而曰禮云禮云者〔六〕，貴絶惡於未萌，而起教於微眇〔七〕，使民日遷善遠罪而不自知也〔八〕。孔子曰：「聽訟，吾猶人也，必也使毋訟乎〔九〕！」

爲人主計者，莫如先審取舍〔一〇〕；取舍之極定於内，而安危之萌應於外矣〔一一〕。安者非一日而安也，危者非一日而危也，皆以積漸然，不可不察也〔一二〕。人主之所積，在其取舍。以禮義治之者，積禮義；以刑罰治之者，積刑罰。刑罰積而民怨背，禮義積而民和親。故世主欲民之善同，而所以使民善者或異。或道之以德教，或敺之以法令〔一三〕。道之以德教者，德教洽而民氣樂〔一四〕；敺之以法令者，法令極而民風哀〔一五〕。哀樂之感，禍福之應也〔一六〕。

秦王之欲尊宗廟而安子孫，與湯武同，然而湯武廣大其德行，六七百歲而弗失，秦王治天下，十餘歲則大敗。此亡它故矣〔一七〕，湯武之定取舍審，而秦王之定取舍不審矣〔一八〕。夫天下，大器也。今人之置器，置諸安處則安，置諸危處則危〔一九〕。天下之情，與器亡以異，在天子之所置之。湯武置天下於仁義禮樂，而德澤洽，禽獸草木廣裕，德被蠻貊四夷〔二〇〕，累子孫數十世〔二一〕，此天下所共聞也。秦王置天下於法令刑罰，德澤亡一有，而怨毒盈於世，下憎惡之如仇讎，禍幾及身，子孫誅絶，此天下之所共見也。是非其明效大驗邪！人之言曰：「聽言之道，必以其事觀之，則言者莫敢妄言」。今或言禮誼之不如法令〔二二〕，教化之不如刑罰，人主胡不引殷周秦事以觀之也？

〔一〕此文載於漢書賈誼傳，後人所謂治安策之中，亦見於大戴禮記禮察篇，何孟春本新書收之，編於卷一過秦下之後，採文中「審取舍」一語爲題，汪中校新書亦補入此文（見本書附録四汪中賈誼新書序）。他本新書皆未收。孫志祖曰：「本傳中『凡人之智』一段，與大戴禮禮察略同，而新書無之，蓋即第十卷禮容語上之文，而今本闕也。」

（讀書脞録）劉台拱曰：「保傅傳言三代與秦治亂之意，『審取舍』之論，即其下篇。兩篇全文，今在大戴中，一爲保傅篇，一爲禮察篇，而禮察篇有云：『爲人主師傅者，不可不日夜明此』，則當爲保傅傳之下篇無疑。」（漢書拾遺）夏案：孫説可參，唯此文與禮容下篇體例不合，若非上篇言其義，則此文與之無涉。劉氏擷禮察中一語而謂此文係保傅下篇，不見於他書著録，亦不見於今傳本新書目録，恐亦武斷。茲正文從漢書，題從大戴禮記。禮察，汪照曰：「史記禮書：『至察有以説。』司馬貞索隱：『言禮之至察，有以明隆殺損益，委曲情文。』」

〔二〕夫禮者禁於將然之前，大戴禮記禮察：「孔子曰：『君子之道，譬猶防與？』夫禮之塞，亂之所從生也，猶防之塞，水之所從來也。故以舊防爲無用而壞之者，必有水敗；以舊禮爲無所用而去之者，必有亂患。」夏案：此段文字，本傳未録，或班氏知非誼作，或爲其所删，然可爲本文發端。又，王聘珍釋此句引論語云：「齊之以禮。」引周禮云：「以五禮防萬民之僞。」

〔三〕所爲生，于鬯曰：「爲，以也。生字爲生殺之生。法之用者，殺之之謂也；則禮之所爲生，生之之謂也。」又，孫詒讓大戴禮記斠補引丁校曰：「生，當作至。」於文亦通。

〔四〕慶，詩小雅楚茨箋：「慶，賜也。」孟子告子下注：「慶，賞也。」

〔五〕顧，顔師古曰：「顧，反也。」

〔六〕禮云禮云，孔廣森曰：「重曰『禮云』，猶言：禮乎，禮也。」

〔七〕眇，顔師古曰：「眇，細小也。」汪照曰：「易『妙萬物而爲言』，王肅董遇妙皆作眇。」夏案：汪意眇讀爲妙。顔汪二說於文皆通，汪義長。

〔八〕「使民」句，孔廣森曰：「先王之治天下，户户而賞之，不能徧也；人人而刑之，又不可勝誅也。是故示之以恭，則不臣者愧；示之以讓，則不弟者耻；示之以孝，則不子者悔。其不可化也，然后從而刑之。禮行於上，則四海之内鮮刑民矣。故曰：『使民日徙善遠罪而不自知也。』」

〔九〕「孔子曰」三句，顏師古曰：「言使吾聽訟，與衆人齊等，然能先以德義化之，使其無訟。」夏案：孔子語見論語顏淵。

〔一〇〕審取舍，王聘珍曰：「說文云：『審，悉也，知審諦也。』顏注漢書云：『取，謂所擇用也。舍，謂所棄置也』」。

〔一一〕「取舍」二句，孔廣森曰：「取禮舍刑者安，取刑舍禮者危。」顏師古曰：「極，中也。」夏案：詩大雅江漢集傳：「極，中之表也。居中而爲四方所取正也。」即今所謂準則，顏注之「中」即中正之義。

〔一二〕「皆以」二句，王聘珍曰：「積，聚也。察，審也。易曰：『積善之家，必有餘慶；積不善之家，必有餘殃。臣弒其君，子弒其父，非一朝一夕之故，其所由來漸矣，由辨之不早辨也。』」夏案：王引易，見易坤文言。又，大戴禮記此下有「善不積不足以成名，惡不積不足以滅身」十六字。

〔一三〕毆，字彙補：「毆，同敺。」說文：「敺，古文驅。」

〔一四〕「氣」，大戴禮記作康。夏案：作康義長，然此氣字與下風字對應，未詳班戴孰改也。

〔一五〕極，王聘珍曰：「極，窮也。」「風」，大戴禮記作戚。

〔一六〕「哀樂」二句，汪照曰：「左傳：『福禍無門，惟人自召。』韋昭曰：『因人善惡而禍福之。』」夏案：汪引左傳，見襄公二十三年。十三經注疏本自作所。

〔一七〕亡，朱駿聲曰：「亡，假借爲無。」下同。

〔一八〕「不審矣」下，大戴禮記有「易曰：『君子慎始，差若毫釐，繆之千里。』取舍之謂也。然則爲人主師傅者，不可不日夜明此，問曰：『爲天下如何？』曰：（下接「夫天下」句）」夏案：是知此文當爲答懷王所問而作（參先醒篇首句），班氏擷入治安疏耳。大戴記所引易，見易緯通卦驗。

〔一九〕「夫天下」五句，荀子王霸：「國者，天下之大器也，重任也。不可不善爲擇所而後錯之，原注：所，處也。錯讀爲措。錯險則危。」

〔二〇〕「而德澤」三句，大戴禮記作「德澤洽禽獸草木，廣育被蠻貊四夷。」孔廣森曰：「漢書育作裕。被上有德字，衍文也。此讀當於木字絶之。廣育與德澤對文耳。」夏案：孔說是。洽與被、禽獸草木與蠻貊四夷，皆對文，亦孔說之確證。又，王聘珍解詁云：「德，恩德也。澤，謂流澤。洽，浹也。育，生也。被，猶及也」。貊，音陌。說文：「北方貉，或從百」。

〔二一〕累，王聘珍曰：「累，積也」。

〔二二〕誼，說文段注：「誼義古今字，周時作誼，漢時作義，皆今之仁義字。」

弔屈原文〔一〕

恭承嘉惠兮〔二〕，竢罪長沙〔三〕。仄聞屈原兮〔四〕，自湛汨羅〔五〕。造託湘流兮，敬弔先生〔六〕。遭世罔極兮，迺隕厥身〔七〕。烏虖哀哉兮〔八〕，逢時不祥！鸞鳳伏竄兮，鴟鴞翱翔〔九〕。闒茸尊顯兮，讒諛得志〔一〇〕；賢聖逆曳兮，方正倒植〔一一〕。謂隨夷溷兮，謂跖蹻廉〔一二〕；莫邪爲鈍兮〔一三〕，鉛刀爲銛〔一四〕。于嗟默默，生之亡故兮〔一五〕！斡棄周鼎，寶康瓠兮〔一六〕。騰駕罷牛，驂蹇驢兮〔一七〕，驥垂兩耳，服鹽車兮〔一八〕。章父薦屨，漸不可久兮〔一九〕；嗟苦先生，獨離此咎兮〔二〇〕。

誶曰〔二一〕：已矣！國其莫吾知兮〔二二〕，子獨壹鬱其誰語〔二三〕？鳳縹縹其高逝兮，夫固自引而遠去〔二四〕。襲九淵之神龍兮，沕深潛以自珍〔二五〕；偭蟂獺以隱處兮，夫豈從蝦與蛭螾〔二六〕？所貴聖之神德兮，遠濁世而自臧〔二七〕。使麒麟可係而羈兮，豈云異乎犬羊〔二八〕？般紛紛其離此郵兮，亦夫子之故也〔二九〕！歷九州而相其君兮，何必懷此都也〔三〇〕？鳳皇翔于千仞兮，覽德煇而下之〔三一〕；見細德之險微兮，遥增擊而去之〔三二〕。彼尋常之汙瀆兮，豈容吞舟之魚〔三三〕！横江湖之鱣鯨兮，固將制於螻螘〔三四〕。

〔一〕史記屈原賈生傳：「天子議以爲賈生任公卿之位，絳、灌、東陽侯、馮敬之屬，盡害之，乃短賈生曰：『雒陽之人，年少初學，專欲擅權，紛亂諸事。』於是天子後亦疏之，不用其議，乃以賈生爲長沙王太傅。賈生即辭往行，聞長沙卑溼，自以壽不得長，又以適去，意不自得。及渡湘水，爲賦以弔屈原。」漢書賈誼傳：「誼既以適去，意不自得，及渡湘水，爲賦以弔屈原。誼追傷之，因以自諭。」風俗通孝文帝：「大中大夫鄧通以佞幸見愛，擬於至親。是時誼與俱侍中同位，誼又惡通爲人，數廷譏之，由是疏遠，遷爲長沙太傅。及渡湘水，投弔書曰『闒茸尊顯，佞諛得意』，以哀屈原離讒邪之咎，亦因自傷爲鄧通等愬也。」朱熹曰：「時屈原沉汨羅已百餘年，誼追傷之，因以自喻。後之君子，蓋亦高其志，惜其才，而狹其量云。」弔屈原文，文心雕龍哀弔：「追而慰之，并名爲弔。賈誼浮湘，發憤弔屈。體周而事覈，辭清而理哀，蓋首出之作也。及相如之弔二世，全爲賦體。」「夫弔雖古義，而華辭未造；華過韻緩，則化而爲賦。固宜正義以繩理，哀而有正，則無奪倫矣。」文體明辯弔文：「弔文者，弔死之辭也。若賈誼之弔屈原，則弔之祖也。而後人又稱爲賦，則其失愈遠矣。大抵弔文之體，髣髴楚騷，而切要惻愴，似稍不同，否則『華過韻緩，化而爲賦』，其能逃乎『奪倫』之譏哉？」夏案：史記漢書載此文皆無題，文選始目爲弔屈原文，兹依之（正文則依漢書）。然弔文與賦體之别，漢人恐未必判若涇渭，史漢皆言「爲賦以弔屈原」，是目之爲賦也。

〔二〕嘉惠，顔師古曰：「嘉惠，謂詔命也。」夏案：李善注引越絶書：「恭承嘉惠，述暢往事。」蓋本謂嘉賜之恩惠。

〔三〕竢，顔師古曰：「竢，古俟字，待也。」

〔四〕仄，顔師古曰：「仄，古側字。」文選司馬遷報任少卿書注：「側聞，謙詞也。」

〔五〕「自湛」句，顔師古曰：「汨，水名，在長沙羅縣，故曰汨羅。湛，讀曰沈。」夏案：説文：「湛，没也。」「沈，陵上滈水。」段注：「謂陵上雨積停潦也。古多假借爲湛没之湛。」是湛爲本字，而唐時已溷，故顔注如是云。

〔六〕「造託」二句，顔師古曰：「造，至也。言至湘水而因託其流也。」張銑曰：「汨羅水流入湘川，故就託此水而弔之。」

〔七〕「遭世」二句，顔師古曰：「罔，無也。極，中也。無中正之道。」吕延濟曰：「言遭當世讒邪之人無極，乃喪隕其身。」爾雅釋言：「厥，其也。」

〔八〕虖，顔師古曰：「虖，讀曰呼。」小爾雅廣訓：「烏乎，吁嗟也。吁嗟，嗚呼也。」

〔九〕鴟鴞，顔師古曰：「鴟，鴟鵂，怪鳥也。鴞，惡聲之鳥也。鴟音尺夷反，鴞音于驕反，鵂音休。」李周翰曰：「鸞鳳喻賢人也，鴟梟喻讒人也。」夏案：鴟鴞（亦作梟），俗稱貓頭鷹。

〔一〇〕「闒茸」二句，李善曰：「胡廣曰：『闒茸不才之人，無六翮翱翔之用而反尊貴，爲諂諛得志於世也。』字林曰：『闒茸，不肖人也。』」漢書司馬遷傳注：「闒茸，猥賤也。闒，下也。茸，細毛也。言非豪桀也。」新方言釋言：「闒爲小户，茸爲小草，故并舉以狀微賤也。」

〔一一〕「賢聖」二句，李善曰：「胡廣曰：『逆曳，不得順道而行也。倒植者，賢不肖顛倒易位也。』」張銑曰：「賢良方正之士皆在草澤，小人在位。」朱熹曰：「植，立也。」

〔一二〕「謂隨夷」二句，應劭曰：「隨，卞隨，湯時廉士，湯以天下讓而不受。夷，伯夷也，不食周粟，餓于首陽之下。」顏師古曰：「溷，濁也。」李善引李奇曰：「跖，魯之盗跖。楚之莊蹻。」夏案：顏注引李奇曰：「跖，秦大盗也。」據莊子釋文，當從李善引。

〔一三〕莫邪，見前藩傷注。

〔一四〕鈆，正字通：「鈆，俗鉛字。」銛，司馬貞曰：「銛，利也，音纖。」

〔一五〕于，詩周南麟之趾集傳：「于，音吁。」默默，應劭曰：「默默，不得意也。」生，顏師古曰：「生，先生也。」李善引臣瓚曰：「先生，謂屈原。」郭嵩燾曰：「謂默默以生今世，求其故而不可得也。瓚注生字指屈原，誤。」「于嗟」二句，鄧展曰：「言屈原無故遇此禍也。」

〔一六〕斡，如淳曰：「斡，轉也。」康瓠，爾雅釋器：「康瓠謂之甈。」郭注：「瓠，壺也。賈誼曰『寶康瓠』是也。」郝疏：「説文：『康瓠，破罌。』廣雅曰：『甈，裂也。』」王先謙曰：「康瓠，謂瓦壺之毀裂者也。」顏師古曰：「甈，音五列反。」

〔一七〕罷，顏師古曰：「罷，讀曰疲。」劉良曰：「騰，奔也。言御車者但奔駕其疲敝之牛。」驂，説文：「驂，駕三馬也。」夏案：此謂以驢爲驂而駕。蹇，顏師古曰：「蹇，跛也。」

〔一八〕「驥垂」二句，李善曰：「戰國策：『汗明曰：大驥服鹽車上太行，中坂遷延，負轅不能上。』」劉良曰：「驥，良馬。」服，詩小雅大車集傳：「服，駕也。」

〔一九〕「章父」二句，顏師古曰：「章父，殷冠也。言冠乃居下，屨反居上也。父，讀曰甫。」張銑曰：「薦，藉。章甫薦屨者，謂以冠踐藉於足以履之也。喻賢在下，此爲亂之漸也。」

〔二〇〕「苦」，原作若。王先謙曰：「史記、文選若作苦，據注文亦當作苦，明本書誤。」夏案：王說是，兹據史記改。

「嗟苦」二句，應劭曰：「嗟，咨嗟。勞苦屈原遇此難也。」顏師古曰：「離，遭也。」史記管蔡世家索隱：「離，即罹。」

〔二一〕「誶」，史記文選作訊。王先謙曰：「集解引李奇曰：『訊，告也』。張晏曰：『訊，離騷下章亂辭也。』與本注同，是誶即訊也。訊，猶宣也，重宣其意。劉伯莊音素對反，周成解詁音碎。據劉周二音，皆讀訊爲碎。」夏案：王言「本注」，謂漢書注引李張說（除易訊爲誶，餘皆同）。亂，楚辭離騷注：「亂，理也。所以發理詞指，總撮其要也。」補注：「凡作篇章既成，撮其大要，以爲亂辭也」。集韻：「亂，樂之卒章也。」

〔二二〕國其莫吾知，顏師古曰：「一國之人不知我也。」吳延濟曰：「國謂君也。」

〔二三〕壹鬱，顏師古曰：「壹鬱，猶怫鬱。」夏案：漢書司馬遷傳「獨抑鬱而誰與語」，與此文較，知壹借爲抑。增韻：「壹，閉塞也。」史記河渠書索隱：「抑者，塞也。」是壹抑音義皆同。

〔二四〕縹縹，顏師古曰：「縹縹，輕舉貌。」逝，集韻：「逝，往也。」引，素問離合真邪論注：「引，謂引出。」自引，猶言引身，即抽身。

〔二五〕襲，鄧展曰：「襲，重也。」司馬貞曰：「襲，復也。」呂向曰：「襲，猶察也。言察於神龍，則知藏於深淵之處可以自珍寶也。」夏案：此當謂襲神龍之蹟。九淵，顏師古曰：「九淵，九旋之川，言至深也」。司馬貞曰：「莊子曰『千金之珠必在九重之淵，而驪龍頷下』，故云『九淵之神龍』也。」沕，鄧展曰：「沕，音昧。」徐廣曰：「沕，潛藏也。」夏案：文選司馬相如封禪文注：「沕，没也。」集韻：「没，莫佩反，沉溺也。」沉没正於襲相應。「深」，原作淵。王先謙曰：「上有淵字，此當爲深。」夏案：王説是，史記文選即作深，兹據以改。

〔二六〕「偭蟂」二句，應劭曰：「蟂獺，水蟲害魚者也。偭，背也。欲舍蟂獺，從神龍遊也」。李善引韋昭曰：「蝦，蝦蟇也。蛭，水蟲。螾，丘螾。」孟康曰：「言龍自絶於蟂獺，況從蝦與蛭螾也。」顏師古曰：「螾字與蚓同。」張守節曰：「言寧投水合神龍，豈陸葬從蟻與蛭蚓。」朱熹曰：「蟂、獺，皆水蟲害魚者。」夏案：廣韻：「蟂，水蟲，似蛇，四足，能害人。」下句蝦、蛭、螾并舉，上句不當只言一物，朱説是。

〔二七〕臧，集韻：「藏，或作臧。」史記、文選即作藏。

〔二八〕係，説文：「係，絜束也。」段注：「絜束者，圍而束之也。俗通用繫。」「係麒麟」二句，張守節曰：「責屈原不去濁世以藏隱。」

〔二九〕般，王先謙曰：「經典般、斑、班字皆通用，離騷『斑陸離其上下』注：『斑，亂貌。』與此般字意同。」紛紛，孟康曰：「紛紛，構讒意也。」郵，正字通：「郵，與尤同。」史記文選即作尤。「故」，史記作辜。夏案：故辜音同，例當通假。韓非子初見秦「其士民不能死也，上不能故也」，秦策一作「上不能殺也」，殺即罪之。尚書大禹謨傳：「辜，罪也。」此故當假爲辜。「般紛紛」二句，李奇曰：「亦夫子不如麟鳳之故，離此咎也。」顏師古曰：「此説非也。賈誼自言今之離郵，亦猶屈原耳。」張文虎曰：「此言屈子遭此放逐，咎由自取。不能周遊擇君而戀戀於楚，以反射己之今日時勢不同也。夫誼生漢朝，與戰國異，雖爲長沙傅，猶漢臣也，何得云『歷九州而相君』？」（校勘史記札記）王先謙引劉攽曰：「顔説全失。」引何焯曰：「當從李説，史記作辜，文義尤明。」

〔三〇〕「歷九州」二句，顔師古曰：「言往長沙爲傅，不足哀傷，何可苟懷此之都邑，蓋亦誼自寬廣之言。」李善曰：「言知時之亂，當歷九州，相賢君而事之，何必思此都而遭放逐。」王先謙曰：「原眷懷宗國，義不他適。誼爲此言，哀弔之甚，無可奈何之辭耳。顔説失之愈遠矣。」相，説文：「相，省視也。」

〔三一〕「鳳凰」二句，司馬貞曰：「言鳳皇翔，見人君有德乃下。」煇，集韻：「煇，或作輝。」

〔三二〕細德，顔師古曰：「苛細之人也。」張銑：「細德，猶無德也。」「微」，文選作徵。王先謙：「宋祁曰：『作微非是。』史記正義：『言見細德之人，又有險難徵起，則加動羽翮，遠逝而去之。』文選作徵，李善并爲險徵作注，是在唐世，本已各異，徵義爲長。」夏案：作徵義長，謂險難之徵兆也。遥增擊而去，顔師古曰：「增，重也。重擊其羽而高去。」李善引如淳曰：「曾，高高上飛意也。遥，遠也。」王念孫曰：「增，或作曾。淮南覽冥訓：『鳳皇曾逝萬仞之上。』高注曰：『曾，猶高也。』顔訓爲重，失之。遥者，疾也。方言曰：『摇，疾也。』又曰：『遥，疾行也。』摇與遥通。此言鳳皇必覽德煇而後下，若見細德之險徵，則速高擊而去之也。如訓遥爲遠，亦失之。」

〔三三〕尋常，應劭曰：「八尺曰尋。倍尋曰常。」汙瀆，顔師古曰：「水不泄爲汙。」司馬貞曰：「瀆，小渠也。」「彼尋常」二句，李善引莊子云：「弟子謂庚桑楚曰：『夫尋常之溝，巨魚無所還其體而鯢鰌爲之制也。』」劉良曰：「小池水之中，不能容吞舟大魚，暗君亦不能用賢也。」

〔三四〕鱣鯨，如淳曰：「鱣、鯨，皆大魚。」臣瓚曰：「鱣魚無鱗，口在腹下。鯨長者，長數里。」顔師古曰：「鱣，音竹連反，字亦作鱏。」「螻蟻」，五臣本文選作蟻螻。張文虎曰：「前作札記，據集韻，螻有龍珠切一音，謂此轉『侯』入『虞』，倒文叶韻。今以師古注證之（夏案：見下文），亦可見本作蟻螻。蓋蟲名多取疊韻（如蛲蜋），螻蛄二字轉婁聲以從古。蟻自一物，螻蛄自一物，并不可云倒文。此傳仍作螻蟻者，亦後人安其所習而改之也，螘從豈聲，更不與上下韻叶。」「横江湖」三句，晉灼曰：「小水不容大魚，而横鱣鯨於汙瀆，必爲螻螘所制。以況小朝主闇，不容受忠逆之言，亦爲讒賊小臣所害。」顔師古曰：「螻，音樓，謂螻蛄也。」李善曰：「莊子，庚桑楚謂弟子曰：『吞舟之魚碭而失水，則螻蟻能苦之。』戰國策，齊人説靖郭君曰：『君不聞海大魚乎？蕩而失水，則螻蟻得意焉』」。呂向曰：「鱏鯨，以喻賢人。螻蟻，以喻讒佞人也。」螘，集韻：「螘，或作蟻。」

鵩鳥賦〔一〕

單閼之歲〔二〕，四月孟夏，庚子日斜〔三〕，服集余舍〔四〕，止于坐隅，貌甚閒暇。異物來崪〔五〕，私怪其故〔六〕，發書占之，讖言其度〔七〕。曰「野鳥入室，主人將去〔八〕。」問於子服〔九〕：「余去何之？吉虖告我，凶言其災〔一〇〕；淹速之度〔一一〕，語余其期。」

服乃太息，舉首奮翼，口不能言，請對以意。萬物變化，固亡休息〔一二〕。斡流而遷，或推而還〔一三〕。形氣轉續，變化而嬗〔一四〕。沕穆亡間，胡可勝言〔一五〕！禍兮福所倚，福兮禍所伏〔一六〕；憂喜聚門，吉凶同域〔一七〕。彼吴彊大，夫差以敗；粤棲會稽，句踐伯世〔一八〕。斯遊遂成，卒被五刑〔一九〕；傅説胥靡，乃相武丁〔二〇〕。夫禍之與福，何異糾纆〔二一〕！命不可説，孰知其極〔二二〕？水激則旱，矢激則遠〔二三〕。萬物回薄，震蕩相轉〔二四〕。雲烝雨降，糾錯相紛〔二五〕。大鈞播物，坱圠無垠〔二六〕。天不可與慮，道不可與謀。遲速有命，烏識其時〔二七〕。

且夫天地爲鑪，造化爲工〔二八〕，陰陽爲炭，萬物爲銅〔二九〕。合散消息〔三〇〕，安有常則？千變萬化，未始有極〔三一〕。忽然爲人，何足控揣〔三二〕；化爲異物〔三三〕，又何足患！小智自私，賤彼貴我〔三四〕；達人大觀，物亡不可〔三五〕。貪夫徇財，列士徇名〔三六〕；夸者死權，品庶每生〔三七〕。怵迫之徒，或趨西東〔三八〕；大人不曲，意變齊同〔三九〕。愚士繫俗，僒若囚拘〔四〇〕；至人遺物，獨與道俱〔四一〕。衆人惑惑，好惡積意〔四二〕；真人恬漠，獨與道息〔四三〕。釋智遺形，超然自喪〔四四〕；寥廓忽荒，與道翱翔〔四五〕。乘流則逝，得坎則止〔四六〕；縱軀委命，不私於己〔四七〕。其生兮若浮，其死兮若休〔四八〕。澹虖若深淵之靚，氾虖若不繫之舟〔四九〕。不以生故自保，養空而浮〔五〇〕。德人無累，知命不憂〔五一〕。細故蔕芥，何足以疑〔五二〕！

〔一〕鵩鳥賦，原載史記屈賈列傳、漢書賈誼傳及文選、楚辭集注，藝文類聚有節録。史記、漢書無題，藝文類聚題爲服鳥賦，楚辭集注題作服賦，此從文選，正文從漢書。文選擷漢書本傳爲序，其文云：「誼爲長沙王傅三年，有鵩飛入誼舍，止於坐隅。鵩似鴞，不祥鳥也。誼既以謫居長沙，長沙卑濕，誼自傷悼，以爲壽不得長，乃爲賦自廣。」楚辭集注亦有序，撮引漢書略同文選，繼云：「太史公讀之，歎其同生死，輕去就，至爲爽然自失。以今觀之，凡誼所稱，皆列禦寇莊周之常言，又爲傷悼無聊之故，而藉以自誑者，夫豈真能原始反終，而得夫朝聞夕死之實哉！誼有經世之才，文章蓋其餘事，其奇偉卓絶，亦非司馬相如輩所能彷彿。而揚雄之論，常高彼而下此，韓愈亦以馬揚厠於孟子屈原之列，而無一言以及誼，余皆不能識其何説也。是以因序其賦而并論之。」夏案：揚氏之説見本書附録集評。

〔二〕單閼，宋祁曰：「單，音襌。」顔師古曰：「閼，音一葛反。」李善曰：「爾雅曰：『太歲在卯曰單閼。』徐廣曰：『文帝六年歲在丁卯』」。錢大昕曰：「按漢書律曆志，高帝元年，歲名敦祥，以是推之，單閼之歲，當是文帝七年，徐氏不知古有超辰之法，故云六年也。」（二十二史考異）。王先謙曰：「談泰云：『依三統術超辰法推之，孝文六年，太歲在丙寅，單閼之歲是七年也。徐説誤。』先謙案：汪中云：『按史記曆書，太初元年焉逢攝提格，上推孝文五年，是爲昭陽單閼。賈生以孝文元年爲博士，歲中超遷爲太中大夫，旋出爲長沙王傅，至是，適得三年。』案：汪説是。」夏案：三説雖不同，然各有所據。汪用史記，距賈生最近，或近於實。

〔三〕日斜，孟康曰：「日斜，日昳時。」説文新附：「昳（音碟），日昃也。」尚書無逸疏：「昃，亦名昳，謂未時也。」

〔四〕「服」，文選作鵩，下同。正字通：「服，賈誼有服賦，俗作鵩。」服，裴駰引晉灼曰：「異物志有山鴞，體有文色，土俗因形名之曰服，不能遠飛，行不出域。」司馬貞曰：「荆州記云：『巫縣有鳥如雌雞，其名爲鴞，楚人謂之服。』吳録云：『服，黑色，鳴自呼。』」朱熹曰：「服，訓狐也，其名自呼，故因而命之。」王先謙引淵鑑類函云：「梟、鴞、服、鵂鶹，皆惡鳥也。」引王先慎曰：「今通考據，并咨詢野人，則梟、鴞、服、訓狐爲一物也。鵂鶹一物也。鴞即今俗所呼幸胡者是也。處處山林皆有之，少美好而長醜惡，狀如母雞，有斑紋，頭如鸜鵒，目如貓目，其名自呼，好食桑椹。賈子在長沙作服鳥賦，蓋從楚地之名耳，非有二物也。」夏案：今之研究者多謂服即猫頭鷹。

〔五〕異，左傳昭公二十六年注：「異，怪也。」崪，王念孫曰：「孟康曰：『崪，音萃。萃，聚集也。』念孫案：上文祇有一服，不得言聚集也。崪者，止也。其字從止。楚辭天問王注：『萃，止也。』非聚集之謂也。」王先謙曰：「崪，各本從山，不從止。王訓是也。」

〔六〕私怪其故，張銑曰：「私心怪其何故。」

〔七〕「發書」二句，顔師古曰：「讖，驗也，有徵驗之書也。讖音初禁反。」呂向曰：「發徵驗之書，言怪異之度。」王先謙引王先慎曰：「度者，數也。凡言度，則數在其中。」

〔八〕「野鳥」二句，呂氏春秋明理高注引河圖：「野鳥入，言主人亡也。」

〔九〕子服，顔師古曰：「子服者，言加其美稱也。」周壽昌曰：「子，猶汝也。加一字以成文也，不必爲美稱也。」

〔一〇〕「吉虖」二句，呂延濟曰：「有吉事當告我，有凶事當言其災咎。」

〔一一〕「淹速」句，李善曰：「淹，遲也。速，疾也。言死生之遲疾也。」

〔一二〕「萬物」二句，李善曰：「莊子曰：『已化而生，又化而死。』鶡冠子曰：『固無休息』。」夏案：參注〔一五〕。

〔一三〕「斡流」二句，李善引鶡冠子曰：「斡流遷徙。」如淳曰：「斡，轉也。」集韻：「推，進也。」顏師古曰：「還，讀曰旋。」

〔一四〕形氣轉續，易繫辭上：「精氣爲物。」疏：「謂陰陽精變之氣，氤氳積聚而爲萬物。」　嬗，顏師古引服虔曰：「嬗音蟬，謂變蜕也。」引蘇林曰：「相傳與也。」顏師古曰：「此即禪代字，合韻故音嬗耳，蘇説是也。」王先謙曰：「索隱引韋昭曰：『而，如也，如蟬之蜕化也。』引蘇林云：『嬗，音蟬，謂其相傳之也之，是與字之誤。。』當以史記爲正，本書傳寫脱『嬗音蟬謂其』五字，故師古説不明。案：形氣轉續，即是禪代之義，不當又訓蟬爲相傳與。而、如二字古通，如蟬，正與『變化』相承。服韋説是。」

〔一五〕沕穆，顏師古曰：「沕穆，深微貌。」李善曰：「沕穆，不可分别也。」「沕穆」二句，顏師古曰：「胡，何也。言其理深微，不可盡言。」李善曰：「鶡冠子曰：『變化無窮，何可勝言。』」王先謙曰：「李善注以下文，多引鶡冠子。案柳宗元云：『好事者僞爲其書，反用鵩賦以文飾之。』今悉不録。」夏案：李引鶡冠子不始於此句，見注〔一二〕〔一三〕。柳説見柳河東集卷四辯鶡冠子。然漢書、唐書藝文志皆著録，未言其爲僞托，漢書且箋云：「楚人，居深山，以鶡爲冠。」劉勰文心雕龍諸子：「鶡冠緜緜，亟發深言。」韓愈讀鶡冠子云：「鶡冠子十有九篇，其辭雜黄老刑名。其博選篇之説當矣，使其人遇時，援其道而施於國家，功德豈少哉！學問篇稱『賤生於無所用，中流失金，一壺千金』者。余三讀其辭而悲之。」劉韓非不讀服賦者，與柳説之不同若是，可知柳説非不移之論。

〔一六〕「禍兮」二句，李善曰：「老子注曰：『倚，因也，聖人逢禍而能悔過，責己修善，則禍去福來也，中人得福，而爲驕恣，則福去而禍來也』。」司馬貞曰：「此老子之言。倚者，立身也。伏，下身也。以言禍福遞來，猶如倚伏也。」

〔一七〕「憂喜」二句，顔師古曰：「言禍福相因，吉凶不定。」李善曰：「董仲舒曰：『弔者在門，慶者在廬』。今言皆在門者好惡，故言同域。」呂延濟曰：「憂喜吉凶如身影之相隨，故曰聚門。」夏案：二句本自荀子大略：「慶者在堂，弔者在閭。」

〔一八〕「彼吴」四句，顔師古曰：「會稽，山名。句踐避吴之難，保於兹山，故曰棲也。」「粤」，史記、文選、楚辭集注作越。周禮考工記「粤無鎛」疏：「粤，即今越字」。

〔一九〕「斯遊」二句，應劭曰：「李斯西遊於秦，身登相位，二世時，爲趙高所讒，身伏五刑。」漢書刑法志：「先黥，劓，斬左右止（趾），笞殺之，梟其首，菹其骨肉於市，故謂之具五刑。」

〔二〇〕「傅説」二句，李善曰：「尚書曰：『高宗夢得説，使百工營求訪野，得之傅巖，爰立作相。』孔安國曰：『傅氏之巖，通道所經，有澗水壞道，使胥靡刑人築護此道。説賢而隱，代胥靡築之。』」顔師古曰：「胥靡，相隨之刑也。」「胥靡，相繫而作役。」（楚元王傳注）司馬貞曰：「徐廣云：『胥靡，腐刑也。』晉灼云：『胥，相也。靡，隨也。古者相隨作輕刑之名。』又夏靖書云：『猗氏六十里黄河西岸吴阪下，便得隱穴，是説所潛身處也』。」呂延濟曰：「武丁，殷王名。」夏案：猗氏，今山西臨猗。

〔二一〕「夫禍」二句，裴駰曰：「應劭曰：『禍福相爲表裏，如糾纆繩索相附會也。』」瓚曰：『糾，絞也，纆，索也。』」顔師古曰：「纆，音墨。」李善引字林云：「糾，兩合繩。纆，三合繩。」

〔二二〕孰知其極，李善曰：「老子道德經『孰知其極』河上公注：『禍福更，相生死，孰知其窮。極，時也。』顏監曰：『極，止也。』」

〔二三〕「水激」二句，顏師古曰：「言水之激疾，則去盡，不能浸潤。矢之激發，則去遠。」李善曰：「言矢飛水流各有常度，爲物所激或旱或遠，斯則萬物變化，烏有常則乎？」司馬貞曰：「此乃淮南子及鶡冠子文也。彼作『水激則悍』。說文旱與悍同音。言水矢流飛，本以無礙爲通利，今遇物觸之，更勁疾而遠悍，猶人或因禍致福，紛伏無常也。」劉攽曰：「旱，讀悍，猛疾也。」

〔二四〕回，說文：「回，轉也。」 薄，廣雅釋詁三：「薄，迫也。」夏案：回薄，謂相互往復迫擊，猶今言相互作用。

〔二五〕烝，李善曰：「韋昭國語注曰：『烝，升也。』」「雲烝」二句，劉良曰：「禍福相生，如雲起雨降，紛錯不止。」

〔二六〕大鈞，如淳曰：「陶者作器於鈞上，此以造化爲大鈞。」顏師古曰：「今造瓦者謂所轉爲鈞，言造化爲人，亦猶陶之造瓦者。」司馬貞曰：「虞喜志林云：『大鈞造化之神，鈞陶萬物，品授群形者也。』案：鄒陽傳注云：『陶家名模下圓轉者爲鈞，言其能制器大小，以比之於天。』」劉良曰：「鈞，輪也。」 播，廣雅釋言：「播，搖也。」夏案：即顏、司馬所謂轉。 坱圠，裴駰曰：「應劭曰：『其氣坱軋，非有限齊也。』坱，音若乙。」司馬貞曰：「郭璞注方言：『坱圠者，不測也。』王逸注楚辭云：『坱圠，雲霧氣味也。』」顏師古曰：「圠，音於黠反（夏案：音軋）。」

〔二七〕烏，顏師古曰：「烏，何也。」

〔二八〕「且夫」二句，顏師古曰：「以冶鑄爲喻。」李善曰：「莊子：子黎曰：『今一以天地爲大鑪，以造化爲大冶，惡乎往而不可哉？』」呂向曰：「言以天地造化陶鑄萬物，合而成形，散而歸無形。自無生，自無形，出消息之理，安有常哉。」夏案：呂言含下四句。又，工，即莊子大宗師所謂大冶，冶工也。

〔二九〕「陰陽」二句，顧施楨曰：「陰陽所以成物，故曰爲炭；物由陰陽而成，故曰爲銅。」

〔三〇〕「合散」句，司馬貞曰：「莊子云：『人之生也，氣之聚也，聚則爲生，散則爲死。』」易豐彖曰：「天地盈虛，與時消息。」疏：「盈則與時而息，虛則與時而消。天地日月尚不能久，況於人與鬼神而能長保其盈盛乎？」廣雅釋詁一：「息，生也。」

〔三一〕「千變」二句，司馬貞曰：「莊子云：『人之形，千變萬化，未始有極。』」夏案：今見本莊子大宗師作「人之形者，萬化而未始有極也」。

〔三二〕忽然，莊子天地：「忽然出，勃然動。」注：「忽、勃，皆無心而應之貌。動出無心，故萬物從之。」疏：「物感而動，逗機而出，因循任物，物則從之。」夏案：猶云自然。　控揣，顔師古引如淳曰：「控，引也。揣，音團。控摶，玩弄愛生之意也。」王先謙引錢大昭曰：「如淳曰：『摶，音團，或作揣。』是如本作摶也。小顔變其字而仍其音，遂致讀者不可解矣。」夏案：史記揣作摶，李善引如言同錢引。

〔三三〕異物，司馬貞曰：「謂死而形化爲鬼，是爲異物也。」

〔三四〕「小智」二句，李善曰：「列子曰：『小智自私，怨之府。』莊子，北海若曰：『以道觀之，無貴無賤；以物觀之，自貴而相賤。』」劉良曰：「小智慧之人，自私愛其己，賤於萬物，獨貴我之爲人也。」

〔三五〕「達人」二句，李善曰：「鶡冠子曰：『達人大觀，乃見其符。』莊子曰：『物故有所然，物故有所可，無物不然，無物不可。』」李周翰曰：「通達之人，以理觀之，萬物不殊於己，故云『物無不可』。」

〔三六〕「貪夫」二句，裴駰曰：「應劭曰：『徇，營也。』瓚曰：『以身從物曰徇。』」李善曰：「列子曰：『胥士之徇名，貪夫之徇財，天下皆然，不獨一人。』」　列，說文段注：「古假借烈爲列。」史記文選即作烈。　徇，左傳桓公六年釋文：「徇，本文作殉，同。」

〔三七〕「夸者」句，應劭曰：「夸，毗也。好營死於權利。」臣瓚曰：「謂夸泰也。莊子曰『權勢不尤，則夸者悲』。」李善曰：「司馬彪莊子注曰：『夸，虛名也。』」朱熹曰：「夸，大。毗，附也。小人之於人，不以大言夸之，則以諛言毗之也。」朱駿聲曰：「夸，假借爲侉。爾雅釋訓：『夸毗，體柔也。』注：『屈己卑身以柔順人也。』當爲侉仳字。」郝懿行曰：「夸，胯也。毗，臍也。體柔之人，其足便辟，其躬卑屈，前俛爲恭，故曰夸毗。」　品庶，王先謙曰：「說文：『品，衆庶。』貪夫、列士、夸者、品庶，皆以人言。」　每生，司馬貞曰：「孟康云：『每者，貪也。』服虔云：『每，念生也。』言唯念生而已。然案方言，每字合從手旁。」王先謙曰：「方言：『挴，貪也。』索隱云『每字合從手旁』是也，省作每耳。」

〔三八〕「怵迫」二句，孟康曰：「爲利所誘怵也，迫貧賤東西趨利也。」顔師古曰：「怵，音戌。」王念孫曰：「管子心術篇曰：『人之可殺，以其惡死也。其可不利，以其好利也。是以君子不怵乎好，不迫乎惡。』然則怵迫者，怵乎利，迫乎害也。趨西東者，趨利避害也。」

〔三九〕「大人」二句，李善曰：「文子曰：『大人者，與天地合其德。』」司馬貞曰：「張機云：『德無不包，靈府弘曠，故名大人也。』」論語季氏注：「大人，即聖人，與天地合其德。」劉良曰：「言至人不曲私於身，意與變化齊同。」王念孫曰：「意，讀億萬年之億，史記正作億。億變，猶上文言『千變萬化』也。億變齊同，即莊子齊物之旨，作意者，借字耳。文選劉良注云『意與變化齊同』，失之。」

〔四〇〕僒，王先謙引張佖曰：「按説文：『窘，迫也。』文選李善注：『窘，囚拘之貌。』五臣注：『窘，困也。愚者繫縛俗累，困如囚人拘束。』其字并不從人。唯孫强新加字玉篇及開元文字有作僒者，并音窘。」

〔四一〕至人，莊子天下：「不離於宗，謂之天人。不離於精，謂之神人。不離於真，謂之至人。以天爲宗，以德爲本，以道爲門，兆於變化，謂之聖人。」疏：「已上四人，只是一耳，隨其功用，故有四名也。嶷然不假，謂之至極。」逍遥遊：「至人無己。」注：「無己，故順物，順物而至矣。」疏：「詣於靈極，故謂之至。」知北遊：「至人無爲。」注：「任其自爲而已。」司馬貞曰：「莊子云：『古之至人，先存諸己，後存諸人。』張機云：『體盡於聖，德美之極，謂之至人』。」「至人」二句，李善曰：「莊子云：孔子謂老聃曰：『形體若槁木，似遺物而立於獨也。』鶡冠子曰：『聖人捐物。』又曰：『至人不遺，動與道俱。』」李周翰曰：「至人能遺去物累，與道俱行。」

〔四二〕「衆人」二句，李奇曰：「惑惑，東西也。所好所惡積之萬億（夏案：文選意作億，又參注〔三九〕）。」臣瓚曰：「言衆懷好惡積之心意也。」李善曰：「鶡冠子曰：『衆人惑惑，迫於嗜慾。』」張守節曰：「意，合韻，意億。」王念孫曰：「意者，滿也。言好惡積滿於中也。意字，本作𢡃，或作億，又作臆。説文：『𢡃，滿也。』方言：『臆，滿也。』」小雅楚茨篇曰：『我倉既盈，我庾維億。』億，亦盈也」。王先謙曰：「説文：『惑，亂也』。惑惑，謂惑之甚。」夏案：李奇注，索隱引作「或或」，故曰「東西也」。此作惑惑，係顏引改字以就漢書（文選同），故王先謙有補注。又，此文作意、作億皆可通。王念孫必謂訓滿，釋曰「積滿於中」，「於中」即意也，其説殊牽强。

〔四三〕「真人」二句，顏師古曰：「恬，安也。漠，静也。」李善曰：「文子曰：『得天地之道，故謂之真人。』莊子曰：『虚静恬淡，寂寞無爲者，道德之至也。』」張銑曰：「至真之人，其性静漠，絶去人事，與道遊息。」司馬貞曰：「莊子云：『古之真人，不知悦生，不知惡死，不以心捐道，不以人助天。』吕氏春秋曰：『積氣日新，邪氣盡去，反其天年，謂之真人也。』」

〔四四〕「釋智」二句，服虔曰：「絶聖棄知，而忘其身也。」李善曰：「莊子云：仲尼問於顏回曰：『何謂坐忘？』回曰：『墮支體，黜聰明，離形去智，同於大道，此謂坐忘。』」張銑曰：「離自慮，遺形體，超然如喪忘其形體耳。」司馬貞曰：「遺形者，『形故可使如槁木』是也。自喪者，謂『心若死灰』也。莊周云：『今者，吾喪我，汝知之乎？』」夏案：槁木死灰之喻，見莊子齊物論。

〔四五〕「寥廓」二句，李善曰：「寥闊忽荒，元氣未分之貌。廣雅曰：『寥，深也。』『廓，空也。』」劉良曰：「寥闊忽荒，言空無著也。言真人無著，與道同翱翔而已。」夏案：朱起鳳以爲忽荒與忽怳通，案曰：「言無形象，無方體，不可端倪也。漢書賈誼傳：『寥廓忽荒，與道翱翔。』」

〔四六〕「乘流」二句，孟康曰：「易：『坎爲險』，遇險難而止也。」張晏曰：「謂夷易則仕，險難則隱也。」劉良曰：「猶木之浮水，行止隨流也。」王先謙曰：「言行止一聽自然，非有計較之私，亦無關仕隱之義。如孟張說，與上下文旨不合矣。」

〔四七〕「縱軀」二句，李善曰：「鶡冠子曰：『縱軀委命，與時往來。』」李周翰曰：「委身命與萬物同，不私愛也。」

〔四八〕「其生」二句，顏師古曰：「休，息也。」李善曰：「莊子曰：『其生若浮，其死若休。』」呂向曰：「生爲浮寄，死而休息。」司馬貞曰：「莊子云：『勞我以生，休我以死。』」

〔四九〕「澹虖」二句，顏師古曰：「澹，安也。靚，與靜同。」李善引莊子曰：「老聃曰：『其居也淵而靜，其惟人心乎？』」莊子列禦寇：「飽食而教遊，汎若不繫之舟。」張銑曰：「深淵無波，散舟任運，真人用心不動搖，無趣向，亦似之也。」

〔五〇〕「不以」二句，服虔曰：「道家養空虛，若浮舟也。」司馬貞曰：「言體道之人，但養空性而心若浮舟也。」

〔五一〕「德人」二句，李善曰：「莊子曰：『德人者，居無思，行無慮也。』又曰：『聖人循天之理，故無天災，故無物累。』周易曰：『樂天知命，故不憂。』」司馬貞曰：「德人，謂上德之人。心中無物累，是得道之士也。」

〔五二〕蔕芥，顏師古曰：「蔕芥，小鯁也。」正字通：「蔕，小篆作蒂。」後漢書來歙傳注：「鯁，與梗通。」司馬貞引張楫曰：「遰介，鯁刺也。以言細微事故不足遰介我心，故云『何足以疑』也。」

惜誓〔一〕

惜余年老而日衰兮，歲忽忽而不反〔二〕。登蒼天而高舉兮，歷衆山而日遠〔三〕。觀江河之紆曲兮，離四海之沾濡〔四〕；攀北極而一息兮〔五〕，吸沆瀣以充虚〔六〕。飛朱鳥使先驅兮，駕太一之象輿〔七〕；蒼龍蚴虬於左驂兮，白虎騁而爲右騑〔八〕；建日月以爲蓋兮，載玉女於後車〔九〕；馳鶩於杳冥之中兮〔一〇〕，休息虖昆侖之墟〔一一〕。

樂窮極而不厭兮，願從容虖神明〔一二〕；涉丹水而駝騁兮，右大夏之遺風〔一三〕。黄鵠之一舉兮，知山川之紆曲，再舉兮，睹天地之圜方〔一四〕；臨中國之衆人兮，托回飇虖尚羊〔一五〕。乃至少原之壄兮〔一六〕，赤松王喬皆在旁〔一七〕；二子擁瑟而調均兮〔一八〕，余因稱虖清商〔一九〕。澹然而自樂兮，吸衆氣而翱翔〔二〇〕；念我長生而久僊兮，不如反余之故鄉〔二一〕。

黄鵠後時而寄處兮，鴟梟羣而制之〔二二〕；神龍失水而陸居兮，爲螻蟻之所裁〔二三〕。夫黄鵠、神龍猶如此兮，況賢者之逢亂世哉〔二四〕？

壽冉冉而日衰兮，固儃回而不息〔二五〕；俗流從而不止兮，衆枉聚而矯直〔二六〕。或偷合而苟進兮〔二七〕，或隱居而深藏；苦稱量之不審兮，同權槩而就衡〔二八〕。或推迻而苟容兮〔二九〕，或直言之諤諤〔三〇〕，傷誠是之不察兮，并紉茅絲以爲索〔三一〕。方世俗之幽昏兮，眩白黑之美惡〔三二〕；放山淵之龜玉兮，相與貴夫礫石〔三三〕。梅伯數諫而至醢兮〔三四〕，來革順志而用國〔三五〕；悲仁人之盡節兮，反爲小人之所賊〔三六〕。比干忠諫而剖心兮，箕子被髮而佯狂〔三七〕；水背流而源竭兮〔三八〕，木去根而不長；非重軀以慮難矣〔三九〕，惜傷身之無功〔四〇〕。

已矣哉！獨不見夫鸞鳳之高翔兮〔四一〕，乃集大皇之壄〔四二〕；循四極而回周兮〔四三〕，見盛德而後下。彼聖人之神德兮，遠濁世而自藏。使麒麟可得羈而係兮〔四四〕，又何以異虖犬羊？

〔一〕王逸曰：「惜誓者，不知誰作也。或曰賈誼，疑不能明也。」洪興祖曰：「誼爲長沙王太傅，意不自得，及度湘水，爲賦以弔屈原。賦云：『所貴聖之神德兮，遠濁世而自藏。使麒麟可係而羈兮，豈云異夫犬羊。』又曰：『鳳皇翔于千仞兮，覽德煇而下之。見細德之險微兮，遥增擊而去之。彼尋常之汙瀆兮，豈容吞舟之魚。横江湖之鱣鯨兮，固將制於螻蟻。』與此語意頗同。」朱熹曰：「史、漢於誼傳獨載弔屈原、服鳥二賦，而無此篇。故王逸雖謂『或云誼作，而疑不能明』，獨洪興祖以爲其間數語與弔屈賦詞指略同，意爲誼作亡疑者。今玩其辭，實亦瓌異奇偉，計非誼莫能及。」王夫之曰：「今按賈誼渡湘水，爲文以弔屈原，其詞旨與此略同。誼書若陳政事疏，新書出入互見，而辭有詳略，蓋誼所著，不嫌複出類如此，則其爲誼作審矣。」（楚辭通釋，下同） 惜誓，王逸曰：「惜者，哀也。誓者，信也，約也。言哀惜懷王與己信約，而復背之也。古者君臣將共爲治，必以信誓相約，然後言乃從，而身以親也。蓋懷王有始而無終也。」王夫之曰：「惜誓者，惜屈子之誓死而不知變計也。」夏案：題或用離騷「初既與余成言兮，後悔遁而有他」意。又，正文從楚辭補注。

〔二〕「惜余」二句，王逸曰：「言哀己年歲已老，氣力衰微，歲月卒過，忽然不還，而功不成，德不立也。」廣雅釋詁一：「忽，疾也。」

〔三〕「登蒼天」二句，王逸曰：「言己想得道真，上升蒼天，高抗志行，經歷衆山，去我鄉邑，日以遠也。」朱熹曰：「設言高舉，經歷衆山，去日遠也。」楚辭東方朔七諫自悲：「願離群而遠舉。」注：「舉，去也。」論語鄉黨集注：「舉，飛去。」

〔四〕「離四海」句，王逸曰：「遇四海之風波，衣爲濡濕。」字彙：「離，遭也。」

〔五〕「攀北極」句，王逸曰：「言己周流行求道真，冀得北極之星，且中休息。」洪興祖曰：「晉志云：『北極五星，天運無窮。三光迭耀，而極星不移。故曰，居其所而衆星共之。』」王夫之曰：「以下皆玄修之旨，與遠遊相仿。」夏案：衆星共之，論語爲政：「爲政以德，譬如北辰，居其所，而衆星共之。」正義：「鄭注云：『北極謂之北辰。』衆星所以共北辰也，鄭注云：『拱，拱手也。共是拱省。』何休公羊僖三十三年注：『拱，可以手對抱。』衆星列峙錯居，還繞北辰，若拱向之也。」

〔六〕沆瀣，王逸曰：「陵陽子明經：『冬飲沆瀣。沆瀣者，北方夜半氣也。』」洪興祖曰：「五臣注：『沆瀣，清露。』」虚，素問玉機真藏論注：「虚，謂真氣不足也。」夏案：楚辭遠遊：「飡六氣而飲沆瀣兮，漱正陽而含朝霞；保神明之清澄兮，精氣入而麤穢除。」充虚，即謂吸沆瀣之精氣以除麤穢。

〔七〕「飛朱鳥」二句，王逸曰：「言己吸天之元氣，得其道真。即朱雀神鳥爲我先導，遂乘太一神象之輿而遊戲也。」洪興祖曰：「淮南云：『左青龍，右白虎，前朱鳥，後玄武。』注云：『星、張爲朱鳥。』沈存中云：『朱雀莫知何物，但謂鳥而朱者，此火之象也。或云，鳥即鳳也。』」禮記曲禮上疏：「朱鳥玄武青龍白虎，四方宿名也。」史記天官書：「南宫朱鳥。」文選屈原九歌東皇太一注：「太一，星名，天之尊神。」朱熹曰：「象輿，以象齒飾輿也。」

〔八〕蚴虬，楚辭劉向九歎遠逝注：「蚴虬，龍貌。」驂，詩鄭風大叔于田箋：「(馬)在旁曰驂。」騑，説文：「騑，驂也，旁馬也。」「蒼龍」二句，王逸曰：「言己德合神明，則駕蒼龍，驂白虎，其狀蚴虬，有威容也。」王夫之曰：「蒼龍，日精魂也。白虎，月華魄也。騑，服馬。魄主載，在内爲服。魂主動，在外爲驂。」

〔九〕「建日月」二句，王逸曰：「言己乃立日月之光，以爲車蓋。載玉女於後車，以侍棲宿。」後漢書張衡傳注：「詩含神霧曰：『太華之山有明星玉女，主持玉漿，服之成仙。』」

〔一〇〕騖，廣韻：「騖，馳也，奔也，驅也。」原校：「騖，一作鶩。」杳冥，文選張衡西京賦注：「杳冥，陰昏貌。」王夫之曰：「杳冥，無形之形，無象之象。」

〔一一〕「虖」，原校：「虖，一作乎。」墟，洪興祖曰：「説文：『虚，大丘也。崐崘丘，或謂之崐崘虚，或从土。』」

〔二〕「樂窮」二句，王逸曰：「言己周行觀望，樂無窮極，志猶不厭，願復與神明俱遊戲也。」

〔三〕「涉丹水」二句，王逸曰：「言己復渡丹水而馳騁，顧見大夏之俗，思念楚國也。丹水，猶赤水也。大夏，外國名，在西南。」淮南子地形訓：「疏圃之池，浸之黄水，黄水三周復其原，是謂丹水，飲之不死。河水出昆侖東北陬，貫渤海；赤水出其東南陬，西南注南海。」「西北方曰大夏。」夏案：丹水大夏當係傳説中之水名地名，未可確指。如吕氏春秋爲欲：「會有一欲，則北至大夏。」則又謂北方矣。若必以爲確指，或即史記大宛傳：「大夏在大宛西南二千餘里嬀水南。」即今阿富汗北部。又，右，謂西行，西顧，用如動字。儀禮士虞禮注：「門外之右，門西也。」

〔四〕「黄鵠」四句，王逸曰：「居身益高，所睹愈遠也。以言賢者亦宜高望遠慮，以知君之賢愚也。」原校：「黄，一作鴻。」舉，飛，見注〔三〕。

〔五〕「臨中國」二句，王逸曰：「尚羊，遊戲也。言己臨見楚國之中，衆人貪佞，故託回風，遠行遊戲也。」洪興祖曰：「尚，音常，與倘同。」原校：「一作託回風乎倘佯。」朱起鳳曰：「尚，乃常字之省。羊，乃佯字之省。」夏案：回風，猶言旋風、迅風、暴風。説文：「回，轉也。」楚辭九章悲回風注：「回風，飄風。」素問六元正紀論注：「飄風，旋轉風也。」詩大雅卷阿傳：「飄風，迴風也。」詩小雅何人斯傳：「飄風，暴起之風。」淮南子天文訓注：「飄風，迅風也。」

〔六〕少原之壄，王逸曰：「少原之壄，仙人所居。」正字通：「壄，壄之譌。」玉篇：「壄，古文野。」

〔七〕赤松王喬，洪興祖曰：「淮南云：『王喬赤松生塵埃之間，離群慝之紛，吸陰陽之和，食天地之精，蹀虚輕舉，乘雲游霧。』列仙傳：『王子喬，周靈王太子晉也。好吹笙作鳳鳴，遊伊洛間。道士浮丘公接上嵩高山。三十年後，來於山上，見桓良曰：「告我家，七月七日待我緱氏山頭。」果乘白鵠住山巔，望之不得到，舉手謝時人，數日去。』列仙傳：『赤松子，神農時爲雨師，服水玉，教神農能入火自（自，一作不。是。）燒。至崑山上，常止西王母石室，隨風而上下。炎帝少女追之，亦得仙俱去。張良欲從赤松子游，即此也。』」

〔一八〕均，王逸曰：「均，亦調也。」洪興祖曰：「國語云：『律者，所以立均，出度也。』」王夫之曰：「均，樂器，似瑟，三十六絃。」夏案：禮記月令疏：「均，謂均平其聲也。」即王逸所謂調（諧）。又，集韻：「韻，説文：『和也。』古與均同。」是即調韻、諧韻。王夫之所云，未詳所據。後漢書曆律志「五均」注：「均，長七尺，繫以絲，以節音樂。」或其所本。

〔一九〕「余因」句，王逸曰：「我因稱清商之曲最爲善也。」朱熹曰：「清商，歌曲名。五音各有清濁，濁者本聲，清者半聲也。」王夫之曰：「稱，奏也。」

〔二〇〕「澹然」二句，王逸曰：「衆氣，謂朝霞、正陽、淪陰、沆瀣之氣也。言己得與松喬相對，心中澹然而自欣樂，俱吸衆氣而遊戲。」楚辭遠遊注：「陵陽子明經言：『春食朝霞，朝霞者，日欲出赤黄氣也。秋食淪陰，淪陰者，日没以後赤黄氣也。冬飲沆瀣，沆瀣者，北方夜半氣也。夏食正陽，正陽者，南方日中氣也。』」

〔二一〕「念我」二句，王逸曰：「言屈原設去世離俗，遭遇真人，雖得長生久僊，意不甘樂，猶思楚國，念故鄉。忠信之至，恩義之篤也。」王夫之曰：「奈之何眷戀故國，不肯棄此同昏之君臣邪？」漢書郊祀志注：「古以僊爲仙。」

〔二二〕「黄鵠」二句，王逸曰：「言黄鵠一飛千里，常集高山茂林之上，設後時而欲寄處，則鴟梟羣聚，禁而制之，不得止也。言賢者失時後輩，亦爲讒佞所排逐。」洪興祖曰：「鴟，鴟鵂，怪鳥。梟，不孝鳥。」夏案：後時，猶言失時。漢書食貨志：「使關中民益種宿麥，令毋後時。」

〔二三〕「神龍」二句，王逸曰：「螻，螻蛄也。蟻，蚍蜉也。裁，制也。」洪興祖曰：「管子曰：『蛟龍，水蟲之神者也。乘於水則神立，失於水則神廢。』莊子曰：『吞舟之魚碭而失水，則蟻能苦之。』」

〔二四〕「夫黄鵠」二句，王逸曰：「言黄鵠能飛翔，神龍能存能亡，奄然失所，爲鴟梟、螻蟻所制，其困如此。何況賢者，身無爵禄，爲俗人所困侮，固其宜也。」

〔二五〕「壽冉冉」二句，王逸曰：「儃回，運轉也。言己年壽日以衰老，而楚國羣臣承順君非，隨之運轉，常不止息也。」原校：「固，一作國。儃，一作邅。」朱駿聲曰：「儃，與邅同字。」

〔二六〕「俗流」二句，王逸曰：「枉，邪也。矯，正也。言楚國之人流從諂諛，不可禁止；衆邪羣聚，反欲正忠直之士，使隨之也。」朱熹曰：「矯，揉也。枉者自以爲直，又羣衆而聚合，則其黨盛，而反欲揉直以爲枉也。」

〔二七〕「或偷」句，王逸曰：「言士有偷合於世，苟欲進取，以得爵位。」夏案：集韻：「偷，苟且。」偷合，謂苟且取容，迎合時俗。苟進，謂苟且鑽營，謀求位禄。

〔二八〕「苦稱量」二句，王逸曰：「稱，所以知輕重。量，所以知長短。槩，平也。權衡，皆稱也。言患苦衆人，稱物量穀，不知審其多少，同其稱平，以失情實，則使衆人怨也。以言君不稱量士之賢愚，而同用之，則使智者恨也。」洪興祖曰：「權，稱錘也。槩，平斛木。衡，平也。」

〔二九〕「或推迻」句，王逸曰：「言臣承順君非，可推可迻，苟自容人，以得高位。」集韻：「迻，通作移。」夏案：苟容，當謂苟且取容。

〔三〇〕諤諤，朱熹曰：「諤諤，直言貌。語曰：『千人之諾諾，不如一士之諤諤。周武諤諤以昌，殷紂諾諾以亡。』」

〔三一〕「傷誠」二句，王逸曰：「單爲紉，合爲索。言己誠傷，念君待遇苟合之人與忠直之士，曾無別異，猶并紉絲與茅共爲索也。」說文：「紉，單繩也。」

〔三二〕方，吳昌瑩曰：「方，當也。」夏案：此謂方今之時。「眩」下，原校：「一本眩下有於字。」

〔三三〕「放山淵」二句，王逸曰：「龜可以決吉凶，故人亦珤之。放，棄也。小石爲礫。言世人皆棄崑山之玉、大澤之龜，反相與貴重小石也。言闇君貴佞僞，賤忠直也。」玉篇：「珤，古文寶字。」

〔三四〕梅伯，王逸曰：「梅伯，紂諸侯也。忠直而數諫，紂怒，乃殺之，葅醢其身。」

〔三五〕來革，朱熹曰：「來，惡來，與革皆紂之佞臣。」夏案：朱說非是。上句梅伯係一人，此句與其對文，亦當爲一人。來革，即惡來革之省文。史記秦本紀：「惡來革者，蜚廉子也。」史記殷本紀索隱：「惡來，秦之祖蜚廉子。」漢書東方朔傳：「蜚廉惡來革，二人皆詐僞，巧言利口以進其身。」皆其證。　用國，朱熹曰：「用國，見用於國。」

〔三六〕賊，左傳僖公九年注：「賊，傷害。」夏案：此有暗害意。

〔三七〕比干、箕子，見胎教注。

〔三八〕「水背」句，王逸曰：「言水横流，背其源泉，則枯竭。」朱熹曰：「背流而源竭，疑當作『背源而流竭』。王逸注云：『水背其源泉，則枯竭』，似當時本未誤也。」

〔三九〕「軀」，原校：「軀，一作體。」

〔四〇〕惜傷身之無功，朱熹曰：「傷身而無功，若比干箕子是也。」夏案：箕子未傷身（見胎教篇），朱説未確。又，惜訓恐。李白感興詩：「不惜他人開，但恐生是非。」惜、恐互文。

〔四一〕「夫鸞鳳」，原校：「一無夫字。」

〔四二〕大皇之壄，王逸曰：「大皇之藪，大荒之野。」原校：「一注云：『皇，美也。大美之藪。』」

〔四三〕四極，爾雅釋地：「東至於泰遠，西至於邠國，南至於濮鈆，北至於祝栗，謂之四極。」注：「皆四方極遠之國。」「而回周兮」，原校：「回，一作徊。而回周兮，一作以周覽兮。」

〔四四〕「彼聖人」四句，王夫之曰：「聖人遠屈伸以利用，無道則隱。屈子遠遊之志不終，自投於淵，無救于楚，徒以輕生，誼所爲致惜也。其哀屈子至矣，其爲屈子謀周矣，然以爲知屈子則未矣。」

旱雲賦〔一〕

惟昊天之大旱兮〔二〕，失精和之正理〔三〕；遥望白雲之蓬勃兮〔四〕，滃澹澹而妄止〔五〕。運清濁之澒洞兮〔六〕，正重沓而并起；嵬隆崇以崔巍兮〔七〕，時仿佛而有似。屈卷輪而中天兮，象虎驚與龍駭；相搏據而俱興兮〔八〕，妄倚儷而時有〔九〕。遂積聚而合沓兮，相紛薄而慷慨〔一〇〕；若飛翔之從横兮，揚侯怒而澎濞〔一一〕。正帷布而雷動兮〔一二〕，相擊沖而破碎；或窈窕而四塞兮，誠若雨而不墜〔一三〕。

陰陽分而不相得兮，更惟貪邪而狼戾〔一四〕。終風解而霧散兮，陵遲而堵潰〔一五〕；或深潛而閉藏兮，争離而并逝〔一六〕。廓蕩蕩其若滌兮〔一七〕，日炤炤而無穢〔一八〕。隆盛暑而無聊兮〔一九〕，煎砂石而爛渭〔二〇〕；湯風至而含熱兮〔二一〕，羣生悶滿而愁憒〔二二〕。畎畝枯槁而失澤兮〔二三〕，壤石相聚而爲害〔二四〕；農夫垂拱而無聊兮，釋其鋤耨而下淚。憂彊畔之遇害兮〔二五〕，痛皇天之靡惠；惜稚稼之旱夭兮，離天災而不遂〔二六〕。

懷怨心而不能已兮，竊托咎於在位〔二七〕。獨不聞唐虞之積烈兮，與三代之風氣〔二八〕；時俗殊而不還兮，恐功久而壞敗。何操行之不得兮，政治失中而違節〔二九〕；陰氣辟而留滯兮，厭暴至而沈没〔三〇〕。嗟乎！惜旱大劇，何辜於天；無恩澤忍兮〔三一〕，嗇夫何寡德矣〔三二〕。既已生之不與福矣，來何暴也，去何躁也，孳孳望之〔三三〕，其可悼也〔三四〕。憭兮慄兮，以鬱怫兮〔三五〕；念思白雲，腸如結兮。終怨不雨，甚不仁兮；布而不下，甚不信兮。白雲何怨？奈何人兮〔三六〕。

〔一〕此賦載古文苑，題爲誼撰。又見於藝文類聚卷一〇〇，題作旱頌，東方朔撰（僅録十二句）。漢書文帝紀：「九年春，大旱。」此賦首句云「惟昊天之大旱兮」，説文「昊，春爲昊天」（有別解，見注〔一九〕），賦文正與紀載相合。又賦云「政治失中而違節」之語，亦類誼之激切讜直文風。且古文苑成書於唐前，應較歐陽詢所見更近於真。而此賦亦疑非朔撰。一則，漢書東方朔傳云：「朔之文辭，此二篇（夏案：指答客難、非有先生論）最善，其餘有封泰山，責和氏璧及皇太子生禖，屏風，殿上柏柱，平樂觀賦獵，八言、七言上下，從公孫弘借車，凡劉向所録朔書具是矣。世所傳他事皆非也。」旱頌適不在所言之中，班氏距朔不遠，所言當可信。二則，朔傳言其戒子云「飽食安步，以仕易農；依隱玩世，詭時不逢」，當不作「政治失中而違節」之「詭時」之語。因此可推想是賦爲誼所撰。然亦有疑點，漢書武帝紀：「建元四年夏，六月旱。元光六年，夏，大旱。」朔處武帝朝，亦必非不能爲此賦（參注〔一九〕），故未可遽定爲誼作。　旱雲，淮南子覽冥訓注：「旱雲，亢陽，氣似煙火。」章樵曰：「在易，坎爲水，其藴烝而上升則爲雲，溶液而下施則雨，故乾云『雲行雨施』，陰陽和暢也。屯云『密雲不雨』，陰陽不和暢而不澤被於物。賈誼負超世之才，文帝將大用之，乃爲大臣絳、灌所阻，卒棄不用，而世不被其澤，故託旱雲以寓其意焉。」

〔二〕「兮」，藝文類聚引無，下同。

〔三〕精，淮南子天文訓：「天地之襲，精爲陰陽。」注：「精，氣也。」　和，天文訓：「地之含氣，和者爲雨。」

〔四〕「蓬勃」，藝文類聚引作鄷淳。夏案：朱駿聲曰：「鄷，詩作豐，鄷後出字也。」一切經音義七：「淳，濃也。」朱起鳳曰：「蓬勃，雲氣盛貌。」是二文義同字殊。

〔五〕滃，説文：「滃，雲氣起也。」　澮，説文：「澮，水繇皃。」段注：「繇，當作摇。」　妄止，章樵曰：「雲興而不雨，則雲爲妄出矣。」詩魯頌泮水傳：「止，至也。」

〔六〕清濁，清氣濁氣，引申爲陰陽二氣，此謂雲。　澒洞，章樵曰：「澒洞，洶湧貌。」

〔七〕嵬，説文：「嵬，高而不平也。」　以，王引之曰：「以，猶而也。」　崔巍，文選司馬相如上林賦注：「崔巍，高峻貌。」夏案：字亦作崔嵬，見辭通。

〔八〕摶，管子内業注：「摶，謂結聚也。」　據，廣雅釋詁一：「據，引也。」

〔九〕妄，説文：「妄，亂也。」　倚，説文：「倚，依也。」　儷，廣韻：「儷，并也。」

〔一〇〕紛薄，文選左思蜀都賦注：「紛薄，飛揚也。」文選謝靈運富春渚詩注：「薄，與泊同。」　慷慨，文選曹植箜篌引注：「慷慨，猶激揚也。」

〔一一〕揚侯，章樵曰：「揚侯，大波神。」淮南子覽冥訓注：「陽侯，陽陵國侯也。溺死於水，其神能爲大波。」禮記玉藻注：「揚，讀爲陽。」　澎濞，漢書司馬相如傳注引張揖曰：「澎濞，衆盛貌。」

〔一二〕正，正如。　動，易无妄虞注：「動，震也。」

〔一三〕窈窕，文選陶潛歸去來辭注：「窈窕，深長貌。」　「正帷布」四句，章樵曰：「言白雲之狀，變態不常，若將雨而雨終不降。」

〔一四〕狼戾，漢書嚴助傳顔注：「狼性貪戾，凡言狼戾，謂貪而戾。」王先謙引王念孫曰：「顔以狼爲豺狼之狼，非也。狼，亦戾也。廣雅：『狼戾，很也。』狼與戾同義。」

〔一五〕「終風」二句，章樵曰：「毛之詩注：『終日風爲終風。』言雲爲風解而消散，如陵之隳，如墻之傾。」夏案：終爲領字，不當與風連讀，猶上之正帷，下之或深。又，朱起鳳曰：「説文云：『夌，夌徲也。』陵遲即夌徲之假字。是陵非丘陵之陵，其義甚明。」「遲字古亦讀夷。」「漸平爲陵夷。陵夷是連綿字，上下同義，不可分列。」又，朱起鳳以爲堵壞、墮壞亦同義連綿字（見辭通卷十八），竊意此文堵潰即堵壞。集韻：「潰，胡對切。」「壞，胡罪切。」是潰、壞音同義近，例當通假。是則此文陵遲、堵潰皆爲連綿詞，文例一致。章解雖可通，然非確解。

〔一六〕「或深潛」二句，章樵曰：「以雲自況，寓意尤深。」

〔一七〕廓，説文：「廓，空也。」

〔一八〕炤，集韻：「昭，明也。或从火。」　穢，謂云。用左傳昭公二十六年「天之有彗也，以除穢也」意。

〔一九〕暑，説文：「暑，熱也。」夏案：此引説文意在牽合文帝紀以符誼撰是賦之説。若讀如字，此當非誼撰；且爾雅釋天云：「昊爲夏天。」正合武紀，是此更非誼作也。

〔二〇〕「煎砂石」句，章樵曰：「渭水枯竭，至於焦爛。」説苑君道：「湯之時，大旱七年，雒坼川竭，煎沙爛石。」

〔二一〕湯風，章樵曰：「湯風，温風也。」

〔二二〕「悶滿」，疑衍滿字。「群生悶」與上句「湯風至」對文，不當有滿字。滿字當係校書者「悶」之旁注，抄者不察而闌入正文。説文：「悶，懣也。」朱駿聲曰：「滿，假借爲懣。」知滿爲悶之旁注。　憒，廣韻：「憒，心亂也。」

〔二三〕畎，音犬。集韻：「畎，田畝也。」

〔二四〕「壞石」句，章樵曰：「雨既不至，壞石爲風日所暴，皆能吸畎畝之滋潤以害苗。」

〔二五〕疆畔，周語上：「恪恭於農，修其疆畔。」注：「疆，境也。畔，界也。」夏案：此謂畎畝。

〔二六〕離，章樵曰：「離，與罹同，遭也。」　遂，齊語注：「遂，長也。」

〔二七〕在位，謂君王大臣。書益稷：「帝慎乃在位。」書大禹謨：「君子在野，小人在位。」　托咎於在位，後漢書五行志一注：「春秋考異郵曰：『國大旱，冤獄結。旱者，陽氣移，精不施，君上失制，奢淫僭差，氣亂感天，則旱徵見。』」

〔二八〕「獨不」二句，章樵曰：「唐虞三代之時，雖不能無水旱，君臣上下，相與敬戒，飭躬修政，是以召天地之和。」　烈，爾雅釋詁：「烈，業也。」

〔二九〕「何操行」二句，荀子大略：「湯旱而禱曰：『政不節與，使民疾與，何以不雨至斯極也？』」王先謙曰：「節，猶適也。謂不調適也。」

〔三〇〕「陰氣」二句，謂陰氣雖避猶尚滯留，故成雲，終迫於暴曬而消散。漢書五行志：「刑罰妄加，羣陰不附，則陽氣盛。」藝文類聚一〇〇引物理論：「陽盈而過，故致旱。」朱駿聲曰：「辟，假借爲避。」説文：「厭，笮也。」段注：「竹部：笮者，迫也。」集韻：「暴，日乾也。或作曝。」小爾雅廣言：「暴，曬也。」

〔三一〕「無恩」句，藝文類聚一〇〇引京氏別對災異云：「人君無施澤惠利於下，則致旱也。」

〔三二〕「嗇夫」句，章樵曰：「嗇夫，田畯之神也。祈年則樂田畯。忍旱不救，可謂寡德，怨辭也。」集韻：「畯（音俊），農神。」秦策注：「德，恩也。」

〔三三〕孳，漢書東方朔傳注「孳，與孜同。」

〔三四〕悼，方言一：「悼，傷也。」

〔三五〕憭慄，楚辭宋玉九辯注：「憭慄，猶悽愴也。」夏案：「慄」，原訛慓，兹據出處改。鬱佛，即佛鬱。漢書鄒陽傳注：「佛鬱，蘊積也。」

〔三六〕「白雲」二句，章樵曰：「天實爲之，人其奈何？」夏案：此當謂何怨乎白雲，奈何在位之人，不「修政以召天地之和」。

佚文

妙雕文以刻鏤兮，象巨獸之屈奇兮。戴高角之峨峨，負大鍾而顧飛。美哉爛兮，亦天地之大式〔一〕。

〔一〕此文載古文苑卷二十一，作賈誼簴賦。又見藝文類聚卷四十四，作賈誼簴賦，其文作「牧太平以深志，象巨獸之屈奇，妙彫文以刻鏤，舒循尾之采垂，舉其鋸牙，以左右相指，負大鍾而欲飛」。又初學記卷十六引與古文苑同。

又太平御覽卷五百八十二引作賈誼簴賦，其文作「攖攣拳以蟉虬，負大鍾而欲飛」。

神農以爲走禽難以久養民，乃求可食之物，嘗百草，察實鹹苦之味〔一〕，教民食穀〔二〕。

〔一〕「察實」，劉師培曰：「二字當互乙。」

〔二〕劉師培曰：「藝文類聚卷十一引。太平御覽七十八、八百三十七引，同。北堂書鈔卷十亦引『教民食穀』語。此疑修政語上脱文。」夏案：太平御覽卷七十八引同，唯「察實」乙，「實」屬上爲句。卷八百三十七引，「神農」上有「至于」二字。「百草」下有「之實」二字。「察實」作「察容」。又，校記所引劉説，見所纂賈子新書佚文輯補。下同。有劉説者，皆爲其所輯。

古者〔一〕，天子二十而冠，帶劍；諸侯三十而冠，帶劍；大夫四十而冠，帶劍。隸人不得冠，庶人有事得帶劍，無事不得帶劍〔二〕。

〔一〕「者」，劉輯本脱，兹據初學記、太平御覽補。

〔二〕劉師培曰：「初學記二十二引。」夏案：亦見太平御覽卷三百四十四引，唯「庶人」二句作「庶人不帶劍」。

天子黑方履，諸侯素方履，大夫素圈履〔一〕。

〔一〕劉師培曰：「初學記二十六引。此上二條，疑等齊諸篇脱文。」夏案：此條亦見太平御覽卷六百九十七引，唯「圈」作「圓」，疑是。

沸唇没塞垣之下〔一〕。

〔一〕劉師培曰：「太平御覽三百六十八引。原注云：『匈奴號也。』此條疑匈奴篇脱文。」

懇言則辭淺而不入，深言則逆耳而失指〔一〕。

〔一〕此條載鹽鐵論鹽鐵箴石。

爲君既不易，爲臣良獨難〔一〕。

〔一〕此條載太平御覽卷六百二十一，當係官人佚文。

人君不可以不學〔一〕。

〔一〕此條見後漢書樊宏傳引。

此古天子自輔弼之禮也，自爲天子而賢智維之，故能慮無失計，舉無過事，終身得中〔一〕。

〔一〕此條見於後漢書百官志「太傅，上公一人」劉昭注引，其上所引即本書傅職「天子不論於先聖人之德」六段。此六句與本書保傅「故成王中立聽朝」三句相近，「慮無失計，舉無過事」八字悉同，「自爲」句相似，首尾二句本書無，疑即保傅或傅職佚文。

附録二

賈誼傳〔一〕

賈誼〔二〕，雒陽人也〔三〕，年十八，以能誦詩書屬文稱於郡中〔四〕。河南守吴公聞其秀材〔五〕，召置門下〔六〕，甚幸愛。文帝初立，聞河南守吴公治平爲天下第一〔七〕，故與李斯同邑〔八〕，而嘗學事焉〔九〕，徵以爲廷尉〔一〇〕。廷尉乃言誼年少，頗通諸家之書〔一一〕。文帝召以爲博士。

是時，誼年二十餘，最爲少。每詔令議下〔一二〕，諸老先生未能言，誼盡爲之對，人人各如其意所出〔一三〕，諸生於是以爲能。文帝説之〔一四〕，超遷，歲中至太中大夫〔一五〕。

誼以爲漢興二十餘年，天下和洽，宜當改正朔，易服色制度〔一六〕，定官名，興禮樂。乃草具其儀法〔一七〕，色上黄〔一八〕，數用五〔一九〕，爲官名，悉更奏之〔二〇〕。文帝謙讓未皇也〔二一〕。然諸法令所更定，及列侯就國，其説皆誼發之。於是天子議以誼任公卿之位，絳、灌、東陽侯、馮敬之屬盡害之〔二二〕，乃毁誼曰：「雒陽之人年少初學，專欲擅權，紛亂諸事。」於是天子後亦疏之，不用其議，以誼爲長沙王太傅〔二三〕。

誼既以適去〔二四〕，意不自得，及度湘水，爲賦以弔屈原。屈原，楚賢臣也，被讒放逐，作離騷賦，其終篇曰：「已矣！國亡人，莫我知也。」遂自投江而死，誼追傷之，因以自諭〔二五〕。其辭曰：

恭承嘉惠兮，竢罪長沙。仄聞屈原兮，自湛汨羅。造託湘流兮，敬弔先生。遭世罔極兮，迺隕厥身。烏虖哀哉兮，逢時不祥！鸞鳳伏竄兮，鴟鴞翺翔。闒茸尊顯兮，讒諛得志；賢聖逆曳兮，方正倒植。謂隨、夷溷兮，謂跖、蹻廉；莫邪爲鈍兮，鈆刀爲銛。于嗟默默，生之亡故兮！斡棄周鼎，寶康瓠兮。騰駕罷牛，驂蹇驢兮；驥垂兩耳，服鹽車兮。章父薦屨，漸不可久兮；嗟苦先生，獨離此咎兮！

誶曰：已矣！國其莫吾知兮，子獨壹鬱其誰語？鳳縹縹其高逝兮，夫固自引而遠去。襲九淵之神龍兮，沕淵潛以自珍；偭蟂獺以隱處兮，夫豈從蝦與蛭螾？所貴聖之神德兮，遠濁世而自臧。使麒麟可係而羈兮，豈云異夫犬羊？般紛紛其離此郵兮，亦夫子之故也！歷九州而相其君兮，何必懷此都也？鳳皇翔于千仞兮，覽德煇而下之；見細德之險徵兮，遥增擊而去之。彼尋常之汙瀆兮，豈容吞舟之魚！横江湖之鱣鯨兮，固將制於螻螘。

誼爲長沙傅三年，有服飛入誼舍〔二六〕，止於坐隅。服似鴞，不祥鳥也〔二七〕。誼既以適居長沙，長沙卑濕，誼自傷悼，以爲壽不得長，乃爲賦以自廣〔二八〕，其辭曰：

單閼之歲，四月孟夏，庚子日斜，服集余舍，止於坐隅，貌甚閒暇。異物來崒，私怪其故，發書占之，讖言其度。曰「野鳥入室，主人將去。」問於子服：「余去何之？吉虖告我，凶言其災。淹速之度，語余其期。」

服乃太息，舉首奮翼，口不能言，請對以意。萬物變化，固亡休息。斡流而遷，或推而還。形氣轉續，變化而嬗。沕穆亡間，胡可勝言！禍兮福所倚，福兮禍所伏；憂喜聚門，吉凶同域。彼吴彊大，夫差以敗；粵棲會稽，句踐伯世。斯遊遂成，卒被五刑；傅說胥靡，乃相武丁。夫禍之與福，何異糾纆！命不可說，孰知其極？水激則旱，矢激則遠。萬物回薄，震蕩相轉。雲烝雨降，糾錯相紛。大鈞播物，坱圠無垠。天不可與慮，道不可與謀。遲速有命，烏識其時？

且夫天地爲鑪，造化爲工，陰陽爲炭，萬物爲銅。合散消息，安有常則？千變萬化，未始有極。忽然爲人，何足控揣；化爲異物，又何足患！小智自私，賤彼貴我；達人大觀，物亡不可。貪夫徇財，列士徇名；夸者死權，品庶每生。怵迫之徒，或趨西東；大人不曲，意變齊同。愚士繫俗，僒若囚拘；至人遺物，獨與道俱。衆人惑惑，好惡積意；真人恬漠，獨與道息。釋智遺形，超然自喪；寥廓忽荒，與道翺翔。乘流則逝，得坎則止；縱軀委命，不私與己。其生兮若浮，其死兮若休。澹虖若深淵之靚，氾虖若不繫之舟。不以生故自保，養空而浮。德人無累，知命不憂。細故蔕芥，何足以疑！

後歲餘，文帝思誼，徵之。至，入見，上方受釐〔二九〕，坐宣室〔三〇〕。上因感鬼神事，而問鬼神之本。誼具道所以然之故。至夜半，文帝前席〔三一〕。既罷，曰：「吾久不見賈生，自以爲過之，今不及也。」乃拜誼爲梁懷王太傅〔三二〕。懷王，上少子，愛〔三三〕，而好書，故令誼傅之，數問以得失〔三四〕。

是時，匈奴彊，侵邊。天下初定，制度疏闊，諸侯王僭儗〔三五〕，地過古制，淮南、濟北王皆爲逆誅〔三六〕。誼數上疏陳政事，多所欲匡建〔三七〕，其大略曰：

臣竊惟事勢，可爲痛哭者一，可爲流涕者二，可爲長太息者六，若其它背理而傷道者，難徧以疏舉。進言者皆曰天下已安已治矣，臣獨以爲未也。曰安且治者，非愚則諛，皆非事實知治亂之體者也。夫抱火厝之積薪之下而寢其上，火未及燃，因謂之安，方今之勢，何以異此！本末舛逆，首尾衡決，國制搶攘，非甚有紀，胡可謂治！陛下何不壹令臣得孰數之於前，因陳治安之策，試詳擇焉！

夫射獵之娱，與安危之機孰急？使爲治，勞智慮，苦身體，乏鍾鼓之樂，勿爲可也。樂與今同，而加之諸侯軌道，兵革不動，民保首領，匈奴賓服，四荒鄉風，百姓素樸，獄訟衰息，大數既得，則天下順治，海内之氣清和咸理，生爲明帝，没爲明神，名譽之美，垂於無窮。禮，祖有功而宗有德，使顧成之廟稱爲太宗，上配太祖，與漢亡極。建久安之勢，成長治之業，以承祖廟，以奉六親，至孝也；以幸天下，以育群生，至仁也；立經陳紀，輕重同得，後可以爲萬世法程，雖有愚幼不肖之嗣，猶得蒙業而安，至明也。以陛下之明達，因使少知治體者得佐下風，致此非難也。其具可素陳於前，願幸勿忽。臣謹稽之天地，驗之往古，按之當今之務，日夜念此至孰也，雖使禹舜復生，爲陛下計，亡以易此。

夫樹國固必相疑之勢，下數被其殃，上數爽其憂，甚非所以安上而全下也。今或親弟謀爲東帝，親兄之子西鄉而擊，今吴又見告矣。天子春秋鼎盛，行義未過，德澤有加焉，猶尚如是，況莫大諸侯，權力且十此者虖！

然而天下少安，何也？大國之王幼弱未壯，漢之所置傅相方握其事。數年之後，諸侯之王大抵皆冠，血氣方剛，漢之傅相稱病而賜罷，彼自丞尉以上偏置私人，如此，有異淮南、濟北之爲邪！此時而欲爲治安，雖堯舜不治。

黄帝曰：「日中必熭，操刀必割。」今令此道順而全安，甚易，不肯早爲，已乃墮骨肉之屬而抗剄之，豈有異秦之季世虖！夫以天子之位，乘今之時，因天之助，尚憚以危爲安，以亂爲治，假設陛下居齊桓之處，將不合諸侯而匡天下乎？臣又以知陛下有所必不能矣。假設天下如曩時，淮陰侯尚王楚，黥布王淮南，彭越王梁，韓信王韓，張敖王趙，貫高爲相，盧綰王燕，陳豨在代，令此六七公者皆亡恙，當是時而陛下即天子位，能自安乎？臣有以知陛下之不能也。天下殽亂，高皇帝與諸公併起，非有仄室之勢以豫席之也。諸公幸者乃爲中涓，其次厪得舍人，材之不逮至遠也。高皇帝以明聖威武即天子位，割膏腴之地以王諸公，多者百餘城，少者乃三四十縣，悳至渥也，然其後十年之間，反者九起。陛下之與諸公，非親角材而臣之也，又非身封王之也，自高皇帝不能以是一歲爲安，故臣知陛下之不能也。然尚有可諉者，曰疏，臣請試言其親者。假令悼惠王王齊，元王王楚，中子王趙，幽王王淮陽，共王王梁，靈王王燕，厲王王淮南，六七貴人皆亡恙，當是時陛下即位，能爲治虖？臣又知陛下之不能也。若此諸王，雖名爲臣，實皆有布衣昆弟之心，慮亡不帝制而天子自爲者，擅爵人，赦死罪，甚者或戴黄屋，漢法令非行也。雖行不軌如厲王者，令之不肯聽，召之安可致乎！幸而來至，法安可得加！動一親戚，天下圜視而起，陛下之臣雖有悍如馮敬者，適啓其口，匕首已陷其匈矣。陛下雖賢，誰與領此？故疏者必危，親者必亂，已然之效也。其異姓負彊而動者，漢已幸勝之矣，又不易其所以然。同姓襲是跡而動，既有徵矣，其勢盡又復然。殃旤之變，未知所移，明帝處之尚不能以安，後世將如之何！

屠牛坦一朝解十二牛，而芒刃不頓者，所排擊剥割，皆衆理解也。至於髖髀之所，非斤則斧。夫仁義恩厚，人主之芒刃也；權勢法制，人主之斤斧也。今諸侯王皆衆髖髀也，釋斤斧之用，而欲嬰以芒刃，臣以爲不缺則折。胡不用之淮南、濟北？勢不可也。

臣竊跡前事，大抵彊者先反。淮陰王楚最彊，則最先反；韓信倚胡，則又反；貫高因趙資，則又反；陳豨兵精，則又反；彭越用梁，則又反；黥布用淮南，則又反；盧綰最弱，最後反。長沙乃在二萬五千户耳，功少而最完，勢疏而最忠，非獨性異人也，亦形勢然也。曩令樊、酈、絳、灌據數十城而王，今雖以殘亡可也；令信、越之倫列爲徹侯而居，雖至今存可也。然則天下之大計可知已。欲諸王之皆忠附，則莫若令如長沙王；欲臣子之勿菹醢，則莫若令如樊、酈等；欲天下之治安，莫若衆建諸侯而少其力。力少則易使以義，國小則亡邪心。令海内之勢如身之使臂，臂之使指，莫不制從，諸侯之君不敢有異心，輻湊并進而歸命天子，雖在細民，且知其安，故天下咸知陛下之明。割地定制，令齊、趙、楚各爲若干國，使悼惠王、幽王、元王之子孫畢以次各受祖之分地，地盡而止，及燕、梁它國皆然。其分地衆而子孫少者，建以爲國，空而置之，須其子孫生者，舉使君之。諸侯之地其削頗入漢者，爲徙其侯國及封其子孫也，所以數償之；一寸之地，一人之衆，天子亡所利焉，誠以定治而已，故天下咸知陛下之廉。地制壹定，宗室子孫莫慮不王，下無倍畔之心，上無誅伐之志，故天下咸知陛下之仁。法立而不犯，令行而不逆，貫高、利幾之謀不生，柴奇、開章之計不萌，細民鄉善，大臣致順，故天下咸知陛下之義。卧赤子天下之上而安，植遺腹，朝委裘，而天下不亂，當時大治，後世誦聖。壹動而五業附，陛下誰憚而久不爲此。

天下之勢，方病大瘇，一脛之大幾如要，一指之大幾如股，平居不可屈信，一二指搐，身慮亡聊。失今不治，必爲錮疾，後雖有扁鵲，不能爲已。病非徒瘇也，又苦蹠盭。元王之子，帝之從弟也；今之王者，從弟之子也。惠王，親兄子也；今之王者，兄子之子也。親者或亡分地以安天下，疏者或制大權以偪天子，臣故曰非徒病瘇也，又苦蹠盭。可痛哭者，此病是也。

天下之勢方倒縣。凡天子者，天下之首，何也？上也。蠻夷者，天下之足，何也？

下也。今匈奴嫚侮侵掠，至不敬也，爲天下患，至亡已也，而漢歲致金絮采繒以奉之。夷狄徵令，是主上之操也；天子共貢，是臣下之禮也。足反居上，首顧居下，倒縣如此，莫之能解，猶爲國有人乎？非亶倒縣而已，又類辟，且病痱。夫辟者一面病，痱者一方痛。今西邊北邊之郡，雖有長爵不輕得復，五尺以上不輕得息，斥候望烽燧不得卧，將吏被介胄而睡，臣故曰一方病矣。醫能治之，而上不使，可爲流涕者此也。

陛下何忍以帝皇之號爲戎人諸侯，勢既卑辱，而既不息，長此安窮！進謀者率以爲是，固不可解也，亡具甚矣。臣竊料匈奴之衆，不過漢一大縣，以天下之大困於一縣之衆，甚爲執事者羞之。陛下何不試以臣爲屬國之官以主匈奴？行臣之計，請必係單于之頸而制其命，伏中行説而笞其背，舉匈奴之衆唯上之令。今不獵猛敵而獵田彘，不搏反寇而搏畜菟，翫細娱而不圖大患，非所以爲安也。德可遠施，威可遠加，而直數百里外威令不信，可爲流涕者此也。

今民賣僮者，爲之繡衣絲履偏諸緣，内之閑中，是古天子后服，所以廟而不宴者也，而庶人得以衣婢妾。白縠之表，薄紈之裏，緁以偏諸，美者黼繡，是古天子之服，今富人大賈嘉會召客者以被墻。古者以奉一帝一后而節適，今庶人屋壁得爲帝服，倡優下賤得爲后飾，然而天下不屈者，殆未有也。且帝之身自衣皁綈，而富民墻屋被文繡；天子之后以緣其領，庶人孽妾緣其履：此臣所謂舛也。夫百人作之不能衣一人，欲天下亡寒，胡可得也？一人耕之，十人聚而食之，欲天下亡飢，不可得也。飢寒切於民之肌膚，欲其亡爲姦邪，不可得也。國已屈矣，盜賊直須時耳，然而獻計者曰「毋動」，爲大耳。夫俗至大不敬也，至亡等也，至冒上也，進計者猶曰「毋爲」，可爲長太息者此也。

商君遺禮義，棄仁恩，并心於進取，行之二歲，秦俗日敗。故秦人家富子壯則出分，家貧子壯則出贅。借父耰鉏，慮有德色；母取箕箒，立而誶語。抱哺其子，與公併倨；婦姑不相説，則反脣而相稽。其慈子耆利，不同禽獸者亡幾耳。然并心而赴時，猶曰蹷六國，兼天下。功成求得矣，終不知反廉愧之節，仁義之厚。信并兼之法，遂進取之業，天下大敗；衆掩寡，智欺愚，勇威怯，壯陵衰，其亂至矣。是以大賢起之，威震海内，德從天下。曩之爲秦者，今轉而爲漢矣。然其遺風餘俗，猶尚未改。今世以侈靡相競，而上亡制度，棄禮誼，捐廉恥，日甚，可謂月異而歲不同矣。逐利不耳，慮非顧行也，今其甚者殺父兄矣。盜者剟寢户之簾，搴兩廟之器，白晝大都之中剽吏而奪之金。矯僞者出幾十萬石粟，賦六百餘萬錢，乘傳而行郡國，此其亡行義之尤至者也。而大臣特以簿書不報，期會之間，以爲大故。至於俗流失，世壞敗，因恬而不知怪，慮不動於耳目，以爲是適然耳。夫移風易俗，使天下回心而鄉道，類非俗吏之所能爲也。俗吏之所務，在於刀筆筐篋，而不知大體。陛下又不自憂，竊爲陛下惜之。

夫立君臣，等上下，使父子有禮，六親有紀，此非天之所爲，人之所設也。夫人之所設，不爲不立，不植則僵，不修則壞。筦子曰：「禮義廉恥，是謂四維；四維不張，國乃滅亡。」使筦子愚人也則可，筦子而少知治體，則是豈可不爲寒心哉！秦滅四維而不張，故君臣乖亂，六親殃戮，姦人并起，萬民離叛，凡十三歲，而社稷爲虛。今四維猶未備也，故姦人幾幸，而衆心疑惑。豈如今定經制，令君君臣臣，上下有差，父子六親各得其宜，姦人亡所幾幸，而羣臣衆信，上不疑惑！此業壹定，世世常安，而後有所持循矣。若夫經制不定，是猶度江河亡維楫，中流而遇風波，船必覆矣。可爲長太息者此也。

夏爲天子，十有餘世，而殷受之。殷爲天子，二十餘世，而周受之。周爲天子，三十餘世，而秦受之。秦爲天子，二世而亡。人性不甚相遠也，何三代之君有道之長，而秦無道之暴也？其故可知也。古之王者，太子乃生，固舉以禮，使士負之，有司齊肅端冕，見之南郊，見于天也。過闕則下，過廟則趨，孝子之道也。故自爲赤子而教固以行矣。昔者成王幼在繈抱之中，召公爲太保，周公爲太傅，太公爲太師。保，保其身體；

傅，傅之德義；師，道之教訓：此三公之職也。於是爲置三少，皆上大夫也，曰少保、少傅、少師，是與太子宴者也。故乃孩提有識，三公、三少固明孝仁禮義以道習之，逐去邪人，不使見惡行。於是皆選天下之端士，孝悌博聞有道術者以衛翼之，使與太子居處出入。故太子乃生而見正事，聞正言，行正道，左右前後皆正人也。夫習與正人居之，不能毋正，猶生長於齊不能不齊言也；習與不正人居之，不能毋不正，猶生長於楚之地不能不楚言也。故擇其所耆，必先受業，乃得嘗之；擇其所樂，必先有習，乃得爲之。孔子曰：「少成若天性，習貫如自然。」及太子少長，知妃色，則入于學。學者，所學之官也。學禮曰：「帝入東學，上親而貴仁，則親疏有序而恩相及矣；帝入南學，上齒而貴信，則長幼有差而民不誣矣；帝入西學，上賢而貴德，則聖智在位而功不遺矣；帝入北學，上貴而尊爵，則貴賤有等而下不踰矣；帝入太學，承師問道，退習而考於太傅，太傅罰其不則而匡其不及，則德智長而治道得矣。此五學者既成於上，則百姓黎民化輯於下矣。」及太子既冠成人，免於保傅之嚴，則有記過之史，徹膳之宰，進善之旌，誹謗之木，敢諫之鼓。瞽史誦詩，工誦箴諫，大夫進謀，士傳民語。習與智長，故切而不媿；化與心成，故中道若性。三代之禮：春朝朝日，秋暮夕月，所以明有敬也；春秋入學，坐國老，執醬而親餽之，所以明有孝也；行以鸞和，步中采齊，趣中肆夏，所以明有度也；其於禽獸，見其生不食其死，聞其聲不食其肉，故遠庖廚，所以長恩，且明有仁也。

夫三代之所以長久者，以其輔翼太子有此具也。及秦而不然。其俗固非貴辭讓也，所上者告訐也；固非貴禮義也，所上者刑罰也。使趙高傅胡亥而教之獄，所習者非斬劓人，則夷人之三族也。故胡亥今日即位而明日射人，忠諫者謂之誹謗，深計者謂之妖言，其視殺人若艾草菅然。豈惟胡亥之性惡哉？彼其所以道之者非其理故也。

鄙諺曰：「不習爲吏，視已成事。」又曰：「前車覆，後車誡。」夫三代之所以長久者，其已事可知也；然而不能從者，是不法聖智也。秦世之所以亟絶者，其轍跡可見也；然而不避，是後車又將覆也。夫存亡之變，治亂之機，其要在是矣。天下之命，縣於太子；太子之善，在於早諭教與選左右。夫心未濫而先諭教，則化易成也；開於道術智誼之指，則教之力也。若其服習積貫，則左右而已。夫胡、粤之人，生而同聲，耆欲不異，及其長而成俗，累數譯而不能相通，行有雖死而不相爲者，則教習然也。臣故曰選左右早諭教最急。夫教得而左右正，則太子正矣，太子正而天下定矣。書曰：「一人有慶，兆民賴之。」此時務也。

凡人之智，能見已然，不能見將然。夫禮者禁於將然之前，而法者禁於已然之後，是故法之所用易見，而禮之所爲生難知也。若夫慶賞以勸善，刑罰以懲惡，先王執此之政，堅如金石，行此之令，信如四時，據此之公，無私如天地耳，豈顧不用哉？然而曰禮云禮云者，貴絶惡於未萌，而起教於微眇，使民日遷善遠辠而不自知也。孔子曰：「聽訟，吾猶人也，必也使毋訟乎！」爲人主計者，莫如先審取舍；取舍之極定於內，而安危之萌應於外矣。安者非一日而安也，危者非一日而危也，皆以積漸然，不可不察也。人主之所積，在其取舍。以禮義治之者，積禮義；以刑罰治之者，積刑罰。刑罰積而民怨背，禮義積而民和親。故世主欲民之善同，而所以使民善者或異。或道之以德教，或敺之以法令。道之以德教者，德教洽而民氣樂；敺之以法令者，法令極而民風哀。哀樂之感，禍福之應也。秦王之欲尊宗廟而安子孫，與湯武同。然而湯武廣大其德行，六七百歲而弗失；秦王治天下，十餘歲則大敗。此亡它故矣，湯武之定取舍審，而秦王之定取舍不審矣。夫天下，大器也。今人之置器，置諸安處則安，置諸危處則危，天下之情與器亡以異，在天子之所置之。湯武置天下於仁義禮樂，而德澤洽，禽獸草木廣裕，德被蠻貊四夷，累子孫數十世，此天下所共聞也。秦王置天下於法令刑罰，德澤亡一有，而怨毒盈於世，下憎惡之如仇讎，旤幾及身，子孫誅絶，此天下之所共見也。是非其明效大驗邪！人之言曰：「聽言之道，必以其事觀之，則言者莫敢妄言。」今或言禮誼之不如法令，教化之不如刑罰，人主胡不引殷、周、秦事以觀之也？

人主之尊譬如堂，羣臣如陛，衆庶如地。故陛九級上，廉遠地，則堂高；陛亡級，廉近地，則堂卑。高者難攀，卑者易陵，理勢然也。故古者聖王制爲等列，內有公卿大夫士，外有公侯伯子男，然後有官師小吏，延及庶人，等級分明，而天子加焉，故其尊不可及也。里諺曰：「欲投鼠而忌器。」此善諭也。鼠近於器，尚憚不投，恐傷其器，況於貴臣之近主乎！廉恥節禮以治君子，故有賜死而亡戮辱。是以黥劓之辠不及大夫，以其離主上不遠也。禮，不敢齒君之路馬，蹴其芻者有罰；見君之几杖則起，遭君之乘車則下，入正門則趨；君之寵臣雖或有過，刑戮之辠不加其身者，尊君之故也。此所以爲主上豫遠不敬也，所以體貌大臣而厲其節也。今自王侯三公之貴，皆天子之所改容而禮之也，古天子之所謂伯父、伯舅也，而令與衆庶同黥劓髡刖笞傌棄市之法，然則堂不亡陛虖？被戮辱者不泰迫虖？廉恥不行，大臣無乃握重權，大官而有徒隸亡恥之心虖？夫望夷之事，二世見當以重法者，投鼠而不忌器之習也。

臣聞之，履雖鮮不加於枕，冠雖敝不以苴履。夫嘗已在貴寵之位，天子改容而體貌之矣，吏民嘗俯伏以敬畏之矣，今而有過，帝令廢之可也，退之可也，賜之死可也，滅之可也；若夫束縛之，係緤之，輸之司寇，編之徒官，司寇小吏詈罵而榜笞之，殆非所以令衆庶見也。夫卑賤者習知尊貴者之一旦吾亦乃可以加此也，非所以習天下也，非尊尊貴貴之化也。夫天子之所嘗敬，衆庶之所嘗寵，死而死耳，賤人安宜得如此而頓辱之哉！

豫讓事中行之君，智伯伐而滅之，移事智伯。及趙滅智伯，豫讓釁面吞炭，必報襄子，五起而不中。人問豫子，豫子曰：「中行衆人畜我，我故衆人事之；智伯國士遇我，我故國士報之。」故此一豫讓也，反君事讎，行若狗彘，已而抗節致忠，行出乎虖列士，人主使然也。故主上遇其大臣如遇犬馬，彼將犬馬自爲也；如遇官徒，彼將官徒自爲也。頑頓亡恥，奊詬亡節，廉恥不立，且不自好，苟若而可，故見利則逝，見便則奪。主上有敗，則因而挻之矣；主上有患，則吾苟免而已，立而觀之耳；有便吾身者，則欺賣而利之耳。人主將何便於此？羣下至衆，而主上至少也，所託財器職業者粹於羣下也。俱亡恥，俱苟妄，則主上最病。故古者禮不及庶人，刑不至大夫，所以厲寵臣之節也。古者大臣有坐不廉而廢者，不謂不廉，曰「簠簋不飾」；坐汙穢淫亂男女亡別者，不曰汙穢，曰「帷薄不修」；坐罷軟不勝任者，不謂罷軟，曰「下官不職」。故貴大臣定有其辠矣，猶未斥然正以誶之也，尚遷就而爲之諱也。故其在大譴大何之域者，聞譴何則白冠氂纓，盤水加劍，造請室而請辠耳，上不執縛係引而行也。其有中罪者，聞命而自弛，上不使人頸盭而加也。其有大辠者，聞命則北面再拜，跪而自裁，上不使捽抑而刑之也，曰：「子大夫自有過耳！吾遇子有禮矣。」遇之有禮，故羣臣自憙；嬰以廉恥，故人矜節行。上設廉恥禮義以遇其臣，而臣不以節行報其上者，則非人類也。故化成俗定，則爲人臣者主耳忘身，國耳忘家，公耳忘私，利不苟就，害不苟去，唯義所在，上之化也。故父兄之臣誠死宗廟，法度之臣誠死社稷，輔翼之臣誠死君上，守圄扞敵之臣誠死城郭封疆。故曰聖人有金城者，比物此志也。彼且爲我死，故吾得與之俱生；彼且爲我亡，故吾得與之俱存；夫將爲我危，故吾得與之皆安。顧行而忘利，守節而仗義，故可以託不御之權，可以寄六尺之孤。此厲廉恥行禮誼之所致也，主上何喪焉！此之不爲，而顧彼之久行，故曰可爲長太息者此也。

是時丞相絳侯周勃免就國，人有告勃謀反，逮繫長安獄治，卒亡事，復爵邑〔三八〕，故賈誼以此譏上。上深納其言，養臣下有節。是後大臣有罪，皆自殺，不受刑。至武帝時，稍復入獄，自甯成始〔三九〕。

初，文帝以代王入即位〔四〇〕，後分代爲兩國，立皇子武爲代王，參爲太原王，小子勝則梁王矣〔四一〕。後又徙代王武爲淮陽王，而太原王參爲代王，盡得故地。居數年，梁王勝死〔四二〕，亡子。誼復上疏曰：

陛下即不定制，如今之勢，不過一傳再傳，諸侯猶且人恣而不制，豪植而大强，漢法不得行矣。陛下所以爲蕃扞及皇太子之所恃者，唯淮陽、代二國耳。代北邊匈奴，與强敵爲鄰，能自完則足矣。而淮陽之比大諸侯，廑如黑子之著面，適足以餌大國耳，不足以有所禁禦。方今制在陛下，制國而令子適足以爲餌，豈可謂工哉！人主之行異布衣。布衣者，飾小行，競小廉，以自託於鄉黨，人主唯天下安社稷固不耳。高皇帝瓜分天下以王功臣，反者如蝟毛而起，以爲不可，故蔪去不義諸侯而虚其國。擇良日，立諸子雒陽上東門之外，畢以爲王，而天下安。故大人者，不牽小行，以成大功。

今淮南地遠者或數千里，越兩諸侯，而縣屬於漢。其吏民繇役往來長安者，自悉而補，中道衣敝，錢用諸費稱此，其苦屬漢而欲得王至甚，逋逃而歸諸侯者已不少矣。其勢不可久。臣之愚計，願舉淮南地以益淮陽，而爲梁王立後，割淮陽北邊二三列城，與東郡以益梁；不可者，可徙代王而都睢陽。梁起於新郪以北著之河，淮陽包陳以南揵之江，則大諸侯之有異心者，破膽而不敢謀。梁足以扞齊、趙，淮陽足以禁吴、楚，陛下高枕，終亡山東之憂矣，此二世之利也。當今恬然，適遇諸侯之皆少，數歲之後，陛下且見之矣。夫秦日夜苦心勞力以除六國之旤，今陛下力制天下，頤指如意，高拱以成六國之旤，難以言智。苟身亡事，畜亂宿旤，孰視而不定，萬年之後，傳之老母弱子，將使不寧，不可謂仁。臣聞聖主言問其臣而不自造事，故使人臣得畢其愚忠。唯陛下財幸！

文帝於是從誼計，乃徙淮陽王武爲梁王，北界泰山，西至高陽〔四三〕，得大縣四十餘城；徙城陽王喜爲淮南王〔四四〕，撫其民。

時又封淮南厲王四子皆爲列侯，誼知上必將復王之也，上疏諫曰〔四五〕：

竊恐陛下接王淮南諸子，曾不與如臣者孰計之也。淮南王之悖逆亡道，天下孰不知其辠？陛下幸而赦遷之，自疾而死，天下孰以王死之不當？今奉尊罪人之子，適足以負謗於天下耳。此人少壯，豈能忘其父哉？白公勝所爲父報仇者，大父與伯父、叔父也。白公爲亂，非欲取國代主也，發憤快志，剡手以衝仇人之匈，固爲俱靡而已。淮南雖小，黥布嘗用之矣，漢存特幸耳。夫擅仇人足以危漢之資，於策不便。雖割而爲四，四子一心也。予之衆，積之財，此非有子胥、白公報於廣都之中，即疑有剸諸、荆軻起於兩柱之間，所謂假賊兵爲虎翼者也。願陛下少留計！

梁王勝墜馬死，誼自傷爲傅無狀〔四六〕，常哭泣，後歲餘，亦死。賈生之死，年三十三矣。後四歲，齊文王薨〔四七〕，亡子。文帝思賈生之言〔四八〕，乃分齊爲六國，盡立悼惠王子六人爲王；又遷淮南王喜於城陽，而分淮南爲三國，盡立厲王三子以王之。後十年，文帝崩，景帝立，三年而吴、楚、趙與四齊王合從舉兵〔四九〕，西鄉京師〔五〇〕，梁王扞之〔五一〕，卒破七國。至武帝時，淮南厲王子爲王者兩國亦反誅〔五二〕。

孝武初立，舉賈生之孫二人至郡守。賈嘉最好學〔五三〕，世其家〔五四〕。

贊曰：劉向稱〔五五〕：「賈誼言三代與秦治亂之意，其論甚美，通達國體，雖古之伊、管未能遠過也〔五六〕。使時見用，功化必盛。爲庸臣所害，甚可悼痛。」追觀孝文玄默躬行以移風俗〔五七〕，誼之所陳略施行矣。及欲改定制度，以漢爲土德，色上黄，數用五〔五八〕，及欲試屬國，施五餌三表以係單于〔五九〕，其術固以疏矣〔六〇〕。誼亦天年早終，雖不至公卿，未爲不遇也。凡著述五十八篇，掇其切於世事者著于傳云〔六一〕。

〔一〕賈誼傳，録自漢書卷四十八。史記太史公自序：「作辭以諷諫，連類以争義」，「作屈原賈生列傳第二十四。」漢書敘傳：「賈生矯矯，弱冠登朝。遭文叡聖，屢抗其疏，暴秦之戒，三代是據。建設藩屏，以强守圉，吴楚合從，賴誼之慮。述賈誼傳第十八。」夏案：漢書此傳詳於史記，正文據之（標點有改動），必要時參校史記。本傳所擷誼文已見於新書及拙稿附録一（即新書未收文賦）者不注。賈生，史記儒林傳索隱：「云生者，自漢以來，儒者皆號生，亦『先生』省字呼之耳。」矯矯，顔師古曰：「高舉之貌。」叡，説文：「叡，深明也。」抗，後漢書班固傳注：「抗，進也。」圉，顔師古曰：「圉，音御。」莊子繕性釋文：「圉，本作禦。」賴誼之慮，顔師古曰：「勸文帝大封梁、淮陽。梁卒距吴楚，不得令西也。從，音子庸反（縱）。」事詳本傳「景帝立，三年而吴楚趙與四齊王合從舉兵，西鄉京師，梁王扞之，卒破七國」及注。

〔二〕賈誼，通志氏族略以國爲氏：「賈氏，伯爵，康王封唐叔虞少子公明於此。同州有賈城即其地。或言河東臨汾有賈鄉是也。」司馬貞曰：「名義。漢書并作誼。」説文段注：「誼、義古今字。周時作誼，漢時作義，皆今之仁義字也。今俗分别爲恩誼字，乃野説也。」夏案：同州，故地在今陝西大荔一帶。臨汾，故地在今山西臨汾。

〔三〕雒陽，漢書地理志上顔注：「魚豢云：『漢火行忌水，故去洛「水」而加「隹」。』如魚氏説，則光武以後改爲雒字也。」王先謙曰：「職方：『雒，豫州川。』『洛，雍州浸。』本志及説文并不相混，魚氏謬説，顔承其誤也。」夏案：讀史方輿紀要河南：「洛陽故城，周顯王以後所都也。秦三川守治洛陽，漢亦爲河南郡治，後漢都此，改洛爲雒，魏復改爲洛。」魚説并非無稽，然洛、雒混用久矣，逸周書即有作雒解（作雒，謂作邑雒陽，尚書多士作「洛」），當非後漢人所改。

〔四〕屬，音囑，顔師古：「屬，謂綴輯之也。」

〔五〕河南，漢書地理志：「河南郡故秦三川郡，高帝更名。縣二十二。」夏案：其轄境於今河南省中西部，郡治洛陽。守，蔡邕獨斷上：「守者，秦置也。秦兼天下，置三川守。」漢書百官公卿表：「郡守，秦官，景帝更名太守。」三國志魏志傅嘏傳：「秦始罷侯置守。」吴公，司馬貞曰：「吴，姓也。史失其名，故稱公。」後漢書鄭玄傳：「昔太史公、廷尉吴公、謁者僕射鄧公，皆漢之名臣，世加其高，皆悉稱公。」秀，顔師古曰：「秀，美也。」秀材，陔餘叢考秀才：「漢書賈誼傳：『吴公聞誼秀材。』秀才之名，始見於此，謂才之秀者，非竟以爲士子之專稱也。」夏案：「材」，史記作才，正字通：「材，本作才。」

〔六〕門下，沈欽韓曰：「所謂門下議生。」夏案：此門下，向無確解，謂之門下客、門下吏、門生均可通，參上置字，似謂門下客、門下吏。

〔七〕治平，顔師古曰：「治平，言其政治和平也。」夏案：此平當訓品評，故下言「爲天下第一」也。淮南子時則訓注：「平，讀評議之評。」廣雅釋詁三：「評，平也。」廣韻：「評，平量也。」

〔八〕與李斯同邑，史記李斯列傳：「李斯者，楚上蔡人也。」夏案：故地在今河南上蔡。

〔九〕學事，顔師古曰：「事之而從其學也。」

〔一〇〕以爲廷尉，漢書百官公卿表：「孝文元年，十月辛亥，河南守吴公爲廷尉。」

〔一一〕頗通諸家之書，漢書儒林傳：「漢興，北平侯張蒼及梁太傅賈誼皆修春秋左氏傳。誼爲左氏傳訓故。」韋昭國語叙：「國語其文不主於經，實於經藝并陳，非特諸子之倫也。遭秦之亂，幽而復光，賈生史遷頗綜述焉。」

〔一二〕詔令議下，顏師古曰：「謂有詔令出下及遣議事。」

〔一三〕「出」上，史記有欲字，於文爲安。

〔一四〕説，顏師古曰：「説讀曰悦。」

〔一五〕太中大夫，漢書百官公卿表上：「大夫掌論議，有太中大夫、中大夫、諫大夫。」「太中大夫秩比千石。」

〔一六〕「易服色制度」，王先謙曰：「錢大昭曰：『閩本制上有法字。』先謙曰：閩本是也。後人不解法字之義而妄删之，賴有閩本存其真，史記亦作法制度。法，正也。」

〔一七〕草，顏師古曰：「草，謂創造之。」朱駿聲曰：「草，假借爲造。廣雅釋言：『草，造也。』」夏案：漢書藝文志：「五曹官制五篇。漢制，似賈誼所條。」若其注屬實，或即此所謂「草具其儀法。」

〔一八〕色上黄，張守節曰：「漢文帝時，黄龍見成紀，故改爲土也。」夏案：漢書文帝紀：「十五年春，黄龍見於成紀。」其時，誼已逝，張説非。誼蓋據五行土剋水爲説。漢書郊祀志上：「秦得水德，及漢受之，推終始傳，則漢當土德，服色上黄。」説文：「黄，地之色也。」論衡驗符：「黄爲土色。」上，讀爲尚，史記即作尚。張注「見」，讀爲現。武帝紀注：「成紀，隴西縣。」故境在今甘肅省。

〔一九〕數用五，漢書武帝紀太初元年：「夏五月，正曆，以正月爲歲首。色上黄，數用五。」張晏曰：「漢據土德，土數五。故用五，謂印文也。若丞相印曰『丞相之印章』，守相印文不足五字者，以『之』足之。」

〔二〇〕「爲官名悉更奏之」，王念孫曰：「當依史記作『悉更秦之法』。秦、奏相似而誤，又脱法字耳。色尚黄以下三句，皆是更秦之法，故言此以總之。若謂奏之於上，則當言奏，不當言更奏也。師古所本正作更秦之法，故云『更，改也』，亦謂改秦法，非謂改奏。」周尚木曰：「作『悉更奏之』，於義爲長。更，迭也。更奏，謂將草具之儀法迭次奏進也。師古訓更爲改，非是。史記誤奏爲秦，故後人又加法字，以成義耳。」（史記識誤）夏案：王説有據，周説可通。然謂顏氏不詳更奏之義，似嫌武斷，顏之訓詁當如王説，據此，當從史記文。又，爲官名，見本書輔佐所列大相、大拂等官名。

〔二〕皇，顏師古曰：「皇，暇也。自以爲不當改制。」王先謙曰：「初即位，不暇改制，非謂不當改制也。」夏案：顏説是，謂其謙讓，自以爲不當改制。無暇婉辭也。

〔三〕「絳灌」句，顏師古曰：「絳，絳侯周勃也。灌，灌嬰也。東陽侯，張相如也。馮敬，時爲御史大夫。」周壽昌曰：「『害，忌也。』王先謙曰：「公卿表孝文三年書『典客馮敬』，七年『典客馮敬爲御史大夫』。此在帝初即位時，顏注誤。」陳子龍曰：「賈生雖建議列侯就國，然未嘗不勸文帝尊禮大臣，絳、灌何不察耶？」凌稚隆曰：「賈誼見疏以絳、灌故，而其論事乃拳拳於絳侯逮繫之事，賢者之用心哉！」夏案：本傳下文云：「是時，丞相絳侯周勃免就國，人有告勃謀反，逮繫長安獄治，卒亡事，復爵邑，故賈誼以此（夏案：此指傳中所謂陳政事疏，即本書階級篇）譏上，上深納其言。」陳、凌之言即由此而發。其事殊令人疑，故顏師古注禮樂志「大臣絳、灌害之（夏案：之指賈誼）」云：「舊説以爲絳謂絳侯周勃也，灌謂灌嬰也。而楚漢春秋高祖之臣別有絳灌，疑昧之文，不可明也。」考漢書陳平傳：「絳、灌等或讒平。」其時，劉邦尚係漢王，周勃封絳侯在高帝四年，是讒平者自是絳灌。且古人爲文雖例疏，尚不致周勃稱侯名、灌嬰稱姓而連屬之。又，文選劉子駿移書讓太常博士注：「楚漢春秋：『漢已定天下，論羣臣破敵禽將，活死不衰，絳灌、樊噲是也。功成名立，臣爲爪牙，世世相屬，百世無邪，絳侯周勃是也。』然絳灌自一人，非絳侯與灌嬰。」疑讒平毀誼者，皆係此絳灌。

〔二三〕長沙王太傅，司馬貞曰：「誼爲傅是吴芮之玄孫産襲長沙王之時也。」漢書異姓諸侯王表長沙國：「孝文二年，靖王産嗣。」夏案：漢書吴芮傳作「靖王差嗣。」

〔二四〕適，顔師古曰：「適，讀曰謫。」周壽昌曰：「太中大夫秩比千石，諸侯王太傅秩尚在內史、中尉之上，以秩而較，初非左官，其曰適去者，以其去天子之側而官王國也。」夏案：周所言見漢書百官公卿表「諸侯王」，表中雖未言其秩，然其位最高，其秩當高於千石之郎中令、太僕。又，「以適去」上，史記有「賈生既辭往行，聞長沙卑溼，自以壽不得長」之文，漢書將上文編於服賦前。

〔二五〕諭，顔師古曰：「諭，譬也。」集韻：「諭，或作喻。」

〔二六〕「服」，史記作鵩。夏案：服、鵩見本書附録一鵩鳥賦注。誼舍，司馬貞曰：「荆州記：『長沙城西北隅有賈誼宅及誼石牀在矣。』」張守節曰：「括地志：『吴芮故城在潭州長沙縣東南三百里。賈誼宅在縣南三十步。湘水記云：誼宅中有一井，誼所穿，極小而深，上斂下大，其狀如壺。旁有一局脚石牀，容一人坐，形流古制，相承云誼所坐。』」

〔二七〕不祥鳥，西京雜記五：「賈誼在長沙，鵩鳥集其承塵。長沙俗以鵩鳥至主人家，主人死。誼作鵩鳥賦，齊死生，等榮辱，以遺憂累焉。」

〔二八〕廣，司馬貞引姚氏云：「廣，猶寬也。」

〔二九〕釐，應劭曰：「釐，祭餘肉也。漢儀注，祭天地五時，皇帝不自行，祠還致福。釐，音禧。」徐廣曰：「釐，祭祀福胙也。」顔師古曰：「禧，福也。借釐字爲之耳。言受神之福也。」沈欽韓曰：「釋詁云：『釐，予賜也。』蓋受神之嘏，饋食禮『祝以嗇黍授主人』是也，應劭謂祭餘肉，漢以受胙肉爲受釐也。」（漢書疏證）

〔三〇〕宣室，蘇林曰：「宣室，未央前正室也。」司馬貞曰：「三輔故事云：『宣室在未央殿北。』」

〔三一〕前席，顔師古曰：「漸迫近誼，聽説其言也。」

〔三二〕梁懷王，司馬貞曰：「梁懷王名揖。」

〔三三〕愛，字彙：「愛，寵也。」

〔三四〕數問以得失，顔師古曰：「漢朝問以國家之事。」

〔三五〕儗，顔師古曰：「儗，比也。上比於天子。」

〔三六〕淮南、濟北王，其事見本書宗首注。

〔三七〕匡建，顔師古曰：「匡，正也，正其失也。建，立也，立制節也。」

〔三八〕「是時」五句，漢書文帝紀：「三年十一月，詔曰：『前日詔遣列侯之國，辭未行。丞相朕之所重，其爲朕率列侯之國。』遂免丞相勃，遣就國。」漢書周勃傳：「其後人有上書告勃欲反，下廷尉，逮捕勃治之。勃恐，不知置辭。初，勃之益封，盡以予薄昭。及繫急，薄昭爲言薄太后。文帝朝，太后曰：『絳侯綰皇帝璽，將兵於北軍，不以此時反，今居一小縣，顧欲反邪！』文帝於是使使赦勃，復爵邑。」

〔三九〕甯成，漢書酷吏傳：「甯成以郎謁者事景帝。好氣，爲少吏，必陵其長吏；爲人上，操下急如束溼，猾賊任威，稍遷至濟南都尉。」「後長安左右宗室多犯法，上召成爲中尉，其治效郅都，其廉弗如，然宗室豪桀人皆惴恐。武帝即位，外戚多毁成之短，抵罪髡鉗。是時九卿死即死，少被刑，而成刑極。」

〔四〇〕文帝以代王入即位，漢書文帝紀：「孝文皇帝，高祖中子也。高祖十一年，立爲代王。高后崩，諸吕謀爲亂，丞相陳平、太尉周勃等共誅之，謀立代王。」

〔四一〕勝，漢書文三王傳：「梁懷王揖，文帝少子也。」李奇曰：「文三王傳言『揖』，此言『勝』，爲有兩名。」

〔四二〕居數年，梁王勝死，漢書文帝紀：「十一年，夏六月，梁王揖薨。」諸侯王表：「梁懷王揖，二年二月乙卯立，十年薨。」文三王傳：「（揖）立十年薨。明年，梁孝王武徙王梁。」汪中曰：「參其前後，以紀爲正。」

〔四三〕高陽，蘇林曰：「高陽，陳留北縣。」王先謙引齊召南曰：「高陽，鄉聚名，非縣也。」引徐廣曰：「在陳留圉縣。」引司馬彪曰：「圉有高陽亭也。」夏案：陳留，今屬河南開封。高陽，今屬河南杞縣。二地相鄰。

〔四四〕徙城陽王喜爲淮南王，漢書諸侯王表：「城陽，孝文二年，景王章以悼惠王子朱虛侯立，二年薨。四年，共王喜嗣。」文帝紀：「六年十一月，淮南王長謀反，廢遷蜀嚴道，死雍。」淮南衡山濟北王傳：「民有作歌歌淮南王曰：『一尺布，尚可縫；一斗粟，尚可舂；兄弟二人，不相容！』上聞之曰：『昔堯舜放逐骨肉，周公殺管蔡，天下稱聖，不以私害公。天下豈以我貪淮南地邪？』」乃徙城陽王王淮南故地。」夏案：城陽國故地在今山東沂水縣一帶。

〔四五〕「時又封淮南厲王四子」三句，漢書淮南衡山濟北王傳：「孝文八年，(帝)憐淮南王，王有四子，年皆七八歲，乃封子安爲阜陵侯，子勃爲安陽侯，子賜爲陽周侯，子良爲東城侯。」王先謙曰：「據文紀，梁王勝死在十一年，封厲王四子在八年，班氏載此事於前疏後，蓋諫王淮南諸子亦在十一年也。」

〔四六〕無狀，顏師古曰：「無狀，無善狀。」即失職。

〔四七〕齊文王薨，漢書諸侯王表：「齊悼惠王肥，高帝子。高帝六年始封，十三年薨。孝惠七年，哀王襄嗣，十二年薨。孝文二年，文王則嗣，十四年薨，亡後。」

〔四八〕思賈生之言，王先謙曰：「誼前疏言『梁足扞齊趙，淮陽足以禁吴楚』，帝慮齊大難制，值文王薨，帝思誼言，遷分王悼惠六子以弱之。」夏案：王謂帝之所慮雖是，然引誼言不合，當係前疏之「欲天下之治安，莫若衆建諸侯而少其力」等議，即新書藩傷篇藩强篇。

〔四九〕「三年」句，漢書景帝紀：「三年，春正月，吴王濞、膠西王卬、楚王戊、趙王遂、濟南王辟光、菑川王賢、膠東王雄渠皆舉兵反。」夏案：傳文四齊王，即景紀之膠西、濟南、菑川、膠東王。先是，景帝用晁錯計，擬削諸侯封地，七王遂以「請誅晁錯，以清君側」爲名而反。

〔五〇〕鄉，顏師古曰：「鄉，讀曰嚮。」

〔五一〕梁王扞之，漢書文三王傳：「（梁孝王武）二十五年，吴楚齊趙七國反，先擊梁棘壁，殺數萬人。梁王城守睢陽，而使韓安國張羽等爲將軍以距吴楚。吴楚以梁爲限，不敢過而西，與太尉亞夫等相距三月。吴楚破，而梁所殺虜略與漢中分。」

〔五二〕「至武帝」三句，漢書武帝紀：「元狩元年十一月，淮南王安、衡山王賜謀反，誅。黨與死者數萬人。」夏案：事詳淮南厲王傳附劉安傳、衡山王劉賜傳。又，厲王子劉勃，時爲濟北王，未預謀反，故此云「兩國亦反」。前封「淮南厲王四子皆爲列侯」，爲王時只三人，因東城侯劉良已死，無後，故不及封。皆見淮南厲王傳。

〔五三〕賈嘉最好學，史記儒林傳：「雒陽賈嘉，頗能言尚書事。」

〔五四〕世其家，顔師古曰：「言繼其家業。」夏案：誼之後人最著者尚有賈捐之（漢書有傳）、賈逵（後漢書有傳）。

〔五五〕劉向，原名更生，字子政，漢高祖弟楚元王四世孫。宣帝時，爲散騎諫大夫。成帝時，更名向，爲光禄大夫，校勘經傳子書，成別録。著有新序、説苑、列女傳、洪範五行傳等。漢書有傳。

〔五六〕伊管，顔師古曰：「伊，伊尹。管，管仲。」

〔五七〕玄默，沈静。文選皇甫謐三都賦序注：「玄，静也。」淮南子主術訓：「天道玄默，無容無則。」漢書古今人表注：「老子玄默，孔子所師。」 躬行，顔師古曰：「躬行，謂身親儉約之行也。自『追觀』以下，并史家之詞。」

〔五八〕「及欲改定制度」四句，漢書文帝紀：「十五年，公孫臣明服色，語在郊祀志。」郊祀志：「魯人公孫臣上書曰：『始秦得水德，及漢受之，推終始傳，則漢當土德，宜改正朔，服色上黄。』時丞相張蒼好律曆，以爲漢乃水德之時，公孫臣言非是，罷之。」武帝紀：「太初元年，夏五月，正曆，以正月爲歲首。色上黄，數用五。」夏案：郊祠志言「罷之」，是已行而罷之。武帝紀所云是復行之也。是皆「誼之所陳略施行矣」。又，疑此四句或當在「誼之所陳略施行矣」上。

〔五九〕五餌三表，詳新書匈奴篇。

〔六〇〕以疏，已疏。王引之曰：「以，或作已。」夏案：黄震駁班氏「其術固以疏矣」，見匈奴篇注。

〔六一〕掇，顔師古曰：「掇，拾也。」

附録三

著録

漢書藝文志諸子略儒家，賈誼五十八篇。陰陽家，五曹官制五篇。漢制，似賈誼所條。詩賦略，賈誼賦七篇。清姚振宗漢書藝文志拾補六藝略春秋，賈誼春秋左氏傳訓詁。詩賦略別集，漢梁太傅賈誼集四卷、録一卷。

隋書經籍志子部儒家，賈子十卷録一卷。漢梁太傅賈誼撰。集部別集，漢淮南王集下注：梁有賈誼集四卷。

舊唐書經籍志丙部子録儒家類，賈子九卷賈誼撰。丁部集録別集類，前漢賈誼集二卷。

新唐書藝文志丙部子録儒家類，賈誼新書十卷。丁部集録別集類，賈誼集二卷。

宋史藝文志子部雜家類，賈誼新書十卷。

崇文總目儒家類，賈子十九卷。漢賈誼撰本七十二篇，劉向删定爲五十八篇，隋、唐(志)皆九卷，今別本或爲十卷。

宋晁公武郡齋讀書志子部儒家類，新書十卷。右漢賈誼撰。著事勢、連語、雜事，凡五十八篇，劉向校定，除其重復者。或取漢書誼傳附於後。

宋陳振孫直齋書録解題儒家類，賈子十一卷。漢長沙王太傅洛陽賈誼撰。漢志五十八篇。今書首載過秦論，末爲吊湘賦，餘皆録漢書語，且略節誼本傳于第十一卷。其非漢書所有者，輒淺薄不足觀，决非誼本書也。

宋王應麟漢藝文志考證，賈誼五十八篇。本傳：「凡所著述五十八篇」，今新書十卷，事勢、連語、雜事凡五十八篇，或取漢書誼傳附於後。隋志云：賈子本七十二篇，劉向删定。昭帝始元五年詔曰：「通保傅傳。」文穎以爲賈誼作，今在大戴禮第四十八篇。考之新書，蓋以保傅、傅職、胎教、容經四篇合爲一。朱文公曰，其言教太子輔少主之道，與誼本傳疏語同。當時以列於論語、孝經、尚書而進於君，蓋已有識其言之要者矣。顏師古曰，誼上疏可爲太息者六，今三而止，蓋史取其切要者。今考新書諸篇，其末綴以痛哭者一，流涕者二，太息者四，其餘篇目或泛論時機，而不屬於是三者，如服疑、益壤、權重諸篇是也。班固作傳，分散其書，參差不一，總其大略。自「陛下誰憚而久不爲此」已上，則取其書所謂宗首、數寧、藩傷、藩强、五美、「一動而五業附」，新書云「五美」。制不定、親疏危亂凡七篇而爲之。自「天下之勢方病大瘇」以下，以爲痛哭之説，與其書合。至于流涕二説，其論足食、勸農者，是其一也，而固載之食貨志，不以爲流涕之説也；論制匈奴，其實一事，凡有二篇，其一書以流涕，其一則否，是與前所謂足食、勸農而爲二也；固既去其一，則以爲不足，故又分解懸、匈奴二篇，以爲流涕之二。説庶人上僭，體貌大臣，皆其書所謂太息之説也。固從而取之，當矣。而其書又有等齊篇論當時名分不正，銅布篇論收銅鑄錢，又皆其太息之説也。固乃略去等齊之篇不取，而以銅布之篇附於食貨志，顧取秦俗、經制二篇，其書不以爲太息者，則以爲之。書經删削，非皆全文。朱文公謂新書是平日記録稿草，其中事事俱有。誼有經世之才。

五曹官制五篇。漢志，似賈誼所條。賈誼傳：誼以爲「宜當改正朔，易服色制度，定官名，興禮樂。乃草具其儀法，色上黄，數用五，爲官名悉更，奏之。」

賈誼賦七篇。朱文公曰：「賈太傅以卓然命世英杰之材，俯就騷律，所出三篇，皆非一時諸人所及。」惜誓、吊屈原、服賦。古文苑有旱云、簴賦。隋志：「梁有賈誼集四卷。」

宋王應麟玉海録宋本新書目録

漢志：「儒家。賈誼五十八篇又賦七篇。」隋志：「賈子十卷。録一卷。漢梁太傅賈誼撰集四卷。」唐志：「賈誼新書十卷崇文目九卷，集二卷。」中興書目：「十卷，賈誼撰。」雜論治道國體及經學胎教。本七十二篇，劉向删定爲五十八篇，今皆存。本傳所載治安策，今釐爲數篇，各立題目，雜見於新書。班固贊誼云：「所著述五十八篇，掇其切於世事者著于傳。」即新書也。賈誼傳「三表五餌」注，師古引賈誼書見第四卷匈奴篇。文紀注，師古引賈誼書曰：「衛侯朝於周，周行人問其名。」

新書目録：一、過秦上下見史記秦紀。宗首。數寧。藩傷。藩彊。大都。等齊。服疑。益壤事勢。二、權重。五美。制不定。審微。階級事勢。三、俗激。時變。瑰瑋。孽產子。銅布見食貨志。壹通。屬遠。親疏危亂。憂民。解縣。威不信事勢。四、匈奴。勢卑。淮難。無蓄。鑄錢事勢。五、傅職。保傅見大戴禮、昭紀。連語。輔佐連語。問孝闕。六、禮。容經見大戴禮。春秋連語。七、先醒。耳痹。諭誠。退遜。君道連語。八、官人。勸學。道術。六術。道德說雜事。九、大政上下。修政語上下雜事。十、禮容語上下上篇闕。胎教見大戴禮。立後義。傳雜事。「傳」即「本傳」之語。五十八篇十卷。

宋黄震慈溪黄氏日抄卷五十六，賈誼新書。右賈誼新書十卷，淳熙辛丑歲，湖南漕使程公以家藏本刊於長沙。

所論漢事，皆於治安策及論積貯、諫禁鑄錢者，殆平日雜著所見，而他日總之以告君歟！三表五餌之說，詳見此書，謂可坐滅匈奴，至今疑其大言。然不過欲誘致降者，使其衆漸空，非謂必以兵勝。以誼奇才，得爲典屬國，以試之匈奴，雖無可滅之理，勢須漸弱，未可以大言而少之。若其分王諸侯，施行漢事，後多卒如其説，真洞識天下之勢者也。然要其本説以道爲虚，以術爲用，則無得於孔子之學，蓋不過以智略之資，戰國之習，欲措置漢天下爾。

文王葬槁骨之言，世多以爲鑿靈沼得之，此以爲夢意，古有此説而傳者不同，未必有其實，若於事情，則此事爲近之。

明何孟春賈太傅新書目録

卷之三

事勢篇

孽産子　時變　俗激　瑰瑋

無蓄　憂民　階級

卷之四

事勢篇

鑄錢　銅布　解懸　勢卑

威不信　三表五餌

事勢，舊四卷，自過秦二篇外，極踳駁，憂諸侯者雜匈奴，論吏民者冒夷狄，甚而一篇之事上下膜絶，宗首在數寧前，時變在俗激後之類，真誼書之謂「倒植」者，讀之使人懣然，今爲一一釐之。漢書可考見如治安策，就以策爲序。而審取舍補録於前，制匈奴之語移置於末，則春今日意。他篇疏論與策事類者，各附焉。

噫！誼書散軼多矣，世本不知傳自誰氏，篇章即如此，其名篇又淺陋可笑，此豈生之所自名者耶？春固嘗謂「事勢」、「連語」、「雜事」之云，特其五十八篇之三篇名耳，如「事勢」之云，蓋治安一疏，首有「事勢」字，其疏盡名於是篇矣。後人因書散軼而幸掇其僅存者，無復倫次，篇析而章裂之，以求足所謂五十八篇之數，遂以「事勢」概及過秦，繼乃創爲「宗首」、「數寧」等名。此豈生之所自名？豈劉子政之所删定？班孟堅所取據者哉？今不得已，且假以分篇耳。

卷之五

連語篇

保傅　連語　傅職　輔佐

問孝闕　官人

卷之六

連語篇

禮　容經　胎教　立後義

卷之七

連語篇

君道　先醒　耳痺　勸學

道術　六術　道德說

卷之八

連語、雜事，舊各三卷，特以標目强相分異，所謂連語乃是雜事，雜事中間乃連語也。今次而定之。若乃篇中語連及他事者，亦爲連語；篇中事雜著羣語者，亦爲雜事。而卷減其一，蓋崇文總目載此書，隋唐皆九卷，今或爲十卷者，其别本耳。篇章約略亦有類焉，讀者可以意求。雖然，誼書「連語」、「雜事」之云，吾不能得其實矣。

旱雲賦　虞賦　小傳

清盧文弨抱經堂文集卷十，書校本賈誼新書後。新書非賈生所自爲也，乃習於賈生者萃其言以成此書耳。猶夫管子、晏子非管、晏之所自爲。然其規模，節目之間，要非無所本而能憑空撰造者。篇中有「懷王問於賈君之語」，誼豈以賈君自稱也哉？過秦論史遷全録其文。治安策見班固書者乃一篇，此離而爲四五，後人以此爲是賈生平日所草創，豈其然歟？修政語稱引黄帝、顓頊、嚳、堯、舜之辭，非後人所能僞撰。容經、道德説等篇辭義典雅，魏晋人決不能爲。吾故曰是習於賈生者萃而爲之，其去賈生之世不大相遼絶，可知也。

此乃漢魏叢書中本。近借得前明兩刻本：一是宏治乙丑吴郡沈頡刻本，校者爲毛斧季；又一刻本雖無沈頡名，而其實即是沈本，爲之校者吴元恭也。兩校皆據宋本是正。今觀宋本，科段字句有絶佳者，而訛脱處亦致不少，兩君一無持擇，疏矣。又有明正德年一刻本，題爲賈子，與宋本相出入，有欽遠猷者，合郴陽何燕泉本、長沙本、武陵本而爲之審定，以去非從是，其勤甚矣，而義亦不能盡得。其間有爲後人出己意增竄者，誦之頗似順口，而實非也。余殫旬日之勞，合三本以校是書，其不可讀者，不及十之一焉，有所因則易見功也。宋以前所增竄者，疑亦不少，此則不敢去，恐其𥎊穅及米也。舍宋本而從别本者著之，意有疑者亦著之，若專輒而改舊所傳，則吾豈敢。乾隆四十有四年冬至前四日書。

四庫全書總目子部儒家類，新書十卷，漢賈誼撰。漢書藝文志儒家，賈誼五十八篇。崇文總目云：「本七十二篇，劉向删定爲五十八篇，隋、唐志皆九卷，别本或爲十卷。」考今隋、唐志皆作十卷，無九卷之説。蓋校刊隋書、唐書者未見崇文總目，反據今本追改之。明人傳刻古書，往往如是，不足怪也。

然今本僅五十六篇，又問孝一篇有録無書，實五十五篇，已非北宋本之舊。又陳振孫書録解題稱：「首載過秦論，末爲弔湘賦」，「且略節誼本傳於第十一卷中」。今本雖首載過秦論，而末無弔湘賦，亦無附録之第十一卷，且并非南宋時本矣。

其書多取誼本傳所載之文，割裂其章段，顛倒其次序，而加以標題，殊瞀亂無條理。朱子語録曰：「賈誼新書除了漢書中所載，餘亦難得粹者，看來只是賈誼一雜記稿耳，中間事事有些個。」陳振孫亦謂：「其非漢書所有者，輒淺駁不足觀，決非誼本書」。

今考漢書誼本傳贊稱：「凡所著述五十八篇，掇其切於世事者著於傳。」應劭漢書注亦於過秦論下注曰：「賈誼書第一篇名也。」則本傳所載皆五十八篇所有，足爲顯證。贊又稱「三表五餌以係單于」，顔師古注所引賈誼書與今本同。又文帝本紀注引賈誼書「衛侯朝於周，周行人問其名」，亦與今本同。則今本即唐人所見，亦足爲顯證。然決無摘録一段立一篇名之理，亦決無連綴十數篇合爲奏疏一篇，上之朝廷之理。疑誼過秦論、治安策等本皆爲五十八篇之一，後原本散佚，好事者因取本傳所有諸篇，離析其文，各爲標目，以足五十八篇之數，故餖飣至此。其書不全真，亦不全僞。朱子以爲雜記之稿，固未核其實；陳氏以爲決非誼書，尤非篤論也。

且其中爲漢書所不載者，雖往往類説苑、新序、韓詩外傳，然如青史氏之記具載胎教之古禮，修政語上下兩篇多帝王之遺訓，保傅篇、容經篇并敷陳古典，具有源本。其解詩之騶虞，易之潛龍、亢龍，亦深得經義，又安可盡以淺駁不粹目之哉！雖殘闕失次，要不能以斷爛棄之矣。

清姚鼐惜抱軒文集卷五，辨賈誼新書。賈生書不傳久矣，世所有云新書者，妄人僞爲者耳。班氏所載賈生之文，條理通貫，其辭甚偉。及爲僞作者分晰不復成文，而以陋辭聯厠其間，是誠由妄人之謬，非傳寫之誤也。

賈生陳疏言「可爲長太息者六」，而傳内凡有五事闕一，吾意其一事言積貯，班氏已取之入食貨志矣，故傳内不更載耳。僞者不悟，因漢諸侯王表有「宮室百官同制京師」之語，遂以此爲長太息之一。然賈生疏云「令君君臣臣，上下有差」，已足該此義矣，不得又別爲其一也。

夫天子母曰皇太后，妻曰皇后，諸侯王母曰王太后，妻曰王后，雖武、昭以後，抑損宗室，終不改此制，何嘗爲無別耶？易王后曰妃，自魏、晉始。作僞者魏、晉後人，乃妄意漢制之必不可用耳。

若諸侯王相用黄金印，固爲僭矣，故五宗王世易爲銀印。然吾以爲此亦未爲巨害。漢御史大夫秩中二千石，銀印青綬。張蒼以淮南王相遷爲御史大夫，周昌以御史大夫降相趙。高祖曰「吾極知其左遷」。其時國相乃金印，此正如隋以來外官章服，官品雖崇，而位絀於京職之卑品耳，是亦何必爲太息哉？要之，漢初諸侯王用六國時王國之制，故其在國有與漢庭無別者若此。

若皇帝，臣下稱之曰陛下，此是秦制，周末列國諸王所未有，則漢諸侯王必不襲用秦皇帝之制，而使其國臣稱曰陛下。而僞爲賈生書及之，此必後人臆造，非事實也。

真西山取新書是篇，欲以補賈生之疏，吾是以爲之辨。若其文辭卑陋，與賈生懸絶，不可爲量，則知文者可一見決矣。

清周中孚鄭堂讀書記子部儒家類，賈子十卷宋潭州刊本。漢賈誼撰。誼洛陽人，文帝時以薦召爲博士，超遷至大中大夫，出爲長沙王太傅，轉梁王太傅。四庫全書著録，作新書十卷。按漢志儒家載賈誼五十八篇，隋志載賈子十卷録一卷，舊唐書志作賈子九卷，新唐書志作賈誼新書十卷，晁氏讀書志亦作新書十卷，而陳氏書録解題作賈子十一卷，是唐以後，其本固不一矣。晁、陳俱不言其有闕篇，陳氏稱其末載有弔湘賦。

此本爲淳熙辛丑潭州所刻，末有胡价跋，淳祐八年又重修其版，黄氏日鈔所稱者，即此本也。其中原闕問孝一篇及禮容語之上一篇，而其末無弔湘賦，則亦非陳氏所記之本矣。卷首過秦，原分上、中、下三篇，明時重刊，又誤合中、下二篇爲一，遂止五十五篇。又正德八年李夢陽刻賈子序稱「亡其三篇」，則亦不知其誤合。又正德九年長沙刻新書，黄寶爲序，其本一同李刻本。漢魏叢書亦收入之。

至國朝盧氏抱經堂叢書本，始據潭、建諸本，以正明本之失，又刊削其不成文理之字句。然從來書籍之難通者，貴在闕疑，抱經獨於是書加刊正，蓋以其間有出於後人之所紊亂者耳。按李序稱：「此書淳熙刊，時已稱舛闕。及刻本失，士夫家轉鈔，一切出吏手。若其煩也，輒任減落其字句，久之眩惑，逾行竄其字句，重復訛之，士夫者又靡之校也，故其書愈舛闕不可讀。」抱經序云：「書録解題稱：『其中非漢書所有者，輒淺駁不足觀，決非誼本書。』余謂此書必出於其徒之所纂集，編中稱『懷王問於賈君』，又勸學一篇，語其門人，皆可爲明證，但多爲鈔胥所增竄。凡漢書所有者，此皆割裂顛倒，致不可讀。

惟傅職、輔佐、容經、道術諭政諸篇在漢書外者，古雅淵奥，非後人所能僞撰，而陳氏乃反謂其淺駁，豈可謂之知言哉？」據此則是書實無僞作攙入其間，而所謂不成文理之字句，乃鈔胥訛脱，非本來若是也。抱經以此書與董子春秋繁露合刻，總題曰漢兩大儒書，錢塘序之，其所校正固善，而此書猶宋時之舊，故即以爲志云。

清吴壽暘拜經樓藏書題跋記卷四，賈子新書。右新書十卷明正德九年陸良弼刊本，有黄實序，先君子以欽遠猷校本過録於上。每卷首題新雕賈誼新書，下題「梁太傅賈誼撰」。目録後有「建寧府陳八郎書鋪印」一行，前有「袁氏宋本校過」一行，并補審取舍篇於過秦目下，系以何孟春跋語及己亥三月遠猷題記。又卷末書云：「賈子世無善本，互有訛缺，今集郴陽何氏本、長沙本、武陵新本及此本，參相去取，得正其十之四五，不可考者仍闕，以俟别本更訂。己亥三月十有二日燈下，遠猷書。」按遠猷即欽遠猷，抱經堂盧氏本所稱「李空同本，正德八年刻」，「後有欽遠猷者，不知何時人」是也。又謂何氏「於文義不順者，頗加竄改。又於過秦論後補審取舍一篇，乃録大戴禮察篇全文，今不用。」其宋本當即盧氏所謂建本，「明毛斧季、吴元恭皆據以改近世之本」者是也。以有「建寧府陳八郎」一行，故稱建本云。

又　右盧氏抱經堂本，先君子以明刻大字本校至二卷止。記前云：乙巳夏五月，書賈持明刻賈子一部，欲售於予，先爲汪氏映月軒所得，因借閲之。其字視今時本頗大，前有黄寶序已不全，似即所謂陸良弼在長沙所刻本。是日手校二卷，屬有事未竟，他日當再借以卒業也。槎客記。

又書卷末云：抱經堂學士校刻此書，具費苦心，可謂有功於長沙者。某嘗觀明何燕泉餘冬序録中述賈誼新書數條，語甚詳。燕泉并有校定重刻本，書此以俟他日更訪求之。辛未人日，兔床又志。

清瞿鏞鐵琴銅劍樓藏書目録子部儒家類，新書十卷。漢賈誼撰，宋淳熙辛丑程漕使某攝潭州守，刻置學宫。明時其板殘闕。弘治間，陸相爲長沙太守，嘗以黄都諫寶藏本修補印行。此則吉府重刻本，悉依宋刻。卷中有「吉府圖籍」朱記。

清陸心源皕宋樓藏書志子部儒家類，新書十卷。按黄寶序稱，陸公得舊版補刊。或者疑舊版即陳給事淳熙中所刊，但書中宋諱皆不缺筆，必非宋版可知。觀其字體，當是元末明初本耳。吉府重刊本，行款悉同，惟册首蓋「吉府圖書」朱文方印，後楊節跋。查陸氏修於正德九年，吉府本據楊跋重刊於正德十年，相距甚近。疑陸宗相所修之版，後歸吉府，改頭换面，掩爲重刻耳。明人往往有此，不足怪也。陸本皆明朗，吉府本則卷六多模糊處。第三葉十一、十二、十三行，陸本有空白處，吉本則否，挖補痕迹顯然，尤爲陸本即吉本之明證。

清陸心源儀顧堂題跋卷六，宋本賈誼新書跋。新雕賈誼新書十卷，題曰「梁大傅賈誼撰」，宋刊本，目後有「建寧府陳八郎書鋪印」一行，蓋南宋麻沙本也。校以正德九年陸相本、何元朗本、何鏜漢魏叢書本。卷七諭誠篇「是以國士畜我，我故國士爲之報」，何鏜本作「是以國士遇我，我故國士報之」，下奪「故曰士爲知己死，女爲悦己容，非冗言也，在主而已」二十四字。何元朗本「舉被而爲禮」下，惟存墨釘。退讓篇「梁大夫有宋就者爲邊縣令」云云至「楚王愧」，凡三百九十二言，何鏜本删削改易，只存二百六十四言，何元朗本則全缺。正德陸相本「國士報之」下缺二十餘字，誤接退讓篇「使者曰否」云云，而缺其篇首三百餘字，「使」字上又衍「大」字，想所據宋本有缺頁，遂連爲一耳。後來諸本，多從陸相本出，故缺文亦相類也。

宋刊明補本賈子新書跋。賈子新書十卷，明正德九年長沙守陸宗相補刊本，每頁十六行，行十一字，自序至跋凡二百七頁，前有黄寶序，後有淳熙辛丑胡价跋。

按是書北宋刊本無聞。淳熙辛丑程給事爲湖南漕使，刊置潭州州學。據胡价跋，字句訛舛，以無他本可校，未能是正。正德中陸宗相守長沙，得殘版數十片，因補刊成之，見黄寶序，是其中尚有宋淳熙殘版，特不多耳。正德十年，吉藩又據陸本重刊于江西。

余官閩時，從楊雪滄中翰借校，與此本行款悉同。其後何元朗、程榮、何鏜諸本皆從此出，惟所據之本，摹印有先後，全缺有不同耳。宋本不可見得，此亦不失爲買王得羊矣。此本勝於吉藩本，吉藩本勝於程榮本，程榮本勝於何鏜本。明刻諸本，以何元朗爲最劣耳。

清潘祖蔭滂喜齋藏書記子部，明刻賈誼新書十卷。淳熙辛丑胡价跋云：提學曹司給事程公，暫攝潭事，刻之學宫。跋後又有題記云：淳祐八年十月，知院大使陳公刊修。按常熟瞿氏、歸安陸氏皆有明正德本。瞿氏志云：潭板明時殘闕，宏治間，陸相爲長沙守，修補印行。陸氏志云：陸本後歸吉府。據此，則宋時刊板，歷明尚存，但遞有增修耳。陸志又云：吉府本册首蓋「吉府圖書」朱文方印，陸本卷六第三葉十一、十二、十三行空白。此本册首無吉府印，而卷六亦無空行，則在二本前明甚，其元末明初之際乎？同治辛未戴子高校過，卷末有其題字。

清孫詒讓札迻卷七，賈子新書。盧校新書叙云：「漢書藝文志儒家載賈誼五十八篇。隋書經籍志載賈子十卷録一卷。舊唐書志則云九卷，其稱賈子則同。新唐書志始稱賈誼新書，其卷則十。」

按馬總意林二引此書，題賈誼新書八卷，高似孫子略載庾仲容子鈔目同，惟八卷作九卷。則梁時已稱新書，不自新唐志始也。新書者，蓋劉向奏書時所題，凡未校者爲故書，已校定可繕寫者爲新書。楊倞注荀子末載舊本目録，劉向叙録前題「荀卿新書十二卷三十二篇」；殷敬順列子釋文亦載舊題云「列子新書目録」；宋本劉敘前無此目，非唐本之舊釋文。又云：「此是劉向取二十篇除合而成，都名新書焉。」按殷氏所釋最爲審確。又引劉向上管子奏稱「管子新書目録」，宋本管子亦無此題。足證諸子古本舊題大氐如是。意林又載晁錯新書三卷，隋書經籍志引梁七録作朝氏新書，「朝」、「晁」字通。若然，此書隋、唐本當題賈子新書。隋、唐志著録稱賈子者，省文。蓋新書本非賈書之專名，宋、元以後諸子舊題删易殆盡，惟賈子尚存此二字，讀者不審，遂以新書專屬之賈子，校槧者又去「賈子」而但稱新書，展轉訛省，忘其本始，殆不可爲典要。盧校載宋淳祐八年潭州刊本止題賈子，雖非隋、唐本之舊，然猶愈於止題新書之不辨某氏書也。盧校頗爲精審，而亦沿兹題，何也？

余嘉錫四庫提要辨證子部儒家類，新書十卷漢賈誼。漢書藝文志儒家，賈誼五十八篇。崇文總目云「本七十二篇，劉向删定爲五十八篇。隋唐志皆九卷，别本或爲十卷。」考今隋唐志皆作十卷，無九卷之説。蓋校刊隋、唐書者，未見崇文總目，反據今本追改之。明人傳刻古書，往往如是，不足怪也。

嘉錫案：今隋志、新唐志固皆作十卷，然舊唐志實作九卷。崇文總目成于慶曆元年，見玉海卷五十二。而新唐書成于嘉祐五年，見卷首曾公亮表。後於總目者十九年。則總目所引之唐志，自指舊唐志言之。舊志作九卷，新志不訪自作十卷。提要乃以總目校新志，誤矣。高似孫子略目及玉海卷五十五引隋志，均作賈子十卷，録一卷。是南宋人所見隋志，已同今本，亦非明人所追改也。總目多疏略，不可據之以駁隋志。梁庾仲容有賈誼新書九卷，據子略引，今意林卷二作八卷，恐是傳寫之誤。是此書自唐以前已有九卷、十卷兩本之不同，新舊志各據所見録之耳。

然今本僅五十六篇，又問孝一篇，有録無書，實五十五篇，已非北宋本之舊。又陳振孫書録解題稱首載過秦論，末爲弔湘賦，且節略誼本傳於第十一卷中。今本雖首載過秦論，而末無弔湘賦，亦無附録之第十一卷，且併非南宋時本矣。

案：提要所謂今本，蓋明刻本也。盧文弨嘗據宋建本、盧氏目録自注云：是宋時刻本，前失去序文，故不知是何年所梓。唯目録後有建甯府陳八郎書鋪印一行，故今稱爲建本。潭本自注云：宋淳祐八年長沙刻，即從淳熙八年程漕使重雕者，題賈子。校正明刻諸本，刻入抱經堂叢書。其自序見本書卷首。云：「班書藝文志儒家載賈誼五十八篇。今世所行本，其目祇五十有六。然過秦有三篇，而唯載上下兩篇，又禮容語本分上下兩篇，而今本復不分，故視漢志所載，缺其二篇。」「此本十卷，據宋本目録，增多過秦論中案：不當有「論」字。一篇，定爲五十八篇，中有其目而亡其書者二篇焉。」案：謂問孝及禮容語上。盧氏又於過秦中篇目下自注云：「建本作過秦下，諸本多同。案小司馬云，案：見史記秦本紀索隱。過秦論以『孝公』已下爲上篇，『秦兼併諸侯三十餘郡』爲下篇。據此，則此爲中篇明矣。案：據司馬貞言，則唐本新書過秦當分三篇，然與陳涉傳應劭注不合，見後。宋潭州所刻賈子作過秦中，今依用之。」考玉海卷五十五備載新書目録，自過秦上下至傳五十八篇，十卷。卷五内問孝下注闕字，卷十禮容語上下注云「上篇闕」。其分卷及篇目，并與盧氏所見建本同，知問孝篇之有録無書，南宋時各本皆同，非自明本始。故明何孟春餘冬叙録卷四十四亦云：「王應麟玉海載是書案：謂新書。卷帙、篇章、數名、次第，與世本并同。」王鳴盛十七史商榷卷二云：「秦始皇本紀贊采賈生之言凡二千四五百字，今考此文見賈誼新書卷一過秦上、中、下三篇。予所藏係宋淳祐八年刻本，最爲可據。自『秦孝公』至『攻守之勢異也』爲上篇，自『秦併海内，兼諸侯，南面稱帝』至『是二世之過也』爲中篇，自『秦兼諸侯山東三十餘郡』至『而社稷安矣』爲下篇。」此即盧氏所見之潭本。蓋南宋時新書自有三本，一則合過秦中、下二篇爲一，而以漢書本傳爲第五十八，王應麟所見及建本是也。一則過秦分上、中、下仍爲五十八篇，雖附本傳而不入篇數，袁本讀書志卷三云：「新書凡五十八篇，或取漢書誼傳附於後。」則本傳不當入篇數。潭本是也。一則首過秦，末弔湘賦，以本傳爲卷十一，陳振孫所見本是也。三本之中，惟陳本今不傳。明本既從建本合過秦中、下爲一，又脱去篇目一條，有脱禮容語上者，見盧序。程榮漢魏叢書本則有容語上，而脱解縣第二十五，然其文具在，但目録脱耳。故爲篇只五十有六。其實較之南宋刻本，文字并無闕佚也。提要未見宋本，又不考之玉海，執陳振孫一家之言，以今本爲非宋人所見，誤矣。潭本篇數已與漢書相合，雖闕問孝及禮容語上二篇，而篇目俱全，似是五十八篇之舊。然漢書陳涉傳贊應劭注云：「賈生書有過秦二篇，言秦之過。」則潭本分三篇者非也。較漢志篇數尚少其一。考治安策中有大戴禮禮察篇，文不見於今本，或正是所闕之一篇歟？汪中校新書嘗據漢書補入之，是也。見述學内篇三。其書多取誼本傳所載之文，割裂其章段，顛倒其次序，而加以標題，殊瞀亂無條理。朱子語録曰：「賈誼新書，除了漢書中所載，餘亦難得粹者，看來只是賈誼一雜記稿耳，中間事事有些個。」陳振孫亦謂「其非漢書所有者，輒淺駁不足觀，決非誼本書。」今考漢書誼本傳贊稱「凡所著述五十八篇，掇其切於世事者著於傳。」應劭漢書注亦於過秦論下注曰：「賈誼書第一篇名也。」則本書所載皆五十八篇所有，足爲顯證。

案：班固於誼本傳録其治安策，先言「誼數上疏陳政事，多所欲匡建，其大略曰」云云，夫曰「大略」，則原書固當更詳於此矣。傳贊又曰：「誼之所陳，略施行矣。及欲改制度，以漢爲土德，色上黄，數用五，及欲試屬國，施五餌三表以係單于，其術固已疏矣。」「凡所著述五十八篇，掇其切於世事者，著于傳。」顔師古注亦曰：「誼上疏言可爲長太息者六，今此至三而止，蓋史家直取其要切者耳。」然則班固於其所上之疏，凡以爲疏而不切者，皆不加采掇。其他泛陳古義，不涉世事者，更無論也。故凡載於漢書者，乃從五十八篇之中擷其精華，宜其文如萬選青錢。後人於此數篇，童而習之，而新書則讀者甚寡。其書又傳寫脱誤，語句多不可解，令人厭觀。偶一涉獵，覺其皆不如見於漢書者之善，亦固其所。然唐皮日休文藪卷三悼賈篇云：「余嘗讀賈誼新書，見其經濟之道，真命世王佐之才也。」又云：「其心切，其憤深，其詞隱而麗，其藻傷而雅。」陳振孫詆爲淺駁，而皮日休愛其雅麗，見仁見智，夫何常之有？提要以爲本傳所載，皆五十八篇所有，善矣。然過秦論乃陳涉傳贊所引，不在本傳之中，引證已不能無誤。至謂新書爲取本傳所載，割裂其章段，顛倒其次序，則尤不然。王應麟漢書藝文志考證卷五云：「今考新書諸篇，其末綴以痛哭者一、流涕者二、太息者四，其餘篇目，或泛論時機而不屬於是三者，如服疑、益壤、權重諸篇是也。班固作傳，分散其書，參差不一，總其大略，自『陛下誰憚而久不爲此』以上，則其書所謂宗首、數寧、案：數寧篇，班固録爲首段，即所謂「臣竊惟事勢可爲痛哭者一，可爲流涕者二，可爲長太息者六也」。」痛哭，新書作「痛惜」。藩傷、藩强、五美、自注云：「壹動而五業附。」新書云「五美」。制不定、親疏危亂案：此四字篇名。凡七篇而而爲之。自『天下之勢方病大腫』以下，以爲痛哭之説，與其書合。案：此節乃新書大都篇之後半，其前有「可爲痛哭」一段，漢書删去。至於流涕二説，其論足食勸農者，是其一也。案：即新書無蓄篇。而固載之食貨志，不以爲流涕之説也。論制匈奴，其實一事，凡有二篇，其一書以爲流涕，案：新書威不信篇有「可爲流涕」語。其一則否，是與前所謂足食勸農爲二也。固即去其一，則以爲不足，故又分解縣、匈奴二篇，以爲流涕之二。案：漢書兩流涕，其前一節乃解縣篇，而取威不信篇流涕語足之。後一節則勢卑篇，非匈奴篇也，王説誤。説庶人上僭、案：即孽産子篇。禮貌大臣，案：即階級篇。皆其書所謂太息之説也。固從而取之，當矣。而其書又有等齊篇，論當時名分不正，銅布篇論收鑄銅錢，又皆其太息之説也。固乃略去等齊之篇不取，而以銅布之篇附於食貨志，案：食貨志所載乃新書鑄錢、銅布二篇文，而改銅布篇末「可爲長太息」句爲「臣竊傷之」。顧取秦俗、經制二篇其書不以爲太息者，則以爲之。」案：今本新書及玉海所載之目録，皆無秦俗、經制二篇之名。漢書所取自「商君棄禮義，棄仁恩」起，至「中流而遇風波，船必覆矣」止，皆俗激一篇之文，移易其前後，加「長太息」一句耳。本非二篇，王氏誤也。劉台拱漢學拾遺劉氏遺書卷七。亦云：「誼陳治安之策，與其保傅傳本各爲一書，案：當云各自爲篇。班氏合之，而頗有所删削，故以『大略』起之，『流涕者二』而止。載匈奴一事，長太息者六，止載其三。其論蓄積爲流涕之一，鑄錢爲太息之一。二事既載入食貨志，故於本傳不復重出。鼂錯言守邊備塞，勸農力本，當世急務二事，而一見本傳，一見食貨志，亦此例也。保傅傳言三代與秦治亂之意，審取舍之論，即其下篇。案：漢書治安策中，「預教太子」一段，凡分二節，前一節自「夏爲天子」起，至「此時務也」止，乃新書保傅篇文，亦見大戴禮。後一節自「凡人之知，能見已然」起，至「人主胡不引殷、周、秦以觀之也」止，即劉氏所謂言三代與秦治亂之意，審取舍之論也，今在大戴禮禮察篇，新書無之，説見前。兩篇全文，今在大戴中，一爲保傅篇，一爲禮察篇，而禮察篇有云：『爲人主師傅者，不可不日夜明此。』案：大戴禮此處上下凡四十字，漢書删去。則當爲保傅傳之下篇無疑。」案：大戴保傅乃取新書四篇合爲一篇，本非新書保傅篇之舊，則禮察篇不當名保傅下篇。劉氏此處專就大戴立説，故其言如此。若就新書言之，但當云禮察爲新書中之一篇，亦保傅、傅職之類耳。今以王氏、劉氏之説考之，則班固之掇五十八篇之文，翦裁鎔鑄，煞費苦心。試取漢書與新書對照，其間斧鑿之痕，有顯然可見者。如取勢卑篇文云：「陛下何不以臣爲典屬國之官以主匈奴？行臣之計。」而删去匈奴篇五餌三表之説，使非新書具在，班固又於贊中自言之，則讀者莫知其所謂「行臣之計」者爲何等計，將不覺其爲操術之疏，而疑爲行文之疏矣。又治安策以痛哭、流涕、長太息起，其後即爲痛哭者一，流涕者二，長太息者三，布其文終焉，則痛哭流涕、長太息者一篇之幹也。而於移風易俗即

「商君棄禮義」節。及禮貌大臣即「人主之尊譬如堂」一節。兩「太息」之間，忽取新書保傅及見於大戴之禮察二篇闌入其中，既無「長太息」之語，又與前後文義不侔。禮察篇亦言保傅之事，故曰「爲人主師傅者，不可不日夜明此」。其言禮禁將然，法禁已然，湯、武置天下於仁義禮樂，秦王置天下於法令刑罰，猶是保傅篇三代明孝仁禮義以道習天子，而秦使趙高傅胡亥而教之獄之意。班固删去「爲人主師傅」數語，使此節若泛言禮與法之短長者，以起下文「禮貌大臣」之意，似可前後聯貫爲一矣。然豫教太子與禮貌大臣究非一事，何可併爲「長太息」之一耶？以此一節贅於其間，無乃如賈生所謂「方病大腫，一脛之大幾如要」也乎！凡此皆其删併痕跡之顯然者，而曾無人肯爲細心推尋，亦可怪也。新書自南宋已苦無善本，盧文弨以校勘名家，然其校此書於非漢書所有者，率不能訂其謬誤，通其訓詁，凡遇其所不解，輒詆爲不成文理，任意删削。俞樾諸子平議卷二十七。譏其是讀漢書，非治賈子，深中其病。若陳振孫者，其識未必過於盧氏，彼亦徒知讀文從字順之漢書耳，則不以爲漢書録新書，而反以爲新書録漢書，見書録解題卷九。固其宜也。乃提要從而附和之，謂此書乃取本傳所載，割裂顛倒，其亦未免汨於俗説也夫。

贊又稱「五餌三表以係單于」，顏師古注所引賈誼書與今本同。又、文帝本紀注引賈誼書

「衛侯朝於周，周行人問其名」，亦與今本同。則今本即唐人所見，亦足爲顯證。

案：近人劉師培嘗著賈子新書斠補，余未見其書，然自序載於所著左盦集卷七。序中臚舉北堂書鈔、藝文類聚、初學記、群書治要、意林、稽瑞、白帖、御覽所引新書，以校今本，除字句小有異同外，所得佚文不過三條。劉氏以爲即今本諸篇中脱文。自白帖以上，皆唐時書，然則今本即唐人所見，特傳寫有脱誤，其證甚多，不止如提要所云也。然決無摘録一段立一篇名之理，亦無連綴十數篇合爲奏疏一篇，上之朝廷之理。疑誼過秦論，治安策等，本皆爲五十八篇之一，後原本散佚，好事者因取本傳所有諸篇，離析其文，各爲標目，以足五十八篇之數，故餖飣至此。其書不全真，亦不全僞，朱子以爲「雜記之稿」，固未核其實。陳氏以爲「決非誼書」，尤非篤論也。

案：古人之書，書於竹簡，貫以韋若絲，則爲篇；書於縑帛，可以舒卷，則爲卷。簡太多則韋絲易絶，卷太大則不便卷舒，故古書篇幅無過長者，而篇尤短於卷。其常所誦讀，則又斷篇而爲章，以便精熟易記，故漢人五經、諸子，皆有章句之學。漢志云：「閭里書師合蒼頡、爰歷、博學三篇，斷六十字爲一章」，是其事也。孝經一篇，今文二十二章，古文十八章，皆有章名，開宗名義之類是也。老子二篇，河上公注本分八十一章，亦皆有章名，體道章之類是也。夫一篇之文可摘録數十字，即別爲之名，何謂無摘録一段立一篇名之理乎？陸賈述存亡之徵，奏之高祖，號新語，此與上疏無異，而分爲十二篇。桓寬鹽鐵論雖非奏疏，然皆記當時賢良、文學與丞相、御史大夫、丞相史、御史問答辨論之語，首尾前後相承，直是一篇文字，而必分爲六十篇，此其篇名，明是本人所題，非由後人摘録也。賈誼之書何爲獨不可分爲若干篇乎？古之諸子平生所作書疏，即是著述。賈山上書，名曰至言；鼂錯上疏，謂之守邊、備塞、勸農、力本，并見本傳。賈誼之疏何爲獨不可有篇名乎？大戴禮取新書保傅、傅職、胎教、容經四篇，合爲保傅篇，漢書昭帝紀注文穎曰：「賈誼作保傅傳在禮大戴記」，明保傅是賈誼書本名，而新書保傅一篇，實在治安策中，此一段既可立篇名，知其餘皆當有篇名矣。提要狃於漢書治安策前後相連，以爲本是一篇，故曰「無連綴十數篇合爲奏疏一篇之理」。不知班固明云「誼數上疏陳政事，多所欲匡建，其大略曰」云云。言「數」言「多」，皆指此下所載之大略，即今所謂治安策者。傳云「居數年，梁王勝死，亡子，誼復上疏云云。此疏即新書益壤篇。又有諫封淮南諸子疏，即新書淮難篇。言「復上疏」，則與上文「數上疏」無與矣。載治安策一篇而謂之「數上疏」，則此本非一篇。其連綴數篇爲一者，班固也，非賈誼也。或曰治安疏之首即曰「臣竊惟事勢，可爲痛哭者一，可爲流涕者二，可爲長太息者六」，此爲綱領，後爲條目，安可先出一綱領而其餘條目徐徐分篇奏上乎？

應之曰：陸賈爲高祖著書十二篇，而本傳言每奏一篇，高祖未嘗不稱善，然則隨著隨奏，固當時之通例也。商君書内，如算地篇云「臣請語其過」，錯法篇云「臣聞古之明君，錯法而民無邪」，來民篇云「臣竊以爲不然」，此皆明是對秦孝公之語，蓋與其前後諸篇皆所上之書，而以一事爲一篇也，新書正是此例。汪中述學卷三新書序云：「自數寧至輔佐三十三篇，皆陳政事。按鼂錯傳錯『言宜削諸侯，及法令可更定者，書凡三十篇』，則知當日封事事各爲篇，合爲一書，固有其體。班氏約其文而分載之本傳、食貨志耳。」今按主父偃傳云：「上書所言九事，其八事爲律令，一事諫伐匈奴。」而傳獨載其諫伐匈奴一事，蓋九事即分九篇，故藝文志有主父偃二十八篇，是亦漢人上書以一事爲一篇之證也。且提要疑過秦論、治安策爲五十八篇之一，其説亦不可通。史記、漢書陳涉傳贊所載過秦論皆只上篇，應劭明云：「賈生書有過秦二篇。」過秦既非一篇，則治安策安得獨爲五十八篇之一乎！吾謂過秦論亦賈生所上之書，且爲以後諸篇之綱領。何以言之？新書分事勢、連語、雜事三類，凡屬於事勢者，皆爲文帝陳政事，不應首篇獨異。即曰新書不足信，今試以過秦與治安策并觀之。過秦上曰：「商君内立法度，務耕織，修守戰之具，外連衡而鬬諸侯。」「始皇奮六世之餘烈」，「吞二周而亡諸侯」，「然後以六合爲家，崤函爲宫。一夫作難而七廟墮者，何也？仁義不施，而攻守之勢異也。」又過秦中曰：「先詐力而後仁義，以暴虐爲天下始。」「秦離戰國而王天下，其道不易，其政不改，是其所以取之守之者異也」，「孤獨而有之，故其亡可立而待也。」治安策亦云：「商君遺禮義，棄仁恩，并心於進取，行之二歲，秦俗日敗。」「然并心而赴時，猶曰蹶六國，兼天下，功成求得矣，終不知反廉愧之節、仁義之厚，信并兼之法，遂進取之業，天下大敗」，「其亂至矣。」過秦中曰：「借使秦王論上世之事，并殷、周之迹，以制御其政，後雖有淫驕之主，猶未有傾危之患也。故三王之建天下，名號顯美，功業長久。今秦二世立，天下莫不引領而觀其亡。」治安策亦云：「夏爲天子，十有餘世，而殷受之。殷爲天子，二十餘世，而周受之。周爲天子，三十餘世，而秦受之。秦爲天子，二世而亡。人性不甚相遠也，何三代之君有道之長，而秦無道之暴也？」其文義皆前後相應。然猶可曰一家之言固有不謀而合者，未見過秦之必爲奏疏也。至於過秦下曰：「鄙諺曰：『前事之不忘，後事之師也。』是以君子爲國，觀之上古，驗之當世，參之人事，察盛衰之理，審權世夏案：「世」當爲「勢」，見前正文。之宜，去就有序，變化因時，故曠日持久而社稷安矣。」此所謂「前事不忘，後事之師」，及言君子之所以爲國者，爲誰言之耶？雖後之作史論者，亦或針對時事立言，而不必徹之廊廟。然此乃無官守言責之人，情格勢禁，雖欲陳之而未有路，乃姑陳古刺今，以舒其憤懣耳。若賈生之事君，竭忠盡智，數上疏，多所欲匡建，蓋已知無不言，言無不盡，豈復隱情惜己，有此嘉謀善猷而不以告者耶？且秦已亡矣，連篇累牘，極口詆之奚爲也？賈生豈如後世經生習爲策論，以求決策發科乎？治安策云：「臣謹稽之天地，驗之往古，按之當今之務。」此即「觀之上古，驗之當世，參之人事」之説也。又云：「鄙諺曰：『不習爲吏，視已成事。』又曰：『前車覆，後車戒。』夫三代之所以長久者，其已事可知也；然而不能從，是不法聖智也。秦世之所以亟絶者，其轍迹可見也，然而不避，是後車又覆也。夫存亡之變，治亂之機，其要在是矣。」此即「前事不忘，後事之師」之説也。過秦下曰：「當此時也，非無深謀遠慮知化之士也，然所以不敢盡忠拂過者，秦俗多忌諱之禁也。是以三主失道，而忠臣不諫，智士不謀也。天下已亂，奸不上聞，豈不悲哉！」此望文帝之納諫，而自明其盡忠也。又曰：「先王知壅蔽之傷國也，故置公卿、大夫、士，以飾法設刑，而天下治。其强也，禁暴誅亂而天下服；其弱也，五霸征而諸侯從；其削也，内守外附而社稷存。」此言所上衆建諸侯、制伏匈奴之策，皆所以禁暴誅亂。苟聽其言，則雖不幸至於削弱，而社稷可存也。故治安策曰：「卧赤子天下之上而安，植遺腹，朝委裘，而天下不亂。」由此觀之，則過秦亦所上之書，所以爲諸篇之綱領明矣。後人但知痛哭、流涕、長太息爲一篇之綱，非也。過秦可分二三篇，治安策何爲不可分爲十餘篇乎？然則此篇獨言秦之過而不及時事者何也？曰：殷鑒不遠，在夏后之世，過秦所以戒漢也。漢人上疏多喜稱引秦事，徐樂、嚴安之上書，劉向之諫起昌陵，皆如此。賈山至言所謂「臣不敢以遠爲喻，願爲借秦以爲喻也。」而至言與過秦尤相近，過秦言不及漢者，此爲所上書之第一篇，故姑徐引其端，而其他條目則俟後言之耳。班固以爲不切於時事，故不掇之以著於本傳。然讀新書，則當知此篇所以冠全書之意也。至於連語諸篇，則不盡以告君，蓋有與門人講學之語，故先醒篇云「懷王問於賈君」，而勸學篇首冠以「謂門人學者」五字。其雜事諸篇則平日所稱述誦説者。凡此，皆不必賈子手著，諸子之例，固如此也。至於其間脱爛失次，蓋所不免，要爲古書所常有。陳振孫謂「決非賈本書」，固爲無識，即提要調停之説，以爲不全真亦不全僞者，亦尚考之未詳也。夫惟通知古今著作之體，而無蔽於咫見謏聞，然後可以讀古書矣。

附録四

序跋

賈子跋

胡价

長沙，故楚地，前代人物不乏有，而顯然各載史氏者，獨屈原以忠憤，賈誼以遷徙，見之文詞，磊落相望。今離騷經，潭已板行，而誼書獨無傳焉，誠墜典也。提學漕使給事程公先生暫攝潭事，乃取櫝中所藏誼新書十篇，俾刻之學宮。

价既承命，竊考誼所著過秦論所陳治安策，雖繁簡與是書不同，要皆椎輪於斯也。蓋誼自長沙召對宣室，文帝嘉之。已乃數上奏疏，論政事，危言讜議，卓詭切至。若衆建諸侯，益廣梁地，養大臣有節，崇廉恥之風，後皆遵之有效，一一如誼所言。則誼之謀謨論建，誠有大過人者。劉向謂爲「通達國體，伊、管未能過」，其亦美矣。

然討其源流，率多新書所草定，是新書之作，乃傅長沙時所爲也。然則長沙以是書行，其不宜乎？蓋非特足以脩墜典之闕，抑亦有補於世，可見先生之用意云。顧遐方無他善本可參校，字多訛舛，姑存之，以俟是正。淳熙辛丑日南至，門生從事郎充潭州州學教授南昌胡价謹題。

錄自賈太傅新書（吉府本）

賈生才子傳序

喬縉

君子觀人，當取其言之驗，不當責其功之成。言之驗者其常也，不驗者其變也，其變其常，而功之成否系焉。

賈生，洛陽人，名誼，年十八能誦書屬文。文帝召爲博士，超遷大中大夫。素有志於制度禮樂。時欲任以公卿之位，絳、灌、馮敬沮之，出爲長沙王太傅。尋傅梁懷王。帝數問政治得失，誼遂陳治安策，覼縷萬有餘言，援古證今，左譬右喻，舉前代之已然，明當代之必然，斷斷乎欲措漢室，上躋唐、虞之治，不翅燭照數計，蓍筮龜卜，直言激切，冀以感悟人主之聽。惜乎！年逾三十，而天奪之速，徒使誼之言驗於身後，而莫能成功於當日也。維時仲舒、匡衡、倪寬之徒所陳之策，非無可觀，然彼皆老於事情，精於筆札者。而誼年方弱冠，乃能激頽風以繼三五，鼓芳風以扇幽壥，使天假之以年，其進未已，漢將不止於漢，而誼儔皋、夔、稷、契矣。嘗著書五十八篇，司馬遷、班固取其有切於世者作傳，書今傳世所可考。縉與誼爲鄉人，恨生也晚，不得追逐後塵，企慕高風於千載之上。公餘因取二家之傳，并誼平時所爲論、賦，略加隱括，纂而爲一目，曰賈長沙集，庶發潛德之幽光。復捐貲綉梓以廣其傳，用僭一言序諸首。嗚呼！縉何人斯，而敢序先正之傳耶！亦寓夫高山仰止，景行行止之意云爾。後之欲知誼者，宜於此考焉。成化癸卯七月朔旦吉，賜進士、承德郎、工部主事洛陽喬縉謹序。

録自賈長沙集

賈誼新書題志

沈　頡

凡物久漸弊，弊久漸新。新書之行尚矣，轉相摩刻，不知幾家，字經三寫，誤謬兹多，所謂久則弊也。頡謹將洛本與他本三復參校，尚有傳疑，其亦弊則漸新。若好古君子更得善本考正，則此書之弊盡革而永新矣。弘治乙丑，勾吴沈頡志。

録自賈長沙集

賈子序

李夢陽

賈子者，賈誼新書也，奚稱賈子？子之也。賈子，賈子作乎？類賈子之言作也。漢興，誼文最高古，然誼陳説治理，善據事實，識要奥，一一可措之行，蓋管、晏之儔焉。故曰，誼練達國體云。誼文高古最者，太史公業裁之入史記矣。後人或摭其創草及他篇簡論説，不忍遂捐棄，於是類之稱書焉。如過秦論，太史公業裁入之矣，褚先生又取其餘，附之後，今爲三篇云。亦有一事一義而篇二三者，或二篇而雜之一。如治安策，攙截無復緒理可尋。乃其宏識巨議，故皎皎如日星，如江河地中，不得掩没之也。此書宋淳熙間嘗刻潭州，淳祐間又刊修焉，時已稱舛缺。及刻本失，士夫家轉鈔，一切出吏手，吏苦其煩也，輒任減落其字句；久之眩惑，逾行竄其字句，重復訛之；士夫者又靡之校也，故其書愈舛闕不可讀。弘治間都進士穆得此書於樂平喬公，刻之京師，已復有翻刻者，顧仍舛闕也。予今刻則略校之矣，然卒莫之質補之也。麟甲鳳毛，僅存見於世者此耳。幸邪，悲邪？賈子十卷，共五十八篇，内亡其三篇。明正德八年，歲在癸酉冬十一月，北郡李夢陽撰，寓白鹿洞書院。

録自賈子

賈太傅新書序

黄寶

余昔承乏選部時，偶於京國書肆中得賈太傅新書鈔本，凡若干卷。余手披目覽，口誦心惟，始而駭，終而不知神與之接，融融瀼瀼，不知旨之、樂之、詠之、歎之。於是乎乃知太傅之生，值漢室初造，光嶽氣完之時，通乎天人精微之藴，窮乎歷代治亂之故，洞乎萬物榮悴之情，究乎禮樂刑政之端，貫通乎仁義道德之原。故正言竑議，卓卓乎其奇偉，悠悠乎其深長，鑿鑿乎其有援據。如江河盪潏，而莫測其涯也，如風霆變化，而莫見其迹也；如雲霞卷舒，出没晻靄，千態萬狀，而莫可名言也。世之稱近古者，亦在是矣。所宜珍重，不啻若湯盤、周鼎，而毋敢忽焉。

正德甲戌，余致政，家居長沙，郡守陸公以誼謫于長沙，去今千有餘歲，國朝既崇祀享之禮，但傅長沙時所著新書獨無傳焉。乃檢閲郡齋故櫝中，得版刻數十片，計其脱落尚多。因詢於余，余即出是本補刻，遂成完書，屬余爲序。

余惟太傅高世之才，殆出天縱。漢劉向稱其「通達國體，雖古之伊、管未能遠過」。班史痛其不用，但謂其「天年早終，雖不至公卿，未爲不遇。」誼過長沙，作賦以弔汨羅，而太史公傳於屈原之後，明其若屈原之忠而遭棄逐也。宋歐陽公謂「其所陳，孝文略施其術，猶能比德於成、康，况用於朝廷之間，坐於廊廟之上，則舉大漢之風，登三皇之首，猶決壅裨墜爾。」蘇公論其爲「王者之佐」如其所言，雖三代何以遠過。此數公者故有定論，誠毋容加喙於其間。顧其書之在霄壤中，上則爲德星、爲慶雲，下則爲朱草、爲醴泉，光景常新而精神不虧，亘萬古猶一日。奈何自宋淳熙辛丑提學漕使程公版刻之後，三百餘禩僅得一陸公補輯殘缺，爲書再行，是何寥寥？知賞之難也。非惟嘉惠後學，廣其見聞，以資博識，慎而擇之，而立身行己之道亦寓焉。中間如鑒秦俗之薄惡，指漢風之奢僭；請定經制，述三代之長久，深戒刑罰，明孤秦之速亡；譬人主之如堂，所以優臣子之禮，置天下於大器，所以示安危之幾。凡憂民、傅職、官人、大政等篇，皆經濟之大略，又有國與天下者之所當鑒也。

郡守公名相，字良弼，弘治癸丑進士，累官南京吏曹郎中，英名偉績，有所自也。政尚平恕，有古循吏風。今觀是，益可見其知所擇，而其藴畜之富未可量也。故不揆愚陋，僭書于端，以識歲月云。正德九年菊月吉旦，賜進士出身、嘉議大夫、都察院右副都御史長沙黄寶序。

録自賈太傅新書（吉府本）

新書跋

楊節

太傅此書始刻於有宋程給事，再刻於我朝陸郡守，三百年餘止得此二公者，都憲黄公所謂「寥寥知賞之難」，誠是也。竊以爲知賞之難者，正坐以傳之不廣焉耳。何者？以都憲公該博之學，且生長於太傅所嘗居之地，必至登第拜官後始得此書而讀之，況他人乎？況生長於他方者又豈得而易見之乎？審如是，則四方之學者不獨不之見，而亦恐未之聞也。

我賢王殿下於講讀祖訓之餘，取是書而觀之，知其有益於天下國家，而慮其傳布之未廣，乃命工重刻，樂與四方共之。其嘉惠後學之心，不其至也夫。時正德乙亥秋八月之吉，賜進士出身、奉議大夫、吉府右長史、前山東按察僉事、刑部署郎中古燕楊節謹跋。

録自賈太傅新書（吉府本）

賈太傅新書序

何孟春

序曰班史稱賈誼所著述五十八篇，春求之今新書，而竊疑其書篇目之非實也。誼嘗欲改正朔，易服色，定制度，興禮樂，草具其儀法，色尚黄，數用五，爲官名更奏之。今新書略不見焉，益足徵孟堅之所謂五十八篇者，散軼多矣。

文帝時，匈奴侵邊，天下初定，制度疏闊，諸侯王地過古制，淮南、濟北皆爲逆，誅。誼數上疏陳政事，史掇著於傳，其「大略」云云。「數」之云，非一時所陳。然痛哭者一，流涕者二，長太息者六之云，該貫始末，又似一疏，何也？疏中兩著流涕語，乃只匈奴一事耳；長太息語凡三見而止。新書無蓄篇有可爲流涕語，等齊及銅布篇，俱有可爲長太息語，而本傳弗以入；（無蓄、鑄錢、銅布三篇，漢書載之食貨志。）保傅及審取舍篇事各異，語俱不著長太息；若階級篇所有長太息語，自爲責大臣發，而傳并列一疏中。孟堅於此，豈互有去取耶？

朱子嘗言誼學雜，而文字雄豪可喜，治安策有不成段落處，新書特是一雜記稿耳。誼蓋漢初儒者，不免戰國縱横之習，其著述未嘗自擇，期以垂世。而天年早終，傳之所掇已未盡，然亂於他人者，何足爲據？誼之才實「通達國體」，言語之妙，後儒良不易及。此論篤君子所以雖或病其本根，而終不能不取其枝葉也。

正德甲戌九月吉，春按行洛陽，往拜太傅祠。因太傅書郡齋刻本謬甚，公暇，從而正之，編次之意，頗悉於其前矣。

或問文帝好文之主，誼不大用，將非運也。絳、灌、東陽，世稱長者，而亦有毀誼事耶？史固云，文帝「諸法令所更定，及列侯就國，其説皆誼發之」。帝「議以誼任公卿之位」，而短於衆口，則矯矯年少實取之。今觀其建白間，所謂「非愚則諛」，所謂「猶爲國有人乎」，「亡具甚矣」，大臣「恬而不知怪」，俗吏「不知大體」，盡斥在廷之臣，既以爲進言之不臧，又以爲獻計之無識。至其自許，則曰「何不一令臣得孰數之於前」，「使少知治體者得佐下風，致此非難」；又曰「曾不與如臣者孰計之」，其不遜如此，欲衆毋怨，得乎？陳平見遇高祖，時絳侯、灌嬰等咸讒平，今於誼奚恤而信其長者無毁誼事耶？假令誼不死，仕孝景世，處盎、錯之間，忌興謗集，身且弗保。今日之事，爲庸臣所害，如史氏言，誠「未爲不遇也」。春兹因復序其書。亞中大夫、河南等處承宣布政使司分守河南道左參政郴陽何孟春謹序。

事勢，舊四卷，自過秦二篇外，極踳駁。憂諸侯者雜匈奴，論吏民者冒夷、狄，甚而一篇之事上下脈絶。宗首在數寧前，時變在俗激後之類，真誼書之謂「倒植」者，讀之使人懣然。今爲一一理之，漢書可考見，如治安策就以策爲序；而審取舍之言補録於前，制匈奴之語移置於末，則用春今日意；他篇疏論，與策事類者，各附焉。噫！誼書散軼多矣，世本不知傳自誰氏，篇章既如此，其名篇又淺陋可笑，此豈生之所自名者耶？春固嘗謂事勢、連語、雜事之云，特其五十八篇中之三篇名耳。如「事勢」之云，蓋治安一疏首有「事勢」字，其疏盡名於是篇矣。後人因其書散軼，而幸掇其僅存者，無復倫次，篇析而章裂之，以求足所謂五十八篇之數。遂以事勢概及過秦，繼乃創爲宗首、數寧等名。此豈生之所自名？豈劉子政之所删定，班孟堅之所取據者哉？今不得已，且假以分篇耳。

連語、雜事舊各三卷，特以標目强相分異。所謂連語乃是雜事，雜事中間乃連語也。今次而定之，若乃篇中語連及他事者，亦爲連語篇中事；雜著群語者，亦爲雜事。而卷減其一，蓋崇文總目載此書，隋、唐皆九卷，今或爲十卷者，其別本耳。篇章約略亦有類焉，讀者可以意求。雖然誼書連語、雜事之云，吾不能得其實矣。

按漢志誼書五十八篇，外賦七篇，隋志別有賈子録一卷，唐志、崇文目九卷，集作二卷。曰録，曰集，賦在其中矣。宋人傳別本十卷，陳氏書目云，其書首過秦論，末爲弔湘賦。則是十卷者，賦亦在焉，而今世所傳本乃無之。王應麟玉海載是書，卷帙、篇章、數名、次第，與世本并同。然則，是十卷者，其來已久，紊亂棄遺之罪，非必近時人也。春於是既加編次爲九卷，而以弔湘等賦附於後。賦見漢書、楚辭者三篇，見古文苑者二篇，文苑所載疑非全文，又不知是其七篇數内物否，今兹會粹，尚缺其二。舊載小傳，又附於後，爲第十卷，終焉。

賈太傅書，春嘗謂其散軼多矣。今之所存篇目，非復其初五十八篇之舊矣。隋志有賈子録，不知新書外更録何語。宋人造太平御覽時，凡經採集書一千六百九十餘種，而太傅書具三種焉。鄙嗲之篇，又不知是太傅何物語也。此帙嚮爲修整，頗就緒，顧字句舛訛處，不敢輒改，任私臆。及問諸人間，竟無佳本可足正者，豈春所遇皆蔡中郎輩耶？近聞太史河南崔子鍾氏，手校文集最多，太傅書與焉，而春未獲見也。兹割余廩刻之，冀諸博雅君子與子鍾聞之，有以示我，不使木徒災也。刻之日在序後之五年，己卯九月吉，何孟春子元在滇之巡撫都察院書。

北齊邢子才有書甚多，而不甚讎校，嘗曰：「天下書至死讀不可遍，焉能復較此。且誤書思之，更是一適。」春惟今書，五經已不能無疑誤。秦、漢來書，如賈生本誤者何限？「三豕」字存，猶得爲後之讀者「己亥」形似之證，古人缺文，不欲容易輒補緝也。然則予於此仍其誤，以俟世如邢子才者，思之以自適，不亦可乎！若謂天下書不可盡讀，讀者不復再，而遂爲濟河焚舟之計，誤亦何用乎較，亦無用乎思焉爾矣。噫！春於此有感焉，又書。

子元按：□曰：賈生矯矯文帝朝。凡爲諸侯、夷狄、制度、風俗、禮義、刑罰、教太子、禮大臣、及食貨、利害等議事之當否，後當成敗，無一弗讎者。惜乎！帝弗能盡用也。漢藝文志有五曹官制五篇，或以爲誼所條，其誼傳中所謂「草具儀法」，「悉更奏之」者歟？誼欲改正朔，服色上黃，及施三表五餌係單于。史譏其術疏，此獨非可行者歟？朱晦菴嘗云：「虜人分明是遭餌，誼之五餌，不爲則已，爲則須并用。」漢主和親，宋議金帛，效固然也。」文帝十四年，公孫臣言，秦得水德，漢受之，推終始傳，則漢當土德，其應黃龍見，宜改正朔，服色上黃。丞相張蒼以爲非，罷之。明年，黃龍見成紀。帝乃召臣，拜博士，草改曆、服色事。

臣之所議，誼之議也。

誼言欲天下治安，莫若衆建諸侯少其力，割地定制。令齊、趙、楚各爲若干國，地盡而止，燕、梁它國皆然。地衆子孫少，建國而空置之，須其子孫生，君之。地制一定，下無倍畔心，上無誅伐患。帝不聽。至景帝，七國反叛，禍莫大焉。孝武世，主父偃言，古者諸侯地不過百里，强弱易制。今諸侯地方千里，緩則驕奢爲亂，急則阻彊合從，以逆京師。以法割削之，則逆節萌起。今諸侯子弟或千數，而適嗣代立，餘無尺地封，願推恩分地侯之。上以德施分其國，可不削而弱。上於是召諸侯王，欲分子弟邑者，各條上。藩國始分。偃之所議，誼之議也。以誼爲帝議弗用，而彼竊誼議得行焉。奚故？誼言之於其事先，而彼言之而行於其已驗後，時不同也。然則誼何憾？古人述作夥矣，蘇子瞻才雄千古，而獨喜誼與陸贄書。誼之言固犁然有以當其心者。春讀誼傳有感焉，故著其事。

録自訂注賈太傅新書

訂註賈太傅新書序

張志淳

燕泉先生訂註賈太傅新書成，則以寄予，予愛而讀之。凡昔所疑者、缺者、文之誤者、事之隱者、篇次之錯亂者、義意之罔盡者，靡不考論以折衷焉。則撫卷而歎曰：休哉！颯颯乎！曄曄乎！其非苟然者乎？其善取諸文，善求諸古，善用夫才而裨益於治者矣。

夫文本諸道，而道非文不顯，非書不傳，非才不足以適用。漢之文，後戰國而優於戰國之文；漢之士，後戰國而優於戰國之士，近道故也。故其纘言修辭，自六經之下無多讓焉。賈傅其彰彰者乎？而説者不純其學，狹其量；予嘗多其才、大其志、雄其文，又獨多其終以爲傅無狀哭泣至死，故滋愛其書而彌增感也。

夫道正則易迂，才高則易蕩，文則易僿，矯則易釐。觀諸賈傅，其無所謂迂、蕩、僿、釐者乎！雖於學未純，而去道不遠矣。燕泉先生訂注之有以也。且今之才，有賈傅之才否乎？今之文，有賈傅之文否乎？今之仕，有愧其所事以終身否乎？予不得而知也。

宋以道學倡，故其文爽明直易，而其論不純。於賈傅，然其文、其才、其用，固不可少也。而書可不考乎？故知文亦道之華也，才之驗也，弱焉者欲襲人而易之者也，强焉者欲上人而加之者也。故踵宋之易以附道，則於才與用不涉矣。能者倡而求之戰國，以爲高，曾不知專其辭漸入其道，而險隘偏滯無所歸，使習易者怪，彌欲挽以沿襲，而卑且弱不計焉，是啓之也。賈傅之書，文雄而古，近道而不迂，實而可見諸用，故能經畫天下，通達國體，以取驗於身後，迄于今不誣。夫以文附道而中實無所得，且便其易而不知者，此時尚之過也。知求諸古而不揆其道，工模其辭，漸以支蔓破碎而不足以周夫用者，此又能者之過也。此燕泉所以獨先於賈傅之書歟！或曰：燕泉少以才名顯，故多太傅之類己也。或曰：以己之達，而悲其窮也。或曰：以其文可以矯時之過，其才可以救今之急，而致諸用也。然序之曰：矯矯少年，取讒衆口。則所以愛惜成全賈傅者，止是乎？予故知用心於其書者，非苟然也。

正德十五年庚辰三月浹旬，南園老人張志淳序。

録自訂註賈太傅新書

賈子跋

余有丁

按崇文總目賈傅書七十二篇，劉向删定爲五十八篇。隋、唐皆九卷，今别本或爲十卷。朱子云：「此誼平日記録草也，其中細碎俱有，治安策中所言多在焉，除漢書中所載，餘亦難得粹者。」今考其書，前五卷具條奏語，治安策分爲二十餘篇，次第錯迕，與本傳不協。今頗據傳序定。其無蓄、服疑、等齊、銅布四篇，傳所不載，因有流涕、長太息字，故序列之。或誼疏本具，班史裁之耳。其定取舍一條，書原闕，今依傳補入，以足九章之數。後五卷雜引古先禮教、政術語，其大旨良欲以飾治也，誼之通達於是焉在。或疑非誼作，非通論矣。惜吴、湘二本俱多訛謬，雖參互考正，猶有仍襲，覽者詳焉。丁丑新秋日，潛菴子志。

錄自子彙

跋賈太傅新書

全祖望

太史公言，漢文帝雅器太傅，將任以公卿之位，大臣多不之喜，遂以年少初學詆之。世或以太傅不善用其才，深爲惋惜。予竊以爲，絳、灌當時賢臣，不應至此。考應仲遠風俗通，是時太中大夫鄧通有寵於帝，太傅與之同列，獨不爲禮，恨而擠之，因漸見疏。然則長沙之出，殆非盡大臣之過也。此係太傅立朝大節，太史公及交其孫，乃不爲之表章，可謂疏漏。史稱鄧通自謹其身，絶無他能，觀於仲遠所言，亦可畏矣。夫得君有若文帝，三代以還不多覯者，然且深知太傅之才，使弄臣得與比肩，薰蕕鑿柄，可爲長太息者矣。

錄自鮚埼亭集

重刻賈誼新書序

盧文弨

西漢文、武之世，有兩大儒焉，曰賈子，曰董子，皆以經生而通達治體者也。二子之書世多有，顧其善本絶少。余不揣固陋，并爲校讎，賴友朋之助，先以賈子開雕。既成，因爲之序其緣起曰：班書藝文志儒家載賈誼五十八篇。今世所行本，其目只五十有六，然過秦有三篇，而唯載上下兩篇；又禮容語，宋本分上下兩篇，而本復不分，故視漢志所載，缺其二篇。隋書經籍志載賈子十卷，録一卷。舊唐書志則云九卷，其稱賈子則同。新唐書志始稱賈誼新書，其卷則十。隋、唐志俱同漢志列儒家，至宋志乃妄生異見，入之雜家。此如劉子政推崇賈、董，比之伊、管，而其子歆則謂其父之言爲過，何以異？人所見不盡同，顧若是哉！

陳振孫直齋書録載賈子十一卷，云：「首載過秦論，末爲弔湘賦」，「且略節誼本傳於第十一卷中，其書非漢書所有者，輒淺駁不足觀，决非誼本書。」余謂此書必出於其徒之所纂集，篇中稱「懷王問賈君」，又勸學一篇，語其門人，皆可爲明證，但多爲鈔胥所增竄。凡漢書所有者，此皆割裂顛倒，致不可讀，唯傳職、輔佐、容經、道術論政諸篇在漢書外者，古雅淵奥，非後人所能僞撰，而陳氏反謂其淺駁，豈可謂之知言者哉！此本十卷，據宋本目録增多過秦論中一篇，定爲五十八篇，中有其目而亡其書者二焉。謂與漢志適吻合，余亦未敢信然。蓋容有出於後人之所分析者，至其甚謬者，則略爲刊正之已。

世每以文帝不能用賈生爲惜，然生之言，後多見之施行，則不用而用已過畢矣，在生亦無可恨。以視夫其身尊榮顯赫，而尺寸曾不得展者，所得爲孰多乎哉！

余所校，據兩宋本，而誼所爲賦不在書中，則非即陳氏所見者。卷末，傳非漢書本文，今姑沿其舊，後有復梓者，終當全載孟堅之所撰爲得云。皇帝六巡江、浙之歲三月，舊史氏盧文弨書於杭東里之抱經堂。

新書讎校所據舊本

建本是宋時刻本。明毛斧季吴元恭皆據以改近世之本，宋即有謬誤，亦悉仍之。前失去序文，故不知是何年所梓，唯目録後有「建寧府陳八郎書鋪印」一行，故今稱爲建本。

潭本宋淳祐八年長沙刻，即從淳熙八年程漕使本重雕者，題賈子。

吴郡沈頡本明弘治十八年刻。毛斧季就謄宋建本於此上，其吴元恭所用之本，雖無沈頡名而實不異，當是沈名後來刊去也。其第七卷中缺退讓篇，吴據宋本鈔補，而毛本則仍闕此篇。

李空同本明正德八年刻，亦名賈子。後有欽遠猷者，不知何時人，合郴陽何燕泉本、長沙本、武陵本，合校是書。何本於文義不順者，頗加竄改。又於過秦論後、補審取舍一篇，乃録大戴禮記禮察篇全文，今不用。

陸良弼本明正德九年爲長沙守時刻。

程榮本刻漢魏叢書内。

何允中本二本皆同出陸本。

江陰趙曦明敬夫校

録自賈誼新書

賈誼新書序

汪　中

新書五十八篇，漢梁太傅洛陽賈誼撰，今亡一篇。校本傳，自「凡人之知」至「胡不引殷、周、秦事以觀之也」四百三十四字，書亡其文，據以補之。問孝、禮容語上二篇，有録亡書。藝文志但云賈誼，稱新書者，劉向校録所加，荀卿子稱荀卿新書，見於楊倞之序，是其證也。過秦三篇，本書題下亡「論」字，陳涉項籍傳論引此，應劭注云：「賈誼書之首篇也」，足明篇之非「論」。吴志闞稜傳（夏案：「稜」當作「澤」，見過秦上注一）始目爲論，左思、昭明太子并沿其文，誤也。自數寧至輔佐三十三篇，皆陳政事。按鼂錯傳：「錯言宜削諸侯事，及法令可更定者，書凡三十篇。」則知當日封事，事各一篇，合爲一書，固有其體，班氏約其文而分載之本傳、食貨志爾。其指事類情，優游詳卽，或不及本書。自春秋至君道，皆國中失之事，自官人至大政，皆通論。修政上下，皆重言也，三古之遺緒，託以傳焉。容經以下，則皆古禮遺篇與其義。舊本編録亡次第，今略以意屬之，定爲六卷。題下有事勢、連語、雜事，與管子書同例，今亦仍之。别爲年表一篇，俾覽者詳焉。經典序録所次，本劉向

餘姚盧文弨召弓父合衆本校。

別録，其叙左氏傳云：「荀卿授陽武張蒼，蒼授洛陽賈誼。」然則生固荀氏再傳弟子也。故其學長於禮。其所陳立諸侯王制度、教太子、敬大臣，皆先王之成法，周公舊典，仲尼之志，蓋春秋經世之學在焉。是故備物典策，國所與立，君舉必書，以詔後世。春秋者，秉周禮而謹其變者也，吾於荀氏、賈氏之言禮也益信。劉子駿稱漢朝之儒，惟賈生而已，豈虚也哉？其書述左氏事，止禮容篇叔孫昭子一條。先醒篇言宋昭公出亡而復位，虢君出走，其御進酒食及枕土而死；耳痹篇言子胥何籠而自投於江；諭誠篇言楚昭王以當房之德復國，皆不合左氏。審微篇言晉文公請隧，叔孫于奚救孫桓子；春秋篇言衛懿公喜鶴而亡其國；先醒篇言楚莊王與晉人戰於兩棠，會諸侯於漢湯，申天子之禁，皆與左氏異同。其時經之授受，不箸竹帛，解詁屬讀，率皆口學。其有故書雅集，異人之聞，則亦依事枚舉，取足以明教而已。禮篇、君道篇説詩騶虞、鴛鴦、靈臺、皇矣、旱麓，均非毛義。於時三家之學未立，故秦時老師大儒猶有存者，師友所承，不可盡知，使得是千百説而通之，豈復有末師之陋哉！於乎！漢世慕尚經術，史氏稱其緣飾，故公卿或持禄保位被阿諛之譏，博士講授之師僅僅方幅自守，文吏又一切取勝，蓋仲尼既没，六藝之學，其卓然箸於世用者，賈生也。傳曰「稱先王」，詩曰「秩秩大猷，聖人莫之」，賈生有焉。班氏叙梁捍吴、楚及淮南四子之敗，於其經國體遠，既明列其功而不詳其學之本，是以表而出之。若夫「五餌三表」，秦穆用之遂伯西戎，而中行説亦以戒匈奴，則既有徵也，謂之爲「疏」，斯一隅之見也。漢世是書盛行於世，司馬遷、劉向箸書，動見稱述。孝昭通保傅傳，則當時以教冑子。傅職、保傅、連語、輔佐、胎教，戴德采之。禮篇之文，載在曲禮。今二書并尊爲經，而是書傳習蓋寡，道之行廢，豈命也與？藝文志：「賦七篇」，今見弔屈原、惜誓、服賦、旱雲賦、簴賦，蔚爲辭宗，賦頌之首，可謂多材矣。録而附之，亦成相、賦篇意也。乾隆屠維大淵獻且月，江都汪中述。

録自述學。

賈誼新書跋

孫志祖

賈誼新書十卷較之漢書本傳及食貨志所載諸疏，率多任意增損，或一事而分爲兩篇。疑此其平日論撰，而奏疏則芟薙浮語，鎔鑄偉詞，故其文益茂美，或班氏少有潤色，而新書又閒出後人增竄，未可定也。本傳中「凡人之智，能見已然，不能見將然」一大段，大致與大戴禮禮察篇同，而新書無之，蓋即第十卷禮容語上之文而今闕也。漢魏叢書所刻程榮校本後，全載漢書本傳，其與新書詳略之故頗可參互考覈。何燕泉不悟新書有闕，乃録禮察篇全文於過秦論後，别立審取舍篇名，抱經先生不取。

録自讀書脞録

題移寫賈子新書盧氏校本

鄭　珍

此新書十卷，蓋後人取漢書本傳中奏疏及它遺文，分析掇湊成之，非元書五十八篇之舊也。而此武陵何氏本又譌脱不可讀，召弓盧氏以宋潭本、建本校刊者，删削是正，最爲慎當，乃取其本增改此本。明誤者即塗之，若都可通則兩存，不必盡以盧氏所據者爲是。要之，既非原書，本之異同，其相傳亦各有所自，但求其曉暢可讀，大段不失，即得矣。

録自巢經巢集

賈子新書書後

汪之昌

盧文弨賈誼新書序，漢藝文志儒家載五十八篇，今世所行本，其目祇有五十六，然過秦有三篇，而唯載上下兩篇；又禮容語，宋本分上下兩篇，而本復不分，故視漢志所載，缺其二篇。然則今本賈子非即漢志箸録之本，況後人不無坿合分析其間。考賈誼當漢文朝，漢文號稱有道主，論者以用誼不卒爲憾。案漢書誼傳，謂諸法令所更定及列侯就國，其説皆誼發之，又謂上納誼言，養臣下有節，是後大臣有罪皆自殺不受刑，是漢文採用誼言，播爲國典矣。班氏叙梁捍吴、楚及淮南四子之敗，一一明列其功，而以「五餌三表」爲疏。然秦穆用之以霸西戎，中行説亦以戒匈奴，則亦確有成效。所謂經國體遠，新書中具載其文，竊歎經濟之必本經術也。經典叙録，叙左氏傳云：「荀卿授陽武張蒼，蒼授洛陽賈誼。」是誼爲荀氏再傳弟子。荀卿受詩根牟子，爲卜氏子五傳弟子，故尤長於禮。吾觀新書保傅、連語、輔佐、胎教，戴德採之；禮篇載在曲禮，莫非以傳授有自？禮篇、君道篇説詩，騶虞、鴛鴦、靈臺、皇矣、旱麓均非毛義，是時三家之學未立，其爲先秦經師遺説無疑。其述左氏事，禮容篇叔孫昭子一條，先醒篇宋昭公出亡而復位、虢君出走其御進酒食及枕土而死，耳痺篇子胥荷籠而自投於江，諭誠篇楚昭王以當房之德復國，今左氏傳并無其文。審微篇晉文公請隧、叔孫于奚救孫桓子，秦秋篇衛懿公好鶴亡國，先醒篇楚莊王與晉人戰於兩棠、會諸侯於漢陽申天子之禁，皆與左氏傳異同，尤足見其廣徵博引，異於株守一先生之説者。綜全書言，過秦三篇，史家取之，可知深切事勢。自數寧至輔佐三十三篇皆陳政事，班氏往往採其語入傳若志中。自春秋至君道皆國中失之事。自官人至大政皆通論。修政上下皆重言。容經以下，則皆古禮逸篇與其義。分篇次弟釐然，各有理緒可尋，殆就見聞所得，箸於篇籍，以俟異日敷陳，未可以馬、班有所未載，强生純駁淺深之别也。此依盧本重刻，凡與各本異同，悉箸行間，宜讀賈子書者，咸推爲善本也夫。

録自青學齋集

賈子次詁敍録

王耕心

新定賈子内外篇六十有七，漢故梁太傅洛陽賈誼箸。翼篇五，則賈子傳記之屬。三篇總十六卷。正定王耕心饌次且爲校詁，以祛未寤。既卒業，敬爲敘曰：

周、秦之際，先聖之微言幾墜於地，惟荀子踵孟子之後攘斥異端，扶翼政教，赫然有以警百世，厥功偉矣！當是時，非荀子之出，且無以要聖學之終。其後雖歧説蠭起，必欲推其學於真儒之外，適自形門户之陋，於賢豪命世之隆替無與也。逮漢氏以椎魯定天下，褻禮之士或以通變自矜，輔相之徒復誤解無爲之恉，幾墜之緒且湮没無遺，時則子賈子崛起洛陽，首以經世之學自勖，既秉伊傅之才，復藴忠貞之志，其爲説悽愴往復，若有不能已於言者。以是遠紹孔門之四科，遂兼叔孫氏之三不朽，本所獲以視荀子，有過之，無弗及焉。故論者謂三代以後，非賈子之出，亦無以原聖學之始；及董子繼之以正義明道之説，建儒術不祧之宗；相得益彰，有非流俗運會所能掩者，豈偶然哉！夫經世之要，惟以兼濟天下爲榮瘁而已，苟不能知兼濟之得失，天下亦奚以儒爲？後世不達此義，記誦益工，門户益峻，道義之是非乃益以淆，一旦强出所學以應世變，且適爲通識所詬病。然則賈子之學亦有志之士所宜盡心也。

先孝府君博通乙部諸籍，偏好賈子之爲人，同治中嘗箸賈子年譜一卷，抉擇幽微，能補江都汪氏所未及。小子耕心少聞緒言，壯知嚮往，顧其時方究心於生死性命之奥，未遑致力也。其後涉世益深，寖通政教得失之故，因取賈子舊箸五十八篇及史漢以次諸家所紀之文繹之，乃知賈子之爲學。其志道據德之繁，雖備見舊書，而經世諸説非博求史漢諸家所紀，不足以盡兼善之懿。蓋體用既殊，精粗亦别，後世諸君子惟知沿襲舊文，尋檢枝葉，不獨無以知賈子，亦非討論絶學之正軌。於是創闢義例，兼綜諸家，重訂其書爲内、外二篇，復備摭傳記及内篇敘跋，參以新説，别爲翼篇，以總攬其事實本末，賈子遺書由是悉統於一，靡所不具。慕其學者乃無放失之悔，後之君子可覽觀焉。

烏虖！形而上者謂之道，形而下者謂之器；内嚮之謂正，外嚮之謂邪；惟恐天下不治者爲君子，惟恐天下不亂者爲不肖。賈子之學由誠以入，明其於邪正治亂之辨審矣。惟其操本運末乃足師範百世學者，苟能心知其意，庶幾深契政教之原。若德慧無聞，神明鍥薄，或假兼濟高名，轉昧治安實務，是則賈子之罪人，殆非余之所敢知已。

録自賈子次詁

賈子次詁緒記

王耕心

新饌定賈子凡例曰，賈子書五十八篇，見漢書藝文志。今仁和盧氏文弨校定本總五十六篇，視漢志僅缺二篇，尚不失爲完書。惟其書自宗首、數寧以後二十餘篇，凡與漢書諸疏相涉之文，皆敘次厖雜，多所增竄，或𣝣亂不可曉，昔朱子以爲賈子之雜記稾，正謂此等。欽定四庫全書總目疑原書已多散佚，後世取陳治安等疏，離析其文以足漢書五十八篇之數，其説雖與朱子不同，亦理所宜有。今考其文，雖多增竄，猶時存古文之舊；閒值精確，頗足正史漢諸家文字之疏；禮教諸文尤多淵懿，不容偏廢也。竊惟賈子命世通才，天秉忠貞，且具不撓之節，其爲學實能以兼善該獨善，其經世諸文既已師範百世，尤當敘録全文，以補原書之缺。乃傳世已久，理董無人，轉使舊本日晦，若存若亡，亦憾事也。今別事饌次，仍取舊書五十六爲内篇，復備採史漢諸家所紀五疏、四賦諸文爲外篇，又別輯列傳、年譜、内篇序跋及新説之屬爲翼篇，分別部居，無使雜厠。内篇失次諸文，亦更定新弟，俾與諸疏之文，章次相應。賈子遺書由是悉統於一。持此以饜學者所求，或無懵焉，是爲饌次例弟一。

舊書五十六篇，原名賈子，宋、元後諸家刊本乃改名新書，其義殊不可解。考「新書」爲名，大率以計出無慘不足奉爲典要，如王荃王氏新書、虞喜志林新書、杜夷幽求新書、鼂錯鼂氏新書之屬皆是也；其名汎濫已甚，於賈子無取。今既總攬全文，别爲篇次，宜循諸子通例，仍名賈子以紓謬妄之嫌，新書之目當屏諸四裔，不足論已，是爲正名例弟二。

盧氏所校本，剗除蕪穢，厥功甚偉，今勘定内篇，輒據爲根柢；復取王謨校本十卷、舅氏大興丁先生嘉瑋校議一卷、德清俞氏樾平議二卷，參以新説，悉加裁定，所訂正者凡得六百三十七事。外書九篇，自史、漢所録諸文已多疏舛，今亦徧考史、漢、文選、古文苑、賈子集及近世烏程嚴氏可均全漢文諸籍，辨析是非，所訂正者亦得百四十事。内外篇總得七百七十七事。外篇諸文向無定本，紕謬實多，今力事廓清，意在折衷至當，或有疏略，則拾遺補缺，仍當俟後世達人，是爲正誤例弟三。

古文傳注皆與正文别行，今諸經猶存單行疏本是也。風俗偷薄，此例遂不可復。近世惟校勘之文猶存舊式。今取匡訂諸説，統名校詁，皆傅箸各卷之後，用備考鏡，别行之例雖不敢循，姑使正文無斷續之敝，亦一得也。是爲校詁例弟四。

饌訂之義，惟願具存。賈子遺書不欲旁蒐僞託，轉爲全書之玷。楚辭惜誓一篇，王叔師已云不知誰作，或曰賈誼，疑莫能明。後世總集以無作家主名，輒歸諸賈子，如嚴氏全漢文所謂「姑入賈集」是也。其文雖摛辭高朗，不讓昔賢，而篇首即云「余年老而日衰」，其非賈子遺文，已不待辯。或以爲代屈原爲辭，尤非事實。屈原之衰健，向無明文可考，今乃妄稱衰老，於義何居？且賈子之忠誠可質屋漏，度湘賦雖頗寓遷謫之慨，亦怨而不怒，無愧風人；此文篇首已云「衰老」，篇中復云「壽冉冉而日衰」，又云「況賢者之逢亂世哉」，又云「遠濁世而自藏」，以孝文之世爲亂、爲濁，後世猶無此言，況在賈子？若直以此爲賈子所作，何異誣罔先賢，妄鑿渾沌？朱子注楚辭雖亦姑事因循，要爲千慮之一失，非後學所宜附和。今屏不復存，亦徵實之義也。是爲袪僞例弟五。

漢書食貨志曰：「文帝即位，躬修節儉，思安百姓。時民近戰國，皆背本趨末，賈誼說上」云云。「於是上感誼言，始開籍田，躬耕以勸百姓。」又曰：「孝文五年，爲錢益多而輕，乃更鑄四銖錢，其文爲『半兩』，除盜鑄錢令，使民於鑄。賈誼諫」云云，「上不聽。是時，吳諸侯即山鑄錢，富埒天子，後卒叛逆。鄧通，大夫也，以鑄錢財過王者。故吳、鄧錢布天下。」今按：諫使民鑄錢疏乃陳治安大計疏六太息中之一節；論積貯疏則别爲一篇，更上於陳治安之後；志文所紀皆非事實，其説已詳見兩疏校詁下，今復志文於此，以備參考。

史記太史公自序曰：「作辭以諷諫，連類以争議，離騷有之。作屈原賈生列傳弟二十四。」漢書敍傳曰：「賈生矯矯，弱冠登朝。遭文叡聖，屢抗其疏，暴秦之戒，三代是據。建設藩屏，以彊守圉，吳楚合從，賴誼之慮。述賈誼傳弟十八。」今按：賈子扶翼政教之文，漢書所紀詳矣。太史公以屈賈皆被遷謫，必欲營合傳以寄慨，故悉没賈子經世諸文，惟載兩賦，上繼懷沙，俾與屈氏文埶相稱，以專規文字體裁，幾使賈子命世之學不顯於後；設非有班氏補傳，世且不知賈子爲何如人矣。太史公傳，文辭雖工，殊非史家正軌，不足效也。

賈子之進退不在絳灌而在鄧通，劉子政所紀詳矣。先府君已箸其説於年譜之後，兹不具論。或疑其説爲不必然。不知但求諸漢書已有二證，至今猶可佐子政之説。賈子之諫放民鑄錢，其論至精，而孝文不聽；其不聽者，所以爲鄧通也。賈子之復召，孝文自以爲不能及，而終不肯留，仍出爲梁太傅；其不留者非他，亦所以爲鄧通也。有是二證，則子政之説憭然矣。然此亦孝文不知賈子之賢材，故倒置如此爾。苟能真知賈子，身繫治安之得失，必欲假以政教之任，如齊桓之於管仲，蜀漢之於諸葛君，苻秦之於王猛，雖有百鄧通、絳灌何患焉？足爲天下圖治安，而必不肯爲此，後世所以不能解也。

竇應劉氏台拱曰：「陳治安疏行之二歲，當作二十歲。」今按：内篇時變亦作二歲，惟史記商君傳作二十歲，劉説蓋本此。然賈子之意，别有所在，不得妄改也。劉氏又曰：「治安疏與保傅傳本各爲一書，班氏乃合爲一篇。」其説尤非。陳治安疏綱舉目張，義法井然，保傅傳乃其羣目之一節，文埶自有起訖，烏得云班氏合二爲一哉？史家載文惟有删薙之法，無代人饌文之例，若合兩文爲一，自作首尾，是代人饌文矣，有是理虖？劉氏他説亦多未審，惟此尤不可通，不足辯也。

重訂賈子内篇，江都汪氏亦有此議，而其書不傳。其儗附楚辭惜誓亦非精審。今所譔次，雖以全備爲主，惜誓既非賈子之文，自當屏棄不録。援僞以亂真，最爲典籍之害，汪氏乃不解此，何也？

史記集解班固典引曰：「永平十七年，詔問臣固，太史遷贊語中寧有非邪？臣對：賈誼言子嬰得中佐，秦未絶也。此言非是，臣素知之耳。」今按：固説是已，其詳已見秦始皇本紀附記。所謂小非不必非，不足爲賈子重輕也。

過秦乃賈子首篇，次弟亦無乖剌。惟文選題加「論」字，史記附録復倒其次敘。嚴氏全漢文必據文選作「論」，又不取賈子原文，反以史記本爲正；不知過秦名「論」，乃昭明之誤，先儒所辯已詳；史記附文，亦後世所加，注家亦嘗議及；嚴氏所録皆出偏見，不足依據也。

内篇諸文，舊本有事埶、連語、雜事三部之名。自過秦以後至鑄錢，皆曰「事埶」，凡三十二篇。自傅職以後至道德説皆曰「連語」，凡十八篇。自大政上以後至立後義皆曰「雜事」，凡八篇。悉注部目於篇題之下，而亦時有不注者；「連語」既屬部類之名，保傅後復别有連語一篇，其義例皆不可曉。今既譔定全書，而内篇亦别爲新弟，舊分部類皆在所不取，姑存其名以備考鏡；連語一篇必有疏舛，今無從更訂矣。

賈子嘗受左氏春秋，見漢書儒林傳及經典釋文，而内篇書無其説。史記日者傳又謂賈子嘗詘於司馬季主，而本傳無其説。兩事殆出附會，皆不足信。蓋道義之學，先天也；術數之學，後天也。其高下相懸，不可以道里計。雖管、郭之精猶不足當顏、曾之一顧，其他可知。賈子何人，輒以市隱爲卑污；司馬季主何人，乃挾所能以抗兼綜四科之通儒？其非事實，亦可知。豈日者傳乃褚少孫所補，非史公原文，其説因與本傳抵捂不合歟？嘗受左氏春秋，且爲訓故，亦疑劉歆之徒所傳，西漢之初，未必有是也。

蘇子瞻謂賈子不能親絳灌以蘄得政，非篤論也。彼賈子，天下賢材之冠冕也。以冠冕天下之材治、兼善天下之學，且已爲天子近臣，乃責其不肯納交椎魯無識之絳灌，以蘄得政，不已過哉？或者賈子既爲近臣，遂挾所能以傲執政，以此不爲執政所助，則亦不爲無過，而賈子無是也。當是時，賈子既白所學於朝，則用舍進退悉當聽諸天子，於絳灌無與也。漢文如能真知賈子，惟當君臣一德，不恥下問，孜孜求治。磨以歲月，不過三數年，足建政教之防，亦可銷身後無形之禍。乃志在無爲，且誤以因循頽惰爲無爲，不論得失，不辨是非，故外惑於絳灌，内惑於鄧通，遂使賈子所學無補於世，投閒置散馴至於死爾。此其過，不但賈子不能任，即絳灌亦不能獨任。蘇氏乃獨取以病賈子，何歟？夫君子之進退消長，遠則繫國祚之安危，近亦關一時之治亂。賈子之道不行，卒成七國之禍，漢家制度亦遂不能追三代之隆。以蘇氏之智，乃無一語及此，殆非能通天人之故者矣。烏虖，蘇氏之論賈子如此，及身膺屯蹇，其顛沛艱難乃更不及賈子之什一，此尤尚論之士，所深悲也。

朱子論賈子學本從横，頗致不滿。今考内外篇皆未及從横之説，朱子所論莫知所本，殊不可曉。以賈子之明德且兼顔、曾所長，乃意其學本從横，何也？蓋不通天下之形埶，不足以言經世；不知天人之是非，亦不足以言經世。彼從横之不足貴，以蘇、張之徒惟持其學以博取人間之埶位富厚，且必濟以變詐耳，此實以人累學，非必其學之能累人也。今賈子招之則來，揮之則去；來則正義明道，足爲一世之禎祥；去則匿迹銷聲，當世若未嘗有其人焉；其出處之正，已爲後世所共見。而朱子薄以從横，推其學於道義之外，何歟！又内篇「三表五餌」及「併兼者高詐力」一語或可爲從横之一證。然「三表五餌」乃天理人情所必至，亦正見謀國之忠；「併兼」一語乃文辭之抑揚；皆不足爲學術累也。朱子又謂：「新書之文，除漢書中所有，餘亦難得粹者。」此亦不然。内篇之文，惟與漢書相涉者，厖雜蕪，幾不可讀。其非漢書所有者，多獨見之文，且時存古義，盧抱經所論至確，則亦未必非精粹之言。以上兩説，皆非定論。而南宋以後，目録家莫不本此爲説，故余次内篇敘録，自兩宋以後，皆無取焉，非敢略也，以所論多妄，不足爲賈子重輕也。或曰朱子語録亦不免附會增損之誤，是非余所敢知矣。

近世錢塘袁枚子才過長沙，弔賈子賦曰：「惟吾夫子之於君臣兮，淚如秋霖而不可止。前既哭其治安兮，後又哭其愛子。爲人臣而竭其忠兮，爲人師而殉之以死」。又曰：「彼絳、灌之戇戇兮，召儒生而恒東向；見夫子而吠所怪兮，以弱冠而氣凌其上。曰丁我躬而未諳夫人世兮，未免負孤姿而抱絶狀。當七國之妖氛將發兮，彼社稷臣無一語；徒申申其排余兮，余又見木索箠笞而憐汝。蓀兩愛而莫知所爲兮，終不知千古之孰爲龍，而孰爲鼠。彼俗儒之寡識兮，謂宜交驩夫要津；使詭遇而獲獸兮，吾又恐孟某之笑人。聖賢每汶汶而屯蹇兮，庥萬祀而不知其故也；吾獨悲吾夫子兮爲，其知而不遇也。」又曰：「欲嘉遯虖山椒兮，感君王之恩重；圖效忠於晚節兮，鵩鳥又知而來送。己之薄命固甘心兮，又累梁王而使之翻鞚；傷爲傅之無狀兮，自賢人之忠愛也。三十三而化去兮，恐終非哭泣之爲害也；彼顔淵之樂道兮，亦時命之不長。賢者不忍其言之驗兮，宜其身先七國而亡。」先儒之論賈子者衆矣，其説至確至公及未有及此賦者。蓋袁氏胸無城府，超然於門户之外，故平情尚論，不肯誣及先賢，轉得爲賈子之知己爾。惟不知賈子外謫之故，偏信史家專咎絳灌，猶不免失考。然以弱冠後生敢爲此等文，亦賈子之畏友，天下之奇才已。其直以蘇氏爲俗儒寡識，亦快心之論也。

材力過人者爲豪傑，道義過人者爲君子。若以道義兼材力，且負經世之志、高世之才，然後得爲賢哲。人必至賢哲乃足備三才之一，通天人之故，此百世不祧之説也。一家賢哲，必繫一家之治亂；天下賢哲必繫天下之治亂。然以一人之身，至繫天下之治亂，其埶必不爲天人所容，何也？以世運將治，其治亦必有分劑，而賢哲之規治安，決不肯姑如分劑而止；世運將亂，必先樹釀亂之階及致亂之人，而賢哲之規治安，又決不肯姑容此兩事；故世運將頹，賢哲必無通顯之理，或先被其殃，如後漢、兩宋諸君子皆是也。賈子經世之才，實在漢、宋諸君子之上，乃敢力規百世之治安，而孝文之心惟在苟就須臾之治，且方藉釀無形之亂，則賈子不能得志於當世，乃天道之自然，殆無足怪。然賈子之志，雖不行於當時，未嘗不大伸於後世；特漢代之政教由此遂一蹶不振，且因循蒙昧至數百年没而後已，亦君子所深悲也。蓋天定雖可勝人，而人定亦必能勝天，蘄天永命乃先天不違之學，先聖之至言也。乃其時治人儼在，而治效無聞，天且無如人何矣，此亦爲國者所宜知也。

從祀孔子廟廷，學校之鉅典也。唐、宋以後，朝廷以是爲褒崇盛事，諸儒亦以是爲没世光榮，尚已。然論者謂前世已經袝祀諸公，雖頗有是非，要非後學所當議。惟經世賢哲如賈子，實漢氏以來真儒之冠冕，至今猶未議從祀典禮，殆非崇德報功之義。蓋希聖之方，惟以至誠惻怛兼濟天下爲絶業，其餘皆細故也。惟其明體達用，然後足以爲兼濟。然其學非志士仁人不能通，非依託經術專務記誦者所能入也。賈子爲學兼綜三德，高挹四科，以視闕里諸賢毫無愧色。其經世之業爲世所已知者不具論，他若進德之勇，闇修之密，亦備見内篇書。其文雖頗爲後世所亂，而是非誠僞猶昭如日星，未嘗有一語之缺佚也。苟持此以議從祀之典，不但決無遺議，亦可使經世通儒有所觀感，詎非盛事！特以推闡無人，且非外吏所能及，爲可惜也。賈子之前當補祀者，更有荀子一人。荀子之罷祀，創於張璁、桂萼之徒；不知張、桂何人，竟能黜荀子之祀典！而近世專僻之儒，猶不肯詳繹本書，仍事排擯；此無他，至誠惻怛之絶學，非兼善通識之賢俊，決不能悉其淵源也。賈子之後當從祀者，更有盧尚書植、高中令允。此皆忠貞剛毅，行義經術皆足兼質天人者。如均議祔祀於先賢之列，亦典禮之光也。今輒附鄙説於此，以備主持名教及議禮之通儒擇焉。若諸公事實，則史傳詳矣，無俟覼縷也。

史記索隱：誼爲傅，是吴芮之玄孫差襲長沙王時，非景帝之子長沙王發也。荆州記曰：「長沙城西北隅，有賈誼祠及誼坐石牀在」。正義括地志曰：「吴芮故城在潭州長沙縣東南三百里。賈誼宅在縣南三十步」。湘水記曰：「誼宅中有一井，誼所穿。極小而深，上斂下大，其狀如壺。傍有一局脚石牀，容一人坐，形流古制，相承云誼所坐」。今按大清一統志：「賈誼故宅，在今長沙縣西北濯錦坊」。縣志：「賈太傅故宅，今濯錦坊之屈賈祠也」。又湘鄉縣南有賈太傅祠，河南府城東關亦有賈太傅祠均見一統志。此皆賈子故實之緒餘也。

屈賈文合編序

録自賈子次詁

王闓運

光緒二年，新建夏司使按察湖南，興修漢長沙王傅賈生祠。既成，徵太傅書，官中民間皆無存版，乃訪求善本，將刊置祠中，以備文獻。復以賈祠舊合祀屈子，載在祀典。今仍奉屈子於忠雅樓，因并刻楚辭爲屈賈文合編。俾闓運與校讎，且令述其意。竊以爲合集之始，本自唐人，而屈、賈宜合，則司馬子長已有定論。蓋兩君子俱以文儒賅通政事，有名世王佐之業，故楚辭上配六經，而賈疏悉著漢史，遺文寶貴，洵堪比美。楚辭王叔師注本已爲陳説之所改易，洪興祖本亦爲毛表所更訂，唯朱文公集注尚係宋時之舊。賈子書則宋本已無條理，所謂五十八篇者，僅睹目於班志。明時傳有淳祐本，云取淳熙本重雕。其後更七刻，而湖南凡四刻。今抱經堂本云合衆本校刊，較程榮叢書本爲善。兹依二家以存古式。夫楚辭集注因趙相貶衡而作，淳熙之本爲潭州程漕使所刊，皆與湖南掌故有關。且文公由提刑轉運，程公掌漕使，今司使以糧儲兼按察，重刻二集，志意相合，官守亦同，千年中嘉話也。至祠宇之飾，文事之勝，則朱、程在長沙時未及今日。尤樂道其刊藏所由，以示後來。

丁丑七月丙子，王闓運序。

録自屈賈文合編

校新書題記

王國維（手蹟）

此吉府重刊陸相本，奪誤極多，庚申十月，余假烏程蔣氏藏明刊黑口本校勘一過。明本每半葉九行，行十八字，後有胡价跋，似亦出潭本，然字句往往與潭本異，而與盧抱經校本所云「別本」合，其退讓一篇亦未闕佚，乃明刊中最善本也。國維記。

校新書題記

莫　棠（手蹟）

余得此舊刊新書於吴下，以抱經所舉諸本校之，與建本八九合，與潭本三四合。舊藏盧本有前人據成化喬縉本朱筆校（校只及半），其所紀行欵異同皆與此符；然則，此即喬本或李空同所謂之繙刻而疑爲元刊者耶。卷六、卷七頗有脱誤，必其所據宋本脱葉之故。其他實勝明代尋常諸刻，且爲盧所未見，足見流傳不多矣。

戊戌四月望夕校畢題記獨山莫棠。

校新書題記

傅增湘(手蹟)

明刻賈誼新書半葉十行十八字，白口左右雙邊，余假之楚生世文，取此本校勘，訛脱極多，未爲善本，然卷中校改各字，頗有出盧校外者，則亦未可輕詆也；且此本各家目不見著録，參之盧校本，楚生又所謂喬本者，蓋庶幾近之。

甲寅八月二十九日校畢因記　沅叔。

賈誼新書斠補自序

劉師培

賈誼書載漢志儒家，計五十八篇。凡誼文載本傳及入食貨各志者，均散見五十八篇中。蓋所上之疏、所著之書恒旨同，篇別離合省併不必盡同。近劉端臨漢學拾遺指爲班氏所删，併似未必然。考宋代以前所徵引，或曰賈子新書，或稱賈子，或曰賈誼書，均即今本，惟卷目分併不同，其見盧序。俗稱或只標新書，則稱名之訛也。

斯書以南宋潭本爲善(夏案：劉氏舉例已見拙稿各篇校注，文繁不録，下同)，盧校雖宗建潭二本，然恒取資他刊，以己意相損益，義若罕通，則指爲衍羨之文。由是有誤增之失，有誤删之失，又有當易而不易、當衍而不衍之失。近儒匡盧氏之失者，惟俞氏平議、孫氏札迻外，則德清戴氏望、海寧唐氏仁壽、南匯張氏文虎，均有校訂之詞，惟説多亡佚。

師培幼治此書，以爲南宋以前故本，今不克睹，爰取唐宋類書子抄所引，與各本互勘，知建潭本或篇有脱文（夏案：詳本書附録佚文），句有脱字，有足證各本衍文者，有足證各本訛字者，有字異義同者，不勝縷述。

此猶六朝以下之本耳，由是上溯，則周書左傳國語諸書，爲賈説所本，大戴漢書恒以賈書録入，周秦兩漢諸子又與賈子所言相出入，非互相讎斠，則訛文莫克正、疑義莫克昭。傅職一篇，當以楚語刊其訛。保傅一篇，當以大戴正其誤。過秦以下二十餘篇，當援史記漢書之文正其衍。

師培校勘斯書，歷有年所，互勘之餘，間以己意相發正，有以本篇之文互證者，有以他書相比傅者，有據字形正其誤字者，有據字形定爲衍文者，有據聲同定爲通假者，有審文正其衍脱者。若夫詞義幽眇非釋弗明，亦疏通證明以更舊説。又左氏國語，賈所稱引，恒爲故誼（義），意有所伸，亦加筆述。萃爲三卷，額曰斠補。

因思荀、韓之書，長沙二王，已撰集解，賈書雖稍後，然洞悉六藝，疏通不誣，前制故言，託斯可考。集解之作，闃然莫聞，則旁掇衆説以治。賈書文宗潭本，例宗王氏，固師培有志未逮者也。

新書序

節録自左盦集卷七

日本　福井軌

新書五十七篇，今闕其二，宋淳熙、淳祐再刊刻焉。已稱舛缺。明弘治間，刻之京師；正德中，又刻長沙；其後李空同亦刊修焉。今所刻者，翻正德本也。

李氏序曰：新書非誼自著，後人摭其創草及他篇簡，類之稱書焉。考之太傅既殁，文帝略用其策，殆致刑措之治矣。凡誼之所陳説，據理要、覈實政、指古今、示安危，辭約而旨遠，道大而義雋，後悉有驗。故兩漢名臣巨儒，尊信太傅，佩服其議，仰之如瑞星慶雲。鼂錯採其遺策，隆景帝之朝綱；魏相因其政術，佐宣帝之中興；太史公、褚先生、班氏之輩，咸撮其言而作記傳；由是觀之，李氏之説、非無據也。蓋好事之徒區區掇其殘缺，倫類比次，表章其書，互相流傳，以鑽己之官途，而其文雄厚，其説奥雅，非陋學俗士之所能辨；且其志在採其大要，而初不拘拘於其文句，是以愈轉愈訛，遂至不可讀。

原版半爈戊申，今玆書肆將補刻之，請考正。予校之異本及史漢之書，其所不可讀者，皆二史之所不取也，因知其紛亂已久矣，宜哉宋明雖屢彫刻，莫能質之者。予亦惟訂其可訂，而疑者闕之，然尚幸高論妙策，歷歷乎其可徵也。苟有善通其意者，則於經國之德業，其有餘資焉。
寛政癸丑季秋

平安　福井軏序

録自日本刊新書

附録五

集評

司馬遷談賈誼

賈生鼂錯明申商。

録自史記太史公自序

李陵談賈誼

賈誼亞夫之徒，皆信命世之才，抱將相之具，而受小人之讒，并受禍敗之辱，卒使懷才受謗，能不得展。彼二子之遐舉，誰不爲之痛心哉！

録自文選卷四十一答蘇武書

揚雄論賈誼賦

如孔氏之門用賦也，則賈誼升堂，相如入室矣，如其不用何？（夏案：揚説，朱熹駁之，見鵩鳥賦注一。又，沈約宋書謝靈運傳論謂誼賦：「英辭潤金石，高義薄雲天。」而皇甫謐三都賦序謂誼賦「節之以禮」，頗矯「宋玉之徒，淫文放發，言過於實」之弊，皆與揚説不同，併録於此。）

録自法言卷二

劉歆談賈誼

在漢朝之儒，唯賈生而已。

録自漢書劉歆傳

王充談賈誼

賈誼，智囊之臣。

録自論衡驗符篇

曹丕評賈誼

賈誼之才敏，籌畫國策，持賢臣之器，管、晏之姿，豈若孝文大人之量哉。

錄自三國志魏書文帝紀注

曹植談賈誼

臣之事君，必以殺身靖亂，以功報主也。昔賈誼弱冠，求試屬國，請係單于之頸而制其命；終軍以妙年使越，欲得長纓占其主，羈致北闕。此二臣，豈好爲夸主而燿世哉？志或鬱結，欲逞其才力，輸能於明君也。

錄自三國志魏書陳思王傳

李康評賈誼

治亂，運也；窮達，命也；貴賤，時也。而後之君子，區區於一主，歎息於一朝。屈原以之沈湘，賈誼以之發憤，不亦過乎！

錄自文選卷五十三運命論

駱統談賈誼

賈誼至忠之臣也，漢文大明之君也，然而絳、灌一言，賈誼遠退。何者？疾之者深，譖之者巧也。然而誤聞於天下，失彰於後世，故孔子曰：「爲君難，爲臣不易」也。

録自三國志吴書張温傳

權德輿論賈誼

嘗讀賈誼書，觀其經制人文，鋪陳帝業，術亦至矣。待之宣室，恨得後時，遇亦深矣。然竟不能達四聰而盡其善，排羣議而試厥謀，道之難行，亦已久矣。東陽、絳、灌，何代無之！嘻！一薰一蕕，善齊不能同其器；方鑿圓枘，良工無以措巧心。所以理世少而亂日多，大雅衰而正聲寖。漢道未融，既失之於賈傅；吾唐不幸，復擯棄於陸公。

録自陸宣公奏議讀本序

賈誼不至公卿論

歐陽修

論曰：漢興本恭儉，革弊末，移風俗之厚者，以孝文爲稱首；議禮樂，興制度，切當世之務者，惟賈生爲美談。天子方忻然説之，倚以爲用，而卒遭周勃、東陽之毀，以謂儒學之生，紛亂諸事，由是斥去，竟以憂死。班史贊之，以「誼天年早終，雖不至公卿，未爲不遇」。予且惑之，嘗試論之曰：孝文之興，漢三世矣。孤秦之弊未救，諸吕之危繼作；南北興兩軍之誅，京師新喋血之變。而文帝由代邸嗣漢位，天下初定，人心未集，方且破觚斫雕，衣綈履革，務率敦樸，推行恭儉。故改作之議謙於未遑，制度之風闕然不講者，二十餘年矣。而誼因痛哭以憫世，太息而著論。況是時方隅未寧，表裏未輯，匈奴桀黠，朝那、上郡，蕭然苦兵；侯王僭擬，淮南、濟北，繼以見戮。誼指當世之宜，規畫億載之策，願試屬國以繫單于之頸，請分諸子以弱侯王之勢，上徒善其言而不克用。又若鑒秦俗之薄惡，指漢風之奢侈，歎屋壁之被帝服，憤優倡之爲后飾。請設庠序，述宗周之長久；深戒刑罰，明孤秦之速亡。譬人主之如堂，所以優臣子之禮；置天下於大器，所以見安危之幾。諸所以日不可勝，而文帝卒能拱默化理、推行恭儉、緩除刑罰、善養臣下者，誼之所言，略施行矣。故天下以謂可任公卿，而劉向亦稱遠過伊、管。然卒以不用者，得非孝文之初立日淺，而宿將老臣方握其事，或艾旗斬級矢石之勇，或鼓刀販繒賈豎之人，樸而少文，昧於大體，相與非斥，至於謫去。則誼之不遇，可勝歎哉！且以誼之所陳，孝文略施其術，猶能比德於成、康。況用於朝廷之間，坐於廊廟之上，則舉大漢之風，登三皇之首，猶決壅稗墜耳。奈何俯仰佐王之略，遠致諸侯之間。故誼過長沙，作賦以弔汨羅，而太史公傳於屈原之後，明其若屈原之忠而遭棄逐也。而班固不識文帝之遠賢，痛賈生之不用，但謂其天年早終。且誼以失志憂傷而横夭，豈曰天年乎？則固之善志，遠與春秋襃貶萬一矣。謹論。

録自歐陽文忠集

賈誼論

蘇軾

非才之難，所以自用者實難。惜乎！賈生王者之佐，而不能自用其才也。

夫君子之所取者遠，則必有所待；所就者大，則必有所忍。古之賢人，皆負可致之才，而卒不能行其萬一者，未必皆其時君之罪，或者其自取也。

愚觀賈生之論，如其所言，雖三代何以遠過？得君如漢文，猶且以不用死。然則是天下無堯、舜，終不可有所爲耶？仲尼聖人，歷試於天下，苟非大無道之國，皆欲勉强扶持，庶幾一日得行其道。將之荆，先之以冉有，申之以子夏。君子之欲得其君，如此之勤也。孟子去齊，三宿而後出晝，猶曰：「王其庶幾召我。」君子之不忍棄其君，如此其厚也。公孫丑問曰：「夫子何爲不豫？」孟子曰：「方今天下，舍我其誰哉？而吾何爲不豫？」君子之愛其身，如此其至也。夫如此而不用，然後知天下果不足與有爲，而可以無憾矣。若賈生者，非漢文之不能用生，生之不能用漢文也。

夫絳侯親握天子璽而授之文帝，灌嬰連兵數十萬，以決劉、吕之雌雄，又皆高帝之舊將，豈特父子骨肉手足哉？賈生，洛陽之少年，欲使其一朝之間，盡棄其舊而謀其新，亦已難矣。爲賈生者，上得其君，下得其大臣，如絳、灌之屬，優游浸漬而深交之，使天子不疑，大臣不忌，然後舉天下而唯吾之所欲爲，不過十年，可以得志。安有立談之間，而遽爲人痛哭哉！觀其過湘爲賦以弔屈原，縈紆鬱悶，趯然有遠舉之志。其後以自傷哭泣，至於夭絶，是亦不善處窮者也。夫謀之一不見用，則安知終不復用也。不知默默以待其變，而自殘至此。嗚呼！賈生志大而量小，才有餘而識不足也。

古之人，有高世之才，必有遺俗之累。是故非聰明睿智不惑之主，則不能全其用。古今稱苻堅得王猛於草茅之中，一朝盡斥去其舊臣而與之謀。彼其匹夫略有天下之半，其以此哉！愚深悲生之志，故備論之。亦使人君得如賈生之臣，則知其有狷介之操，一不見用，則憂傷病沮，不能復振。而爲賈生者，亦謹其所發哉！

録自東坡集

朱熹談賈誼及新書

賈誼説教太子，方説那承師問道等事，却忽然説帝入太學之類。後面又説太子，文勢都不相干涉。不知怎地，賈誼文章大抵恁地無頭腦，如後面説「春朝朝日，秋莫夕月」亦然。他方説太子，又便從天子身上去。某嘗疑「三代之禮」一句，合當作「及其爲天子」字。蓋詳他意，是謂爲太子時教得如此，及爲天子則能如此。它皆是引禮經全文以爲證，非是他自説如此。

問賈誼新書。曰：「此誼平日記録藁草也。其中細碎俱有，治安策中所言亦多在焉。」賈誼新書，除了漢書所載，餘亦難得粹者。看來只是賈誼一雜記藁耳，中間事事有些。

問：「賈誼五餌之説如何？」曰：「伊川嘗言，本朝正用此術。契丹分明是被金帛買住了。今日金虜亦是如此。」昌父曰：「交鄰國，待夷敵，固自有道。五餌之説，恐非仁人之用心。」曰：「固是，但虜人分明是遭餌。但恐金帛盡則復來。不爲則已，爲則五餌須并用。然以宗室之女妻之，則大不可。如烏孫公主之類，令人傷痛。然何必夷狄？『齊人歸女樂』，便是如此了。」

文帝亦不是胸中無底，觀與賈誼夜半前席之事，則其論説甚多。誼蓋皆與帝背者，帝祇是應將去。誼雖説得如「厝火薪下」之類，如此之急，帝觀之亦未見如此。

賈誼司馬遷皆駁雜，大意是説權謀功利，説得深了，覺見不是，又説一兩句仁義。然權謀已多了，救不轉。以上録自朱子語類一三五卷

史以陸宣公比賈誼。誼才高似宣公，宣公諳練多，學便純粹，大抵漢去戰國近，故人才多是不粹。録自朱子語類一三六卷

賈誼之學雜，他本是戰國縱横之學，祇是較近道理，不至如儀秦蔡范之甚爾。他與這邊道理見得分數稍多，所以説得較好。然終是縱横之習，緣他根脚祇是從戰國中來故也。録自朱子語類一三七卷

程顥談五餌之説

賈誼有五餌之説，當時笑其迂疏，今日朝廷正使著，故得許多時寧安。

録自河南程氏遺書卷第二上

陳亮談賈誼

賈生之一書，仲舒之三策，司馬子長之記歷代，劉更生之傳五行，其切於世用而不悖於聖人，固已或異於諸子矣。

録自陳亮集卷九

賈生於漢道初成之際，經營講畫，不遺餘慮，推而達之於仁義禮樂，無所不可。申、韓之書，直發其經世之志耳。

録自陳亮集卷十一

高似孫談賈誼

皮日休讀賈誼新書，歎其心切、其憤深、其辭隱而麗、其藻傷而雅。蘇公軾以爲非才之難，所以自用者實難。惜乎，賈生王者之佐而不能自用其才。觀其過湘作賦以弔屈原，紆鬱憤悶，有遠舉之志，其後卒以自傷哭泣至於夭絶，是亦不善處窮者矣。夫謀之一不見用，安知終不復用。嗚呼，此東坡以志量才識論誼者，非誼所及也。

録自文獻通考二〇八卷

海瑞談賈誼治安疏

漢賈誼陳政事於文帝曰：「進言者皆曰天下已安、已治矣，臣獨以爲未也。曰安且治者，非愚則諛。」夫文帝，漢賢君也，賈誼非苛責備也。文帝性仁類柔。慈恕恭儉，雖有近民之美；優游退遜，尚多殆廢之政。不究其弊所不免，概以安且治當之，愚也；不究其才所不能，概以致安治頌之，諛也。

録自海瑞集治安疏

李贄論賈誼

漢時冒頓最盛强，與漢結怨最深。白登之辱，嫚書之辱，中行説之辱，嫁以公主，納之歲幣，與宋之獻納何殊也！故賈誼慨然任之，然文帝猶以爲生事擾民，不聽賈生之策。

録自焚書與梅衡湘書

今觀誼之策，如改正朔，易服色，早輔教等，皆依效周官而言之，此但可與俗儒道，安可向孝文神聖之主談也。然三表五餌之策，推恩分王之策，以梁爲齊、趙、吴、楚之邊，剖淮南諸國以益梁而分王其子。梁地二千餘里，卒之滅七國者，梁王力也。孰謂洛陽年少，通達國體，識時知務如此哉！至今讀其書，猶想見其爲人，欲不謂之千古之俊傑，不可得矣。

録自焚書李中丞奏議序

班氏何知，知有舊時所聞耳，而欲以貶誼（夏案：謂班氏賈誼傳贊），豈不可笑！董氏章句之儒也，其腐固宜。雖然，董氏特腐耳，非詐也，直至今日，則爲穿窬之盜矣。其未得富貴也，養吾之聲名以要朝廷之富貴，凡可以欺世盜名者，無所不至。其既得富貴也，復以朝廷之富貴養吾之聲名，凡所以臨難苟免者，無所不爲。豈非真穿窬之人哉！是又仲舒之罪人，班固之罪人，而亦敢於隨聲雷同以議賈生，故余因讀賈、鼂二子經世論策，痛班氏之溺於聞見，敢於論議，遂爲歌曰：駟不及舌，慎莫作孽！通達國體，劉向自別。三表五餌，非疏匪拙。彼何人斯？千里之絶。漢廷諸子，誼實度越。利不可謀，何其迂闊！何以用之？皤鬢鶴髮。從容廟廊，冠冕珮玦。世儒拱手，不知何説。

録自焚書讀史

賈太傅新書總論

朱圖隆　輯

凡例

新書十篇，乃賈誼傅長沙時作也。余考其所著過秦論、所陳治安策，與見之前漢書者，其間繁簡不同，固史氏之斲削，而新書則賈太傅全文也。

誼自長沙召對宣室，文帝前席，自遜爲不如。已乃數上奏疏論政事，遠引三代，近鑒先秦，至論衆建諸侯、益廣梁地、教太子、優大臣、餌匈奴，危言讜論，尤切時事。誼之謀謨論建，誠所謂「通遠（夏案：當係「達」之訛）國體，伊、管未能過」者，則又非獨爲西漢一代作手也，讀新書者當作如是觀。

賈太傅新書，西漢文章推爲第一，歷來名公固多批評，余尤廣搜諸家秘寶，遴擇其精切者而梓之，與世共珍，非敢從吾所好。

總論

白居易曰：漢興四十載，萬方大理，四海太和，賈誼非不見之。所以過言者，以爲詞不切，志不激，則不能回君聽，感君心，而發憤於至理也。是以雖盛時也，賈誼過言而無愧；

雖過言也，文帝容之而不非，故臣不失忠，君不失聖，書之史策，以爲美談。

柳宗元曰：漢當文帝時，賈生明儒術，武帝雅好焉，而公孫弘、董仲舒、司馬遷、相如之徒作，風雅益盛，敷德天下，自天子至公卿、大夫、士、庶人咸通焉。於是宣於詔策，達於奏議，諷於辭賦，傳於歌謡。由文帝迄於哀、平、王莽之時，四方之文章，蓋爛然矣。史臣班孟堅修其書，拔其尤者，克於簡策，則二百三十年間，列辟之大範，賢能之志業，黔黎之風美列焉。

楊時曰：賈誼以少年英鋭之資，抱負其器，頗見識拔，慨然遂以身任天下。而絳、灌之徒，出於織簿販繒之武夫，先王之典章文物，彼烏足與議哉？高帝所與平天下，定法令，又皆其身親見之也。誼以疏逖晚進之人，欲一日悉更奏之，彼其心豈能恝然耶？此讒釁之所由起也。古之君子自重其身，常若不得已而後進，非固要君也。蓋天下重器，不可易爲之；王業之大，必遲久而後成，故人君非有至誠不倦之心，則不足以有爲也。其尊德樂義，一有不至，則引而去之，萬鍾於我何加焉？非忘天下，道固然也。誼之草具儀法，與夫三表五餌，其術固疏矣，當是時，人君方且謙讓未遑也。誼身非宰輔，乃汲汲然自進其説，蓋亦不自重矣。在我者不重，故人之聽之也輕。及夫以才見忌，不容於朝，出爲王傅，其論國事，猶曰「陛下曾不與如臣者議之」，則是欲嬰撫在廷之臣而出其上也，豈不召禍歟？孔子曰「爲國以禮，其言不讓」，於誼有之。

又曰：漢之儒者，若賈誼用力亦勤矣。其文宏妙，殆非後儒能造其域，然稽其道學淵源，論篤者終莫之與也。故程子曰：「誼之言曰『非有孔子、墨翟之賢』，孔與墨之一言，其識末矣，其亦不善學矣。」

胡寅曰：賈誼論秦曰：「忠諫者謂之誹謗，深計者謂之妖言。」夫忠臣爲上盡忠深計，必凱（夏案：當作「剴」）切君身，探未然之事，陳危亡之幾。自小人觀之，曰「是揚君過以賣直，未然之事，危亡之形，汝安得知之？殆誹謗妖言耳」。既以忠諫深計爲誹謗妖言，則指鹿爲馬，指野鳥爲鸞，指菌爲芝，指氛祲爲慶雲，指雹爲非災，凡賢否是非，治亂得失，一切反理詭道，倒言而逆説之，欺惑世主，使淪於危亡，其罪豈特誹謗之比，其爲妖也，不亦大乎！噫，文帝納此，令其享國長世，宜哉！

張栻曰：賈生英俊之才，所陳治安之策，可謂通達當世之務，然未免有激發暴露之氣，其才則然也。

陳傅良曰：人皆咎文帝棄賈誼，以愚觀之，帝非真棄生也，蓋將老其纔使爲後圖也。長沙之謫，鵩鳥之賦，誼有以大過人者，宣室一見，自謂不及，孰謂帝不知誼乎？嗚呼，帝誠知誼矣。且將大用之，而誼不及見用者，天也，非人也。而歸咎者，卒莫之赦。然則世之人主，於其所疏外之臣，苟有所可用，宜亟還之，毋使至於賈生之不及，以自取萬世棄賢之名也哉。

丁奉曰：賈誼之所以盛名終身者有三，曰遇賢君也；雖遇賢君，不獲行其術也；雖欲終行其術，又不獲以壽待也。茲三者，人皆以爲誼惜，而余獨爲誼幸，何也？其年少，其文敏，其進取鋭，皆與柳宗元同，宗元與許孟容書則自擬之曰「賈生斥逐，復召宣室」，蓋取其態相似也。使誼不遇文帝之賢，而遇叔文之黨以煽之，則彼之挾其少，矜其敏而乘其鋭，能不如柳州乎？其欲廢耆舊、更法度，與王安石同，安石作「懷王墜馬，賈傅死悲」之詩，蓋憐其術相契也。向使誼果斥絳、灌而得行焉，則紛紛多事，能不如荆公乎？其欲削諸侯、震兵威，在當時則適與晁錯同，錯之説天子者，蓋即其「髖髀斧斤」之遺意也。向使誼不死，則此術雖見抑於文帝，而必求試於景帝，七國之變，其爲錯耶，嗚呼！如柳與王則名不全，如錯則身不全，故爲誼幸也。或曰，「通達國體」，劉向比諸伊、管，子何以料其未形之過？曰，始以痛哭自薦，終以哭泣自亡，觀其氣象，必非動心忍性者，不能動心忍性，則必不能當大任也，而伊、管豈若是班乎？雖然，據其言則誠一忠臣也。

徐中行曰：文帝仁柔之過，不患其「不忌」，而患其忌之過也。吴王不朝，而賜以几杖。張武受賂，而賜以金錢。南越叛逆，而卑詞厚禮以誘之。因其忌而不投，縱鼠晝行，鼓牙掉舌，釀成七國之變，未必不由賈生「忌器」啓之。

録自賈太傅新書（朱本）

王夫之論賈誼

漢興，至文帝而天下大定。賈誼請改服色、定官名、興禮樂，斯其時矣。魯兩生百年而後興之説謬矣。雖然，抑豈如誼之請遽興之而遂足以興邪？武帝固興之矣，唐玄宗欲興之矣。文帝從誼之請，而一旦有事於制作，不保其無以異於彼也。於是而興與不興交錯，以凋喪禮樂，而先王中和之極遂斬於中夏。夫誼而誠欲興也，當文帝之世，用文帝之賢，導之以中和之德，正之於非僻之萌，養之以學問之功，廣之以仁義之化，使涵泳於義理之深。則天時之不可逆，而正朔必改；人事之不可簡，而服色官名之必定；至德之不可斁，而禮樂之必興；怵惕而不安於其心，若倦於遊而思返其故。抑且有大美之容，至和之音，髣髴於耳目之間，而迫欲遇之。則以文從質，以事從心，審律吕於銖累之間，考登降於周旋之際，一出其性之所安，學之所裕，以革故而鼎新，不待歷歲年而燦然明備矣。誼之不勸以學而勸以事，則亦詔相工瞽之末節，方且行焉而跛倚，聞焉而倦卧，情文不相生，焉足以興？故文帝之謙讓，誠有歉於此也，固帝反求而不容自誣者也。禮樂不待興於百年，抑不可遽興於一日，無他，惟其學而已矣。或曰：成王幼沖，德未成而周公亟定宗禮，何也？曰：周公之自定之也，非成王之能也。迨其後成王日就月將而緝熙於光明，乃以用周公之所制而不慚。誼固非周公，藉令其能如周公，而帝以黄、老之心行中和之矩範，自顧其不類而思去之，又奚能以終日乎？

賈誼、陸贄、蘇軾，之三子者，迹相類也。贄與軾自以爲類也，人之稱之者亦以爲類也。贄蓋希誼矣，而不能爲誼，然有愈於誼者矣。軾且希贄矣，而不能爲贄，況乎其猶欲希誼也！奚以明其然邪？誼之説豫教太子以端本，獎廉隅以善俗，贄弗逮焉。而不但此，傅梁懷王，王墮馬斃，誼不食死，贄弗能也。所以知其不能者，與竇參爲難之情，勝於憂國也。顧誼之爲學，惝而不純，幾於贄等。而任智任法，思以制匈奴、削諸侯，其三表五餌之術，嬰稚之巧也；其削吴、楚而益齊（夏案：參益壤，「齊」當作「梁」），私所親而不慮貽他日莫大之憂，是僕妾之智也，贄之所勿道也。故輔少主，嬰孤城，仗節守義以不喪其貞者，贄不如誼；而出入紛錯之中，調御輕重之勢，斟酌張弛，以出險而經遠也，誼不如贄。是何也？誼年少，憤盈之氣，未履艱屯，而性之貞者略恒疏，則本有餘而末不足。斯誼與贄輕重之衡，有相低昂者矣。若夫軾者，惡足以頡頏二子乎！酒肉也，佚遊也，情奪其性者久矣。寵禄也，禍福也，利勝其命者深矣。志役於雕蟲之技，以聳天下而矜其慧。學不出於揣摩之術，以熒天下而讎其能。習於其父儀、秦、鞅、斯之邪説，遂欲攬天下而生事於平康之世。文飾以經術，而自曰「吾誼矣」；詭測夫利害，而自曰「吾贄矣」；迷失其心，而聽其徒之推戴，且曰「吾孟子矣」；俄而取道於異端，抑曰「吾老聃矣」「吾瞿曇矣」。若此者，誼之所不屑，抑贄之所不屑也。絳、灌之非誼曰：「擅權紛亂」，於誼爲誣，於軾尤當之矣，藉授以幼主危邦，惡足以知其所終哉？乃欲推而上之，列於誼與贄之間，宋玉所云「相者舉肥」也。王安石之於誼似矣，而誼正。誼之與方正學似矣，而正學醇。正學凌誼而上之，且不能戢禍亂而幾爲咎首。然則世無所求於己，己未豫圖其變，端居臆度，而欲取四海而經營之，未有能濟者也。充誼之志，當正學之世，盡抒其所蘊，見諸施行，殆可與齊、黄并驅乎！贄且不能，而軾之淫邪也勿論已。故抗言天下者，人主弗用而不足惜，惟贄也能因事納忠，則明君所銜勒而使馳驅者也。

賈生之言曰「使爲治，勞志慮，苦身體，乏鐘鼓之樂，勿爲可也，樂與今同」，而欲「立經陳紀」，「爲萬世法」。斯其爲言，去李斯之言也無幾，何也？以法術制天下而怙以恬嬉，則其法雖異於秦之法，而無本以立威於末，勞天下而以自豫，能以是一朝居乎？使天下而可徒以法制而術制焉？裁其衣服，而風俗即壹；修其文辭，而廉恥即敦；削奪諸侯，而政即咸統於上，則夏、商法在，而桀、紂又何以亡？夫文帝而幸非縱欲偷樂之主也，其未免田獵鐘鼓之好，而姑以自逸，未有以易之耳。得醇儒以沃乃心，浸灌以道義之腴，建中和而興王道，諸侯奚而不復，風俗奚而不移，廉恥奚而不崇？而先導諛以冀雠其説，文帝幸不爲胡亥耳，文帝而胡亥，誼雖自異於李斯也不能，乃後世或猶稱之曰「善誘其君以興治」，下惡得有臣，上惡得有君哉！

賈生之論教太子，本論也；雖然，尤有本焉。士庶之子，杯酒之躭，博奕之好，奪其欲而教之，且反脣曰「夫子未出於正」矣！況天子之子，浮聲曼色交於前，婦人宦寺羅於側，欲有與導，淫有與宣；爲君父者，忘志慮之勞，憚身體之苦，逐鐘鼓馳驅之樂，徒設嚴師以閑之於步履拜揖之間，使其聽也，一偶人之威儀耳。成帝穆穆皇皇而淫荒以滋亂，況其聞風志蕩，徒怨君父之我奪，而思快於一旦乎！成王幼而武王崩，無所取儀型也，則周公詠豳風，陳王業之艱難；作無逸，舉前王之乾惕；遥立一文、武以爲之鵠。亦惟文、武之果可以爲鵠，而後周公非徒設以冀其觀感。如其以逸樂爲德，以法術爲治，以聲音笑貌爲道，以師保傅之諄諄爲教，此俗儒之徒以苦人，而父子師友之間，相蒙以僞，曾不如文帝之身治黄、老術，而以授其子之足使信從也。故賈生之論，非立教之本論也。

等賢而上之，則有聖人；等貴而上之，則有天子。故師一善者，希聖之積也。敬公卿大夫者，尊王之積也。此陛尊、廉遠、堂高之説也。郡縣之天下，夷五等，而天子孤高於上，舉羣臣而等夷之，賈生所以有戮辱太迫，大臣無耻之歎焉。嗚呼！秦政變法，而天下之士廉耻泯喪者五六矣，漢僅存之，唐、宋僅延之而訖不能延之。洪武興，思以復之，而終不可復。誠如是，其笞辱而不怍矣，奚望其上憂君國之休戚，下畏小民之怨讟乎！身爲士大夫，俄加諸膝，俄墜諸淵，習於訶斥，歷於桎梏，褫衣以受隸校之凌踐，既使之隱忍而幸於得生，則清議之譏，非在没世而非即唾其面，詛呪之作，在窮簷而不敢至乎其前，又奚不可之有哉！雖然，爲士大夫亦有以致之矣。蕭何出獄而仍相，周勃出獄而仍侯，不能禁上之不以囚隸加己，而何不可禁己之無侯以相也？北寺之獄，廷杖之辱，死諍之臣弗避焉，忠也。免於獄，不死於杖，沾沾然自以爲榮，而他日復端笏垂紳於堂陛，是亦不可以已乎？如鄒爾瞻之復爲九卿也，於虧體辱親之罪奚避焉？人主曰：「是嘗與囚隸同撻繫，而不以爲耻者也，是惡足改容而禮乎！」上弗獎之，下安受之；下既安之，上愈賤之。仁宗之寬厚，李祭酒之剛直，且荷校而不能引退，斯則賈生所宜痛哭者也。

賈生之言以動文帝，而當時之大臣，抑有聞而媿焉者乎？微直當時，後世之詔獄廷杖而尚被章服以立人之朝者，抑有愧焉者乎？使詔獄廷杖而有人自裁者，人君之辱士大夫，尚可懲也。高忠憲曰：「辱大臣，是辱國也。」大哉言乎！故沉水而逮問之禍息，魏忠賢且革其凶威，況人主哉！

漢初諸侯王之大也，去三代未遠，民之視聽，猶習於封建之舊，而怨秦之孤，故勢有所不得遽革也。秦政、李斯以破封建爲萬世罪，而賈誼以諸侯王之大爲漢痛哭，亦何以異於孤秦。而論者若將黥刖秦而揖進賈生以坐論，數十年之間，是非之易如水火，甚矣，夫論史者之惛惛也！誼之言曰：「衆建諸侯而少其力。」以爲是殆三代之遺制也與？三代之「衆建」而儉於百里，非先王儉之也，故有之國不可奪，有涯之宇不可擴也。且齊、魯之封，徵之於詩與春秋傳，皆踰五百里，亦未嘗狹其地而爲之防也。割諸侯之地而衆建之，富貴驕淫之子，童心未改，皆使其南面君人，坐待其陷於非辟，以易爲褫爵。此陽予陰奪之術，於骨肉若仇讎之相逼，而相縻以術，誼之志亦奚以異於嬴政、李斯？而秦，陽也；誼，陰也；而誼憯矣！漢之剖地以王諸侯，承三代之餘，不容驟易。然而終不能復者，七國亂於前，秦革於後，將滅之鐙餘一燄，其勢終窮，可以無煩賈生之痛哭。即爲漢謀，亦唯是鞏固王室，修文德以靜待其自定，無事怵然以驚也。乍見封建之廢而怵然驚，乍見諸侯之大而怵然驚，庸人之情，不參古今之理勢，而唯目前之駭，未有不賊仁害義而啓禍者，言何容易哉！至其論淮南之封侯，而憂白公、子胥、鱄諸、荆軻之事，則周公之封蔡仲也，曰：「爾尚蓋前人之愆」，將亦憂蔡仲剸刃以衝成王之胸乎？於是而誼之刻薄寡恩不可掩也。淮南之終叛也，皆以爲誼言之中也。誼昌言於廷曰：「安且爲白公、子胥」，而安能無以白公、子胥爲志哉？然則淮南之叛，誼導之矣。淮南王長之廢，國法也；其子受封，親親之仁也。淮南終得國，而長猶然文帝之弟，安猶然文帝之從子，白公、子胥也乎哉？不引而親之，顧推爲讎而慮之，以殺機往者以殺機報，爲天子司天下之生殺，日取天下而慮其讎，蔑不讎矣。甚哉，誼之不聞道而祇爲術也！

賈誼畏諸侯之禍，議益梁與淮南二國之封，亙江、河之界，以制東方，何其言之自相背戾也！誼曰：「秦日夜苦心勞力以除六國，今高拱以成六國之勢」，則其師秦之智以混一天下，不可掩也。乃欲增益梁、淮陽而使橫亙於江、河之間，今日之梁、淮陽，即他日之吴、楚也。吴、楚制而梁、淮陽益驕，而使橫亙於江、河之間以塞漢東鄉之户，孰能禦之哉？己之昆弟則親之、信之，父之昆弟則疑之、制之，逆於天理者，其報必速，吾之子孫，能弗以梁、淮陽爲蠭蠆而讎之乎？夫封建之不可復也，勢也。雖然，習久而變者，必以其漸。秦惟暴裂之一朝，而怨滿天下。漢略師三代，以建侯王，而其勢必不能久延，無亦徐俟天之不可回、人之不思返，而後因之。七國之變未形，遽起而翦之，則亦一秦也。封建之在漢初，鐙炬之光欲滅，而姑一耀其燄。智者因天，仁者安土，俟之而已。誼操之已蹙，而所爲謀者，抑不出封建之殘局，特一異其迹以緩目前爾。由此言之，則誼亦知事之必不可以百年，而姑以憂貽子孫也。封建之盡革，天地之大變也，非仁智不足以與於斯，而誼何爲焉！

録自讀通鑑論卷二

呂留良

賈誼論

明君之於賢臣也，或身之，或留於其子孫用之，皆用也。於其言也亦然，或身行之，或留於其子孫行之，皆行也。故或用其身而行其言，或不用其身而行其言，或身與言俱不用而亦用，此明君用臣之心，與謀子孫之道也。

漢興至孝文帝，天下殷强，海内充溢，舉朝訢訢，謂將成三代之治矣。而賈誼以洛陽儒素，年不及强仕，位不及卿相，抵掌闕下，陳痛哭之言，上危亡之語。天子慨然歎爲不及，非其才之明而策之當，而能傾動英主若此乎？然而言不盡行，出就長沙，身終於梁傅，則又何也？於是言者曰：誼初進言，以疎賤之人，計貴戚之事，過於切直，是以不得志。此其説非知誼者也。孔子曰：「邦有道，危言危行；邦無道，危行言孫。」當有道之世，而用無道之術，是重誣其君也。挾諛佞之智，而欲行王霸之道，是自欺其學也。偷合苟容，浸結權貴，以求得志，及其得志而後圖之，是背本而賊義也。此數者一介自愛之士所不爲，而謂賈生爲之乎？故曰此非知誼之言也。言者又曰：漢室素輕儒術，道不同，故終不見用。嗚呼，知夫明君用臣之心與謀子孫之道哉？文帝之時，其左右朝廷決天下之大計者，皆與高祖披荆斬棘共起山澤者也。否則，皆先朝所擢之岩穴而用之廊廟者也。其出就侯國者，皆天子之叔伯兄弟也。否則，皆功臣之後也。一旦以少年布衣，加於老成貴介之上，而且欲裁抑勳舊，損削侯王，大或至於召亂，小亦必至於讒沮。是不得用臣之福，而先受臣之禍；欲行其言而并不得保其身也。是故出以老其才，静以俟其用，計絳灌諸臣衰退之年，當賈生强邁之日，於是舉而授之，此所謂明君用臣之心也。

且賈生諸奏，其大者在乎封建，其言至善也，其策至當也，其憂慮至忠也。而文帝遲之又久，卒不及舉行者何也？蓋其時淮南、濟北諸王，雖間有舉動，旋就夷亡，其他大國猶拱手受詔，未有異謀。苟即分更其制，則必皆奮臂而起，於是動兵勞民，以大傷百姓，此文帝之所不忍也。假己之名以予人，聚民之怨以歸己，此文帝之所不欲也。文帝曰：「吾不若及其治而後行之。」此則久安長治之業耳。其後謀削諸侯，而七國果造亂矣。七國既平，而主父偃等果遂能行其策矣。終漢之世，無侯國之變者，偃之謀也。偃之謀，文帝之謀也。文帝之謀，賈生之謀也。而賈生之言固已行矣，此所謂謀子孫之道也。雖然，使賈生不即死而絳灌衰，則必見用於文帝之世。使文帝不即崩而七國亡，則亦必身用賈生之言。然而不能，則命也。乃世儒不察，猥以不遇之言短賈生而罪文帝。且士之欲得於君也，將取卿相之尊用其身而已乎？抑欲行其言也？如欲用其身而已，則後世之君，養無益之臣，知而不言，言而不當，以及於敗亡者，胡可勝計也！如欲行其言也，則賈生又何嘗不遇哉！

録自呂用晦文集

賈生明申商論

姚鼐

太史公曰：「賈生、鼂錯明申、商，公孫宏用儒術顯。」世多疑之，果若是，則公孫宏賢於賈生邪？宋儒者以爲生上書謂「髖髀之所，非斤則斧」，以此待諸侯爲申、韓之意。吾謂不然。生欲立法制以約諸侯王，使受地有定，不致入於罪而抗剄之，所以爲安全也。斤斧以取譬耳，豈刑戮謂哉！此不足爲生病。然遂謂太史公爲誣賈生，則亦非也。夫戰國以來，百家并興，雖或純或駁，或陋且謬悖，推本之彼，亦各原於聖人之一端，未嘗不可相爲用也，顧用之何如耳。冬必裘而夏必絺者，時也；齊甘苦酸辛鹹而禦之者，和也。諸葛武侯當先主之時，寬法孝直，救李邈、張裕，其用意一出於慈仁，乃以申、韓之書教後主，知其所不能也。且賈生、諸葛皆天下之才、識時務之要者矣，申、商明君臣之分，審名實，使吏奉法令而度數可循守，雖聖人作，豈能廢其説哉？然使述此於景、武之時，則與處烈風而進翣者何以異？良醫不能使鍾乳、烏頭之無毒，而使其毒不爲患也。惟文帝仁厚，所不足者在於法制，故賈生勸之立君臣、等上下，法制定則天下安，此皆申、商之長也。申、商之短在於刻薄，賈生之知，足以知文帝必不如申、商之刻，特患不能用其長耳。景帝之天資固薄矣，提殺吴太子於嬉戲，疏張釋之而誅周亞夫，其資如此，而鼂錯又以申、商進之，何怪有吴、楚之難！賢者視其君之資而矯正之，不肖者則順其欲，順其欲則言雖正而實與邪妄者等爾。賈生當文帝而明申、商，汲長孺爲武帝言黄、老，彼皆救世主之弊，和而不同。豈如公孫宏、匡衡之流，雖號爲儒者，誦説之辭洋洋盈耳，而適以文其姦説者邪！周公之告成王曰：「詰爾戎兵，方行天下。」召公、芮伯之告康王曰：「張皇六師。」若以此言，施之好武之主，其害豈不更重於申、商哉？惟於成、康之時，則無以復易矣。吾嘗觀人之真僞與書之真僞，其道一而已。世所謂古文尚書者，何其言之漫然泛博也！彼以爲使人誦其書莫可指摘者，必以爲聖賢之言如是其當於理也，而不知言之不切者皆不當於理者也。

録自惜抱軒詩文集

讀賈子

袁　枚

賈子，僞書也。天子御四夷，有五帝三王之道在，未聞「表」與「餌」也。賈生王佐才，識政體，必無是言。若所云云，隋煬帝都已行之，其效何如也？吾尤怪太史公謂「生悲不用，故早折」，非知生者。洛陽年少，内位大夫，外爲師傅，非不遇也。文帝肫誠，自驚不及，寧肯虛譽？其所議論，頗見施行；其未爲丞相者，將老其才而用之；賓門納麓，堯試舜且然，而遽謂文帝不用生乎？生不死，帝必用生。生用其所施，必遠過鼂、董，而卒之天奪其年，豈非命邪！生自傷爲傅無狀，哭泣過哀，思文帝之恩，惜梁王之死，蓋深於情者也，所以爲賢也。爲鵩賦、弔屈原，皆文人之偶寄。顔淵不改其樂，亦三十而卒，烏得以其早亡爲有所懟乎？夫書既不足以傳生，而太史公又妄以己意測生，宜乎蘇氏之論生，愈與生遠也。

録自隨園全書

賈生明申商論

汪之昌

劉向稱賈生「通達國體，雖伊、管未能遠過」，史遷謂其明申、商，與鼂錯幷。考錯傳，言學申、商刑名家於軹張恢先所，其明申、商固宜。生則能誦詩書，受春秋左氏傳於張蒼，兼通諸子百家，申、商特其一耳，奚足爲生重？吾謂史遷以「明申、商」稱之者，殆有感於廷臣而言。夫申、商之爲人不足取，其言又安足法？史遷豈不知之？然韓昭侯用申不害爲相，内修政教，外應諸侯，終其身國治兵强無侵韓者。商鞅輔秦孝公，申嚴號令，信賞必罰，以雄長天下；特偏重於威刼，處事不務持其平，然振作敢爲，攘卻外侮，於國家不無小補。當漢文帝朝，匈奴歲擾邊郡，窺玩中夏，粤、閩嵎負偏方，羈縻幸安。在廷之持禄保位者，咸謂

「已安」、「已治」，或且緣飾儒術，以言邊事、灑國恥斥爲雜霸之紛更。惟賈生疏陳「五餌三表」，鼂錯亦上言兵事，剴切詳明，不以功利爲諱，安知不有以爲申、商之術者？史遷慨衆論之謬悠，士氣之頽靡，抱有爲之志者所見，適與學申、商之錯相近，遂曲隨時論耳。明知生決不爲申、商之所爲，故與錯并稱。錯傳首叙學申、商、刑名，見傳習之由來；生則泛言其「明申、商」，而曾不言其授自何人也。後人不原史遷措詞之意，泥於「明申、商」之文，據生所上書「髖髀之所，非斤則斧」，以此待諸侯云云，直申、商家言互相訾毁。吾就生治安策論之，生言此，殆欲立法制以整齊諸侯王，使分地有畫一定法，庶不淫僻驕佚，干大典而抗剄之，所以規安全也，特借斤斧以况喻耳，豈真刑戮謂哉！或謂漢文仁厚有餘，所不足者在於威重，故生欲以引繩墨、審名實數端矯正之，所謂濟寬以猛；且逆料文帝必不如申、商之刻流，極於慘礉少恩。然吾觀生疏，明言秦君用商鞅之法卒底於敗，安有欲人之效法而反言其不可爲邪？然則謂生以申、商矯漢文所爲，其説之謬顯然矣。若鼂錯者，自學申、商之學，又以之導景帝，卒之自詒伊戚，夫豈賈生之比哉！

録自青學齋集

曾國藩談治安疏

奏疏以漢人爲極軌，而氣勢最盛、事理最顯者，尤莫善於治安策，故千古奏議，推此篇爲絶唱。「可流涕者」少一條，「可長太息者」少一條，漢書所載者，殆尚非賈子全文。賈生爲此疏時，當在文帝七年，僅三十歲耳。於三代及秦治術，無不貫澈；漢家中外政事，無不通曉，蓋有天授，非學所能幾耳。

奏議以明白顯豁人人易曉爲要，後世讀此文者，疑其稱名甚古，用字甚雅，若倉卒不能解者，不知在漢時，乃人人共稱之名，人人慣用之字，即人人所能解也。

録自求闕齋讀書録卷三

章學誠論賈誼學派

賈誼五十八篇，收於儒家似矣，然與法家當互見也。考賈誼傳，初以通諸家書召爲博士，又出河南守吴公門下，吴公嘗學事李斯，以治行第一召爲廷尉，乃薦賈誼。誼所上書，稱説「改正朔，易服色制度，定官名，興禮樂，草具儀法」，「文帝謙讓未遑」。然諸法令所更定及列侯就國，其説皆自誼發之。又司馬遷曰：「賈生、晁錯明申、商。」今其書可考見，宗旨雖出於儒，而作用實本於法也。漢志敍録云「法家者流，出於理官」，蓋法制禁令，周官之刑典也。「名家者流，出於禮官」，蓋名物度數，周官之禮典也。古者刑法禮制，相爲損益，故禮儀三百，威儀三千，而五刑之屬三千，條繁文密，其數適相等也。是故聖王教民以禮而禁之以刑，出於禮者即入於刑，勢無中立，故民日遷善而不知所以自致也。儒家者流，總約刑禮而折衷於道，蓋懼斯民泥於刑禮之蹟而忘其性所固有也。孟子曰：「徒善不足以爲政，徒法不能以自行。」夫法則禮刑條目，有節度者皆是也；善則欽明文思，允恭克讓，無形體者皆是也。程子曰：「有關雎、麟趾之心，而後可以行周官之法度。」所謂關雎、麟趾，仁義是也；所謂周官法度，刑禮之屬皆是也。然則儒與名法，其原皆出於一，非若異端釋老屏去民彝物則而自爲一端者比也。商鞅、韓非之法，未嘗不本聖人之法，而所以制而用者非也；鄧析、公孫龍之名，不得自外於聖人之名，而所以持而辨者非也。儒分爲八，墨分爲三，則儒亦有不合聖人之道者矣。此其所著録之書，貴之原委而又當善條其流別也。賈生之言王道，深識本原，推論三代，其爲儒效不待言矣。然其立法創制，條列禁令，則是法家之實。其書互見法家，正以明其體用所備，儒固未足爲榮名，法亦不足爲隱諱也。後世不知家學流别之義，相率而争於無益之空名，其有列於儒家者不勝其榮，而次以名法者不勝其辱。豈知同出聖人之道，而品第高下又各有其得失，但求名實相副爲得其宜，不必有所選擇而後其學始爲貴也。漢志始别九流，而儒、雜二家已多淆亂。後世著録之人，更無别出心裁，紛然以儒、雜二家爲蛇龍之菹焉。凡於諸家著述，不能遽定意指之所歸，愛之則附於儒，輕之則推於雜。夫儒、雜分家之本旨，豈如是耶！

録自校讎通義漢志諸子

賈誼論

姚瑩

文景之世，上好黄老以無爲爲治，大臣亦皆謹謹無所舉建。其時慷慨論議深計天下事者，賈誼、鼂錯而已。

誼與錯皆明於事勢，而錯尤善言兵，其論募民入粟及削弱諸侯之計，即賈生積穀與定地制之議也。錯之才不及誼，景之賢不及文，然景帝方爲太子即説錯，及爲帝，遂驟用至三公，行其策。賈生痛哭上書，言更切至，文帝雖奇之而不能大用，卒以自傷哭泣死。或者以爲遇之幸不幸，非也。錯言於時事已形之後，故見爲悚切而易入；誼言於癰疽未潰之先，故見爲迂闊而緩圖也。且錯之言術數，峭直深刻，與景帝資性既近，而刑名之原亦本黄老；若賈生定制度、辨等威、明教化、美風俗、策治亂於未形，權安危於久遠，教太子以重國本，禮大臣以崇國體，信乎王佐之才，原本於三代之意，是豈中主以下所能曉者哉！文帝蓋略有以知之矣，然卒不大用生者，豈非學術不同、見爲迂闊而可緩行之乎？且文帝非不用生也。觀其始進，歲中超遷至大中大夫，固以爲才任公卿矣。繼而大臣沮之，嚮用不堅。及自長沙徵還，宣室夜見，自歎以爲不及，吾知帝意終用之也。顧使傅梁王而不即任，或者欲老其才以貽後人乎？乃其言，則當時亦略施行矣。史謂生「以夭」，「雖不至公卿，未爲不遇也」，斯言得之。

且夫士抱非常之略，懷不世之資，其宏才遠畫，固以爲天下，非夫立談干主取卿相以爲榮也。身雖不顯，而言能見用，即其道，行其志，可以慰矣。向使賈生得大用至卿相，其設施必更有可觀者，然亦度帝能盡行之乎。張釋之見，帝曰：「卑之，無甚高論。」則帝意可知矣。用之而不盡行其言，猶不用也。言誠以次行矣，又奚必身之卿相爲哉！

賈生之於文帝，可謂遇其主矣。哭泣悲傷以至於死，吾以爲猶有功名之念，鋭於進身而昧於行道。蘇氏譏其「志大而量小，才有餘而識不足」，或者亦以是歟！若鼂錯者，尤縱横之士，以功名爲亟，學本刑名，身爲誅戮宜矣，而世猶悲之；賈生以王佐之才，議論實中於經術，而亦不免末俗之見，爲尤可惜耳。蘇氏者，才亞於賈生，而能自愛其才，其亦有鑑而然耶？乃其勇於建言而嗇於見用，則亦與生等。嗚呼，此豈三代以下所能責諸人主者哉！

論陳政事疏

丁泰

録自東溟文集

賈誼之所以盛名終身者有三：曰遇賢君也；雖遇賢君，不獲行其術也；雖欲終行其術，又不獲以壽待也。

茲三者，人皆以爲誼惜，而余獨爲誼幸，何也？其年少，其文敏，其進取鋭，皆與柳宗元同。宗元與許孟容書則自擬之曰「賈生斥逐，復召宣室」，蓋取其態相似也。向使誼不遇文帝之賢，而遇叔文之黨以煽之，則彼之挾其少矜其敏而乘其鋭也，能不如柳州乎？其欲廢耆舊、更法度，與王安石同，安石作「懷王墜馬」「賈傅死悲」之詩，蓋憐其術相契也。向使誼果斥絳、灌而得行焉，則紛紛多事能不如荆公乎？其欲削諸侯震兵威，在當時則適與鼂錯同，錯之説天子者，蓋即其「髖髀斧斤」之遺意也。向使誼不死，則此術雖見抑於文帝而必求試於景帝，七國之變，其爲錯邪！嗚呼，如柳與王則名不全，如鼂則身不全，故爲誼幸也。

或曰「通達國體」，劉向比諸伊管，何以料其未形之過？

曰：始之痛哭自薦，終以哭泣自亡，觀其氣象，必非動心忍性者矣；不能動心忍性，則必不能當大任也。而伊管豈若是班乎？雖然，據其言，則誠一忠臣也。

録自長沙賈太傅祠志　又，以下未注明出處者，同此。

西漢兩大儒董子賈子經術孰優論

劉毓崧

西漢承暴秦之餘習，公卿多刀筆吏，皆以簿書錢穀爲事而不知大體，即所謂學士大夫如兒寬、公孫弘者，亦緣飾爲進身之具，曲學阿世以自保其身家。求其沉潛經術，學貫天人，上足以匡君，下足以救世，卓然自立，不愧爲一代之大儒者，吾得二人焉：一爲洛陽賈誼，一爲廣川董仲舒。

賈子上治安策，述易之「差以毫釐，失之千里」，書之「一人有慶，兆民賴之」，其所著新書引伸詩義，如騶虞、靈臺之類，皆周秦舊說。保傅、容經諸篇，亦與大戴禮相表裏。董子與韓嬰説易於上前，每有問難。天人三策多根據於尚書，其所著玉杯繁露亦援引雅詩以證郊禮。是二子之學，於諸經固多所發明，而其學之最精者，尤在於春秋。賈子學春秋於張蒼傳左氏之學，張蒼學於荀卿，荀卿學於子夏。董子學春秋於胡母子都傳公羊之學，胡母子都學於公羊壽，壽之祖高亦學於子夏。是二子之經術所學本同，而淵源於聖門亦相符合。其微有不同者，特董子之經術優於體，賈子之經術優於用耳，何則？

董子潛心力學，目不窺園，當伏處之時，已爲儒者之所宗。及其出事武帝，以帝王之道格其多欲之心，觀其論桓、文曰：「仲尼之門，五尺童子羞稱五伯。」又曰：「正其誼不謀其利，明其道不計其功。」當功利盛行之時而能爲此語，豈淺學者所可幾？故吾曰董子優於體也。賈子天才卓犖，識力過人，弱冠登朝，毅然以天下爲己任。當文帝勵精圖治之時，慷慨陳書，思欲致君於堯舜。其所言九事，皆當時急務，而優禮大臣、豫教太子，尤萬世不易之論。雖請削諸王之奏，當時未能盡從，而武帝之時，主父偃卒用其策以安漢室。吾故曰：賈子優於用也。

或曰賈子欲係單于之頸，論者多以爲疏；且其言事，往往失之過激，似不若董子之爲優矣。

不知「三表五餌」多春秋時已試之謀，且敵愾同仇，正春秋復讐之義，安可以爲縱横之術乎？若夫直言極諫，固賢臣之憂盛危明而盡忠於國也。况乎董子相江都而進規，則易王抑其暴；相膠西而進諫，則于王損其驕，優於體者，未嘗不具夫用。賈子痛刑法之積，則以禮義爲先；傷風俗之偷，則以廉恥爲重，優於用者，未嘗不具夫體。二子者深於經術，故明體達用之道全也。

經術既衰，後儒高言心性，反謂二子未聞於道。不知西漢之初，經術未昌，使非賈子開之於前，董子振之於後，則異端之道何以闢，孔子之道何以明哉！然則二子之學，固未可輕爲軒輊，而妄加譏詆者，適見其不知量也夫！

節録自通義堂文集卷八

福井本評語

一、過秦上「惠文、武、昭襄」至「合從締交」三行上評曰：

上下篇筆致鼓舞極有勁勢，間有反復處，正如離騷三致意，非復也。

一、過秦上「天下非小弱也」一行上評曰：

五非字作波瀾甚奇偉。

一、過秦下（中）「免刑戮除去收帑污穢之罪」至「使天下之人皆得自新更節循行」三行上評曰：

若無章而自具章法，整而不排，肆而不亂，最無蹊徑可尋。

一、過秦下「安士息民」至「其捄敗非也」二行上評曰：

救敗非與正傾非相應。

一、過秦下「相去遠矣」至「是以君子」一行上評曰：

結尾祇在繩漢。

一、大都「車各千乘」至「諸侯其來朝乎」一行上評曰：

數語更俊爽。

一、五美「受其祖之分地」至「舉使君之」二行上評曰：

長沙於諸王事宜尤爲稽悉。

一、容經「祭祀之視」至「足間二寸」四行上評曰：

字字古雋典雅，與三禮當屬雁行，其妙處尤似家語。

一、道德説「之畢離狀。性者，道德造物」至「爲物莫生」二行上評曰：

精理融結，使人不易讀。

一、大政上「士民樂之」至「與民以福」一行上評曰：

文氣宕縱，多筆態。

一、修政語上「萬姓爲藏」至「樹道者」二行上評曰：

□□近譜，後唯蘇長公極相似。

録自日本刊新書

附録六

資料

史記日者列傳

司馬季主者，楚人也。卜於長安東市。

宋忠爲中大夫，賈誼爲博士，同日俱出洗沐，相從議論，誦易先王之道術，究徧人情，相視而歎。賈誼曰：「吾聞古之聖人，不居朝廷，必在卜醫之中。今吾已見三公九卿朝士大夫，皆可知矣。試之卜數中以觀采。」二人即同輿而之市。游於卜肆中。天新雨，道少人，司馬季主閒坐，弟子三四人侍，方辯天地之道，日月之運，陰陽吉凶之本。二大夫再拜謁。司馬季主視其狀貌，如類有知者，即禮之，使弟子延之坐。坐定，司馬季主復理前語，分別天地之終始，日月星辰之紀，差次仁義之際，列吉凶之符，語數千言，莫不順理。

宋忠、賈誼瞿然而悟，獵纓正襟危坐，曰：「吾望先生之狀，聽先生之辭，小子竊觀於世，未嘗見也。今何居之卑，何行之汙？」

司馬季主捧腹大笑曰：「觀大夫類有道術者，今何言之陋也，何辭之野也，今夫子所賢者何也？所高者誰也？今何以卑汙長者？」

二君曰：「尊官厚禄，世之所高也，賢才處之。今所處非其地，故謂之卑。言不信，行不驗，取不當，故謂之汙。夫卜筮者，世俗所賤簡也。世皆言曰：『夫卜者多言誇嚴以得人情，虚高人禄命以説人志，擅言禍災以傷人心，矯言鬼神以盡人財，厚求拜謝以私於己。』此吾之所恥，故謂之卑汙也。」

司馬季主曰：「公且安坐。公見夫被髪童子乎？日月照之則行，不照則止，問之日月疵瑕吉凶，則不能理。由是觀之，能知别賢與不肖者寡矣。

賢之行也，直道以正諫，三諫不聽則退。其譽人也不望其報，惡人也不顧其怨，以便國家利衆爲務。故官非其任不處也，禄非其功不受也；見人不正，雖貴不敬也；見人有汙，雖尊不下也；得不爲喜，去不爲恨；非其罪也，雖累辱而不愧也。

今公所謂賢者，皆可爲羞矣。卑疵而前，孅趨而言；相引以勢，相導以利；比周賓正，以求尊譽，以受公奉；事私利，枉主法，獵農民；以官爲威，以法爲機，求利逆暴；譬無異於操白刃劫人者也。初試官時，倍力爲巧詐，飾虚功執空文以罔主上，用居上爲右；試官不讓賢陳功，見僞增實，以無爲有，以少爲多，以求便勢尊位；食飲驅馳，從姬歌兒，不顧於親，犯法害民，虛公家：此夫爲盜不操矛弧者也，攻而不用弦刃者也，欺父母未有罪而弑君未伐者也。何以爲高賢才乎？

盜賊發不能禁，夷貊不服不能攝，姦邪起不能塞，官耗亂不能治，四時不和不能調，歲穀不孰不能適。才賢不爲，是不忠也；才不賢而託官位，利上奉，妨賢者處，是竊位也；有人者進，有財者禮，是僞也。子獨不見鴟梟之與鳳皇翔乎？蘭芷芎藭棄於廣野，蒿蕭成林，使君子退而不顯衆，公等是也。

述而不作，君子義也。今夫卜者，必法天地，象四時，順於仁義，分策定卦，旋式正棊，然後言天地之利害，事之成敗。昔先王之定國家，必先龜策日月，而後乃敢代；正時日，乃後入家；産子必先占吉凶，後乃有之。自伏羲作八卦，周文王演三百八十四爻而天下治。越王句踐放文王八卦，以破敵國，霸天下。由是言之，卜筮有何負哉！

且夫卜筮者，埽除設坐，正其冠帶，然後乃言事，此有禮也。言而鬼神或以饗，忠臣以事其上，孝子以養其親，慈父以畜其子，此有德者也。而以義置數十百錢，病者或以愈，且死或以生，患或以免，事或以成，嫁子娶婦或以養生。此之爲德，豈直數十百錢哉！此夫老子所謂『上德不德，是以有德』。今夫卜筮者利大而謝少，老子之云豈異於是乎？

莊子曰：「君子内無飢寒之患，外無劫奪之憂，居上而敬，居下不爲害，君子之道也。」今夫卜筮者之爲業也，積之無委聚，藏之不用府庫，徙之不用輜車，負裝之不重，止而用之，無盡索之時。持不盡索之物，游於無窮之世，雖莊氏之行未能增於是也，子何故而云不可卜哉？天不足西北，星辰西北移；地不足東南，以海爲池；日中必移，月滿必虧；先王之道，乍存乍亡。公責卜者言必信，不亦惑乎？

公見夫談士辯人乎？慮事定計，必是人也，然不能以一言説人主意，故言必稱先王，語必道上古；慮事定計，飾先王之成功，語其敗害，以恐喜人主之志，以求其欲。多言誇嚴，莫大於此矣。然欲彊國成功，盡忠於上，非此不立。今夫卜者，導惑教愚也。夫愚惑之人，豈能以一言而知之哉！言不厭多。

故騏驥不能與罷驢爲駟，而鳳皇不與燕雀爲羣，而賢者亦不與不肖者同列。故君子處卑隱以辟衆，自匿以辟倫，微見德順以除羣害，以明天性，助上養下，多其功利，不求尊譽。公之等喁喁者也，何知長者之道乎！」

宋忠、賈誼忽而自失，芒乎無色，悵然噤口不能言。於是攝衣而起，再拜而辭。行洋洋也，出門僅能自上車，伏軾低頭，卒不能出氣。

居三日，宋忠見賈誼於殿門外，乃相引屏語相謂自歎曰：「道高益安，勢高益危。居赫赫之勢，失身且有日矣。夫卜而有不審，不見奪糈；爲人主計而不審，身無所處。此相去遠矣。猶天冠地屨也。此老子所謂『無名者萬物之始』也，天地曠曠，物之熙熙，或安或危，莫知居之。我與若，何足預彼哉！彼久而愈安，雖曾氏之義，未有以異也。」

久之，宋忠使匈奴，不至而還，抵罪。而賈誼爲梁王傅，王墮馬薨，誼不食，毒恨而死。此務華絶根者也。

（夏案：自張晏謂日者列傳爲褚少孫所補（見太史公自序集解引），後世論者多有所異同，然殊少言及其事之有無，竊以爲此傳筆法頗類莊子盜跖，「宋忠、賈誼忽而自失」一節全襲該篇，因疑係小説家言，未足憑信，唯漢人記賈生逸事頗少，姑録以備考。）

明一統志：長沙賈誼廟有二，一在府城南誼故宅，一在湘鄉縣治南柏水橋。又載賈誼故宅在府城中濯錦坊，舊有太傅井并廟，尚存。

大清一統志古蹟門：賈誼故宅在長沙縣西北濯錦坊。

長沙縣志：祠建於成化元年，至萬曆八年，兵道李天植增祀屈原，改爲屈賈二先生祠。國朝康熙二十二年重建，乾隆二十四年重修，嘉慶二十五年又重修。

善化縣志：賈太傅祠在上太平街，光緒乙亥官紳捐資重修。

長沙府志賈誼故宅：賈誼故宅即賈公祠。中有井，相傳誼鑿，極小而深，上斂下大，其狀如壺。旁有一脚石牀，纔容一人坐，故老傳是誼所坐牀。又有大柑樹，亦云誼所植。今以屈原合祀，名屈賈祠。

送薛種遊湖南

杜　牧

賈傅松醪酒，秋來美更香。憐君片雲思，一去繞瀟湘。

潭　州

李商隱

潭州官舍暮樓空，今古無端入望中。湘淚淺深滋竹色，楚歌重疊怨蘭叢。陶公戰艦空灘雨，賈傅承塵破廟風。目斷故園人不至，松醪一醉與誰同？

（夏獻雲案：李義山潭州詩，余初讀之，以松醪不過是酒，未究其出處也。復讀杜牧之送薛種遊湖南，乃知松醪爲太傅所飲之酒，想見痛哭太息時以杯酒澆壘塊，後來無與同之。義山所詠良不誣也。）

長沙故宅

湘州南寺之東，賈誼有井，水深，上斂下大，狀如壺，即誼所鑿井。

錄自荆州記

湘州郡廨西陶侃廟，云舊是賈誼宅。地中有一井，是誼所鑿，小而深，上斂下大，其狀如壺。旁有一脚石牀，纔容一人坐，是誼宿所坐牀。又有大柑樹一，亦云誼所植。

錄自水經注

賈太傅井記

李元度

應劭云：「井者，法也，節也。言法制居人令節其飲食無窮竭也。」後漢李尤作井銘，遂闡其義曰：「法律取象，不概自平。多取不損，少取不盈，執憲若斯，何有邪傾。」旨哉斯言，於賈太傅之學若冥契焉。史稱賈生明申商，又所陳一制度、定官名、更秦法諸策，莫不有節制之義。然則慕效賈子者，觀於井固可得其大凡哉。宜乎流澤孔長，歷二千餘年不改也。

班固詠賈生

周、賈盪而貢憤兮，齊生死與禍福；抗爽言以矯情兮，信畏犧而忌服。

録自漢書敘傳上

弔賈生文

庾闡

中興二年三月，余忝守衡南，鼓栧三江，路次巴陵。望君山而過洞庭，涉湘川而觀汨水。臨賈生投書之川，慨以永懷矣。及造長沙，觀其遺象，喟然有感，乃弔之云：

偉哉！蘭生而芳，玉産而絜。陽葩熙冰，寒松負雪。莫耶挺鍔，天驥汗血。苟云其雋，誰與比傑？是以高明倬茂，獨發旨秀；道率天真，不議世疚。焕乎若望舒，燿景而焯群星；矯乎若翔鸞，拊翼而逸宇宙也。飛榮洛汭，擢穎山東。質清浮磬，聲若孤桐。琅琅其璞，巖巖其峰。信道居正，而以天下爲公。方駕逸步，不以曲路期通。是以張高絃悲，聲激柱落。清唱未和，而桑濮代作。雖有惠音，莫過韶濩。雖有騰鱗，終仆石壑。嗚呼！大庭既邈，玄風悠緬。皇道不以智隆，上德不以仁顯。三五親譽，其軌可仰而標；霸功雖逸，其塗可翼而闡。悲矣先生，何命之蹇。懷寶如玉，而生運之淺。昔咎繇謩虞，吕尚歸昌。德協充符，乃應帝王。夷吾相桓，漢登蕭、張。草廬三顧，臯若蘭芳。是以道隱則蠖屈，數感則鳳覩。若棲不擇木，翔非九五。雖曰玉折，雋才何補！夫心非死灰，智必有形；形託神司，故能全生。奈何蘭膏，揚芳漢廷；摧景飆風，獨喪厥明。悠悠太素，存亡一指。道來斯通，世往斯圮。吾哀其生，未見其死。敢不敬弔，寄之淥水。

録自全晉文卷三十八

張纘詠賈生

尋太傅之故宅，今築室以安禪；邑無改於舊井，尚開流而冽泉。懷伊管之政術，遇庸臣而見遷；終被知於時主，嗟漢宗之得賢。受齊君之遠託，豈理謝而生全；哀懷王之不秀，遂抱恨而傷年。修定祀於北郭，對林野而幽藹；庶無吐於馨香，祀瓊茅而沃酹。

録自梁書卷三十四

悼賈 幷序

皮日休

余嘗讀賈誼新書，見其經濟之道，真命世王佐之才也。自漢氏革嬴，高祖得於矢石，不暇延儒生，及爲天子，制缺度弛，處華而夷。是時獨有叔孫生能定朝儀，其制未悉。唯生草其書，欲以制屈諸侯，推定正朔，調革輿服，通流貨幣。天不祐漢，絳、灌興謗，竟枉其道，出傅湘、沅。生自以不得志，哀屈平之放逐，及渡沅、湘，沉文以弔之。故其辭曰：「曠九州而相君兮，何必懷此故都。」噫！余釋生之意矣。當戰國時，屈平不用於荆，則有齊、趙、秦、魏矣，何不捨荆而相他國乎？余謂平雖遭靳尚、子蘭之讒，不忍捨同姓之邦，爲他國之相，宜矣。然則生之見棄，又甚於平。當漢時，捨文帝，則諸侯矣。如適諸侯，則新書之文，抑諸侯而尊天子也。捨諸侯，則胡、越矣。則新書之文，滅胡、越而崇中夏也。是以其心切，其憤深，其詞隱而麗，其藻傷而雅。余悲生哀平之見棄，又生不能自用其道。嗚呼！聖人之文與道也，求知與用，苟不在於一時，而在於百世之後者乎？其生之哀平歟？余之悲生歟？吾之道也，廢與用，幸未可知，但不知百世之後，得其文而存之者，復何人也。咸通癸未中，南浮至沅、湘，復沉文以悼之，其辭曰：

粵炎緒之嫣綿兮，其國度之未彰。天錫生以命理兮，冀其道之益光。偉吴公之知賢兮，道其名於文皇。既軥啟以召之兮，遂位之於上庠。愍耄儒之惷愚兮，對天問之不臧。既群儒之讓俊兮，馳其譽之煌煌。嗟大漢之丕緒兮，蚪其賢於汙潢。上下溷而不分兮，議制削於驕王。殺僇棼而不制兮，斷捽胡其寇攘。羌虜坌以侵華兮，曾不能以抑强。餌其嗜之延延兮，實三代之計良。念五德之更承兮，論隴結而不綱。乃秉臆以興説兮，數用五而色上黄。又諸侯以開國兮，輸其租於咸陽。曾不得以撫民兮，俾其君兮可忘？請紆繽以乘印兮，各馳化於所彊。上既悦而欲大用兮，遭絳、灌與東陽。道既擯兮何明，乃出傅於沅、湘。浮沅波之滃洫兮，或蕩棹以夷猶。望靈均之没所兮，顧其心之慆慆。臨汨羅之浩漾兮，想懷沙之幽憂。森樛羅以蓊鬱兮，時猏狖以相號。霧雨暗乎北渚，蝺蛸毒乎芳洲。景黯沮以不明兮，若夫悼乎離騷。香依依兮杜若，韻淒淒兮篔簩。山隱隱以掃空兮，煙微微而淡秋。嗟吾不知所感兮，淚攢恨以横流。當抱憒於渺藩兮，曾無吾以少休。既爇薊以傷思兮，又鵂鶹以動愁。嗚呼哀哉！世既不平，頜吾道以爲非兮，吾復何依。蘋蘭憔悴兮，稂莠繁滋。麟鳳匿迹兮，梟獍騰威。哲匠罷斧兮，拙者構之。離婁閉目兮，瞽者揚目。子都蒙袂兮，敦洽娉姿。嗚呼哀哉！亦先生之尤也。眙其世之不可兮，何不解而去位。又垂萬世之名，取捨在此。奚自謗於童羖兮，乃憪然而爲累。蓋伊尹三就五就之心兮，冀其民之治。奈惛惛以不悟兮，又被之以非議。幸一人之再覺兮，答受釐之奥義。既孱王以墮駕兮，乃冤慟而已矣。

訊曰：君不明兮莫我知，幽都寂兮和涕歸。文懸日月兮，俟後聖用之。大故忽兮，其何足悲！

録自皮子文藪

謁賈太傅祠賦

桑　悦

湜長江之漭漭兮，中有江曰汨羅。靈均之往湛兮，衍千古之清波。何先生之清風兮，正靈均首邱之所。都投□□而慨弔兮，若□種而烹蠡。珮帶遺乎蘭蕙兮，衣裳留乎芰荷。儼騷經之滿目兮，邀予辭以相歈。赫炎漢之方隆兮，視溺楚於一螺。穩璣衡以平運兮，齊日月乎羲和。飛修墉而内薄兮，手排挾乎高蟠。驅魁魋而比健兮，豈脈息之微瘥。本根豐而跣跣兮，亦盤翳乎條柯。鬱蚩尤之枉矢兮，入剪伐而么魔。倒冠履之上下兮，視蟻蛭而嵯峨。僉譚譚以笑語兮，獨予淚之滂沱。催黄潤以成匹兮，豈欽止乎龍梭。含珪璋於巨璞兮，隨岡阜之陂陀。左控摶乎南威兮，右撫抹兮妖娥。憐琪華之奇質兮，弄光景而逶迤。收馳騄而守閒兮，夢天山以秣禾。憑旱雲以輪悰兮，惜來日之無多。悲崦嵫之易暮兮，慨致鵩之非囮。團圓上之汶汶兮，鑄寶鑑而爲模。羌空言之際遇兮，皎夜蝥之鸞坡。曰予又倅兹土兮，後千載而刹那。遭聖明而獨詘兮，何古今之同科。賫人生之窮達兮，直寒暑之經過。委吾身之造化兮，任刀抹而香塗。紛紛世之變幻兮，消長袖之傞傞。予將釀沆瀣以露醉兮，味淪陰以成餔。升都嶠以長嘯兮，陟委羽而高歌。至息慎而默默兮，反觀乎太初。

終吾生以泮涣兮，補先生之婆娑。

弔賈子賦（存目）

袁　枚

（夏案：大略已載前王耕心賈子次詁敘記，兹不復録。）

重建賈太傅祠碑記

李東陽

古所謂大臣者，必先大體後庶務，其所設施皆足以刑天下及後世。然其自負甚重，不苟合於人，人未必能識之，識之未必能用，此治所以恒弗成也。漢屈羣策，豪傑并起而從之。高帝之初，所不克致者，商四翁、魯兩生之外，天下蓋無遺賢矣。明律令時，則有若蕭何、曹參；治軍旅時，則有若韓信、彭越、周勃；出入籌策時，則有若張良、陳平；此皆撥亂創始者之所爲用，非所以繼世建統也。文帝時，可當大臣者，惟賈太傅一人。少而薦於朝，且顯矣；卒短於大臣，困於長沙，老於梁。嗚呼，以文帝爲君，而太傅不得爲之相，是漢之禮樂微矣。吾觀其天下之建置，則先仁義後刑法；論天下之勢，則先腰股後脛指；論吏治，則先風俗；論世之所以長久之術，則先太子；論大臣，則先廉恥。此其言，皆治亂之大體所在，戰國而下無能言之者，可以爲大臣矣。當時，人多以爲少年喜紛更；後之議者，亦以爲太驟；此其言得失，必有能辨之者。或又謂「古之伊尹、管氏未能遠過」者。伊尹，吾則弗能知太傅之正。彼管氏者，烏足以語此！使太傅竟作相，必能刮去秦習，成漢之王制，非蕭、曹而下可擬也。不用而死，文帝固未嘗讐之，而遺恨尚在天下。司馬遷作史記，徒以其弔湘江之賦，遂與屈原同傳，則亦甚矣。太傅在長沙，人至今習知之。其故宅，爲卒伍所居。其井猶存焉，世所謂賈傅井也。成化元年，我長沙守錢侯募郡人，以財贖其宅地，爲祠塑像其中。請著祠典，詔以仲春秋祭，用豕一，羊一，粢盛備；復其民一家，使供祠事。翰林編修李東陽省墓歸自京師，適拜太傅於祠，侯請記其事。太傅之賢，史書之詳矣；予爲之記，俾後來者，知兹祠也，功自侯始。

修屈賈二公祠記 擬作

胡澤民

今夫憑虚而慕古人，不如心儀道貌之爲切；踰境而訪賢哲，不如近求梓里而最親。吾郡屈、賈二公祠，古人之遺躅，後學之典型也。顧一生周，一生漢；初一爲吾楚宗鄉，一爲洛陽年少。時移地異，乃賈生一適長沙，憑弔屈子，輒不勝欷歔感歎於靡已。則二子之心，前後合轍，固宜并祠而祀千秋也。祠在吾鄉西城。太傅故宅，舊碑存；賈公井，汲飲不竭。屈像并祠，第歲久不無頹敗，有力者起而重修之，需木需瓦需磚工，不逾時而就，一經拂拭，耳目頓殊。方今天子尊賢貴德，有騷辨之才者，不必行吟；有治安之策者，毋煩流涕。固宜挽屈子於湘江，起賈生於卑濕。重修古蹟，鞭策後賢，聖治之所以駕周、漢而獨隆歟！郡人生其地，近其居，覿其貌，思其人，雖無老成，尚有典型，又何待憑虛而懷異地也哉？是爲記。

酈炎詠賈生

靈芝生河洲，動摇因洪波。蘭榮一何晚，嚴霜瘁其柯。哀哉二芳草，不植太山阿。文質道所貴，遭時用有嘉。絳灌臨衡宰，謂誼崇浮華。賢才抑不用，遠投荆南沙。抱玉乘龍驥，不逢樂與和。安得孔仲尼，爲世陳四科。

録自後漢書卷八〇下

讀史述　余讀史記有所感而述之

陶潛

屈賈

進德修業，將及以時；如彼稷契，孰不願之。嗟乎二賢，逢世多疑；候瞻寫志，感鵩獻辭。

録自陶淵明集

長沙過賈誼宅

劉長卿

三年謫宦此棲遲，萬古惟留楚客悲。秋草獨尋人去後，寒林空見日斜時。漢文有道恩猶薄，湘水無情弔豈知。寂寂江山摇落處，憐君何事到天涯。

過賈誼舊居

戴叔倫

楚卿卑濕歎殊方，賦鵩人非宅已荒。漫有長書憂漢室，空將哀些弔沅湘。兩餘古井生秋草，葉盡疏林見夕陽。過客不須頻太息，咸陽宫殿亦凄凉。

咏史

劉禹錫

賈生明王道，衛綰工車戲；同遇漢文時，何人居貴位？

讀史

白居易

楚懷放靈均，國政亦荒淫。彷徨未忍決，遶澤行悲吟。漢文疑賈生，謫置湘之陰；是時刑方措，此去難爲心。士生一代間，誰不有浮沉？良時真可惜，亂世何足欽？乃知汨羅恨，未抵長沙深。

賈誼宅　許渾

一謫長沙地，三年歎逐臣。上書憂漢室，作賦弔靈均。舊宅愁荒草，西風薦客蘋。凄涼回首處，不見洛陽人。

賈生　李商隱

宣室求賢訪逐臣，賈生才調更無論。可憐夜半虚前席，不問蒼生問鬼神。

賈生游刃極，作賦又論兵(李商隱城上)。

賈生兼事鬼，不信有洪鑪(李商隱異俗)。

讀賈誼傳　李群玉

卑濕長沙地，空拋出世才。已齊生死理，鵩鳥莫爲災。

賈誼

戴司顔

扶持一疏滿遺編，漢陛前頭正少年。誰道恃才輕絳灌，却將惆悵弔湘川。

賈生

王安石

漢有洛陽子，少年明是非。所論多感慨，自信肯依違。死者若可作，今人誰與歸。應須蹈東海，不但涕沾衣。

又

一時謀議略施行，誰道君王薄賈生！爵位自高言盡廢，古來何啻萬公卿。

即事

懷王自墜馬，賈傅至死悲；古人事一職，豈敢苟然爲？哭死非爲生，吾心良不欺；滔滔聲利間，絳灌亦何知！

湖南道中

劉克莊

賈生廢宅草芊芊，路出長沙一悵然；今日洛陽歸不得，招魂合在楚江邊。

賈公祠

朱前詒

高才多遇難，千古同一轍。漢文推有道，知人未云哲。先生策治安，痛哭爲陳説。洵宜爲棟樑，何乃遭摧折。遷謫輔長沙，鵩鳥訢菀結。位晉太傅宫，宅營府城闕。樹蕙亦滋蘭，陽春兼白雪。汨羅有遺恨，湘篠留淚血。孤忠并屈原，芳躅垂古碣。予來揖英風，霜露祀弗輟。先生名不磨，方井貯清潔。

楚鄉詠古

張埴

漢法欽畫一，賈生浮湘至。過秦以警漢，深心或有寄。消患於未萌，才高爲身累。視遠如視近，不用非不智。寂寞荒江祠，猶垂痛哭淚。

渡湘江

方清

湘江之水清徹底，湘山巍巍撑白日。江山不改城郭非，高賢遠駕今何及。王孫不歸草萋萋，屈平祠下花如醉。逶迤西來作王傅，漢室何能容賈誼。臨流作賦弔千古，淚落波心雙袖濕。古今用舍誰能平，欷歔化作山嵐氣。我攜書劍渡湘江，浩歌慷慨魚龍起。

過賈太傅故宅

楊英

我過星沙秋月白，停舟先訪太傅宅。豐碑有字秋蘚黄，古井無人寒泉碧。千秋祀事尚明禋，合祀者誰屈靈均。一爲地主一宅主，春秋俎豆遞主賓。吁嗟呼！楚王宮殿已塵埃，漢帝陵園安在哉？何如二公廟貌垂千古，聲名赫赫何崔嵬。嗚呼！二公聲名赫赫徒崔嵬，振衣再拜歎復哀。

賈太傅宅

夏逢夔

湘水悠悠流萬古，荒凉漢傅空庭宇。渫井當年跡尚留，我心惻惻爲誰語。繄昔周衰政不綱，祖龍灰劫昆明土。禮衰樂廢詩書燔，天漏應須鍊石補。乃公馬上本倥偬，絳灌隋陸皆儕伍。代邸純資洛下才，成王踐祚姬公輔。如何謙讓還未遑，官禮彬彬無復睹。闔闢乾坤架漏過，何自茫茫尋墜緒。太息流涕在千秋，豈唯痛哭籌吴楚。却怪髯公論不平，横肆談鋒揮柄塵。大道由來世莫容，詭遇邱陵非所取。生能用文文用生，大木終罹匠斤斧。勃平没後蒼嘉相，落拓長沙卑濕處。莫耶爲鈍鉛刀銛，弔屈之文心獨苦。我來捫碣過荒祠，欲奠椒漿傾桂醑。曠懷千古發長歌，颯颯驚風來户牖。

賈太傅故宅　屈大均

長沙南紀外，遷客九嶷邊。皇帝虚前席，書生實少年。嶽雲高冠日，湘水遠連天。故宅遺春草，行人重愴然。

賈太傅故宅　宋俊

十里清楓路，秋深蔓草平。徑留戎馬蹟，經斷木魚聲。郢曲還歸楚，湘流盡向衡。書堂遺構在，石上有題名。

弔賈生

江　臯

遺宅何年在，江山賈傅名。才難容盛世，淚祇爲蒼生。宣室名空下，長沙恨不平。前身疑屈子，湘水約同清。

長沙謁賈誼祠

袁　枚

江口瞻遺廟，長沙最少年。才雖王者佐，運是漢家天。屈子堪同調，相如敢比肩。虚無宣室問，卑濕楚江遷。道大功臣忌，心孤鵩鳥憐，三湘知數盡，七國悟機先。飄泊傷靈化，穠華委逝川。緑蘿蟠敗壁，飢鼠拱殘筵。神鬼真無狀，風雲合有緣。長懷夫子哲，轉憶孝文賢。遇合終如此，功名更惘然。我來方弱冠，流涕返吴船。

再題賈太傅祠

袁　枚

盡把封章奏玉階，一時絳灌口難開。經生漢代知多少，屈指誰爲王佐才？多情容易損年華，一哭梁王壽竟差；若把湘蘭比君子，春風祇發二月花。

奉使湖廣過長沙賦詩弔賈太傅

楊基

才高衆所妒，年少衆所輕。奈何文帝賢，而乃謫賈生？劉炎握乾運，寬大易暴嬴；涵濡三十年，孰不謂政成！生乎胡不祥，痛哭涕滿纓。外防夷狄奸，内謹七國爭；禮樂與風化，無一不可行。帝心未易遑，逆論乃拂膺。

過賈誼宅

唐泰

聞君放逐此淹流，獻納空懸漢室憂。舊宅獨臨湘水遠，遺文□弔屈原愁。青楓極浦煙光晚，白鳥空江樹影秋。西望不堪懷古意，欲因歸去卧滄洲。

謁賈太傅祠

何天苗

經國材猷迥絶倫，春秋以後見斯人。誰知一代興王佐，遽作三湘放逐臣。斜日坐隅來怪鳥，寒煙江上弔靈均。須知窮達皆由命，何用悲傷自殞身。

訪賈太傅故宅

左之瀚

卑濕猶聞太息餘，至今遺宅正城墟。近依宣室酬前席，遠伴靈均共卜居。古井自涵清絶影，空墻難寫治安書。從來官署皆傳舍，誰似先生萬古廬。

弔賈太傅

陳文遠

太息治安策，竟逢文帝時。席前宣室詔，死後半山詩。往事何堪數，今人重所知。誰將國士淚，上與賈生期。

賈子像贊

楊彝珍

甫側荃席，朋鴆比謡。同符湘纍，是用作騷。隅兆先露，溘赴楚招。遺甘猶洌，故茨匪翹。圖彼修姱，以饗焄蒿。